독하게

Degree of Bachelor

독학사

한 권으로 합격하기

1단계 국어

www.goseowon.co.kr

Preface

독학사 국어는 전공과목을 공부하기에 앞서 통과해야 할 교양 과목으로 편성되어 있습니다. 본 교재를 완벽히 활용하기 위해서는 문학개론의 구성과 시험 출제 경향에 대한 파악이 우선되어야 합니다.

첫째, 국어에서 다루고 있는 영역은 크게 국어학, 고전문학, 현대문학 등으로 구성되어 있습니다. 국어 전반에 대한 총체적인 관점을 가지고 이해하기 쉽도록 체계적으로 정리하여 효율적인 학습을 돕습니다. 둘째, 국어는 1단계 교양 과목인 만큼 일정 점수만 득점하면 통과할 수 있는 난도로 시험이 출제되고 있습니다. 내용이 방대하지만 시험 자체는 무난히 통과할 수 있는 수준의 난도로 출제되기 때문에 본서와 함께 노력하신다면 충분히 합격하실 수 있습니다.

독학사 국어 시험 대비를 위해서는 우선 교재의 목차를 통해 전체적인 구성과 범위를 숙지하고 특정 영역에 편중됨 없이 정독하여 전반적인 체계를 이해해야 합니다. 출제예상문제와 모의고사를 통해 학습한 내용을 다시 한 번 숙지한다면 시험에 대한 충분한 준비가 될 것입니다.

신념을 가지고 도전하는 사람은 반드시 그 꿈을 이룰 수 있습니다. 독학사 시험을 통해 자신의 꿈에 한 발 더 다가가고자 하는 모든 수험생들에게 본서가 밑거름이 되어 보배가 될 수 있는 지식의 길잡이가 되기를 기원합니다.

Contents

PART I 국어학

01 국어에 대한 이해 ······················· 24

02 훈민정음과 한글에 대한 이해 ······················· 35

03 표준어와 방언 ······················· 45

04 언어예절 ······················· 66

05 올바른 국어 사용 ······················· 72

PART II 고전문학

01 총론 ······················· 114

02 고전시가 ······················· 121

03 고전산문 ······················· 181

04 한문학 ······················· 203

05 구비문학 ······················· 247

PART Ⅲ ▶ 현대문학

01 현대문학의 이해 …………………………………… 270
02 현대시 …………………………………………………… 290
03 현대소설 ……………………………………………… 314
04 현대수필 ……………………………………………… 354
05 현대희곡 ……………………………………………… 366

PART 부록 ▶ 모의고사

제1회 모의고사 ………………………………………… 378
제2회 모의고사 ………………………………………… 386
정답 및 해설 …………………………………………… 394

Character

01
CHAPTER

국어에 대한 이해

1 언어의 본질

(1) 언어의 정의

① 언어는 인간만이 사용하는 의사소통의 도구이다.

② 언어는 '내용'과 '형식'을 갖춘 기호체계이며, 상호 작용을 통해 기능을 수행한다.

언어의 일반적 특징

의 자의성 : '의미'와 '기호' 사이에는 필연적인 관계가 없다. 하나의 의미를 전달하기
소리로 사용하는 것이 아니라, 우연적으로 결정된다. 만약 소리의 유사성을
랑을 의미하는 기호는 유사한 소리로 나야 한다. 그러나 각 언어마다

의 결합이 사회적으로 한번 정해지

◀이론정리

방대한 양의 이론을 체계적이
고 효율적으로 정리ㆍ수록하여
이해도를 높이고자 하였다.

제1회 모의고사

 객관식

1 우리 시가 중 작가가 알려진 가장 오래된 서정시는?

① 「황조가」 ② 「구지가」

③ 「서동요」 ④ 「해가」

다음 중 향가에 대한 설명으로 옳지 않은 것은?

향가의 형식은 4구, 8구, 10구체가 있다.

의 음과 훈을 빌어 적는 향찰표기를 사용하였다.

로 평민으로 민중의 소박한 사람을 노래했다.

이 발간되었다고 전해진다.

◀모의고사

완벽한 실전 대비를 위해 모의
고사를 수록하였다.

출제예상문제[객관식] ▶
기출유형문제 분석을 통해
최근 출제경향을 반영한
문제들로 구성하였다.

출제예상문제

객관식

1 언어에 대한 설명 중 바르지 않은 것은?

① 언어는 사회생활에 있어 기본적인 도구이다.
② 언어는 인간만이 가지고 있다.
③ 언어와 문화는 밀접한 관계를 가진다.
④ 인간은 생존을 위한 필수적인 수단이다.

ADVICE › 인간은 사회생활이나, 협동생활에 있어 기본적인 수단이지만, 생존의 문제는 아니다.

어의 기본적인 성격이 아닌 것은?

② 역사성
④ 운위성

출제예상문제[주관식] ▶
중요도를 반영한 주관식
문제를 수록하여 핵심내용
정리 및 실전대비를 꾀하였다.

주관식

1 언어의 일반적 특성을 5가지 이상 쓰시오.

2 언어 자체의 개념적 의미보다 듣는 사람과의 관계 형성을 위한 언어의 기능을 무엇이
하는가?

3 다음에서 설명하고 있는 이론은 무엇인가?

어린이는 언어에 대한 선천적 지식이 없는 상태에서 언어를 반복해서 사용하고 교정
과정을 통해 언어를 습득한다.

의 특징을 3가지 이상 쓰시오.

1. 독학학위제란?

독학자에게 학사학위취득의 기회를 부여함으로써 평생교육의 이념을 구현하고 개인의 자아실현과 국가사회의 발전에 기여함을 목적으로, 국가가 시험에 합격한 사람에게 학위를 수여해 대학에서 취득한 학위와 동등한 대우를 받는 제도

2. 학위취득 과정

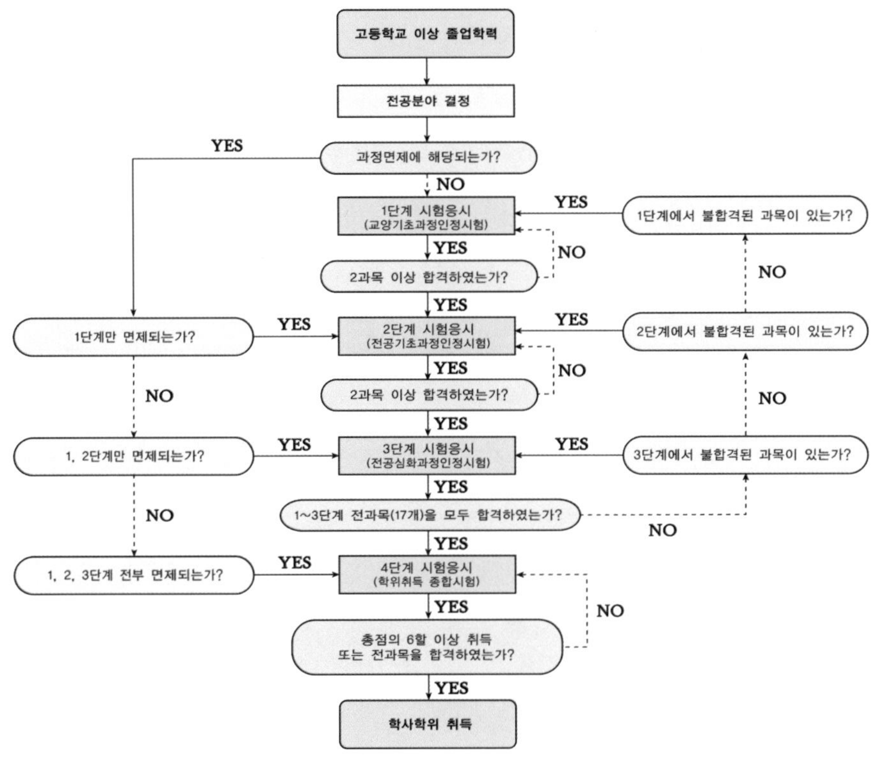

3. 전공분야 소개

(1) 전공분야

국어국문학, 영어영문학, 심리학, 경영학, 법학, 행정학, 유아교육학, 가정학, 컴퓨터과학, 정보통신학, 간호학

※ 중어중문학, 수학, 농학 분야는 2006년도 이전에 해당전공으로 학적번호를 부여받은 독학과정자에 한하여 시험응시 가능
※ 심리학의 경우 2014년부터 개설 운영함

(2) 3, 4단계 개설 전공

① **유아교육학/정보통신학**(3단계, 전공심화과정인정시험부터 응시) : 대학 및 전문대학 유아교육(학)과 2년 이상 수료(졸업) 또는 70학점 이상을 취득한 자

② **간호학**(4단계, 학위취득종합시험만 응시) : 3년제 전문대학 간호학과를 졸업한 자나, 대학(간호학과)에서 3년 이상 수료 또는 105학점 이상을 취득한 자

4. 동일전공인정 및 학과 현황

대학 및 전문대학에서 학습한 전공분야가 독학학위취득시험에 설치된 전공 분야와 그 학문적 성격이 유사한 경우 아래기준에 따라 동일전공으로 인정

① **국어국문학** : 국어, 국어교육, 극작가, 디지털스토리텔링, 문예창작, 미디어문예창작, 영상문예, 한국어문학

② **영어영문학** : 관광영어, 관광영어통역, 관광통역, 관광통역영어, 국제문화, 국제문화영미문화, 미디어영어, 선교영어, 실무영어, 실용영어, 영미문예, 영어, 영어교육, 영어통역, 영어통번역, 외국어교육, 외국어교육영어, TESOL영어

③ **심리학** : 상담심리학과, 산업심리학과, 산업광고심리학과, 가족상담학과, 교육심리학과

④ **경영학** : 경영경제, 경영공학, 경영과학, 경영산업공학, 경영정보, 경영정보시스템, 공업경영, 관광경영, 관광경영정보, 관세, 국제통상, 국제통상정보, 금융, 금융보험, 금융보험정보, 기업경영, 기업국제경영, 내국세, 농업경영, 디지털경영, 마케팅정보, 무역, 무역사무자동화, 무역실무, 물류관리, 보험경영, 보험실무, 부동산, 부동산경영, 비즈니스경영, 산림경영, 산업경영, 산업기술경영, 산업시스템경영, 산업 및 시스템경영, 산업시스템공학경영, 산업및시스템공학경영, 산업정보시스템경영, 상업교육, 세무, 세무정보, 세무행정, 세무회계, 세무회계정보, 수산경영, 유통경영, 유통정보, 인터넷무역, 인터넷비즈니스, 인터넷비즈니스정보, e비즈니스, 재무금융, 전자무역, 전자상거래, 증권경영, 증권금융, 창업경영, 철도경영, 철도경영정보, 철도운수경영, 철도운수경영정보, 축산경영, 테크노경영, 텔레마케팅, 항공경영, 해양산업경영, 해운경영, 협동조합경영, 호텔경영, 호텔관광, 호텔관광경영, 회계, 회계금융, 회계정보

⑤ **법학** : 공법, 국제법무, 법률, 법률경찰, 법률실무, 법무행정, 사법, 해사법

⑥ **행정학** : 경찰행정, 관광행정, 교정행정, 도시행정, 법률행정, 법무행정, 보건행정, 비서행정, 산업행정, 의무행정, 자치행정, 정치행정, 지방행정, 지역개발, 지역계획, 지역사회개발, 체육행정, 토지행정, 행정전산

⑦ **유아교육학** : 가정복지, 가정복지보육, 가족복지, 보육, 불교아동, 사범대학교육(학령전교육전공), 생활보육, 아동, 아동·가정환경학, 아동가족, 아동교육상담, 아동놀이지도, 아동문화, 아동미술, 아동미술디자인, 아동보육, 아동보육복지, 아동복지, 아동복지보육, 아동생활보육, 아동음악, 여성교양, 유아복지, 유아아동복지, 유아특수교육, 유아특수언어재활과, 유아특수재활, 초등교육

⑧ **가정학** : 가정관리, 가정교육, 가족경영소비자학, 가족가정복지학, 가족복지학, 가족주거학, 건강식품가공, 농가정, 농업가정, 니트패션디자인, 니트패션코디네이션디자인, 다이어트정보, 디자인, 복식, 섬유공예디자인, 섬유, 섬유공학, 섬유디자인, 생활과학, 생활교양, 소비자아동, 식생활, 식품가공, 식품과학, 식품공업, 식품영양, 식품조리, 여성교양, 영양, 영양식품, 의류, 의류직물, 의상, 의상디자인, 의생활, 전통복식, 전통의상, 전통조리, 조리, 주생활, 컴퓨터니트섬유, 텍스타일, 패션디자인, 염색가공, 패션스타일리스트, 패션코디네이션디자인, 호텔조리

⑨ **컴퓨터과학** : 경영정보, 경영정보학, 게임웨어, 게임프로그래밍학, 네트워크, 네트워크정보관리, 디지털정보, 마이크로소프트IT, 멀티미디어, 멀티미디어정보, 모바일인터넷, 모바일인터넷관련, 모바일컨텐츠, 미디어, 미디어커뮤니케이션, 사무자동화, 산업정보, 소프트웨어, 소프트웨어개발, 소프트웨어유비쿼터스응용정보, 소프트웨어정보, 웹컴퓨터, 웹컴퓨터소프트웨어, 웹프로그래밍, 유비쿼터스프로그래밍, 인터넷, 인터넷관련, 인터넷보안, 인터넷소프트웨어공학, 인터넷정보, 인터넷정보보안, 임베디드소프트웨어시스템, 임베디드시스템, 전산, 전산과학, 전산공학, 전산기공학, 전산사무자동화, 전산사무전자정보, 전산사무정보, 전산전자공학, 전산정보, 전산정보검색통계, 전산정보처리, 전산통계, 전자계산공학, 전자계산기, 전자계산기공학, 전자계산학, 전자공학, 전자전산공학, 전자전산기공학, 전자상거래, 전자통신, 정보과학, 정보관리, 정보공학, 정보미디어, 정보보안해킹관리, 정보보호, 정보시스템개발, 정보처리, 정보처리응용, 정보통신, 정보통신공학, 정보통신설비, 정보통신시스템, 정보통신전자공학, 컴퓨터, 컴퓨터게임정보, 컴퓨터공학, 컴퓨터교육, 컴퓨터교육공학, 컴퓨터네트워크, 컴퓨터소프트웨어, 컴퓨터응용, 컴퓨터정보, 컴퓨터정보기술, 컴퓨터정보처리, 행정전산

⑩ **정보통신학** : 디스플레이전자, 디지털통신, IT보안, 유비쿼터스설비제어, 인터넷정보, 임베디드시스템, 전기공학, 전기전자전파공학, 전기전자통신공학, 전자, 전자공학, 전자기기, 전자정보, 전자정보통신, 전자통신, 정보보호, 정보전자, 정보통신공학, 정보통신설비, 정보통신전자공학, 전파공학, 제어계측공학, 컴퓨터공학, 컴퓨터과학, 컴퓨터네트워크, 컴퓨터전자

5. 문항수 및 배점

구분		객관식	주관식
1 · 2단계 시험	수학제외 전 분야	26문제×문제당 2.5점 계 : 65점	7문제×문제당 5점 계 : 35점
	※ 수학분야	16문제×문제당 4점 계 : 64점	6문제×문제당 6점 계 : 36점
3 · 4단계 시험	수학제외 전 분야	24문제×문제당 2.5점 계 : 60점	4문제×문제당 10점 계 : 40점
	※ 수학분야	15문제×문제당 4점 계 : 60점	5문제×문제당 8점 계 : 40점

※ 표의 수학분야에는 아래의 과목이 포함됨.
1단계 : 일반수학, 초급통계학
2단계 : 이산수학(컴퓨터과학 분야)
3단계 : 경영과학(경영학 분야)
2 · 3 · 4단계 : 수학 전공분야의 모든 과목

6. 시험 접수 및 시험 장소

① **응시원서 접수** : 독학학위제 홈페이지 "응시원서 인터넷 제출" 클릭 후 온라인 작성 및 제출

　※ 인터넷으로만 접수, 창구접수는 없음

② **시험 장소** : 시험일 1주일 전 독학학위제 홈페이지 "공지사항"에 공고

7. 시험과목

① **1단계 교양과정인정시험** : 국어, 국사(필수), 외국어(영어, 독일어, 프랑스어, 중국어, 일본어 中 택1, 필수), 국민윤리, 문학개론, 철학개론, 문화사, 한문, 법학개론, 경제학개론, 경영학개론, 사회학개론, 심리학개론, 교육학개론, 자연과학개론, 일반수학, 초급통계학, 전산개론 中 택2

② **2단계 전공기초과정인정시험** – 6과목 이상 합격
- 국어국문학 : 국어학개론, 국어문법론, 국문학개론, 국어사, 고전소설론, 한국현대시론, 한국현대소설론, 한국현대희곡론
- 영어영문학 : 영어학개론, 영국문학개관, 중급영어, 19세기영미소설, 영미희곡 I, 영어음성학, 영문법, 19세기영미시
- 심리학 : 상담심리학, 산업및조직심리학, 학교심리학, 생물심리학, 발달심리학, 성격심리학, 동기와정서, 심리통계
- 경영학 : 회계원리, 인적자원관리, 마케팅원론, 조직행동론, 경영정보론, 마케팅조사, 생산운영관리, 원가관리회계
- 법학 : 민법 I, 헌법 I, 형법 I, 상법 I, 법철학, 행정법 I, 형사소송법, 국제법
- 행정학 : 인사행정론, 행정조직론, 지방행정론, 정치학개론, 기획론, 비교행정론, 헌법, 재정학
- 가정학 : 인간발달, 복식디자인, 영양학, 가정관리론, 의복재료, 주거학, 가정학원론, 식품 및 조리원리
- 컴퓨터과학 : 논리회로설계, C프로그래밍, 자료구조, 객체지향프로그래밍, 시스템프로그래밍, 컴퓨터시스템구조, 프로그래밍언어론, 이산수학

③ **3단계 전공심화과정인정시험** – 6과목 이상 합격
- 국어국문학 : 국어음운론, 한국문학사, 문학비평론, 국어정서법, 구비문학론, 국어의미론, 한국한문학, 고전시가론
- 영어영문학 : 고급영문법, 미국문학개관, 영어발달사, 고급영어, 20세기영미소설, 영어통사론, 20세기영미시, 영미희곡 II
- 심리학 : 이상심리학, 심리검사, 소비자및광고심리학, 학습및기억심리학, 인지지각심리학, 사회심리학, 건강심리학, 심리학연구방법론
- 경영학 : 재무관리론, 경영전략, 투자론, 경영과학, 재무회계, 경영분석, 노사관계론, 소비자행동론
- 법학 : 헌법 II, 민법 II, 형법 II, 민사소송법, 행정법 II, 경제법, 노동법, 상법 II
- 행정학 : 재무행정론, 정책학원론, 조사방법론, 행정법 I, 지역사회개발론, 행정계량분석, 도시행정론, 공기업론
- 유아교육학 : 유아교육연구 및 평가, 부모교육론, 유아교육기관 운영관리, 아동복지, 유아언어교육, 유아사회교육, 유아수학·과학교육, 놀이이론과 실제
- 가정학 : 가족관계, 가정자원관리, 식생활과 건강의복구성, 육아, 복식문화, 주거공간디자인, 식품저장및가공
- 컴퓨터과학 : 운영체제, 인공지능, 컴퓨터네트워크, 소프트웨어공학, 컴파일러, 알고리즘, 데이터베이스, 컴퓨터그래픽스
- 정보통신학 : 회로이론, 데이터통신, 정보통신이론, 임베디드시스템, 이동통신시스템, 정보통신기기, 정보보안, 네트워크프로그래밍

④ **4단계 학위취득종합시험** – 6과목(전공 : 4과목, 교양 : 3과목 중 2과목)
  - 국어국문학 : 국어학개론, 국문학개론, 한국문학사, 문학비평론
  - 영어영문학 : 영미문학개관, 영미소설, 영어학개론, 고급영어
  - 심리학 : 임상및상담심리학, 산업조직및소비자심리학, 발달및사회심리학, 인지신경과학
  - 경영학 : 재무관리, 마케팅관리, 회계학, 인사조직론
  - 법학 : 민법, 헌법, 형법, 상법
  - 행정학 : 인사행정론, 조직행태론, 재무행정론, 정책분석평가론
  - 유아교육학 : 유아교육론, 유아발달, 유아교육과정, 유아교육교수법
  - 가정학 : 패션과의 생활, 소비자론, 식이요법, 주거관리
  - 컴퓨터과학 : 컴퓨터시스템구조, 컴퓨터네트워크, 자료구조, 운영체제
  - 정보통신학 : 전자회로, 정보통신시스템, 네트워크및보안, 멀티미디어통신
  - 간호학 : 간호연구방법론, 간호과정론, 간호지도자론, 간호윤리와법

8. 시험 면제

응시자가 일정한 자격을 갖추었을 때 과정면제 또는 과목면제를 받을 수 있음

① **과정면제** : 독학학위 수료과정인 1단계, 2단계, 3단계 중 해당 단계를 면제
  - 국가기술자격취득자는 국가기술자격 취득분야와 동일한 전공분야의 시험에 응시하는 자는 해당 과정별 인정시험을 면제함
  - 공무원 시험 합격자 국가(지방) 공무원 7급 이상의 공개경쟁채용시험에 합격한 자
  - 자격 · 면허 취득자 교육부령이 정하는 자격 · 면허를 취득한 자

② **과목면제** : 독학학위 수료과정인 1단계, 2단계, 3단계 중 특정 과목을 면제
  - 국가기술자격취득자 국가기술자격 취득분야와 다른 전공분야의 시험에 응시하는 자는 해당 시험과목을 면제함
  - 지정 교육과정 이수자, 평생교육진흥원장이 지정한 강좌 또는 과정을 이수한 자

9. 합격사정

① **1~3단계 시험 매 과목** : 100점 만점에 전 과목 60점 이상 득점을 합격으로 하고, 과목 합격을 인정

② **학위취득 종합시험(4단계)** : 총점합격제와 과목별 합격제를 병행하여 실시한다. 본인의 원에 따라 총점합격제와 과목별 합격제를 자유롭게 선택할 수 있으나, 과목별합격제로 응시하였던 자가 다시 총점합격제로 응시할 경우에는 이전에 합격된 과목 합격은 모두 인정 안 됨

총점합격제	6과목 총점(600점)의 6할(360점) 이상 득점을 합격으로 하고, 과목 낙제는 없음
과목별합격제	총점합격제로 응시하여 합격하지 못한 자가 다음 시험에서 과목별 합격제를 원할 경우 이전의 최종 시험에서 60점 이상을 득점한 과목에 대하여 과목 합격을 인정하고 잔여 전 과목을 응시 횟수에 관계없이 60점 이상 득점한 때에 이를 합격으로 인정하는 제도. 단, 과목별합격제는 1999년부터 실시하는 시험에서 60점 이상을 득점한 과목에 한하여 적용

10. 학점인정

(1) 독학학위제 & 학점은행제

① 국가평생교육진흥원에서는 평생교육법 제19조(2008.2.29개정)에 의거 독학에 의한 학위취득제도와 학점은행제의 업무를 국가로부터 위임받아 운영하고 있음

② 독학에 의한 학위취득제도는 「독학에 의한 학위취득에 관한 법률」에 의거하여 국가에서 정한 학위취득시험에 최종합격한 독학자에게 학사학위를 수여하는 제도임

③ 학점은행제는 「학점인정 등에 관한 법률」에 의거하여 학교에서뿐만 아니라 학교 밖에서 이루어지는 다양한 형태의 학습과 자격을 학점으로 인정하고, 학점이 누적되어 일정 기준을 충족하면 학위를 수여하는 제도임

④ 두 제도는 모두 학위취득을 위해 운영되는 제도이나 학위취득을 하는 과정에 있어서 차이가 있다. 또한 독학학위제의 시험합격과 학점은행제의 학점인정 연계관련 차이가 있으니 이점을 숙지하셔서 제도를 활용해야 함

(2) 학점은행제 이수학점으로 독학학위 취득시험에 응시할 수 있는 자격

① 학점은행제 35학점 이상 취득 → 독학학위취득시험 1, 2단계 응시가능

② 학점은행제 동일전공으로 70학점 이상 취득 → 독학학위취득시험 1, 2, 3단계 응시가능

③ 학점은행제 동일전공으로 105학점(전공 16학점 필요) → 독학학위취득시험 전단계 응시가능

  ※ 시험시행일 전까지 학점은행제에 학점 신청과 인정이 완료되어야 함
  ※ "동일전공"은 독학시험 응시전공과 동일한 학점은행제 전공을 뜻함

(3) 독학학위제 시험합격 혹은 시험면제교육과정 이수로 학점은행제에 학점 인정되는 조건

① 1단계 : 교양과목인정시험 합격 및 면제과정 이수 [과목당 4학점(단계별 최대 5과목)]

② 2단계 : 전공기초과정인정시험 합격 및 면제과정 이수 [과목당 5학점(단계별 최대 6과목)]

③ 3단계 : 전공심화과정인정시험 합격 및 면제과정 이수 [과목당 5학점(단계별 최대 6과목)]

④ 4단계 : 학위취득종합시험 합격(면제과정 없음) [과목당 5학점(단계별 최대 6과목)]

  ※ 단 독학학위 취득시험 4단계를 합격하여 학위를 취득한 자는 독학학위제 합격과목에 대해 학점인정 신청 불가
  ※ 면제과정 이수한 과목의 학점인정은 연간 및 학기당 이수 제한 학점, 1개 교육훈련기관 최대 이수제한 학점의 범위에 포함됨

독학사 1단계 국어과목 출제영역

대영역	중영역	소영역	비고
1. 국어학	가. 국어에 대한 이해	1. 언어로서의 국어 2. 국어의 언어적 특징 등	
	나. 훈민정음과 한글에 대한 이해		
	다. 표준어와 방언		
	라. 언어예절		
	마. 올바른 국어 사용	1. 어휘(고유어, 한자어) 2. 관용표현 3. 조사, 어미 4. 수식어와 피수식어 5. 문장성분 간의 호응 등	
2. 고전문학	가. 총론	1. 한국문학의 범위와 영역 2. 한국문학의 전개 3. 한국문학의 특질	
	나. 고전시가	1. 고대가요의 세계 2. 향가의 성격과 주요 작품 세계 3. 고려속요의 성격과 주요 작품 세계 4. 경기체가의 성격과 주요 작품 세계 5. 악장의 성격과 주요 작품 세계 6. 시조의 특징과 흐름 7. 가사의 유형별 이해	
	다. 고전산문	1. 국문소설의 형성과 전개 2. 판소리계소설의 현실인식 3. 소설 외의 산문문학	
	라. 한문학	1. 서정한시의 주요 작품 세계 2. 서사한시의 주요 작품 세계 3. 한문소설의 주요 작품 세계 4. 기타 산문문학	
	마. 구비문학	1. 설화의 특징과 갈래 2. 민요의 특징과 갈래 3. 무가의 특징과 주요 서사무가 4. 판소리의 특징과 구성 요소 5. 민속극의 특징과 작품 세계 6. 속담의 특징과 유형 7. 수수께끼의 특징과 유형	

대영역	중영역	소영역	비고
3. 현대문학	가. 현대문학의 이해	1. 현대문학의 범위	
		2. 현대문학의 갈래와 개념	
		3. 한국 현대문학의 흐름	
	나. 현대시	1. 한국 현대시의 특징	
		2. 한국 현대시의 흐름	
		3. 한국 현대시 주요 작품 이해	
	다. 현대소설	1. 한국 현대소설의 특징	
		2. 한국 현대소설의 흐름	
		3. 한국 현대소설 주요 작품 이해	
	라. 현대수필	1. 한국 현대수필의 특징	
		2. 한국 현대수필의 흐름	
		3. 한국 현대수필 주요 작품 이해	
	마. 현대희곡	1. 한국 현대희곡의 특징	
		2. 한국 현대희곡의 흐름	
		3. 한국 현대희곡 주요 작품 이해	

독학사 1단계 국어과목 문제 예시

01 문학을 효용의 측면에서 기술한 것은?

❶ 문학은 감정의 카타르시스를 가져온다.

② 개연성이 문학의 허구성을 정당화한다.

③ 문학은 실제 생활과는 다른 새로운 세계를 구축한다.

④ 문학은 작가의 독특한 사상과 감정과 개성을 재구성한다.

✔ 문학의 효용론적 관점은 작품을 읽어나가는 과정에서 쾌감(카타르시스)을 준다는 쾌락설과 교훈을 갖고 감동을 주어야 한다는 공리설이 있다.

02 김만중이 「서포만필(西浦漫筆)」에서 기술한 '동방(우리나라)의 이소(離騷)'가 아닌 것은?

① 관동별곡

② 사미인곡

❸ 성산별곡

④ 속미인곡

✔ 김만중은 「서포만필(西浦漫筆)」에서 우리나라의 참된 문장은 「관동별곡」과 「사미인곡」 그리고 「속미인곡」 오직 이 세 편뿐인데, 특히 「속미인곡」이 가장 뛰어나다고 평하였다.

03 한국 모더니즘 시문학에 대한 설명으로 바른 것은?

① 시의 음악성을 중시한다.

② 주정적(主情的) 경향을 띤다.

③ 인간 생명의 역사와 전통을 발견하고자 한다.

❹ 인간의 감정보다 감각적 표현에 관심을 기울인다.

✔ 모더니즘 시문학의 경향은 인간 지성을 바탕으로 주지적(主知的) 성격이며 이미지를 중시하여 감각적 표현, 특히 시각적 이미지를 중시하였다.

04 1920년대의 소설에 대한 설명으로 바른 것은?

① 조선 재래의 토속적이고 주술적인 세계를 많이 그린다.

❷ 당대의 사회현실에 대해 많은 관심을 기울이기 시작한다.

③ 브나로드 운동의 전개에 따른 농민문학이 많이 창작된다.

④ 자연과 결합된 인간의 본능과 가난의 세계를 그리기 시작한다.

✔ 1920년대에는 3·1운동 이후 일제 강점기에서 드러난 부정적인 현실의 인식과 대응을 바탕으로 하는 사실주의 계열의 작품들이 다수 창작되었다.

5 "머언 산 靑雲寺/낡은 기와집//산은 紫霞山/봄눈 녹으면//느릅나무/속잎 피는 열두 구비를//청노루/맑은 눈에//도는/구름"의 시상 전개 방식은?

① 시간의 이동

❷ 시선의 이동

③ 어조의 전환

④ 율격의 변화

✔ 화자의 시선은 산에서부터 청노루의 눈에 비친 구름으로 이동하고 있다.

6 "수필이 비단이라면, 번쩍거리지 않는 바탕에 약간의 무늬가 있다. 그 무늬는 읽는 사람의 얼굴에 미소를 띠게 한다."에서 설명하고 있는 수필의 특성은?

① 산문의 문학

② 무형식의 형식

❸ 유머, 위트의 문학

④ 다양한 제재의 문학

✔ '비단'의 '약간의 무늬'는 소박한 표현을 의미한다. 이 표현이 독자에서 미소를 주기 때문에 수필 문학의 성격 중 위트의 문학임을 의미한다.

7 다음에서 표준어인 것은?

❶ 멋쟁이   ② 봉숭화

③ 삭월세   ④ 깡총깡총

✔ ① '-쟁이'는 습관, 성격을 의미하는 접사이며, 전문적인 기술이나 직업을 의미하는 '-장이'와 구별된다.
　② 봉숭아
　③ 사글세
　④ 깡충깡충

(가)

가야 할 때가 언제인가를
분명히 알고 가는 이의
뒷모습은 얼마나 아름다운가.

봄 한 철
격정을 인내한
나의 사랑은 지고 있다.

분분한 낙화
결별이 이룩하는 축복에 싸여
지금은 가야 할 때

무성한 녹음과 그리고
머지않아 열매 맺는
가을을 향하여
나의 청춘은 꽃답게 죽는다.

헤어지자
섬세한 손길을 흔들며
하롱하롱 ㉠꽃잎이 지는 어느 날

나의 사랑, 나의 결별
샘터에 물 고인 듯 성숙하는
내 영혼의 슬픈 눈.

– 이형기, 「낙화」 –

(나)

"근년 이래로 노쇠와 병고는 날로 더욱 깊어 가고, 춥고 배고픔은 날로 더욱 핍박하게 되었습니다. 남의 집 곁방 살이, 간장 한 병의 구걸도 사람들은 용납해 주지 않았고, 수많은 집 문전에서의 그 수치는 무겁기 산더미 같았습니다. 아이들이 추위에 떨고 굶주림에 지쳐 있어도 그걸 면하게 해 주지 못하고 있습니다. 판국이 이러한데 어느 겨를에 부부간의 애정을 즐기겠습니까? 젊은 얼굴 예쁜 웃음은 풀잎 위의 이슬 같고, 굳고 향기롭던 그 가약(佳約)은 한갓 바람에 날리는 버들가지 같을 뿐입니다. 당신에겐 내가 있어 짐이 되고 나는 당신 때문에 괴로워하고 있습니다. 곰곰이 지난날의 즐거움을 생각해 보면 그것이 바로 번뇌로 오르는 계단이었습니다. 당신이나 나나 어찌하여 이 지경에 이르렀는지요? ㉡뭇 새가 모여 있다 함께 굶어 죽기보다는 차라리 짝 없는 ㉢난새가 거울을 향하여 짝을 부르는 것이 낫지 않겠습니까? ⓐ순경(順境)일 때는 친하고 역경일 때는 버리는 것이 인정상 차마 못할 짓이긴 합니다만, 그러나 가고 머무는 것이 사람의 뜻대로만 되는 것이 아니요, 헤어지고 만남에는 운명이 있습니다. 바라건대 여기서 서로 헤어지도록 합시다."

– 삼국유사 「조신의 꿈」에서

(다)

四月 아니 니저 아으 오실셔 ㉣<u>곳고리새여</u>
므슴다 錄事니문 녯 나를 닛고신뎌
아으 動動다리

- 「동동(動動)」에서 -

(라)

雨歇長堤草色多 비 갠 긴 둑에 풀잎이 진한데
送君南浦動悲歌 남포에 ⓑ<u>님</u> 보내니 노랫가락 구슬퍼라.
大同江水何時盡 ⓒ<u>대동강 물은 언제 마를 것인가?</u>
別淚年年添綠波 해마다 이별의 눈물만 푸른 물결에 더하거니.

- 정지상, 「송인(送人)」 -

08 ㈎~㈑의 공통적인 특성에 대한 설명으로 가장 적절한 것은?

① 사물을 의인화하여 표현하고 있다.

② 님과의 이별을 안타까워하고 있다.

❸ 대상에 화자의 감정을 투영하고 있다.

④ 자신의 감정을 직서적으로 토로하고 있다.

✔ ㈎는 '낙화'를 통해 소멸하는 젊은 날에 대한 아쉬움을 드러내며, ㈏는 '이슬'과 '버들가지'를 나열해 세속적 욕망의 덧없음을 그린다. ㈐의 '곳고리새'는 화자의 상황과 대조되는 자연물로, 결국 오지 않는 님에 대한 그리움과 원망의 정서를, ㈑는 '물'을 통해 이별한 여인의 정서를 그려낸다.

09 꽃과 관련된 분위기가 ㈎에서 묘사한 '낙화'의 의미와 가장 가까운 것은?

① 꽃잎이여 그대/다토아 피어/비바람에 뒤설레며/가는 가냘픈 살갗이여   – 신석초, 「꽃잎 절구」 –

② 간밤에 부던 바람 눈서리 치단 말가/낙락장송이 다 기울어지단 말가/하물며 못다 핀 꽃이야 일러 무삼하리오   – 유응부 –

❸ 꽃이 지기로소니/바람을 탓하랴/주렴 밖에 성긴 별이/하나 둘 스러지고/귀촉도 울음 뒤에/머언 산이 다가서다   – 조지훈, 「낙화」 –

④ 간 밤에 부던 바람에 만정도화(滿庭桃花) 다 지거다/아해는 비를 들고 쓸으려 하는구나/낙화인들 꽃이 아니랴 쓸어 무삼하리오   – 선우협 –

✔ ③은 자연의 섭리에 따라 소멸해 가는 인생의 애상감을 드러낸 작품이다.

10 ㉠~㉢ 중, ⓑ의 '님'의 의미와 가장 유사한 것은?

① ㉠   ② ㉡

③ ㉢   ❹ ㉣

✔ '곳고리새'는 항상 변치 않는 자연의 섭리이다. 이는 오지 않는 님에 대한 감정을 대리하는 소재이기도 하다.

11 ⓐ에 나타난 의미와 관련이 있는 것은?

❶ 염량세태(炎凉世態)   ② 면종복배(面從腹背)

③ 금석지감(今昔之感)   ④ 타산지석(他山之石)

✔ ① 염량세태(炎凉世態) : 권세가 있을 때는 따르고, 권세를 잃으면 버리는 세상의 인심

　 ② 면종복배(面從腹背) : 겉으로는 따르지만, 속으로는 배신하다.

　 ③ 금석지감(今昔之感) : 옛날의 추억과 비교하여 느끼는 감정

　 ④ 타산지석(他山之石) : 다른 이의 잘못을 통해 자신의 잘못을 고치다.

12 ⓒ에 대한 해석으로 적절하지 않은 것은?

① 사건의 인과관계를 도치시켜 서술하고 있다.

❷ 구체적 정서를 추상적인 사물에 이입시키고 있다.

③ 실제 지명을 사용하여 사실감을 증폭시키고 있다.

④ 인간의 유한한 정서를 무한한 자연에 견주고 있다.

✔ 이별한 여인의 슬픔을 대동강 물을 통해 표현하고 있다. 정서를 양적으로 구체화 하는 표현이다.

13 다음 ㉠, ㉡에는 모두 '늘다'를 원형으로 하는 말이 들어가야 한다. 풀이를 참고로 하여 ㉠, ㉡에 들어갈 말을 맞춤법에 맞게 쓰시오.

> • 고무줄을 (　　㉠　　).　　* 풀이 : 줄의 길이를 길게 하다.
> • 수출량을 더 (　　㉡　　).　* 풀이 : 수출량을 더 많게 하다.

✔ ㉠ 늘인다, ㉡ 늘린다

14 다음 시에서 '깃발'을 비유적으로 표현하고 있는 시어를 있는 대로 고르시오.

> 이것은 소리 없는 아우성.
> 저 푸른 해원(海原)을 향하여 흔드는
> 영원한 노스텔지어의 손수건.
> 순정은 물결같이 바람에 나부끼고
> 오로지 맑고 곧은 이념의 푯대 끝에
> 애수(哀愁)는 백로처럼 날개를 펴다.
> 아! 누구인가?
> 이렇게 슬프고도 애닯은 마음을
> 맨 처음 공중에 달 줄을 안 그는.
>
> — 유치환, 「깃발」 —

✔ '아우성' · '손수건' · '순정' · '애수' · '마음'

15 세종대왕이 훈민정음을 창제한 기본 의도를 쓰시오.

✔ (한자를 사용하는 지식인보다는) 일반 백성들에게 문자를 사용할 수 있도록 하기 위하여

한 권으로 단박에 합격하기 독학사

국어학

01 국어에 대한 이해

02 훈민정음과 한글에 대한 이해

03 표준어와 방언

04 언어예절

05 올바른 국어 사용

국어에 대한 이해

1 언어의 본질

(1) 언어의 정의

① 언어는 인간만이 사용하는 의사소통의 도구이다.

② 언어는 '내용'과 '형식'을 갖춘 기호체계이며, 상호 작용을 통해 기능을 수행한다.

(2) 언어의 일반적 특징

① **언어의 자의성** : '의미'와 '기호' 사이에는 필연적인 관계가 없다. 하나의 의미를 전달하기 위해 정해진 말소리로 사용하는 것이 아니라, 우연적으로 결정된다. 만약 소리의 유사성을 가지고 기호화된다면 '사랑'을 의미하는 기호는 유사한 소리로 나야 한다. 그러나 각 언어마다 발음의 유사성이 없다.

② **언어의 사회성** : 말소리와 의미의 결합이 사회적으로 한번 정해지면, 개인이 마음대로 바꿀 수 없는 '사회적 약속'이 된다.(언어의 불역성) 누군가 이러한 사회적 약속을 어기고 자신만의 의미형식을 만들어 사용하게 된다면, 의사소통을 할 수 없게 된다.

③ **언어의 역사성** : 언어는 시간의 흐름에 따라 생성, 변화, 소멸한다.

> **POINT UP** 사회성이 공시적인 불변성을, 역사성은 통시적인 변화성을 의미한다.(언어의 가역성) 언어는 사회를 반영하므로, 사회가 변화하면 언어 역시 새롭게 생성되고, 성장하면서 사멸하기도 한다.

④ **언어의 분절성** : 언어는 물리적으로 연속된 실체를 끊어서 표현한다. 인간은 계절을 시간적으로 연결된 대상이 아닌 분절된 것으로 인식하여 봄, 여름, 가을, 겨울로 끊어서 표현한다. 또한 시간이나 색깔 등도 마찬가지이다.

⑤ **언어의 추상성** : 언어는 구체적인 대상으로부터 공통적인 속성을 바탕으로 추상화 과정을 거쳐 개념을 형성한다. 실제로 우리가 인식하는 대상들은 구체적인 각각의 개별적인 대상이지만, 이 것을 머릿속에 관념화해서 하나의 큰 '생각의 덩어리'로 만드는 과정이 따른다. 예를 들어 공원에서 만나는 많은 종류의 강아지들은 보고 우리는 개별적인 품종으로서가 아니라 범주화된 '강아지'라는 단어로 인식하게 된다.

⑥ **언어의 창조성** : 한정된 음운이나 어휘로 무한수의 단어나 문장을 만들 수 있으며 실재하는 것이 아닌 추상적인 개념까지도 창조적으로 표현할 수 있다.

(3) 언어와 인간의 관계

① **언어와 사고** : 언어와 사고는 서로 밀접한 관련이 있다. 여기에는 크게 언어 없이는 사고가 불가능하다는 관점과 언어보다 사고가 먼저라는 관점이 있다. 요즘에는 일정 시기까지는 사고가 언어를 지배하다가 일정 시기 이후에는 언어가 사고를 지배한다는 관점이 주목받고 있다.

② **언어와 사회** : 언어는 그 사회의 언어사용자들이 공유하는 의사소통의 도구로, 사회와 밀접한 관계를 갖고 있다. 또한 언어에는 지역, 계층, 사회적인 신분 등에 따라 말의 양상이 다르며 우리 사회의 통념이나 편견 등이 반영되어 있다.

③ **언어와 문화** : 언어는 문화적 산물이며, 언어를 통해 축적 전승된다. 따라서 언어는 그 언어를 사용하는 집단의 문화를 반영하게 된다.

2 언어의 기능과 습득

(1) 언어의 기능

① **표현의 기능** : 언어의 지시 대상뿐 아니라 화자의 심리, 감정이나 태도 등을 드러낸다.

② **감화적 기능** : 듣는 사람에게 특정한 행동을 하도록 하는 기능이다. 명령형 문장 외에 청유형, 의문형, 평서형 문장을 사용할 수 있다.
> 예 어서 먹어라.(명령)
> 우리, 열심히 공부하자.(청유)
> 창을 여는 것이 낫지 않을까?(의문)
> 이곳은 금연 구역입니다.(평서)

③ **친교적 기능** : 언어 자체의 개념적 의미보다 듣는 사람과의 친밀한 관계를 형성하기 위한 기능이다.
> 예 날씨가 참 좋군요. 주말은 잘 보내셨나요?

④ **표출적 기능** : 전달 의도 없이, 무의식적으로 내뱉는 소리를 말한다.

　　예 아이쿠, 놀랐잖아.

⑤ **지식 보존의 기능** : 언어를 통해 지식을 축적된 지식을 보존하는 기능이다, 주로 문자표기를 통해 이뤄지지만 현대에는 음성을 통해 보존하기도 한다.

⑥ **미적 기능** : 언어의 형식을 가다듬어 보다 더 미적으로 표현의 효과를 높이려는 기능으로 문학적 활동뿐만 아니라, 일상적 언어에서도 다양하게 사용된다.

(2) 언어의 습득

① **경험주의 이론** : 어린이의 언어 습득 능력은 순전히 후천적인 학습에 의해 이루어진다. 따라서 어린이는 언어에 대한 선천적 지식이 없는 상태에서 언어를 반복해서 사용, 교정하는 과정을 통해 언어를 습득한다. 그러나 이러한 주장은 인간의 창조적 언어 사용을 설명할 수 없다. 즉 인간은 한 번도 들어보지 않은 말을 할 수 있다거나, 새로운 문장을 무한히 만들 수 있다. 더구나 언어교육이 집중적으로 이루어지고 완성되는 데는 걸리는 시간이 불과 4~5년 정도이므로 제한된 지식을 가지고 무한히 확장해 내는 인간의 언어 능력은 설명할 수 없다.

② **합리주의 이론** : 인간은 이미 태어나면서 인간 언어에 대한 구조적 지식을 타고 난다. 즉 어린아이는 제한된 일부의 언어 경험만으로도 특정 언어를 빠르고 완전하게 습득할 수 있다. 이러한 이론을 뒷받침 하는 근거는 다음과 같다.

　　㉠ 인간만이 언어를 가지고 있다. 다른 동물들이 인간과 유사한 환경에 있다 하더라도 언어를 완전하게 습득할 수 있는 것은 인간뿐이다.

　　㉡ 인간은 누구나 거의 완전하게 언어를 습득한다. 인간은 다른 인간적 능력과 다르게 언어만은 지능이나 개인적 학습능력과 무관하게 거의 완전하게 언어를 습득할 수 있다. 또한 개인적 경험 차이와 무관하게 거의 비슷한 언어 능력을 갖추게 된다. 즉 다른 환경에서 자란 아이들고 언어를 구사하는 능력에는 별다른 차이가 없다.

　　㉢ 언어는 추상적이고 복잡한 구조를 가진다. 언어를 연구하는 학자들은 언어를 기본적인 체계하에 하나의 완전한 형식으로 문법화하려 하지만, 거의 불가능할 정도로 여겨지고 있다. 이러한 난해한 체계를 인간은 타고난 능력을 바탕으로 빠르게 습득하게 된다. 또한 일부의 지식 경험만으로도 무한히 복잡한 문장을 만들어 낼 수도 있고, 생략된 의미도 거의 완전하게 찾아낼 수 있다. 이러한 사실은 단순한 경험지식으로 언어 습득 과정을 설명할 수 있는 것이 아니다.

3 언어로서의 국어

(1) 국어의 정의

우리 민족이 국가를 배경으로 하여 공통적으로 사용하는 개별 언어로서 표준어로 정한 공용어를 말한다.

(2) 국어의 분류

국어는 계통적으로 알타이 어족에 속한다. 알타이 어족의 언어로는 몽고어, 터키어, 한국어, 일본어 등이 있다. 또 형태적으로는 실질형태소에 형식형태소가 첨가되어 문법관계를 나타내는 첨가어(교착어)이다.

(3) 국어의 언어적 특징

① 음의 대립이 삼원 체계이다. 영어권 언어가 울림소리-안울림소리의 대립인데 반해, 국어는 예사소리 – 거센소리 – 된소리의 변별 구조를 갖는다.

　예 발 – 팔 – 빨

② 국어에서는 첫소리에 자음군(2개 이상의 자음)이나 'ㄹ', 'ㅣ' 모음과 결합한 'ㄴ'은 올 수 없는 두음법칙이 있다.

　예 school / 스쿨, 녀자/여자

③ 성질이 비슷한 모음끼리 어울려 발음을 쉽게 하려는 모음조화가 있다.

④ 국어의 문장은 주어 – 목적어 – 서술어의 어순을 가지며, 위치 이동이 비교적 자유롭다. 이러한 어순은 청자에게 긴장감을 줄 수 있는 효과가 있지만, 비판적으로 사고할 기회를 주지 못한다는 단점이 있다. 또한 이와 유사하게 의미중심이 되는 말인 꾸밈을 받는 말이 꾸미는 말 뒤에 온다.

⑤ 높임법이 발달해 있으며, 성(性) 구분이나 관사 등이 없다.

⑥ 감각어와 의성 · 의태어가 발달되어 있다.

출제예상문제

객관식

1 언어에 대한 설명 중 바르지 않은 것은?

① 언어는 사회생활에 있어 기본적인 도구이다.
② 언어는 인간만이 가지고 있다.
③ 언어와 문화는 밀접한 관계를 가진다.
④ 인간은 생존을 위한 필수적인 수단이다.

ADVICE >> 인간은 사회생활이나, 협동생활에 있어 기본적인 수단이지만, 생존의 문제는 아니다.

2 다음 중 언어의 기본적인 성격이 아닌 것은?

① 추상성　　　　　　　　② 역사성
③ 사회성　　　　　　　　④ 우월성

ADVICE >> 언어의 기본적인 성격은 자의성, 사회성, 역사성, 분절성, 추상성 등을 가지고 있다.

3 언어의 상대성 이론에 대한 설명으로 가장 적절한 것은?

① 언어가 사고를 지배한다.
② 사고가 언어를 지배한다.
③ 언어와 사고는 상호보완적이다.
④ 언어와 사고는 관련성이 없다.

ADVICE >> 언어의 상대성 이론에서는 언어가 사고를 지배한다고 말한다.

ANSWER　1.④　2.④　3.①

4 인간의 언어습득에 관한 설명으로 잘못된 것은?

① 아이와 어른이 언어를 배우는 데는 큰 차이가 없다.
② 인간은 언어능력을 타고 난다는 견해는 합리주의 이론이다.
③ 인간이 학습을 통해 언어능력을 갖춰나간다는 견해는 경험주의 이론이다.
④ 언어는 추상적이고 복잡한데, 인간은 언어를 빠르게 습득할 수 있다는 것은 결국 인간은 언어 능력을 타고 난다고 볼 수 있다.

ADVICE 》 어린이는 언어능력을 갖추는데 4~5년이면 가능하지만 어른은 언어를 배우기가 매우 어렵다.

5 다음의 설명에 알맞은 언어 습득 이론은?

> 인간은 경험적인 훈련에 의해 언어를 습득하는데, 완전히 백지상태에서 후천적인 학습과 교정의 과정을 거치며 언어 능력을 갖추게 된다.

① 합리주의   ② 경험주의
③ 선험주의   ④ 자연주의

ADVICE 》 경험주의 이론에서는 인간이 경험을 통해 언어를 습득한다고 주장한다.

6 다음 중 언어와 문화의 관계로 절절하지 않은 것은?

① 문화의 발전은 언어의 우열에 따라 결정된다.
② 언어가 다르다고 해서 문화가 다른 것은 아니다.
③ 문화적 영향이 언어에 반영되기도 한다.
④ 언어가 같지만, 다른 문화를 형성하기도 한다.

ADVICE 》 언어의 발전여부와, 언어의 우열성과는 관련이 없다. 문화가 단순한 체계를 가질 때 언어가 복잡할 필요가 없을 뿐 언어 자체가 열등한 것은 아니다.

7 다음 중 언어에 대한 설명으로 옳은 것은?

① 언어를 습득하는 데 있어 문자지식이 필수적이다.
② 민족과 언어 사이에는 본질적인 연관성이 있다.
③ 선천적으로 특정한 언어만 습득할 수 있도록 태어나기도 한다.
④ 언어구조의 복잡성은 문화의 발전도와 관계가 없다.

ADVICE 》 ① 문자지식이 없는 유아들도 언어 습득이 가능하다. 따라서 언어를 습득하는 데 있어 문자지식이 필수적인 것은 아니다.
② 민족과 언어 사이에는 본질적인 연관성이 없다.
③ 선천적으로 특정한 언어만 습득할 수 있도록 태어난 사람은 없다.

8 언어의 일반적 특징에 대한 설명으로 잘못된 것은?

① 자의성 : 언어의 의미와 기호 사이에는 필연적인 관계가 없다.
② 사회성 : 말소리와 의미의 결합은 사회적인 약속이다.
③ 역사성 : 언어는 시간의 흐름과 상관없이 변화하지 않는다.
④ 분절성 : 언어는 물리적으로 연속된 실체를 끊어서 표현한다.

ADVICE 》 ③ 역사성 : 언어는 시간의 흐름에 따라 생성, 변화, 소멸한다.

9 다음에서 설명하는 언어의 기능은?

> 듣는 사람으로 하여금 특정한 행동을 하도록 하는 기능이다.

① 표현의 기능 　　　　② 감화적 기능
③ 친교적 기능 　　　　④ 표출적 기능

ADVICE 》 언어의 감화적 기능 … 듣는 사람에게 특정한 행동을 하도록 하는 기능으로, 명령형 문장 외에 청유형, 의문형, 평서형 문장을 사용할 수 있다.
① 표현의 기능 : 언어의 지시 대상뿐 아니라 화자의 심리, 감정이나 태도 등을 드러낸다.
③ 친교적 기능 : 언어 자체의 개념적 의미보다 청자와의 친밀한 관계를 형성하기 위한 기능이다.
④ 표출적 기능 : 전달 의도 없이 말하는 이의 무의식적인 본능에서 무심코 내뱉는 것으로, 화자의 감정을 표출시키는 기능이다.

ANSWER　7.④　8.③　9.②

10 다음의 설명으로 알 수 있는 국어의 개념이 아닌 것은?

> 우리 민족이 국가를 배경으로 하여 공통적으로 사용하는 개별 언어로서 표준어로 정한 공용어를 말한다.

① 특수성   ② 공용성
③ 지역성   ④ 통일성

ADVICE >> 국어의 개념
- ㉠ 일반성 : 국어는 언어이다.
- ㉡ 특수성 : 국어는 구체적인 언어이다.
- ㉢ 공용성 : 국어는 국가를 배경으로 하여 공통적으로 사용한다.
- ㉣ 통일성 : 국어는 표준어여야 한다.

11 국어의 분류에 대한 설명으로 잘못된 것은?

① 국어는 계통적으로 알타이 어족에 속한다.
② 몽고어, 터키어 등과 같은 어족이다.
③ 교착어에 속한다.
④ 형식형태소에 실질형태소가 결합한다.

ADVICE >> ④ 국어는 실질형태소에 문법적인 기능을 가진 형태형태소가 첨가되어 문법관계를 나타내는 첨가어(교착어)이다.

12 국어의 음운상 특질에 대한 설명으로 옳지 않은 것은?

① 마찰음 계열은 세 갈래의 대립을 통해서 서로 다른 음소를 형성하는 삼중체계를 이룬다.
② 단어의 첫소리에 둘 이상의 자음이 오지 않는다.
③ 한 단어에 들어 있는 모음은 양성모음과 음성모음 각각 같은 성질의 모음끼리 결합하려는 현상이 있다.
④ 이웃하고 있는 자음들이 서로 닮는 현상이 있다.

ADVICE >> ① 국어 자음 중 파열음 계열은 예사소리 – 된소리 – 거센소리의 대립을 통해서 서로 다른 음소를 형성하는 삼중체계를 이룬다.

ANSWER   10.③ 11.④ 12.①

13 다음 중 국어의 특징 중 그 성격이 다른 하나는?

① 동음이의어가 많다.
② 단어의 첫소리에 유음이 오지 않는다.
③ 감각어가 발달했다.
④ 상징어가 발달했다.

ADVICE 》 ② 음운상의 특징이다.
①③④ 어휘상의 특징이다.

14 다음은 어떤 현상의 예인가?

> '신라'에서 'ㄴ'은 뒤의 'ㄹ'의 영향을 받아 [실라]로 소리 난다.

① 모음조화   ② 비음화
③ 두음법칙   ④ 설측음화

ADVICE 》 설측음화는 설측음이 아닌 소리가 설측음의 영향을 받아 설측음으로 바뀌는 현상이다. '신라'가 [실라]로, '칼날'이 [칼랄]로 소리 나는 현상이 그 예라고 할 수 있다.

15 국어 어순에 대한 설명으로 옳은 것은?

① 국어의 문장은 주어 – 서술어 – 목적어의 순서를 이룬다.
② 위치의 이동이 자유롭지 않다.
③ 꾸밈을 받는 말이 꾸미는 말 뒤에 온다.
④ 청자에게 비판적으로 사고할 기회를 준다.

ADVICE 》 ① 국어의 문장은 주어 – 목적어 – 서술어의 순서를 이룬다.
② 위치의 이동이 비교적 자유롭다.
④ 서술어가 맨 뒤에 진술되는 국어는 청자에게 긴장감을 줄 수 있는 효과가 있지만, 비판적으로 사고할 기회를 주지 못한다.

1 언어의 일반적 특성을 5가지 이상 쓰시오.

2 언어 자체의 개념적 의미보다 듣는 사람과의 관계 형성을 위한 언어의 기능을 무엇이라고 하는가?

3 다음에서 설명하고 있는 이론은 무엇인가?

> 어린이는 언어에 대한 선천적 지식이 없는 상태에서 언어를 반복해서 사용하고 교정하는 과정을 통해 언어를 습득한다.

4 국어의 특징을 3가지 이상 쓰시오.

Answer

1. 자의성, 사회성, 역사성, 분절성, 추상성, 창조성
2. 친교적 기능
3. 경험주의 이론
4. ① 첫소리에 자음군이 오지 않는다.
   ② 높임법이 발달했다.
   ③ 감각어가 발달했다.
   ④ 주어 – 목적어 – 서술어의 어순을 가진다.
   ⑤ 주어의 생략이 비교적 자유롭다.

5 어린이의 언어 습득 이론 중 가장 보편적인 이론 두 가지는?

6 다음의 빈칸에 들어갈 알맞은 단어를 쓰시오.

> 언어는 (   )를 반영하는데, 우리말이 경어법이나 호칭어가 발달되어 있는 것은 이 때문이다.

훈민정음과 한글에 대한 이해

1 세종 어제 훈민정음(世宗御製訓民正音)

나·랏:말쓰·미 中듕國·귁·에 달·아 文문字·쫑·와·로 서르 스뭇·디 아·니홀·씨
나라의 말이 중국과 달라 한자와 서로 통하지 아니하므로 → 자주정신

·이런 젼·츠·로 어·린 百·빅姓·셩·이 니르·고·져 ·홇·배 이·셔·도
이런 까닭으로 어리석은 백성이 말하고자 하는 바가 있어도

무·춤:내 제·ᄠ·들 시·러 펴·디 :몯홇·노·미 하·니·라
마침내 제 뜻을 능히 펴지 못하는 놈이 많으니라

·내·이·를 爲·윙·ᄒ·야 :어엿·비 너·겨 ·새·로 ·스·믈여·듧 字·쫑·를 밍·ᄀ노·니
내 이를 위하여 불쌍히 여겨 새로 스물여덟 자를 만드니 → 애민정신

:사름:마·다 :히·여 :수·비 너·겨 ·날·로 ·ᄡ·메便뼌安한·킈 ᄒ·고·져 홇 ᄯᄅ·미니·라
사람마다 하여 날로 씀에 쉽게 익혀 편안케 하고자 할 따름이니라 → 실용정신

國之語音 異乎中國 與文字不相流通
故愚民 有所欲言 而終不得伸其情者 多矣子 爲此憫然 新制二十八字
欲使人人易習 便於日用耳

(1) 핵심정리

① **해제** : 1446년(세종 28년)에 창제한 글자를 반포하기 위하여 만든 한문본 '훈민정음(訓民正音)'을 세종 사후에 언해(諺解)하여 '세종 어제 훈민정음'이라 하였다. 전자를 '해례본', 후자를 '언해본'이라 한다. '세종 어제 훈민정음(世宗御製訓民正音)'은 세조 5년(1459)에 간행된 것이 가장 오랜 것이다.

② **작자** : 세종대왕을 비롯한 집현전 학사

③ **제작 연대** : '예의'는 세종 25년(1443), '해례'와 '정인지 서'는 세종 28년(1446)에 제작
　　㉠ **창제** : 세종 25년(1443) 음력 12월에 '예의' 완성
　　㉡ **반포** : 세종 28년(1446) 음력 9월에 '훈민정음 해례본' 간행

④ **제작 동기**
　　㉠ 백성들의 문자 생활을 편리하게 하기 위해
　　㉡ 올바른 한자음의 개정을 위해

> **POINT UP** 즉 훈민정음을 창제하는 과정에서 한자를 대체하는 글자를 만들어 한자를 폐지하려는 목적은 아니었다. 그 일례로, 당시 간행된 모든 책에 한자가 사용되었으며, 특히 「용비어천가」의 경우에는 한자의 독음조차 집어넣지 않았다. 이것은 한자에 대한 지식을 어느 정도 가정한 표기이다.

⑤ **체제**
　　㉠ **예의** : 개론적 설명 부분, 언해된 부분
　　　ⓐ 어지(御旨) : 창제의 취지, 세종대왕의 서문
　　　ⓑ 글자와 소릿값 : 초성, 중성, 종성 글자의 소릿값을 설명
　　　ⓒ 글자의 운용 : 나란히쓰기, 이어쓰기, 붙여쓰기, 음절이루기, 점찍기의 용법을 설명
　　㉡ **해례** : 구체적 해설 부분, 언해되지 않은 부분(제자해, 초성해, 중성해, 종성해, 합자해, 용자례의 5해1례)
　　㉢ **정인지 서** : 훈민정음을 제작한 경위 설명

(2) 훈민정음의 창제 과정

① **훈민정음(訓民正音)** : '훈민정음(訓民正音)'이란 말은 크게 두 가지의 의미로 사용된다. 첫째는 '한글'이라는 문자를 일컫는 말이고, 다른 하나는 세종이 한글을 만든 뒤 그 내용을 반포하기 위해 세종 25년(1443) 12월에 발간한 책의 이름이다.
　세종과 여러 한글 창제 당사자들은 중세 국어의 음운을 분석하고 여기에 중국 음운학의 지식을 적용하여 한글 창제하였다. 세종과 창제자들은 이 문자를 보급하기 위해 풀이서를 발간하였는데, 그 책의 이름이 바로 '훈민정음'이다. 이 책은 해례편이 있다고 해서 흔히 책이름을 '훈민정음

해례본'이라고 한다.

이 책은 세종 28년 9월에 완성되었다. 내용은 어제(御製) 서문, 문자의 음가(音價) 및 운용법(運用法)을 밝힌 부분인 본문으로 되어 있다. 흔히 이 부분은 '예의(例儀)편'이라고 한다. 이어 이를 각각 '제자해(制字解), 초성해(初聲解), 중성해(中聲解), 종성해(終聲解), 합자해(合字解), 용자례(用字例)'로 나누어 해설한 '해례'가 이어져 있으며, 권말에 정인지의 서문이 실려 있다. 이 밖에도 새로운 문자의 제자 원리, 음가, 운용법, 각 문자들이 표시하는 음운 체계 등이 자세히 설명되어 있다. 해례편의 내용에는 이러한 송학 이론을 적용한 부분이 상당히 많으나, 제자 원리, 모음의 음가에 관한 설명 등은 현대 음성학이나 언어학의 이론과 부합되는 과학적인 것이다.

② 훈민정음 창제의 의의 : 훈민정음은 당시 우리말의 음운, 형태소를 정확히 분석하여 표기할 수 있도록 매우 과학적이고 체계적으로 만들어진 독창적인 글자다. 우리의 감정과 정서를 표현하기에 알맞은 훈민정음의 본격적인 사용으로 많은 한문 서적들을 언해하여 한글 문학을 이룩하였다는 점에서 그 의의와 성과를 찾을 수 있다. 또한 국어에서의 여러 가지 변천 모습을 통해 국어의 역사를 정확하게 보여주는 귀중한 자료된다.

③ 훈민정음 창제의도 : 훈민정음 창제 의도는 크게 두 가지로 살펴볼 수 있다. 첫째는 표기 수단을 갖지 못한 백성들을 위해서이고, 또 한 가지는 점차 표기가 혼란스러워진 한자음을 정리하기 위해서이다. 당시 지식인인 양반은 한자 중심의 문자생활을, 중인이나 서리계층은 이두나 구결을 사용했지만, 그 표기의 방법이 까다로워 백성들에게 조금 더 쉽고 편한 문자를 보급할 필요가 있었다. 그러나 이런 표면적인 의도 외에 후자의 역시 매우 큰 문제였는데, 점차 혼란스러워진 한자음이 통일되지 못하여 그 개선작업의 일환으로 추진되었다. 다시 말해 지식인 계층과 백성 모두가 바른 문자생활을 할 수 있도록 만드는 이원적인 언어 정책의 추진 작업이었던 셈이다.

(3) 훈민정음의 제자 원리

① 초성 제자의 원리

　㉠ 자음을 조음기관에 따라 아, 설, 순, 치, 후의 다섯 계열로 나누었다.

　㉡ 이들을 나타내는 기본자 ㄱ, ㄴ, ㅁ, ㅅ, ㅇ을 각각 만들었다.

　㉢ ㄱ을 제외한 기본자에 가획으로 폐쇄음자 (ㄱ), ㄷ, ㅂ, ㅈ, ㆆ을 만들었다.

　㉣ 두번째 가획으로 ㅋ, ㅌ, ㅍ, ㅊ, ㅎ을 만들었다.

　㉤ ㄹ과 ㅿ은 각각 ㄴ과 ㅅ에 가획하여 만들었으나, 가획의 기능은 없다.

ㅂ ㅇ은 목구멍을 본뜬 목구멍소릿자 ㅇ에 가획하여 만들었으나, 가획의 기능이 없다.

기본 5음	상형원리	명칭	가획자	이체자
ㄱ	혀뿌리가 목구멍을 막는 모양	아음, 엄쏘리	ㅋ	ㆁ
ㄴ	혀끝이 윗 잇몸에 닿는 모양	설음, 혀쏘리	ㄷ, ㅌ	ㄹ(반설음)
ㅁ	입의 생긴 모양	순음, 입시울소리	ㅂ, ㅍ	
ㅅ	이의 생긴 모양	치음, 니쏘리	ㅈ, ㅊ	ㅿ(반치음)
ㅇ	목구멍의 둥글게 생긴 모양	후음, 목소리	ㆆ, ㅎ	

POINT 초성 체계(23자) : 발음 기관의 모양을 상형(象形)

발음위치	성질	全淸 (예사소리)	次淸 (거센소리)	全濁 (된소리)	不淸不濁 (울림소리)
牙音 (엄쏘리)	軟口蓋音 (연구개음)	ㄱ	ㅋ	ㄲ	ㆁ
舌音 (혀쏘리)	舌端音 (설단음)	ㄷ	ㅌ	ㄸ	ㄴ
脣音 (입시울쏘리)	兩脣音 (양순음)	ㅂ	ㅍ	ㅃ	ㅁ
齒音 (니쏘리)	硬口蓋音 (경구개음)	ㅈ ㅅ	ㅊ	ㅉ ㅆ	
喉音 (목소리)	喉頭音 (후두음)	ㆆ	ㅎ	ㆅ	ㅇ
半舌音 (반혀쏘리)	流音(유음)				ㄹ
半齒音 (반니쏘리)	齒槽摩擦音 (치조마찰음)				ㅿ

② 중성 제자의 원리

ㄱ 기본모음 ·, ㅡ, ㅣ는 각각 하늘과 땅 그리고 사람을 본떠 만들었다.

ㄴ 초출자 중 ㅗ와 ㅏ는 기본음 ·에 입술모양 자질을 가하여 만들었다. ㅗ는 원순 자질인 ㅡ를 가획하여 만들고, ㅏ는 에 평순 자질인 ㅣ를 가획하여 만들었다. 나머지 초출자 ㅜ와 ㅓ도 기본음 ㅡ에 이러한 입술모양 자질을 가하여 만들었다. 그러나 기본모음 ㅡ를 ·으로 변형한 후 여기에 입의 원순인 ㅡ를 가획하여 만든 것이 ㅜ이고, 평순 자질을 가획하여 만든 것이 ㅓ 이다.

ⓒ 재출자 ㅛ, ㅑ, ㅠ, ㅕ는 반모음 자질을 나타내는 ㅣ를 · 로 변형하고 , 그것을 초출자 ㅗ, ㅏ, ㅜ, ㅓ에 각각 가하여 만들었다.

소리의 성질 제자 순서	양성 모음	음성 모음	중성 모음
기본자(基本字)	·(天)	ㅡ(地)	ㅣ(人)
초출자(初出字)	ㅗ, ㅏ	ㅜ, ㅓ	
재출자(再出字)	ㅛ, ㅑ	ㅠ, ㅕ	

혀의 위치 혀의 높이	전설 모음		후성모음	
	평순	원순	평순	원순
고모음	ㅣ	ㅟ	ㅡ	ㅜ
중모음	ㅔ	ㅚ	ㅓ	ㅗ
저모음	ㅐ		ㅏ	

③ **종성 제자의 원리** : 삼분법으로써 초성·중성·종성을 설정하기로 한 세종은 다시 초성이 종성이 되고, 종성이 초성이 되는 원리를 발견함으로써 종성을 따로 짓지 아니하고 초성을 다시 쓰기로 한 것이다[終聲復用初聲]. 따라서 모든 초성은 다 종성으로 사용 가능하다는 논리도 일단 성립이 된다. 그러나 해례를 지은 신하들의 해설을 보면, 'ㄱ, ㆁ, ㄷ, ㄴ, ㅂ, ㅁ, ㅅ, ㄹ'의 8종성이면 족하다고 했다. 그것은 '빗곶'[梨花], '엿의 갗'[狐皮]에서 'ㅈ, ㅿ, ㅊ' 받침을 다 'ㅅ'자 하나로 통용할 수 있기 때문이라고 했다. 그러므로 최세진이 '훈몽자해 범례'에서 초성종성통용팔자(初聲終聲通用八字)라고 하여 든 'ㄱ, ㄴ, ㄷ, ㄹ, ㅁ, ㅂ, ㅅ, ㅇ'은 그의 창의에 의한 것이 아니라 벌써 훈민정음 제정 당시부터의 운용 방침이었다는 것을 알 수 있다.

2 한글의 명칭과 유래

(1) 한글의 의미

① '한'은 큰, 韓의 의미이다.

② 한글은 우리글의 명칭이다.

③ 1910년 조선어 광문회에서 지어졌으며, 공식적으로 사용한 때는 1913년이다.

(2) 명칭의 변화

① 훈민정음이 창제될 당시는 '훈민정음'으로 불렸으며, 줄여서 '정음'을 사용하기도 하였다.

② 창제 직후 '언문(諺文)'이라는 명칭이 등장했으며 당시 언문청(諺文廳)이라는 말이 등장한다. 언문은 한글에 대한 명칭으로 가장 오래 사용되기도 하였다.

③ 최세진의 「훈몽자회」에서 '반절(反切)'이라는 명칭을 사용하기도 했는데, 이는 한글이 초중종성을 분리하여 사용한 문자이기 때문이다.

④ 다소 비하적인 의미로 '암클'이라는 명칭이 사용되기도 하였다. 주로 아녀자들이 사용하는 문자라는 의미를 담고 있다. 하지만 조선시대에는 왕조차도 가벼운 글들은 한글을 사용했던 기록이 있다.

⑤ 한글이 공식적인 명칭이 된 것은 1913년, 널리 사용된 것은 1927년 「한글」이라는 잡지에서부터이다.

(3) 갑오개혁 이후 명칭의 변화

① 갑오개혁이후 국어동식회(1896), 국어문법과(1900), 국어연구회(1907), 국어연구소(1907) 등에서 '국어', '국문'이라는 명칭이 사용되었다.

② 일제 강점이후 '국(國)'이 일본을 나타내는 글자가 되었으며, 주시경이 '한나라말', '한나라글' 등으로 사용하였다.

③ 1913년 이후 어떤 저술이나 단체 이름에도 '국어', '국문'이라는 명칭을 사용할 수 없자 '조선어'라는 명칭을 사용하였다.

④ 주시경의 '한나라말', '한나라글'에서 나라가 빠져 '한말', '한글'로 사용되기도 하였다.

⑤ 순우리말 표현인 '소리갈', '말모이'(주시경), '말듬'(이규영) 등이 사용되기도 하였다.

⑥ 한글 명칭이 여러번 바뀐 이유는 대체로 일제라는 정치적 상황과 관련되어 더 이상 '국'자를 사용하지 못한 이유와, 민족의 주체성 고취를 위해 순우리말 표현을 하려는 학자들의 노력이 있었기 때문이다.

(4) 한글의 특징

① **표음문자** : 한글은 소리를 나타내는 문자이다.

② **음소문자** : 문자의 활용성을 극대화 할 수 있는 음소문자이다.

③ 자음과 모음의 음과 배열이 규칙적이다.

④ 기본자에 가획의 원리를 적용한 과학적인 문자이다.

⑤ 모음은 일정한 소리를 가지고 있다.

⑥ 한글 창제의 기록이 분명하게 남아있다.

출제예상문제

 **객관식**

1 다음 중 훈민정음과 관련된 내용으로 적절하지 않은 것은?

① 당시 창제자들은 한자의 폐지를 목적으로 하였다.
② 새로 만들어진 글자는 총 28자이다.
③ 초성은 발음 기관의 모양을 본떠 만들었다.
④ 훈민정음은 1443년 창제되고, 1446년에 반포되었다.

ADVICE » 당시 훈민정음의 창제 의도는 백성들의 편리한 문자 생활이지만, 그 이면에 한자음을 정리하고자 하는 의도도 있었다.

2 다음 보기에 담겨 있는 훈민정음의 창제 정신은?

> :사룸:마·다 :히·여 :수·비 너·겨 ·날·로 ·뿌·메便뼌安한·킈 ᄒᆞ·고·져 ᄒᆞᆯ ᄊᆞ·ᄅᆞ·미니·라.

① 자주정신   ② 애민정신
③ 창조정신   ④ 실용정신

ADVICE » 모든 사람이 쉽게 익혀 편하게 쓰길 바란다는 내용이므로 실용정신이 담겨 있다.

ANSWER 1.① 2.④

3 훈민정음 창제 당시 자음 17자에 해당하지 않는 것은?

① ㅁ ② ㅿ

③ ㆆ ④ ㅸ

ADVICE 〉 'ㅸ'은 'ㅂ'에 대하여 울림소리를 나타내기 위해 만든 글자이다.

4 훈민정음의 제자 원리중 사람의 모양을 본떠 만든 글자는?

① · ② ㅡ

③ ㅣ ④ ㅏ

ADVICE 〉 'ㅣ'은 세상을 구성하는 세 가지 원리 중 하늘과 땅 사이를 잇는 사람을 의미한다.

5 훈민정음의 초성은 그 글자를 소리 내는데 관여하는 발음 기관의 모양을 상형한 것이다.
다음 중 그 관계가 적절하지 않은 것은?

① 아음(牙音) - ㄱ, ㆁ ② 설음(舌音) - ㄴ, ㄷ

③ 순음(脣音) - ㅅ, ㅈ ④ 후음(喉音) - ㅇ ㆆ

ADVICE 〉 'ㅅ, ㅈ'은 치음(齒音)이다

6 「용비어천가」에 한글 독음이 없는 이유는 무엇인가?

① 당시 한자는 누구나 사용하는 문자였으므로
② 당시 한자에 대한 정확한 소릿값이 없었으므로
③ 독자층을 지식인에 한정하였으므로
④ 한글 독음이 정리되지 않아서

ADVICE 〉 당시 훈민정음이 국한문 혼용을 위해 제작되었음을 보여주는 증거로 독자층을 지식인에 한정
하면 굳이 독음을 달 필요가 없어진다.

7 다음 중 한글의 '한'과 관련성이 없는 것은?

① 크다

② 바르다

③ 많다

④ 하나

ADVICE ≫ '한'은 크고 바르다, 또한 우리 민족을 의미하는 '韓', 혹은 하나의 의미를 가진다.

8 한글의 다른 이름 중 가장 먼저 사용된 것은?

① 언문

② 반절

③ 암글

④ 국어

ADVICE ≫ '언문'은 한글 창제 당시 이미 사용된 명칭이며, 가장 오래 사용되기도 한다.

9 '한글'이라는 명칭에 대한 설명으로 잘못된 것은?

① '한글'은 주시경에 의해 만들어졌다.

② 1913년경 명칭이 나타나고 널리 사용된 것은 20년대 이후이다.

③ 당시 '한글'은 문자뿐 아니라, 말을 가리키기도 하였다.

④ '한글'의 '한'은 하늘을 의미한다.

ADVICE ≫ '한'은 크다, 우리나라, 하나의 의미를 갖는다.

10 '한글'의 명칭이 자주 바뀌게 된 이유는 무엇인가?

① 학자들마다 한글의 가치를 다르게 보아서

② 일제강점기 '國'이라는 글자의 사용 문제로 인해

③ 사람들이 부르던 명칭이 너무 많아서

④ 훈민정음의 창제원리에 대한 해석이 달라서

ADVICE ≫ 일제강점기 '國'이라는 글자는 일본을 의미하여 '國語'라는 명칭을 사용하지 못하였다.

ANSWER 7.③ 8.① 9.④ 10.②

1 다음에서 알 수 있는 훈민정음 창제의 바탕 사상을 쓰시오.

> 나·랏:말ᄊᆞ·미 中듕國·귁·에 달·아 文문字·ᄍᆞ·와·로 서르 ᄉᆞᄆᆞᆺ·디 아·니ᄒᆞᆯ·ᄊᆡ
> ·이런 젼·ᄎᆞ·로 어·린 百·ᄇᆡᆨ姓·셩·이 니르·고·져 ·홇 ·배 이셔·도
> ᄆᆞ·ᄎᆞᆷ:내 제 ·ᄠᅳ·들 시·러 펴·디 :몯홇 ·노·미 하·니·라
> ·내 ·이·를 爲·윙·ᄒᆞ·야 :어엿·비 너·겨 ·새·로 ·스·믈여·듧 字·ᄍᆞ·ᄅᆞᆯ
> 밍·ᄀᆞ노·니
> :사름:마·다 :ᄒᆡ·ᅇᅧ :수·ᄫᅵ 너·겨 ·날·로 ·ᄡᅮ·메便뼌安한·킈 ᄒᆞ·고·져 홇ᄯᆞ
> ·ᄅᆞ·미니·라

2 '어·린 百·ᄇᆡᆨ姓·셩·이 니르·고·져 ·홇 ·배 이셔·도'를 현대말로 풀이하시오.

3 '한글'이라는 명칭을 최초로 사용한 사람은 누구인가?

4 '훈민정음'을 쓴 최초의 작품은 무엇인가?

5 세종 때 한글을 창제하여 반포한 뒤 한글로 펴낸 책을 3가지 이상 쓰시오.

Answer
1. 자주정신, 애민정신, 실용정신
2. 어리석은 백성이 말하고자 하는 바가 있어도
3. 주시경
4. 용비어천가
5. 용비어천가, 월인천강지곡, 석보상절

표준어와 방언

1 표준어

(1) 표준어의 정의

대부분의 국가에서 의사소통의 효율성을 위하여 표준어를 규정하여 사용하고 있다. 우리말 표준어 규정은 '교양 있는 사람들이 두루 사용하는 현대 서울말'로 정함을 원칙으로 한다.

① **계층** : 교양 있는 사람들

② **시대** : 현대

③ **지역** : 서울

(2) 표준어의 기능

① **통일의 기능** : 한 나라의 국민으로서 일체감을 갖게 한다.

② **분리(독립)의 기능** : 다른 언어를 사용하는 집단과 구별할 수 있게 해준다.

③ **우월의 기능** : 표준어를 사용한다는 것은 교육을 통해 교양 있는 언어사용을 의미한다.

④ **준거의 기능** : 각기 다른 방언에 대한 기준이나 규범이다.

POINT ⊕ **2016년 1월 1일자로 표준국어대사전에 등록되는 표준어**
  ㉠ **복수 표준어** : 현재 표준어와 같은 뜻을 가진 표준어로 인정한 것(4개)
    • 마실 : '이웃에 놀러 다니는 일'이라는 뜻, '마실꾼 · 마실방 · 마실돌이 · 밤마실'도 표준어로 인정
    • 이쁘다 : 기존의 '예쁘다'와 함께 복수 표준어로 인정
    • 찰지다 : 사전에서 ['차지다'의 원말]로 풀이함
    • ~고프다 : 사전에서 ['~고 싶다'가 줄어든 말]로 풀이함
  ㉡ **별도 표준어** : 현재 표준어와 뜻이 다른 표준어로 인정한 것(5개)
    • 꼬리연 : 긴 꼬리를 단 연
    • 의론(議論) : 어떤 사안에 대하여 각자의 의견을 제기함. 또는 그런 의견
    • 이크 : 당황하거나 놀랐을 때 내는 소리

- 잎새 : 나무의 잎사귀. 주로 문학적 표현에 쓰인다.
- 푸르르다 : '푸르다'를 강조할 때 이르는 말
ⓒ **복수 표준형** : 현재 표준적인 활용형과 용법이 같은 활용형으로 인정한 것(2개)
- 말아/말아라/말아요(마/마라/마요)
- 노랗네/동그랗네/조그맣네(노라네/동그라네/조그마네)

2 　 한글 맞춤법

(1) 소리에 관련된 것

① 자음 표기

ㄱ 어원에서 멀어진 형태로 굳어진 경우는 그것을 표준어로 삼는다.(ㄱ을 표준어로 삼고, ㄴ을 버림.)〈표준어 제5항〉

ㄱ	ㄴ	비고
강낭–콩	강남–콩	
고삿	고살	겉~, 속~
사글–세	삭월–세	'월세'는 표준어임
울력–성당	위력–성당	떼를 지어서 으르고 협박하는 일

ㄴ **된소리 표기**

ⓐ 접미사에 된소리 표기를 인정한 것들〈맞춤법 제54항〉

　　예　일군(×) → 일꾼(○), 빛갈(×) → 빛깔(○), 뒤굼치(×) → 뒤꿈치(○), 콧배기(×) → 코빼기(○)

ⓑ 한 단어 안에서 뚜렷한 까닭 없이 나는 된소리는 다음 음절의 첫소리를 된소리로 적는다. 〈맞춤법 제5항〉

> 1. 두 모음 사이에서 나는 된소리
>
> | 소쩍새 | 어깨 | 오빠 | 으뜸 | 아끼다 | 기쁘다 |
> | 깨끗하다 | 어떠하다 | 해쓱하다 | 거꾸로 | 부썩 | 어찌 |
> | 이따금 |
>
> 2. 'ㄴ, ㄹ, ㅁ, ㅇ'받침 뒤에서 나는 된소리
>
> | 산뜻하다 | 잔뜩 | 살짝 | 훨씬 | 담뿍 | 움찔 |
> | 몽땅 | 엉뚱하다 |

다만, 'ㄱ, ㅂ'받침 뒤에서 나는 된소리는, 같은 음절이나 비슷한 음절이 겹쳐 나는 경우가
아니면 된소리로 적지 아니한다.

국수	깍두기	딱지	색시	싹둑(~싹둑)	법석
갑자기	몹시				

ⓒ 의문을 나타내는 어미만 된소리로 적는다. 〈맞춤법 제53항〉

-(으)ㄹ까?　-(으)ㄹ꼬?　-(스)ㅂ니까?　-(으)리까?　-(으)ㄹ쏘냐?

ⓔ 발음은 된소리, 표기는 예사소리

ⓐ 한자어에서, 'ㄹ' 받침 뒤의 'ㄷ, ㅅ, ㅈ'〈표준 발음법 제26항〉

갈등[갈뜽]	발동[발똥]	절도[절또]	말살[말쌀]	싹둑(~싹둑)[싹뚝]
불소(弗素)[불쏘]	일시[일씨]	갈증[갈쯩]	물질[물찔]	발전[발쩐]
몰상식[몰쌍식]	불세출[불쎄출]			

다만, 같은 한자가 겹쳐진 단어의 경우에는 된소리로 발음하지 않는다.

허허실실[허허실실](虛虛實實)　　　절절-하다[절절하다](切切-)

ⓑ 관형사형 '-(으)ㄹ' 뒤에 연결되는 'ㄱ, ㄷ, ㅂ, ㅅ, ㅈ'은 된소리로 발음한다. 〈표준 발음법
제27항〉

할 것을[할꺼슬]	갈 데가[갈떼가]	할 바를[할빠를]	할 수는[할쑤는]
할 적에[할쩨게]	갈 곳[갈꼳]	할 도리[할또리]	만날 사람[만날싸람]

다만, 끊어서 말할 적에는 예사소리로 발음한다.

ⓜ 표기상으로는 사이시옷이 없더라도, 관형격 기능을 지니는 사이시옷이 있어야 할 합성어의
경우에는, 뒤 단어의 첫소리 'ㄱ, ㄷ, ㅂ, ㅅ, ㅈ'을 된소리로 발음한다. 〈표준 발음법 제28항〉

문-고리[문꼬리]	눈-동자[눈똥자]	신-바람[신빠람]	산-새[산쌔]
손-재주[손째주]	길-가[길까]	물-동이[물똥이]	발-바닥[발빠닥]
굴-속[굴:쏙]	술-잔[술짠]	바람-결[바람껼]	그믐-달[그믐딸]
아침-밥[아침빱]	잠-자리[잠짜리]	강-가[강까]	초승-달[초승딸]
등-불[등뿔]	창-살[창쌀]	강-줄기[강쭐기]	

POINT Up　잠자리[잠자리] = 곤충

ⓗ 다음과 같은 경우에는 특별한 규정이 없다.

예 문뜩(×)→문득(○), 굳굳하게(×)→꿋꿋하게(○), 쏘주(×)→소주(○)

ⓐ 거센소리

  ⓐ 다음 단어들은 거센소리를 가진 형태를 표준어로 삼는다.〈표준어 제3, 4항〉

     (ㄱ을 표준어로 삼고, ㄴ을 버림.)

ㄱ	ㄴ	비고
끄나풀	끄나불	
나팔-꽃	나발-꽃	
녘	녁	동~, 들~, 새벽~, 동틀~
부엌	부억	
살-쾡이	삵-괭이	단독으로 사용시 '삵'임
칸	간	1. ~막이, 빈~, 방 한~ 2. '초가삼간, 윗간'의 경우는 '간'임.
털어-먹다	떨어-먹다	재물을 다 없애다

◎ 두 말이 어울릴 적에 'ㅂ' 소리나 'ㅎ' 소리가 덧나는 것은 소리대로 적는다.〈맞춤법 제31항, 표준어 제7항〉

  ⓐ 'ㅂ' 소리가 덧나는 것

댑싸리(대ㅂ싸리)	멥쌀(메ㅂ쌀)	볍씨(벼ㅂ씨)	입때(이ㅂ때)
입쌀(이ㅂ쌀)	접때(저ㅂ때)	좁쌀(조ㅂ쌀)	햅쌀(해ㅂ쌀)

  ⓑ 수컷을 이르는 접두사는 '수-'로 통일한다.

     다만 1. 집에 있으면 거센소리.

      예 수탉, 수톨쩌귀, 수컷, 수키와 등

     다만 2. 다음 단어의 접두사는 '숫-'으로 한다.

      예 숫양, 숫쥐, 숫염소 등

ⓩ 한자 구(句)가 붙어서 된 말은 구로 통일한다.〈표준어 제13항〉

      예 구절, 경구, 대구, 인용구 등

     다만, 귀글, 글귀는 예외로 한다.

ⓩ 어간의 끝음절 의 'ㅏ'가 줄고 'ㅎ'이 다음 음절의 첫소리와 어울려 거센소리로 될 적에는 거센소리로 적는다.〈맞춤법 제 40항〉

     (-하다가 붙을 수 없거나, 끝소리가 ㄱ, ㄷ, ㅂ, ㅅ로 끝날 때 ㅎ이 탈락한다.)

[참고] 어간의 끝음절 '하'가 아주 줄 적에는 준 대로 적는다.

본말	준말	본말	준말
거북하지	거북지	생각하건대	생각건대
생각하다 못해	생각다 못해	깨끗하지 않다	깨끗지 않다
넉넉하지 않다	넉넉지 않다	못하지 않다	못지않다
섭섭하지 않다	섭섭지 않다	익숙하지 않다	익숙지 않다

[참고] 다음과 같은 부사는 소리대로 적는다.

결단코	결코	기필코	무심코	하여튼	요컨대
정녕코	필연코	하마터면	하여튼	한사코	

② 모음 표기

㉠ 양성모음이 음성모음으로 바뀌어 굳어진 다음 단어는 음성모음 형태를 표준어로 삼는다. 〈표준어 제8항〉(ㄱ을 표준어로 삼고, ㄴ을 버림.)

ㄱ	ㄴ	비고
깡충–깡충	깡총–깡총	큰말은 '껑충껑충'임.
–둥이	–동이	←童–이. 귀–, 막–, 선–, 쌍–, 검–, 바람–, 흰–
발가–숭이	가–송이	센말은 '빨가숭이', 큰말은 '벌거숭이, 뻘거숭이'임
보퉁이	보통이	
봉죽	봉족	←奉足, ～꾼, ～들다
뻗정–다리	뻗장–다리	
아서, 아서라	앗아, 앗아라	하지 말라고 금지하는 말
오뚝–이	오똑–이	부사도 '오뚝 – 이'임
주추	주초	←柱礎. 주춧 – 돌

다만, 어원 의식이 강하게 작용하는 다음 단어에서는 양성모음 형태를 그대로 표준어로 삼는다.

ㄱ	ㄴ	비고
부조(扶助)	부주	～금, 부좃–술
사돈(査頓)	사둔	밭～, 안～
삼촌(三寸)	삼춘	시～, 외～, 처～

ⓛ 다음 단어는 모음이 단순화한 형태를 표준어로 삼는다. 〈표준어 제10항〉
(ㄱ을 표준어로 삼고, ㄴ을 버림.)

ㄱ	ㄴ	비고
괴팍-하다	괴퍅-하다/괴팩-하다	
-구먼	-구면	
미루-나무	미류-나무	←美柳~
미륵	미력	←彌勒. ~보살, ~불, 돌~

ㄱ	ㄴ	비고
여느	여늬	
온-달	왼-달	만 한 달
으레	으례	
케케-묵다	켸켸-묵다	
허우대	허위대	
허우적-허우적	허위적-허위적	허우적-거리다

ⓒ 다음 단어에서는 모음의 발음 변화를 인정하여, 발음이 바뀌어 굳어진 형태를 표준어로 삼는다. 〈표준어 제11항〉 (ㄱ을 표준어로 삼고, ㄴ을 버림.)

ㄱ	ㄴ	비고
-구려	-구료	
깍쟁이	깍정이	1. 서울~, 알~, 찰~ 2. 도토리, 상수리 등의 받침은 '깍정이'임.
나무라다	나무래다	시~, 외~, 처~
미수가루	미숫-가루	
바라다	바래다	'바램[所望]'은 비표준어임.
상추	상치	~쌈
시러베-아들	실업의-아들	
주책	주착	←主着. ~망나니, ~없다
지루-하다	지리-하다	←支離
튀기	트기	
허드레	허드래	허드렛-물, 허드렛-일
호루라기	호루래기	

㉣ '웃-' 및 '윗-'은 명사 '위'에 맞추어 '윗-'으로 통일한다. 〈표준어 제12항〉

다만 1. 된소리나 거센소리 앞에서는 '위-'로 한다. (ㄱ을 표준어로 삼고, ㄴ을 버림.)

다만 2. '아래, 위'의 대립이 없는 단어는 '웃-'으로 발음되는 형태를 표준어로 삼는다.

㉤ 'ㅣ' 역행동화 현상에 의한 발음은 원칙적으로 표준 발음으로 인정하지 아니하되, 다만 다음 단어들은 그러한 동화가 적용된 형태를 표준어로 삼는다.〈표준어 제9항〉 (ㄱ을 표준어로 삼고, ㄴ을 버림.)

ㄱ	ㄴ	비고
-내기	-나기	서울-, 시골-, 신출-, 풋-
냄비	남비	
동댕이-치다	동당이-치다	

[참고] 다음 단어는 'ㅣ' 역행 동화가 일어나지 아니한 형태를 표준어로 삼는다.

ㄱ	ㄴ	ㄱ	ㄴ
미장이	미쟁이	유기장이	유기쟁이
멋쟁이	멋장이	소금쟁이	소금장이
담쟁이-덩굴	담장이-덩굴	골목쟁이	골목장이
발목쟁이	발목쟁이		

POINT UP '-장이'는 특별한 기술이나 직업을 의미하고, '-쟁이'는 성격이나 습관을 의미한다.

㉥ **두음법칙 표기**〈맞춤법 제10, 11, 12항〉: 첫소리에 ㄹ 이나 'ㅣ' 계열 모음과 결합한 'ㄴ'은 올 수 없다.

예 여자/녀자, 농구/롱구 등

ⓐ 냥, 냥쭝, 년(年), 리(里), 리(理)와 같은 의존명사는 인정한다.

ⓑ 분리할 수 있는 한자어나, 전문용어는 분리하여 두음법칙이 되어 결합하므로 적용한다. 접두사, 합성어 붙을 때 뒷단어의 첫소리와 십진법 육은 무조건 적용한다.

예 남부＋녀대/남부여대, 신＋녀성/신여성, 육십육

ⓒ 고유 명사(이름), 외래어, 준말 인정.

예 신립, 라디오, 대한교련(본디말일 땐 대한교육연합회)

ⓓ ㄴ, 모음 뒤의 'ㄹ' 은 'ㅇ'로 적음

예 환율, 수열, 운율

③ 끝소리 표기

㉠ 받침소리로는 'ㄱ, ㄴ, ㄷ, ㄹ, ㅁ, ㅂ, ㅇ'의 7 개 자음만 발음한다. 〈표준 발음법 제8항〉

㉡ 받침 'ㄲ, ㅋ', 'ㅅ, ㅆ, ㅈ, ㅊ, ㅌ', 'ㅍ'은 어말 또는 자음 앞에서 각각 대표음 [ㄱ, ㄷ, ㅂ]으로 발음한다. (표준 발음법 9항)

닦다[닥따]	키읔[키윽]	키읔과[키윽꽈]	옷[옫]	웃다[욷: 따]
있다[읻따]	젖[젇]	빚다[빋따]	꽃[꼳]	쫓다[쫃따]
솥[솓]	뱉다[밷: 따]	앞[압]	덮다[덥따]	

㉢ 겹받침 'ㄳ', 'ㄵ', 'ㄼ, ㄽ, ㄾ', 'ㅄ'은 어말 또는 자음 앞에서 각각 [ㄱ, ㄴ, ㄹ, ㅂ]으로 발음한다. 〈표준 발음법 10항〉

넋[넉]	넋과[넉꽈]	앉다[안따]	여덟[여덜]	넓다[널따]
외곬[외골]	핥다[할따]	값[갑]	없다[업: 따]	

다만, '밟-'은 자음 앞에서 [밥]으로 발음하고, '넓-'은 다음과 같은 경우에 [넙]으로 발음한다.

밟다[밥: 따]	밟소[밥: 쏘]	밟지[밥: 찌]	밟는[밥: 는→밤: 는]
밟게[밥: 께]	밟고[밥: 꼬]	넓-죽하다[넙쭈카다]	넓-둥글다[넙뚱글다]

㉣ 겹받침 'ㄺ, ㄻ, ㄿ'은 어말 또는 자음 앞에서 각각 [ㄱ, ㅁ, ㅂ]으로 발음한다. 〈표준 발음법 제11항〉

닭[닥]	흙과[흑꽈]	맑다[막따]	늙지[늑찌]	삶[삼:]
젊다[점: 따]	읊고[읍꼬]	읊다[읍따]		

다만, 용언의 어간 말음 'ㄺ'은 'ㄱ' 앞에서 [ㄹ]로 발음한다.

맑게[말께]	묽고[물꼬]	얽거나[얼꺼나]

㉤ 받침 'ㅎ'의 발음은 다음과 같다. 〈표준 발음법 제12항〉

ⓐ 'ㅎ(ㄶ, ㅀ)' 뒤에 'ㄱ, ㄷ, ㅈ'이 결합되는 경우에는, 뒤 음절 첫소리와 합쳐서 [ㅋ, ㅌ, ㅊ]으로 발음한다.

놓고[노코]	좋던[조: 턴]	쌓지[싸치]	많고[만: 코]	않던[안턴]
닳지[달치]				

ⓑ 받침 뒤 음절 첫소리 'ㅎ'과 결합되는 경우에도, 역시 두 음을 합쳐서 [ㅋ, ㅌ, ㅍ, ㅊ]으로 발음한다.

각하[가카]	먹히다[머키다]	밝히다[발키다]	맏형[마텽]
좁히다[조피다]	넓히다[널피다]	꽂히다[꼬치다]	앉히다[안치다]

ⓒ 규정에 따라 'ㄷ'으로 발음되는 'ㅅ, ㅈ, ㅊ, ㅌ'의 경우에도 이에 준한다.

옷 한 벌[오탄벌]	낮 한때[나탄때]	꽃 한 송이[꼬탄송이]
숱하다[수타다]		

ⓓ 'ㅎ(ㄶ, ㅀ)' 뒤에 'ㅅ'이 결합되는 경우에는, 'ㅅ'을 [ㅆ]으로 발음한다.

닿소[다쏘]	많소[만ː쏘]	싫소[실쏘]

다만, 'ㄶ, ㅀ' 뒤에 'ㄴ'이 결합되는 경우에는, 'ㅎ'을 발음하지 않는다.

않네[안네]	않는[안는]	뚫네[뚤네→뚤레]	뚫는[뚤는→뚤른]

ⓔ 'ㅎ(ㄶ, ㅀ)' 뒤에 모음으로 시작된 어미나 접미사가 결합되는 경우에는, 'ㅎ'을 발음하지 않는다.

낳은[나은]	놓아[노아]	많아[마ː나]	않은[아는]
닳아[다라]	싫어도[시러도]		

ⓗ 겹받침이 모음으로 시작된 조사나 어미, 접미사와 결합되는 경우에는, 뒤엣것만을 뒤 음절 첫소리로 옮겨 발음한다.(이 경우, 'ㅅ'은 된소리로 발음함.)〈표준 발음법 제14항〉

넋이[넉씨]	앉아[안자]	닭을[달글]	젊어[절머]	곬이[골씨]
핥아[할타]	읊어[을퍼]	값을[갑쓸]	없어[업ː써]	

ⓢ 받침 뒤에 모음 'ㅏ, ㅓ, ㅗ, ㅜ, ㅟ'들로 시작되는 실질 형태소가 연결되는 경우에는, 대표음으로 바꾸어서 뒤 음절 첫소리로 옮겨 발음한다.〈표준 발음법 제15항〉

밭 아래[바다래]	늪 앞[느밥]	젖어미[저더미]	맛없다[마덥따]
겉옷[거돋]	헛웃음[허두슴]	꽃 위[꼬뒤]	

다만, '맛있다, 멋있다'는 [마싣따], [머싣따]로도 발음할 수 있다. 겹받침의 경우에는, 그 중 하나만을 옮겨 발음한다.

넋 없다[너겁따]	닭 앞에[다가페]	값어치[가버치]	값있는[가빈는]

◎ 한글 자모의 이름은 그 받침소리를 연음하되, 'ㄷ, ㅈ, ㅊ, ㅋ, ㅌ, ㅍ, ㅎ'의 경우에는 특별히 다음과 같이 발음한다.〈표준 발음법 제16항〉

디귿이[디그시]	디귿을[디그슬]	디귿에[디그세]
지읒이[지으시]	지읒을[지으슬]	지읒에[지으세]
치읓이[치으시]	치읓을[치으슬]	치읓에[치으세]
키읔이[키으기]	키읔을[키으글]	키읔에[키으게]
티읕이[티으시]	티읕을[티으슬]	티읕에[티으세]
피읖이[피으비]	피읖을[피으블]	피읖에[피으베]
히읗이[히으시]	히읗을[히으슬]	히읗에[히으세]

(2) 형태에 관한 것

① 사이시옷의 첨가〈맞춤법 제30항〉, 〈표준발음법 제29, 30항〉 : 사이시옷은 다음과 같은 경우에 받치어 적는다.

　㉠ 순 우리말로 된 합성어로서 앞말이 모음으로 끝난 경우

　　ⓐ 뒷말의 첫소리가 된소리로 나는 것

고랫재	귓밥	나룻배	나뭇가지	냇가	댓가지
뒷갈망	맷돌	머릿기름	모깃불	못자리	바닷가
뱃길	볏가리	부싯돌	선짓국	쉿조각	아랫집
우렁잇속	잇자국	잿더미	조갯살	찻집	쳇바퀴
킷값	핏대	햇볕	횃바늘		

　　ⓑ 뒷말의 첫소리 'ㄴ, ㅁ' 앞에서 'ㄴ' 소리가 덧나는 것

멧나물	아랫니	텃마당	아랫마을	뒷머리	잇몸
깻묵	냇물	빗물			

　　ⓒ 뒷말의 첫소리 모음 앞에서 'ㄴㄴ'소리가 덧나는 것

도리깻열	뒷윷	두렛일	뒷일	뒷입맛	베갯잇
욧잇	깻잎	나뭇잎댓잎			

　㉡ 순 우리말과 한자어로 된 합성어로서 앞말이 모음으로 끝난 경우

　　ⓐ 뒷말의 첫소리가 된소리로 나는 것

귓병	머릿방	뱃병	봇둑	사잣밥	샛강
자릿세	전셋집	찻잔	핏기	찻종	촛국
콧병	탯줄	텃세	햇수	횟가루	횟배

ⓑ 뒷말의 첫소리 'ㄴ, ㅁ' 앞에서 'ㄴ' 소리가 덧나는 것

곗날	제삿날	훗날	툇마루	양칫물

ⓒ 뒷말의 첫소리 모음 앞에서 'ㄴㄴ' 소리가 덧나는 것

가욋일	사삿일	예삿일	훗일

ⓓ 두 음절로 된 다음 한자어

곳간(庫間)	셋방(貰房)	숫자(數字)	찻간(車間)	툇간(退間)	횟수(回數)

② 어간과 어미의 구별〈맞춤법 제15항〉: 용언의 어간과 어미는 구별하여 적는다.

　㉠ 두 개의 용언이 어울려 한 개의 용어가 될 적에, 앞말의 본뜻이 유지되고 있는 것은 그 원형을 밝히어 적고, 그 본뜻에서 멀어진 것은 밝히어 적지 아니한다.

　　예 드러나다, 사라지다, 쓰러지다 등

　㉡ 종결형에서 사용되는 어미 '-오'는 '요'로 소리 나는 경우가 있더라도 그 원형을 밝혀 '오'로 적는다.

　　　POINT tip '-었', '-겠' 뒤에는 '-소', 존대의 의미가 있으면 '-요'로 적는다.

③ 어근, 어간과 접미사의 구별

　㉠ 어간에 '-이'나 '-음/-ㅁ'이 붙어서 명사로 된 것과 '-이'나 '-히'가 붙어서 부사로 된 것은 그 어간의 원형을 밝히어 적는다. 그 외에는 원형을 밝혀 적지 아니한다.〈맞춤법 제19항, 20항〉

　　예 길이, 걸음, 같이, 익히 등

　　다만, 어간에 '-이'나 '-음'이 붙어서 명사로 바뀐 것이라도 그 어간의 뜻과 멀어진 것은 그 원형을 밝히어 적지 아니한다.

굽도리	다리[髢]	목거리(목병)	무녀리	코끼리	거름[비료]
고름[膿]	노름(도박)				

　㉡ 명사나 혹은 용언의 어간 뒤에 자음으로 시작된 접미사가 붙어서 된 말은 그 명사나 어간의 원형을 밝히어 적는다.〈맞춤법 제21항〉

　　다만, 다음과 같은 말은 소리대로 적는다.

　　ⓐ 겹받침의 끝소리가 드러나지 아니하는 것

할짝거리다	널따랗다	널찍하다	말끔하다	말쑥하다	말짱하다
실쭉하다	실큼하다	얄따랗다	얄팍하다	짤따랗다	짤막하다

ⓑ 어원이 분명하지 아니하거나 본뜻에서 멀어진 것

넙치	올무	골막하다	납작하다

ⓒ 용언의 어간에 다음과 같은 접미사들이 붙어서 이루어진 말들은 그 어간을 밝히어 적는다.
〈맞춤법 제22항〉 (피동, 사동 접사로 의미가 살아 있어야 하기 때문)
  ⓐ '-기-, -리-, -이-, -히-, -구-, -우-, -추-, -으키-, -이키-, -애-'가 붙는 것
    다만, '-이-, -히-, -우-'가 붙어서 된 말이라도 본뜻에서 멀어진 것은 소리대로 적는다.

도리다(칼로 ～)	드리다(용돈을 ～)	바치다(세금을 ～)	부치다(편지를 ～)

  ⓑ '-치-, -뜨리-, -트리-'가 붙는 것

놓치다	덮치다	떠받치다
받치다	밭치다	부딪치다
뻗치다	엎치다	부딪뜨리다/부딪트리다
쏟뜨리다/쏟트리다	젖뜨리다/젖트리다	찢뜨리다/찢트리다
흩뜨리다/흩트리다		
(뜨리/트리는 복수 표준어로 의미 강조)		

[참고] '-업-, -읍-, -브-'가 붙어서 된 말은 소리대로 적는다.
    예 미덥다, 우습다, 미쁘다 등

ⓓ '-하다'나 '-거리다'가 붙는 어근에 '-이'가 붙어서 명사가 된 것은 그 원형을 밝히어 적는다.
    [참고] '-하다'나 '-거리다'가 붙을 수 없는 어근에 '-이'나 또는 다른 모음으로 시작되는 접미
사가 붙어서   명사가 된 것은 그 원형을 밝히어 적지 아니한다.

개구리	귀뚜라미	기러기	깍두기	꽹과리	날라리
누더기	동그라미	두드러기	딱따구리	매미	부스러기
뻐꾸기	얼루기	칼싹두기			

ⓔ '-거리다'가 붙을 수 있는 시늉말 어근에 '-이다'가 붙어서 된 용언은 그 어근을 밝히어 적는
다. 〈맞춤법 제24항〉

ⓕ '-하다'가 붙는 어근에 '-히'나 '-이'가 붙어서 부사가 되거나 부사에 '-이'가 붙어서 뜻을 더하
는 경우에는 그 어근이나 부사의 원형을 밝히어 적는다. 〈맞춤법 제25항〉
  ⓐ '-하다'가 붙는 어근에 '-히'나 '-이'가 붙는 경우
    예 급히, 꾸준히, 도저히, 딱히, 어렴풋이, 깨끗이 등
    [참고] '-하다'가 붙지 않는 경우에는 반드시 소리대로 적는다.
    예 갑자기, 반드시(꼭), 슬며시 등

ⓑ 부사에 '-이'가 붙어서 역시 부사가 되는 경우

　🄬 곰곰이, 더욱, 생긋이, 오뚝이, 일찍이, 해죽이 등

④ **어미(조사) 구별**

ㄱ '-더라, -던'과 '-든지'는 다음과 같이 적는다.

ㄴ 지난 일을 나타내는 어미는 '-더라, -던'으로 적는다.

ㄷ 어느 것이나 상관없는 선택의 의미는 '(-)든지'로 적는다.

⑤ **혼동되는 준말 표기**

ㄱ 모음 'ㅗ, ㅜ'로 끝난 어간에 '-아/-어, -았-/-었-'이 어울려 'ㅘ/ㅝ, ㅘ/ㅝ'

[참고] '놓아'가 '놔'로 줄 적에는 ㅎ탈락

[참고] 'ㅚ' 뒤에 '-어, -었-'이 어울려 'ㅙ, ㅙ'으로 될 적에도 준 대로 적는다.

본말	준말	본말	준말	본말	준말	본말	준말
괴어	괘	괴었다	괬다	되어	돼	되었다	됐다
뵈어	봬	뵈었다	뵀다	쇠어	쇄	쇠었다	쇘다
쐬어	쐬	쐬었다	쐤다				

ㄴ 'ㅣ' 뒤에 '-어'가 와서 'ㅕ'

ㄷ 'ㅏ, ㅕ, ㅗ, ㅜ, ㅡ'로 끝난 어간에 '-이-'가 와서 각각 'ㅐ, ㅖ, ㅚ, ㅟ, ㅢ'

ㄹ 'ㅏ, ㅗ, ㅜ, ㅡ' 뒤에 '-이어'가 어울려 줄어질 적에는 준 대로 적는다.

이미 '-지' 뒤에 '않-'이 어울려 '-잖-'이 될 적과 '-하지' 뒤에 '않-'이 어울려 '찮-'이 될 적에는 준 대로 적는다.

(3) 띄어쓰기 정리

① **조사** : 조사는 그 앞말에 붙여 쓴다. 〈맞춤법 제41항〉

② **의존 명사, 단위를 나타내는 명사 및 열거하는 말 등**

ㄱ 의존 명사는 띄어 쓴다. 〈맞춤법 제 42항〉

ㄴ 단위를 나타내는 명사는 띄어 쓴다. 〈맞춤법 제43항〉

한 개	차 한 대	금 서 돈	소 한 마리
옷 한 벌	열 살	조기 한 손	연필 한 자루
버선 한 죽	집 한 채	신 두 켤레	북어 한 쾌

다만, 순서를 나타내는 경우나 숫자와 어울리어 쓰이는 경우에는 붙여 쓸 수 있다.

두시 삼십분 오초	제일과	삼학년	육층
1446년 10월 9일	2대대	16동 502호	제1실습실

ⓒ 수를 적을 적에는 '만(萬)' 단위로 띄어 쓴다. 〈맞춤법 제44항〉

십이억 삼천사백오십육만 칠천팔백구십팔
12억 3456만 7898

ⓔ 두 말을 이어 주거나 열거할 적에 쓰이는 다음의 말들은 띄어 쓴다. 〈맞춤법 제45항〉

국장 겸 과장	열 내지 스물	청군 대 백군	책상, 걸상 등이 있다.
이사장 및 이사들	사과, 배, 귤 등등	사과, 배 등속	부산, 광주 등지

ⓜ 단음절로 된 단어가 연이어 나타날 적에는 붙여 쓸 수 있다. 〈맞춤법 제46항〉

그때 그곳	좀더 큰것	이말 저말	한잎 두잎

③ **보조 용언** : 보조 용언은 띄어 씀을 원칙으로 하되, 경우에 따라 붙여 씀도 허용한다. 〈맞춤법 제47항〉
다만, 앞말에 조사가 붙거나 앞말이 합성 동사인 경우, 그리고 중간에 조사가 들어갈 적에는 그 뒤에 오는 보조 용언은 띄어 쓴다.

잘도 놀아만 나는구나!	책을 읽어도 보고…	(조사)
네가 덤벼들어 보아라.	강물에 떠내려가 버렸다.	(합성동사)
그가 올 듯도 하다.	잘난 체를 한다.	(조사)

④ **고유 명사 및 전문 용어**
  ㉠ 성과 이름, 성과 호 등은 붙여 쓰고, 이에 덧붙는 호칭어, 관직명 등은 띄어 쓴다. 〈맞춤법 제48항〉
  다만, 성과 이름, 성과 호를 분명히 구분할 필요가 있을 경우에는 띄어 쓸 수 있다.

남궁억/남궁 억	독고준/독고 준	황보지봉(皇甫芝峰)/황보 지봉

  ㉡ 고유 명사, 전문용어는 단어별로 띄어 씀을 원칙으로 하되, 단위별로 띄어 쓸 수 있다. 〈맞춤법 제49항, 50항〉 (띄어 씀 원칙으로 하고, 붙여 씀 허용함.)

3 **방언**

(1) 방언의 종류

지역적으로 격리되어 원래의 언어와 다르게 사용되는 지역 방언과 사회·계층적으로 분화된 사회 방언이 있다.

(2) 방언의 기능

① 표준어 제정의 기준이 된다.

② 국어의 여러 특성이 드러나 연구 자료가 된다.

③ 같은 방언을 사용하는 사람들 사이에 친밀감을 형성한다.

④ 문화적 풍습이나 전통을 이해하는데 도움을 준다.

출제예상문제

객관식

1 다음 중 표준어의 기능이 아닌 것은?

① 통일의 기능
② 구분의 기능
③ 우월의 기능
④ 준거의 기능

ADVICE >> 표준어의 기능으로는 통일의 기능, 분리(독립)의 기능, 우월의 기능, 준거의 기능이 있다.

2 다음의 설명으로 적절한 것은 고르시오.

> 표준어는 그 언어를 사용하는 집단의 언어규범이므로, 그 언중(言衆)은 규범에 따라야 할 필요성이 있다.

① 통일의 기능
② 객관의 기능
③ 우월의 기능
④ 준거의 기능

ADVICE >> '준거'는 어떤 판단의 기준이나 근거를 의미한다.

3 다음 중 표준어의 조건으로 적절하지 않은 것은?

① 시대
② 집단
③ 연령
④ 지역

ADVICE >> 표준어는 교양 있는 사람들이 두루 쓰는 현대 서울말이다.

ANSWER 1.② 2.④ 3.③

4 다음 중 표준어 사용의 장점이 아닌 것은?

① 정확한 의사소통이 가능하다.
② 국민의 통합과 단결에 도움이 된다.
③ 지역적 정서를 담아 생생하게 표현할 수 있다.
④ 외국인에게 공용어로서의 한국어를 가르칠 수 있다.

ADVICE 》 지역적 정서 표현은 방언의 기능이다.

5 밑줄 친 부분의 표기가 바르지 않은 것은?

① 일에 지쳤는지 그의 얼굴이 오늘따라 <u>핼쓱해</u> 보였다.
② 오늘 <u>등굣길에</u> 영어 선생님을 만났다.
③ 성미 급한 김 대감은 죄 없는 하인들만 <u>닦달하였다</u>.
④ 김 씨 부부는 <u>늘그막에</u> 얻은 딸을 애지중지하였다.

ADVICE 》 '핼쑥하다'가 표준어이다.

6 다음 중 복수 표준어의 짝이 아닌 것은?

① 소고기 – 쇠고기
② 우레 – 천둥
③ 넝쿨 – 덩굴
④ 아지랑이 – 아지랭이

ADVICE 》 '아지랑이'가 표준어이다.

7 다음의 맞춤법 규정에 따라 된소리 표기를 인정한 것이 아닌 것은?

> 한 단어 안에서 뚜렷한 까닭 없이 나는 된소리는 다음 음절의 첫소리를 된소리로 적는다.

① 해쓱하다   ② 갑짜기
③ 엉뚱하다   ④ 몽땅

ADVICE >> 'ㄱ, ㅂ' 받침 뒤에서 나는 된소리는 같은 음절이나 비슷한 음절이 겹쳐 나는 경우가 아니면 된소리로 적지 아니한다.
　　　🔲 국수, 깍두기, 딱지, 색시, 법석, 갑자기, 몹시

8 다음 중 발음은 된소리, 표기는 예사소리로 나는 것을 고른 것은?

> ㉠ 몰상식   ㉡ 불세출
> ㉢ 허허실실   ㉣ 절절하다

① ㉠㉡   ② ㉠㉢
③ ㉡㉢   ④ ㉡㉣

ADVICE >> 같은 한자가 겹쳐진 단어의 경우에는 된소리로 발음하지 않는다.
　　　㉠ 몰상식[몰쌍식]
　　　㉡ 불세출[불쎄출]
　　　㉢ 허허실실[허허실실]
　　　㉣ 절절하다[절절하다]

9 다음 중 양성모음이 음성모음으로 바뀌어 굳어져 음성모음 형태를 표준어로 삼은 단어가 아닌 것은?

① 깡충깡충   ② 오뚝이
③ 부주   ④ 뻗정다리

ADVICE >> ③ 부조(扶助), 사돈(査頓), 삼촌(三寸) 등과 같이 어원 의식이 강하게 작용하는 단어는 양성모음 형태를 그대로 표준어로 삼는다.

10 다음 중 그 발음이 바르지 않은 것은?

① 닭다[닥다] ② 빗다[빗다]
③ 꽃[꼳] ④ 덮다[덥다]

ADVICE 〉〉 국어의 받침소리로는 'ㄱ, ㄴ, ㄷ, ㄹ, ㅁ, ㅂ, ㅇ'의 7자음만 발음한다.
② 빗다[빋다]

11 다음 중 사이시옷을 받치어 적는 경우로 그 성격이 다른 하나는?

① 잇자국 ② 아랫마을
③ 귓병 ④ 조갯살

ADVICE 〉〉 ①②④ 순 우리말로 된 합성어로서 앞말이 모음으로 끝나는 경우
③ 순 우리말과 한자어로 된 합성어로서 앞말이 모음으로 끝나는 경우

12 다음 중 본말과 준말이 바르게 연결된 것은?

① 괴었다 – 굈다 ② 놓아 – 낳
③ 씌어 – 쒜 ④ 쇠었다 – 쇘다

ADVICE 〉〉 ① 괴었다 – 괬다
② 놓아 – 놔
③ 씌어 – 쐬

13 다음 중 띄어쓰기가 바르지 않은 것은?

① 잘도 놀아만 나는구나. ② 강물에 떠내려가 버렸다.
③ 책상, 걸상등이 있다. ④ 잘난 체를 한다.

ADVICE 〉〉 두 말을 이어주거나 열거할 때 쓰는 '겸, 내지, 대, 등, 및' 등의 말들은 띄어 쓴다.
③ 책상, 걸상 등이 있다.

Answer   10.②   11.③   12.④   13.③

14 방언의 기능에 대한 설명으로 옳지 않은 것은?

① 표준어 제정의 기준이 된다.

② 국어의 여러 특성을 연구하는 자료가 된다.

③ 같은 방언을 사용하는 사람 사이에 친밀감을 형성한다.

④ 문화적 풍습이나 전통에 대한 이해를 저해한다.

ADVICE ›› ④ 방언은 우리 민족의 문화적 풍습이나 전통을 이해하는 데 도움을 준다.

15 다음 중 그 범주가 다른 하나는?

① 전라도 사투리　　　　　　② 10대 언어

③ 군인 언어　　　　　　　　④ 궁중 언어

ADVICE ›› ① 지역 방언
　　　　②③④ 사회 방언

1 다음은 우리나라 표준어 규정 제1장 총칙 제1항이다. 괄호 안에 들어갈 말을 차례대로 쓰시오.

> 표준어는 (   ) 있는 사람들이 두루 쓰는 현대 (   )로 정함을 원칙으로 한다.

2 표준어는 각기 다른 방언에 대한 기준이나 규범이 된다. 이는 표준어의 어떤 기능인가?

3 방언의 장점에 대해 간략히 설명하시오.

4 다음 중 표준어인 것을 모두 고르시오.

> 살쾡이, 강남콩, 네째, 아지랑이, 또아리, 막대기

Answer

1. 교양, 서울말
2. 준거의 기능
3. 국어의 여러 특성이 드러나 연구 자료가 되며, 문화적 풍습이나 전통을 이해하는 일에 도움이 된다. 또한 같은 방언을 사용하는 사람들 사이에 친밀감을 형성할 수 있다.
4. 살쾡이, 아지랑이, 막대기

언어예절

CHAPTER

CHAPTER 04

1 높임 표현

(1) 상대 높임법

국어에서 가장 발달한 높임법으로 화자가 청자에 대하여 높이거나 낮추어 말하는 방법이다. 상대 높임법은 크게 격식체와 비격식체로 나뉜다.

구분	격식체				비격식체	
	해라체	하게체	하오체	합쇼체	해	해요
평서형	-(는/ㄴ)다.	-네.	-오.	-(ㅂ니)다.	-어.	-어요.
의문형	-(느)냐?	-(느)ㄴ가?	-오?	-(ㅂ니)까?	-어?	-어요?
감탄형	-(는)구나!	-(는)구먼!	-(는)구료!	※(빈칸)	-어!	-어요!
명령형	-어라.	-게.	-오.	-(ㅂ)시오.	-어.	-어요.
청유형	-자.	-세.	※(빈칸)	-(ㅂ)시다.	-어.	-어요.

POINT ◑ 격식체는 의례적 용법으로 심리적인 거리감을 나타내며, 비격식체는 가까운 사이에서 격식을 덜 차리는 표현이다.

(2) 주체 높임법

주체 높임법은 서술어의 행위자를 높이는 방법이다. 주체 높임 선어말 어미 '-(으)시', 부수적으로 주격조사 '이/가' 대신 '께서'가 쓰이기도 하고 주어 명사에 접사'-님'이 덧붙기도 한다. 그리고 몇 개의 특수한 어휘로 실현된다.

　예 아버지가 밥을 먹는다
　　아버지께서 밥을 먹는다.(조사)
　　아버지께서 진지를 먹는다.(특수어휘)
　　아버지께서 진지를 드신다.(주체 높임 선어말 어미)

(3) 객체 높임법

객체 높임법은 서술어의 대상을 높이는 방법이다. 특수 어휘와 조사 '에게' 대신 '께'를 사용하기도 한다.

> 예 나는 선생님에게 과일을 주었다.
> 나는 선생님께 과일을 주었다.(조사)
> 나는 선생님께 과일을 드렸다.(특수어휘)

2 주의해야 할 높임 표현

(1) 간접높임

높여야 할 주체가 주어와 관련을 맺는 사물이나, 사람 신체 일부분이나 생각 등의 경우 사용한다. 단 '계시다'와 같이 주체높임을 실현하는 특수어휘는 사용하지 않는다.

> 예 선생님은 따님이 있으시다.

(2) 압존법

청자가 행위의 주체보다 높을 때, 주어를 높이지 않는다.

> 예 할아버지, 아버지가 왔어요.

(3) 용언이 이어 사용될 때는 마지막 용언에만 사용하는 것이 자연스럽다.

> 예 아버지께서 책을 읽으시고 계십니다.(읽고)

(4) '나라'와 같이 자신이 대표될 수 없거나, 모두의 소유일 때는 낮추지 않는다.

3   **직장이나 사회에서의 경어법**

(1) 동료에 관하여

동료에 관해서 말할 때는 선어말 어미 '−시'를 사용하지 않는 것이 일반적이나, 나이가 많을 때에는 사용할 수 있다.

(2) 윗사람에 대하여

상급자에 대해서 말할 때는 선어말 어미 '−시'를 사용하는 일반적이다.

(3) 거래처 사람과 말할 때

① 말하고자 하는 사람이 화자보다 아랫사람일 때는 '−시'를 쓰지 않는다.

② 말하고자 하는 사람이 화자보다 윗사람일 때는 청자와 관계없이 '−시'를 사용한다.

③ 직급이 있거나 어느 정도 대우를 해야 할 필요가 있을 때에는 청자에 낮거나 같을 때 '−시'를 사용하고, 높을 때는 사용하지 않는다.

(4) 아랫사람과 대화할 때

일반적으로 해요체를 쓰지만, 친근하거나 아주 어릴 때는 하게체를 사용할 수 있다.

출제예상문제

📖 객관식

1 다음 중 높임 표현이 적절하지 않은 것은?

① 사장님께서는 딸이 둘이시다.
② (아버지가 아들에게) 철수야 할아버지께 보약을 부쳐드렸니?
③ (며느리가 시아버지께) 아버님 아범은 아직 오지 않았습니다.
④ 교장 선생님의 말씀이 계시겠습니다.

ADVICE ≫ 높임의 대상이 '교장 선생님의 말씀'이므로 사람에게 사용하는 '계시다'를 사용해선 안 된다.

2 다음 중 높임의 종류가 다른 하나는?

① 어머니께서 가방을 들고 가셨다.
② 선생님께서 책을 읽으신다.
③ 이 서류를 선생님께 드려라.
④ 아버지께서 진지를 잡수신다.

ADVICE ≫ ①②④ 주체 높임법
③ 객체 높임법

3 다음 중 격식체가 아닌 것은?

① 해요체　　　　　　　　　　② 해라체
③ 하게체　　　　　　　　　　④ 합쇼체

ADVICE >> 상대높임법
　　　⊙ 격식체 : 해라체, 하게체, 하오체, 합쇼체
　　　⊙ 비격식체 : 해체, 해요체

4 다음 중 압존법이 가장 바르게 쓰인 것은?

① 할머니, 어머니가 오시라고 했습니다.
② 할머니, 어머니가 오시라고 하셨습니다.
③ 할머니, 어머니께서 오라고 했습니다.
④ 할머니, 어머니께서 오시라고 했습니다.

ADVICE >> 압존법은 청자가 문장의 주체보다 높을 때, 비록 화자가 문장의 주체보다 낮더라도 주체를 높이지 않을 때 사용하는 표현이다. 따라서 청자인 할머니가 문장의 주체인 어머니보다 높기 때문에, 비록 화자가 어머니보다 낮더라도 어머니를 높이지 않는다.

5 다음 대화에서 높임 표현이 잘못된 부분은?

> 강호 : 선배님, ⊙ <u>오랜만에 뵙습니다</u>. 그 동안 별 일 없으셨죠?
> 민식 : 뭐 늘 그렇지. ⊙ <u>자네도 잘 지냈는가</u>?
> 강호 : 네, 저도 별 일 없이 지냅니다. 아, 참! 선배님 얼마 전 결혼한 ⊙ <u>따님이 계셨죠</u>?
> 민식 : 그 날 결혼식에 와 줘서 ⊙ <u>고마웠다네</u>.

① ⊙　　　　　　　　　　② ⊙
③ ⊙　　　　　　　　　　④ ⊙

ADVICE >> ③ 따님이 계셨죠? → 따님이 있으셨죠?
　　　※ 간접 높임 … 높이려는 대상의 신체 부분, 소유물, 생각 등과 관련된 서술어에 '-(으)시-'를 사용하여 높임의 뜻을 간접적으로 실현하는 것으로, 주체를 간접적으로 높일 때에는 특수 어휘를 사용하지 않는다.

ANSWER　3.① 4.① 5.③

1 객체 높임법을 실현하는 특수어휘의 예를 3가지 이상 쓰시오.

2 다음 문장을 상대 높임법을 활용하여 명령형으로 활용하시오.

> (장인이 사위에게) 자네, 오늘 산에 좀 가세.

3 압존법에 대해 간략히 설명하시오.

4 다음 문장에서 높임 표현이 잘못된 어절을 쓰시오.

> 저희 나라에 오신 것을 환영합니다.

Answer

1. 드리다, 여쭙다, 계시다, 뵙다 등
2. 자네, 오늘 산에 좀 가게.
3. 압존법은 청자가 행위의 주체보다 높을 때, 비록 화자보다 행위의 주체가 높더라도 주체를 높이지 않는 것을 말한다. 예를 들어 '할아버지, 아버지가 왔어요.'처럼 청자인 할아버지가 행위의 주체인 아버지보다 높기 때문에 아버지를 높이지 않는 것이다.
4. 저희

올바른 국어 사용

CHAPTER 05

1 어휘

(1) 국어의 어휘적 특징

① 국어는 고유어, 한자어, 외래어로 이루어져 있다.

　㉠ **고유어** : 우리 민족의 문화나 정서를 반영하며, 특히 감각어와 상징어가 발달해 있다.

　㉡ **한자어** : 한자를 바탕으로 만들어진 어휘이며, 우리 스스로 만든 말, 중국에서 들여온 말, 일본식 한자어 등이 있다. 한자어는 추상어로 고유어에 대하여 분화된 의미를 가지며, 대응관계를 갖는다.

　　예 우리식 한자어 : 감기(感氣), 고생(苦生), 식구(食口)

　㉢ **외래어** : 외국에서 유입되어 완전히 우리말로 사용되는 귀화어와, 외국어 의식이 남아 있는 외래어로 나뉜다.

③ **은어와 속어** : 은어는 특정 집단이 의미를 폐쇄적으로 사용할 목적으로 만들어낸 집단어이며, 비속어는 상스럽거나 천박한 말로 비밀스러운 표현이 아니라는 점에서 은어와 구분된다.

　　예 머리 / 대가리(속어)

　　　감옥 / 학교(은어)

④ **금기어와 완곡어** : 불쾌하거나 두려운 대상을 직접적으로 지칭하지 않고, 대용어로 사용할 때 완곡어라 한다.

　　예 천연두(금기어) / 마마(완곡어), 변소(금기어) / 해우소(완곡어)

(2) 고유어

ㄱ

- 가납사니 : 쓸데없는 말을 잘하는 사람. 말다툼을 잘하는 사람
- 가늠 : 목표나 기준에 맞고 안 맞음을 헤아리는 기준. 일이 되어 가는 형편
- 가루다 : 자리를 나란히 함께 하다. 맞서 견주다.

- 가리사니 : 사물을 판단할 수 있는 지각이나 실마리
- 가말다 : 일을 잘 헤아려 처리하다.
- 가멸다 : 재산이 많고 살림이 넉넉하다.
- 가분하다 · 가붓하다 : 들기에 알맞다. (센)가뿐하다.
- 가살 : 간사하고 얄미운 태도
- 가시버시 : '부부(夫婦)'를 속되게 이르는 말
- 가시다 : 변하여 없어지다.
- 가탈 : 억지 트집을 잡아 까다롭게 구는 일. 일이 순탄하게 진행되지 못하게 방해하는 일
- 각다분하다 : 일을 해 나가기가 몹시 힘들고 고되다.
- 갈피 : 일의 갈래가 구별되는 어름
- 감바리 : 이익을 보고 남보다 앞질러서 차지하는 약은 꾀가 있는 사람
- 갑치다 : 마구 서둘거나 조르면서 귀찮게 굴다.
- 강짜를 부리다 : 샘이 나서 심술을 부리다.
- 갖바치 : 가죽신 만드는 일을 직업으로 삼는 사람
- 개골창 : 수챗물이 흐르는 작은 도랑
- 객쩍다 : 언행이 쓸데없이 실없고 싱겁다.
- 겻불 : 겨를 태우는 불
- 결딴 : 아주 망그러져 도무지 손을 쓸 수 없게 된 상태
- 고갱이 : 사물의 핵심
- 고샅 : 마을의 좁은 골목길. 좁은 골짜기의 사이
- 고즈넉하다 : 고요하고 아늑하다. 말없이 다소곳하거나 잠잠하다.
- 곱살끼다 : 몹시 보채거나 짓궂게 굴다.
- 구쁘다 : 먹고 싶어 입맛이 당기다.
- 길섶 : 길의 가장자리
- 깜냥 : 스스로 일을 헤아림. 또는 헤아릴 수 있는 능력

ㄴ

- 나래 : 배를 젓는 도구. 논밭을 고르는 데 쓰는 농기구
- 나부대다 : 조심히 있지 못하고 철없이 납신거리다.
- 남새 : 무 · 배추 따위와 같이 심어서 가꾸는 채소
- 너나들이 : 서로 너니 나니 하고 부르며 터놓고 지내는 사이
- 넌더리 : 소름이 끼치도록 싫은 생각

• 높새 : 뱃사람들이 북동풍(北東風)을 이르는 말

• 눈엣가시 : 몹시 미워 항상 눈에 거슬리는 사람. 남편의 첩을 이르는 말

• 는개 : 안개보다는 조금 굵고 이슬비보다는 가는 비. 연우(煉雨)

ㄷ

• 닦아세우다 : 남을 꼼짝 못하게 몹시 호되게 나무라다.

• 달구치다 : 꼼짝 못하게 마구 몰아치다.

• 달랑쇠 : 침착하지 못하고 몹시 까부는 사람

• 답치기 : 되는 대로 함부로 덤벼드는 짓. 생각 없이 덮어놓고 하는 짓

• 대갚음 : 남에게 받은 은혜나 원한을 그대로 갚는 일

• 대거리 : 서로 번갈아 일함

• 더펄이 : 성미가 침착하지 못하고 덜렁대는 사람. 성미가 스스럼이 없고 붙임성이 있어 꽁하지 않은 사람

• 던적스럽다 : (하는 짓이) 보기에 매우 치사스럽고 더럽다.

• 덜퍽지다 : 푸지고 탐스럽다.

• 덩저리 : 물건의 부피

• 도스르다 : 무슨 일을 하려고 벌여서 마음을 가다듬다.

• 도파니 : 죄다 몰아서

• 동가리 : 단으로 묶은 것을 동으로 쌓아 놓은 무더기

• 되지기 : ① 찬밥을 더운 밥 위에 얹어 다시 찌거나 데운 밥
　　　　　② (논밭을 헤아리는 단위인)마지기의 10분의 1

• 되통스럽다 : 하는 짓이 찬찬하지 못하고 실수를 자주 하다.

• 될성부르다 : 잘될 가망이 있다.

• 두남두다 : 편들다. 가엾게 여겨 도와주다.

• 둔치 : 물가의 언덕 또는 강이나 호수 따위의 물이 있는 곳의 가장자리

• 드레지다 : 사람의 됨됨이가 가볍지 않고 점잖아서 무게가 있다.

• 드잡이 : 서로 머리나 멱살을 움켜잡고 싸우는 짓

• 딴죽 : 씨름이나 태껸에서 발로 상대방을 넘어뜨리는 재주

• 딸깍발이 : 신이 없어 마른 날에도 나막신을 신는다는 뜻으로, 가난한 선비를 이르는 말

• 떨거지 : 일가친척에 속하는 무리나 한통속으로 지내는 사람들

• 뜨악하다 : 마음에 선뜻 내키지 않다.

ㅁ

- 마고자 : 저고리 위에 덧입는 옷
- 마뜩하다 : 제법 마음에 들다.
- 마름 : 지주의 땅을 대신 관리하는 사람
- 마수걸이 : 맨 처음으로 물건을 파는 일. 또는 거기서 얻은 소득
- 맨드리 : 옷을 입고 매만진 맵시. 물건의 만들어진 모양새
- 맵자하다 : 모양이 꼭 체격에 어울려서 맞다.
- 멧부리 : 산등성이나 산봉우리의 가장 높은 꼭대기
- 멱차다 : 더 이상 할 수 없는 한도에 이르다. 일이 끝나다.
- 모가비 : 인부나 광대 등의 우두머리. 낮은 패의 우두머리
- 모래톱 : 강가나 바닷가에 있는 모래벌판. 모래사장
- 모르쇠 : 덮어놓고 모른다고 잡아떼는 일
- 모춤하다 : (길이나 분량이)어떤 한도에 차고 좀 남다.
- 몽치 : 짤막하고 단단한 몽둥이
- 무녀리 : 태로 낳은 짐승의 맨 먼저 나온 새끼. 언행이 좀 모자란 사람
- 무람없다 : (어른에게나 친한 사이에)스스럼없고 버릇이 없다. 예의가 없다.
- 무서리 : 처음 오는 묽은 서리
- 뭉근하다 : 불이 느긋이 타거나, 불기운이 세지 않다.
- 미쁘다 : 믿음성이 있다. 진실하다.
- 미투리 : 삼·모시 따위로 삼은 신

ㅂ

- 바지춤 : 바지의 허리를 접어 여민 사이
- 바투 : 두 물체의 사이가 썩 가깝게. 시간이 매우 짧게
- 방물 : 여자에게 소용되는 화장품·바느질 기구·패물 따위
- 방자 : 남이 못되기를, 또는 남에게 재앙이 내리도록 귀신에게 비는 것
- 방짜 : 품질이 좋은 놋쇠를 부어 내어 다시 두드려 만든 놋그릇
- 버르집다 : 숨은 일을 들춰내다.
- 버름하다 : 틈이 좀 벌어져 있다. 마음이 서로 맞지 않다.
- 버슷버슷하다 : 여러 사람의 사이가 모두 서로 잘 어울리지 아니하다.
- 보습 : 쟁기에 달린 삽 모양의 쇳조각
- 부닐다 : 가까이 따르며 붙임성이 있게 굴다.

• 부대끼다 : 무엇에 시달려 괴로움을 당하다.

• 부르터나다 : 감추어져 있던 일이 드러나다.

• 부아 : 노엽거나 분한 마음

• 부전부전하다 : 남의 바쁜 사정을 생각지 아니하고 자기가 하고 싶은 일만 서두르다.

• 북새 : 많은 사람들이 아주 야단스럽게 부산을 떨며 법석이는 일

• 붙박이 : 한 곳에 고정되어 이동할 수 없게 된 사물

• 빌미 : 재앙이나 병 등의 불행이 생기는 원인

• 빌붙다 : 남의 환심을 사려고 들러붙어서 알랑거리다.

• 빙충맞다 : 똘똘하지 못하고 어리석다.

ㅅ

• 사금파리 : 사기그릇의 깨진 작은 조각

• 사위다 : 불이 다 타서 재가 되다.

• 삭정이 : 산 나무에 붙은 채 말라 죽은 가지

• 살갑다 : (집에나 세간 따위가)겉으로 보기보다 속이 너르다. 마음씨가 부드럽고 다정스럽다.

• 삼삼하다 : 잊히지 않고 눈앞에 보이는 듯 또렷하다.

• 상없다 : 보통의 이치에서 벗어나다.

• 서름하다 : 남과 가깝지 못하다. 사물에 익숙하지 못하다.

• 성기다 : 사이가 배지 않고 뜨다.

• 성마르다 : 성질이 급하고 도량이 좁다.

• 소담하다 : 음식이 넉넉하여 먹음직하다. 생김새가 탐스럽다.

• 솟보다 : 물건을 잘 살피지 않고 비싸게 사다.

• 수더분하다 : 성질이 순하고 소박하다.

• 수채 : 집 안에서 버린 허드렛물이나 빗물 따위가 흘러 나가도록 만든 시설

• 숙수그레하다 : 어떤 물건들의 크기가 별로 차이가 나지 않고 거의 고르다.

• 시렁 : 물건을 얹기 위해 두 개의 긴 나무를 건너질러 선반처럼 만든 것

• 시름없다 : 근심·걱정으로 맥이 없다. 아무 생각이 없다.

• 시쁘다 : 마음이 흡족하지 아니하다.

• 실랑이 : 남을 못 견디게 굴어 시달리게 하는 짓

• 실팍하다 : 사람이나 물건이 보기에 매우 튼튼하다.

• 싹수 : 앞으로 잘 트일 만한 낌새나 징조

• 쌩이질 : 한창 바쁠 때 쓸데없는 일로 남을 귀찮게 구는 것

ㅇ

- 아귀차다 : 뜻이 굳고 하는 일이 야무지다.
- 아기똥하다 : 말이나 행동 따위가 매우 거만하고 앙큼한 데가 있다.
- 아름드리 : 한 아름이 넘는 큰 나무나 물건
- 아스라이 : 까마득하게 멀리
- 악다구니 : 기를 써서 다투며 욕설을 하는 짓. 또는 그런 입
- 안다미 : 남이 져야 할 책임을 맡아짐
- 암상 : 남을 미워하고 샘을 잘 내는 심술
- 암팡지다 : 몸은 작아도 힘차고 다부지다.
- 앙바틈하다 : 짤막하고 딱 바라지다.
- 앙세다 : 몸은 약하여 보여도 힘이 세고 다부지다.
- 앙증하다 : 모양이 제격에 어울리지 않게 작다.
- 애면글면 : 약한 힘으로 무엇을 이루느라고 온갖 힘을 다하는 모양
- 애오라지 : 좀 부족하나마 겨우. 오로지
- 야바위 : 그럴 듯한 방법으로 남을 속여 따먹는 노름. 협잡의 수단으로 그럴 듯한 광경을 꾸미는
  일을 이르는 말
- 암생이 : 남의 물건을 조금씩 훔쳐 내는 짓
- 언거번거하다 : 말이 쓸데없이 많고 수다스럽다.
- 얼쭝거리다 : 가까이 돌며 그럴듯한 말로 자주 아첨하다.
- 에다 : 예리한 연장으로 도려내다. 마음을 몹시 아프게 하다.
- 여투다 : 물건이나 돈 따위를 아껴 쓰고 나머지를 모아 두다.
- 여울 : 강이나 바다의 바닥이 얕거나 폭이 좁아 물살이 세게 흐르는 곳
- 여의다 : 죽어서 이별하다.
- 열고나다 : 몹시 급하게 서두르다. 몹시 급한 일이 생기다.
- 열없다 : 조금 부끄럽다. 겁이 많다.
- 영절스럽다 : 그럴듯하다.
- 오금 : 무릎의 구부러지는 쪽의 관절부분
- 오달지다 : 허술한 데가 없이 야무지고 알차다.
- 오롯하다 : 모자람이 없이 완전하다.
- 오지랖 : 웃옷이나 윗도리에 입는 겉옷의 앞자락
- 올되다 : 나이보다 일찍 철이 들다. 곡식 따위가 제철보다 일찍 익다.
- 옹골지다 : 실속 있게 꽉 차다.

• 우꾼하다 : 어떤 기운이 한꺼번에 세게 일어나다. 여러 사람이 한꺼번에 소리치며 기세를 올리다.

• 으르다 : 물에 불린 곡식 따위를 방망이 같은 것으로 으깨다. 말이나 행동으로써 위험하다.

• 이드거니 : 충분한 분량으로 만족스러운 모양

ㅈ

• 자깝스럽다 : 어린아이가 마치 어른처럼 행동하거나, 젊은 사람이 지나치게 늙은이의 흉내를 내어 깜찍한 데가 있다.

• 자닝하다 : 모습이나 처지 따위가 참혹하여 차마 볼 수 없다.

• 자리끼 : 밤에 마시려고 잘 자리의 머리맡에 준비해 두는 물

• 자발없다 : 참을성이 없고 경솔하다. '자발머리없다'라고도 함

• 잔질다 : 마음이 굳세지 못하고 약하다. 하는 짓이 잘고 다랍다.

• 잣다 : 물레를 돌려 실을 뽑다.

• 장돌림 : 각 처의 장으로 돌아다니며 물건을 파는 장수. 장돌뱅이

• 재다 : 동작이 굼뜨지 아니하다.

• 재바르다 : 동작 따위가 재고 빠르다. '재빠르다'보다 여린 느낌을 준다.

• 재우치다 : 빨리 하도록 재촉하다.

• 적바르다 : 모자라지 않을 정도로 겨우 어떤 수준에 미치다.

• 주저리 : 너저분한 물건이 어지럽게 매달리거나 또는 한데 묶여진 것

• 주접 : 사람이나 생물이 탈이 생기거나 하여 제대로 자라지 못하는 일

• 지질하다 : 보잘것없고 변변하지 못하다.

• 지청구 : 아랫사람의 잘못을 꾸짖는 말 또는 까닭 없이 남을 탓하고 원망함

• 짜장 : 과연. 정말로

ㅊ

• 천둥벌거숭이 : 두려운 줄 모르고 함부로 날뛰기만 하는 사람

• 초라떼다 : 격에 맞지 않는 짓이나 차림새로 말미암아 창피를 당하다.

• 추레하다 : 겉모양이 허술하여 보잘 것 없다. 생생한 기운이 없다.

• 추렴 : 모임이나 놀음의 비용으로 각자가 얼마씩 내어 거둠. '출렴(出斂)'에서 나온 말

• 치레 : 잘 매만져서 모양을 내는 일

• 치신없다 : 몸가짐이 경망스러워 위신이 없다.

• 칠칠하다 : 잘 자라서 길다. 주접이 들지 아니하고 깨끗하다. 일의 솜씨가 능란하고 빠르다.

ㅋ

- 켜 : 물건을 포개어 놓은 층
- 켕기다 : 팽팽하게 되다. 불안하고 두려워지다.
- 코뚜레 : 소의 코를 뚫어서 꿰는 고리 모양의 나무
- 콩켸팥켸 : 사물이 마구 뒤섞여 뒤죽박죽된 것을 가리키는 말
- 쾌 : 북어 스무 마리를 한 단위로 세는 말. 지난날 엽전 열 냥을 한 단위로 세던 말

ㅌ

- 타끈하다 : 인색하고 욕심이 많다.
- 타래버선 : 들 전후의 어린아이들이 신는 누비버선의 한 가지
- 타울거리다 : 뜻한 바를 이루려고 애를 쓰다.
- 터럭 : 사람이나 짐승의 몸에 난 길고 굵은 털
- 투미하다 : 어리석고 둔하다.
- 튼실하다 : 튼튼하고 실하다.
- 틀수하다 : 성질이 넓고 깊다.
- 틀스럽다 : 겉모양이 듬직하고 위엄이 있다.
- 틈서리 : 틈이 난 부분의 가장자리

ㅍ

- 파임내다 : 일치된 의논에 대해 나중에 딴소리를 하여 그르치다.
- 판들다 : 가진 재산을 함부로 써서 죄다 없애다.
- 푸네기 : 가까운 제살붙이
- 푸닥거리 : 무당이 하는 굿
- 푸접 : 남에게 인정이나 붙임성, 포용성 따위를 가지고 대하는 성질
- 푸지다 : 넉넉하고 푸짐하다.
- 푼더분하다 : 얼굴이 두툼하여 탐스럽다. 여유가 있고 넉넉하다.
- 푼푼하다 : 모자람이 없이 넉넉하다.
- 풀무 : 불을 피울 때 바람을 일으키는 기구

ㅎ

- 하냥다짐 : 일이 잘 안 되는 경우에는 목을 베는 형벌이라도 받겠다는 다짐
- 하늬 : 농가나 어촌에서 '서풍(西風)'을 이르는 말
- 하릅 : 소 · 말 · 개 등의 한 살 된 것

- 하리놀다 : 윗사람에게 남을 헐뜯어 일러바치다.
- 하리다 : 마음껏 사치를 하다. 매우 아둔하다.
- 하리들다 : 일이 되어 가는 중간에 방해가 생기다.
- 하릴없다 : 어찌 할 도리가 없다. 조금도 틀림이 없다.
- 하비다 : 손톱이나 날카로운 물건으로 긁어 파다. 남의 결점을 들추어내서 헐뜯다.
- 한풀 : 어느 정도의 끈기나 기세
- 함진아비 : 혼인 전에 신랑 측에서 신부 측에 보내는 함을 지고 가는 사람
- 함초롬하다 : 젖거나 서려 있는 모양이나 상태가 가지런하고 차분하다.
- 행짜 : 심술을 부려 남을 해치는 행위
- 허드레 : 함부로 쓸 수 있는 허름한 것
- 허릅숭이 : 언행이 착실하지 못하여 미덥지 못한 사람
- 허섭스레기 : 좋은 것을 고르고 난 뒤의 찌꺼기 물건
- 헌칠하다 : 키와 몸집이 보기 좋게 어울리도록 크다.
- 헛물켜다 : 이루어지지 않을 일을 두고, 꼭 되려니 하고 헛되이 애를 쓰다.
- 헤먹다 : 들어 있는 물건보다 공간이 넓어서 어울리지 아니하다.
- 헤살 : 짓궂게 훼방함 또는 그러한 짓
- 호드기 : 물오른 버들가지나 짤막한 밀짚 토막으로 만든 피리
- 호젓하다 : 무서운 느낌이 날 만큼 쓸쓸하다.
- 훈감하다 : 맛과 냄새가 진하고 좋다. 푸짐하고 호화스럽다.
- 휘휘하다 : 너무 쓸쓸하여 무서운 느낌이 있다.
- 흐드러지다 : 매우 탐스럽거나 한창 성하다.
- 희떱다 : 실속은 없어도 마음이 넓고 손이 크다. 말이나 행동이 분에 넘치며 버릇이 없다.

(3) 한자어

① 동자이음어(同字異音語)

覺	깨달을 각	覺醒(각성)	降	내릴 강	降等(강등)
	꿈깰 교	覺眼(교안)		항복할 항	降服(항복)
乾	하늘 건	乾坤(건곤)	更	다시 갱	更新(갱신)
	마를 간	乾物(간물)		고칠 경	變更(변경)
見	볼 견	見學(견학)	句	글귀 구	文句(문구)
	드러날 현	謁見(알현)		글귀 귀	

한자	음훈	예	한자	음훈	예
龜	거북 귀	龜趺(귀부)	洞	동리 동	洞里(동리)
	땅이름 구	龜浦(구포)		구멍 동	洞窟(동굴)
	터질 균	龜裂(균열)		밝을 통	洞察(통찰)
內	안 내	室內(실내)	金	쇠 금	金庫(금고)
	궁궐 나	內人(나인)		성씨 김	金氏(김씨)
丹	붉을 단	丹靑(단청)	宅	집 댁	宅內(댁내)
	꽃이름 란	牡丹(모란)		집 택	住宅(주택)
單	홀로 단	簡單(간단)	度	법도 도	制度(제도)
	오랑캐임금 선	單于氏(선우씨)		헤아릴 탁	度地(탁지)
讀	읽을 독	讀書(독서)	率	비례 율, 률	比率(비율)
	구절 두	句讀(구두)		거느릴 솔	統率(통솔)
樂	즐길 락	娛樂(오락)	說	말씀 설	說明(설명)
	좋아할 요	樂山(요산)		달랠 세	遊說(유세)
	풍류 악	音樂(음악)		기쁠 열	說樂(열락)
木	나무 목	草木(초목)	反	돌이킬 반	反擊(반격)
	모과 모	木瓜(모과)		뒤침 번	反畓(번답)
復	회복할 복	復舊(복구)	否	아닐 부	否定(부정)
	다시 부	復活(부활)		막힘 비	否運(비운)
北	북녘 북	南北(남북)	寺	절 사	寺刹(사찰)
	패할 배	敗北(패배)		내관 시	寺人(시인)
狀	형상 상	狀態(상태)	索	찾을 색	搜索(수색)
	문서 장	賞狀(상장)		적막할 삭	索莫(삭막)
塞	막을 색	閉塞(폐색)	誓	서약 서	宣誓(선서)
	변방 새	要塞(요새)		맹세 세	盟誓(맹세)
食	먹을 식	食事(식사)	殺	죽일 살	殺人(살인)
	밥 사	簞食(단사)		빠를, 감할 쇄	相殺(상쇄)
什	열사람 십	什長(십장)	省	살필 성	反省(반성)
	세간 집	什器(집기)		덜 생	省略(생략)

한자	훈음	예시
宿	잘 숙	宿泊(숙박)
	별 수	星宿(성수)
識	알 식	識見(식견)
	기록할 지	標識(표지)
惡	악할 악	惡魔(악마)
	미워할 오	憎惡(증오)
於	어조사 어	於是乎(어시호)
	탄식할 오	於乎(오호)
葉	잎 엽	落葉(낙엽)
	성 섭	葉氏(섭씨)
咽	목구멍 인	咽喉(인후)
	목멜 열	嗚咽(오열)
刺	찌를 자	刺客(자객)
	찌를 척	刺殺(척살)
	수라 라	水刺(수라)
切	끊을 절	切斷(절단)
	모두 체	一切(일체)
提	끌 제	提携(제휴)
	깨달을 리	菩提樹(보리수)
車	수레 차	自動車(자동차)
	수레 거	車馬費(거마비)
沈	잠길 침	沈沒(침몰)
	성씨 심	沈氏(심씨)
跛	절뚝임 파	跛行(파행)
	기울 피	跛立(피립)
皮	가죽 피	皮革(피혁)
	가죽 비	鹿皮(녹비/녹피)
拾	주울 습	拾得(습득)
	열 십	拾萬(십만)
辰	때 신	生辰(생신)
	별 진	辰宿(진수)
若	같을 약	若干(약간)
	땅이름 야	般若(반야)
厭	싫어할 염	厭世(염세)
	누를 엽	厭然(엽연)
易	쉬울 이	容易(용이)
	바꿀 역	貿易(무역)
抵	막을 저	抵抗(저항)
	칠 지	抵掌(지장)
著	지을 저	著述(저술)
	나타날 저	顯著(현저)
	붙을 착	附著(부착)
參	참여할 참	參加(참가)
	석 삼	參拾(삼십)
拓	열 척	開拓(개척)
	박을 탁	拓本(탁본)
則	법칙 칙	規則(규칙)
	곧 즉	然則(연즉)
推	밀 퇴	推敲(퇴고)
	밀 추	推進(추진)
便	편할 편	便利(편리)
	오줌, 똥 변	便所(변소)
合	합할 합	合同(합동)
	홉 홉	五合(오홉)

暴 드러날 폭　暴露(폭로)
　사나울 폭　暴風(폭풍)
　사나울 포　暴惡(포악)

行 갈 행　行軍(행군)
　항렬 항　行列(항렬)

② 상대어(相對語)·반대어(反對語)

- 强 굳셀 강　↔ 弱 약할 약
- 去 갈 거　↔ 來 올 래
- 傑 뛰어날 걸　↔ 拙 못날 졸
- 結 맺을 결　↔ 離 떨어질 리
- 京 서울 경　↔ 鄕 시골 향
- 慶 경사 경　↔ 弔 조상할 조
- 屈 굽힐 굴　↔ 抗 대항할 항
- 勤 부지런할 근　↔ 怠 게으를 태
- 起 일어날 기　↔ 臥 누울 와
- 諾 승락할 낙　↔ 拒 물리칠 거
- 濃 짙을 농　↔ 淡 묽을 담
- 貸 빌릴 대　↔ 借 빌 차
- 鈍 둔할 둔　↔ 敏 민첩할 민
- 冷 찰 랭　↔ 炎 뜨거울 염
- 瞭 밝을 료　↔ 曖 희미할 애
- 漠 아득할 막　↔ 確 확실할 확
- 忙 바쁠 망　↔ 閑 한가할 한
- 孟 맏 맹　↔ 季 끝 계
- 問 물을 문　↔ 答 답할 답
- 美 아름다울 미　↔ 醜 추할 추
- 放 놓을 방　↔ 防 막을 방
- 否 아닐 부　↔ 肯 수긍할 긍
- 悲 슬플 비　↔ 喜 기쁠 희
- 常 일상 상　↔ 特 특별할 특
- 生 살 생　↔ 滅 멸망할 멸
- 消 사라질 소　↔ 積 쌓을 적

- 開 열 개　↔ 閉 닫을 폐
- 建 세울 건　↔ 壞 무너뜨릴 괴
- 儉 검소할 검　↔ 奢 사치할 사
- 謙 겸손할 겸　↔ 慢 거만할 만
- 輕 가벼울 경　↔ 重 무거울 중
- 曲 굽을 곡　↔ 直 곧을 직
- 貴 귀할 귀　↔ 賤 천할 천
- 禽 날짐승 금　↔ 獸 길짐승 수
- 緊 긴요할 긴　↔ 疎 성길 소
- 難 어려울 난　↔ 易 쉬울 이
- 斷 끊을 단　↔ 繼 이을 계
- 同 같을 동　↔ 異 다를 이
- 得 얻을 득　↔ 失 잃을 실
- 露 이슬 로　↔ 霜 서리 상
- 利 이로울 리　↔ 害 해로울 해
- 晩 늦을 만　↔ 早 일찍 조
- 賣 팔 매　↔ 買 살 매
- 文 글월 문　↔ 武 무사 무
- 物 물건 물　↔ 精 정신 정
- 潑 활발할 발　↔ 萎 시들 위
- 逢 만날 봉　↔ 別 헤어질 별
- 浮 뜰 부　↔ 沈 잠길 침
- 貧 가난할 빈　↔ 富 넉넉할 부
- 賞 상줄 상　↔ 罰 벌 벌
- 盛 성할 성　↔ 衰 쇠할 쇠
- 損 잃을 손　↔ 益 더할 익

• 送 보낼 송 ↔ 迎 맞을 영
• 授 줄 수 ↔ 受 받을 수
• 崇 높일 숭 ↔ 凌 업신여길 릉
• 勝 이길 승 ↔ 敗 패할 패
• 新 새 신 ↔ 舊 옛 구
• 我 나 아 ↔ 汝 너 여
• 愛 사랑 애 ↔ 憎 미워할 증
• 逆 거스를 역 ↔ 順 좇을 순
• 凹 오목할 요 ↔ 凸 볼록할 철
• 優 뛰어날 우 ↔ 劣 못날 렬
• 陰 그늘 음 ↔ 陽 볕 양
• 雌 암컷 자 ↔ 雄 수컷 웅
• 戰 싸울 전 ↔ 和 화목할 화
• 淨 깨끗할 정 ↔ 汚 더러울 오
• 朝 아침 조 ↔ 夕 저녁 석
• 尊 높을 존 ↔ 卑 낮을 비
• 呪 저주할 주 ↔ 祝 축하할 축
• 遲 더딜 지 ↔ 速 빠를 속
• 進 나아갈 진 ↔ 退 물러날 퇴
• 着 입을 착 ↔ 脫 벗을 탈
• 添 더할 첨 ↔ 削 깎을 삭
• 淸 맑을 청 ↔ 濁 흐릴 탁
• 取 취할 취 ↔ 捨 버릴 사
• 播 씨뿌릴 파 ↔ 獲 얻을 획
• 彼 저 피 ↔ 此 이 차
• 虛 빌 허 ↔ 實 찰 실
• 狹 좁을 협 ↔ 廣 넓을 광
• 禍 재앙 화 ↔ 福 복 복

• 首 머리 수 ↔ 尾 꼬리 미
• 瞬 눈 깜짝할 순 ↔ 永 길 영
• 昇 오를 승 ↔ 降 내릴 강
• 視 볼 시 ↔ 聽 들을 청
• 深 깊을 심 ↔ 淺 얕을 천
• 仰 우러를 앙 ↔ 俯 구부릴 부
• 嚴 엄할 엄 ↔ 慈 인자할 자
• 厭 싫을 염 ↔ 樂 좋아할 요
• 友 벗 우 ↔ 敵 원수 적
• 隱 숨을 은 ↔ 顯 나타날 현
• 因 까닭 인 ↔ 果 결과 과
• 姉 누이 자 ↔ 妹 아랫누이 매
• 絶 끊을 절 ↔ 續 이을 속
• 靜 고요할 정 ↔ 騷 시끄러울 소
• 燥 마를 조 ↔ 濕 젖을 습
• 縱 세로 종 ↔ 橫 가로 횡
• 衆 많을 중 ↔ 寡 적을 과
• 眞 참 진 ↔ 僞 거짓 위
• 集 모을 집 ↔ 散 흩을 산
• 創 창조할 창 ↔ 模 본뜰 모
• 尖 뾰족할 첨 ↔ 丸 둥글 환
• 忠 충성 충 ↔ 奸 간사할 간
• 統 합칠 통 ↔ 分 나눌 분
• 豊 풍성할 풍 ↔ 凶 흉년들 흉
• 寒 찰 한 ↔ 暖 따뜻할 난
• 賢 어질 현 ↔ 愚 어리석을 우
• 好 좋을 호 ↔ 惡 미워할 오
• 擴 늘릴 확 ↔ 縮 엷을 축

③ 필수 한자성어

ㄱ

- 苛斂誅求(가렴주구) : 가혹하게 착취하고 징수함 또는 조세를 가혹하게 징수함
- 佳人薄命(가인박명) : 여자의 용모가 아름다우면 운명이 기박하다는 뜻
- 刻骨難忘(각골난망) : 은혜를 입은 고마움을 뼛속 깊이 새기어 잊지 않음
- 角者無齒(각자무치) : 뿔이 있는 자는 이가 없다는 뜻으로 한 사람이 모든 복을 겸하지 못함을 이르는 말
- 刻舟求劍(각주구검) : 판단력이 둔하여 세상일에 어둡고 어리석다는 뜻
- 肝膽相照(간담상조) : 간과 쓸개를 내놓고 서로에게 내보인다는 뜻으로 서로 마음을 터놓고 친밀히 사귐을 이르는 말
- 居安思危(거안사위) : 편안하게 살면서 항시 위험한 때를 경계하여 생각함
- 乾坤一擲(건곤일척) : 흥망, 승패를 걸고 단판 승부를 겨룸
- 牽強附會(견강부회) : 이치에 맞지 않는 말을 억지로 끌어 붙여 자기의 주장하는 조건에 맞도록 함을 이르는 말
- 結者解之(결자해지) : 맺은 사람이 풀어야 한다는 뜻으로, 자기가 저지른 일은 자기가 해결하여야 함을 이르는 말
- 孤掌難鳴(고장난명) : 손바닥 하나로는 소리가 나지 않는다는 뜻으로 혼자 힘으로 일하기 어렵다는 말. 서로 같으니까 싸움이 난다는 말
- 曲學阿世(곡학아세) : 그릇된 학문을 하여 세속에 아부함
- 過猶不及(과유불급) : 지나친 것은 그 정도에 미치지 못한 것과 같다는 말
- 管鮑之交(관포지교) : 옛날 중국의 관중(管仲)과 포숙(鮑叔)처럼 친구 사이가 다정함을 이르는 말
- 群鷄一鶴(군계일학) : 닭 무리 속에 끼어 있는 한 마리의 학이란 뜻으로 평범한 사람 가운데서 뛰어난 사람을 일컬음
- 捲土重來(권토중래) : 한번 실패에 굴하지 않고 몇 번이고 다시 일어남. 세력을 회복하여 다시 쳐들어옴
- 近墨者黑(근묵자흑) : 먹을 가까이 하는 사람은 검어진다는 뜻으로 나쁜 사람과 사귀면 그 버릇에 물들기 쉽다는 말
- 錦上添花(금상첨화) : 좋고 아름다운 것 위에 더 좋은 것을 더함[↔雪上加霜(설상가상)]
- 錦衣還鄉(금의환향) : 비단 옷을 입고 고향으로 돌아온다는 뜻으로 타향에서 크게 성공하여 자기 집으로 돌아감을 말함

ㄴ

- 落穽下石(낙정하석) : 남의 환란(患亂)에 다시 위해(危害)를 준다는 말
- 難兄難弟(난형난제) : 누구를 형이라 하고 누구를 동생이라 할지 분간하기 어렵다는 뜻으로 사물의 우열이 없다는 말로 곧 비슷하다는 말
- 男負女戴(남부여대) : 남자는 지고 여자는 인다는 뜻으로 가난에 시달린 사람들이 살 곳을 찾아 떠돌아 사는 것을 말함
- 囊中之錐(낭중지추) : 주머니 속에 든 송곳과 같이 재주가 뛰어난 사람은 숨어 있어도 저절로 사람들이 알게 됨을 말함
- 綠陰芳草(녹음방초) : 푸르게 우거진 나무와 향기로운 풀이라는 뜻으로, 여름철의 자연경관을 이르는 말
- 累卵之危(누란지위) : 달걀을 쌓아 놓은 것과 같이 매우 위태함

ㄷ

- 多岐亡羊(다기망양) : '길이 여러 갈래여서 양을 잃다.'에서 나온 말로 너무 방침이 많아 갈 바를 모름
- 斷機之交(단기지교) : 학문을 중도에 그만 둔다는 것은 짜던 베의 끊음과 같다는 맹자 어머니의 교훈
- 同病相憐(동병상련) : 처지가 서로 비슷한 사람끼리 서로 동정하고 도움
- 東奔西走(동분서주) : 사방으로 이리저리 부산하게 돌아다님
- 同床異夢(동상이몽) : 같은 처지와 입장에서 저마다 딴 생각을 함
- 杜門不出(두문불출) : 세상과 인연을 끊고 출입을 하지 않음
- 得隴望蜀(득롱망촉) : 한(漢)의 광무제가 농을 얻고도 촉나라를 탐냄. 즉, 사람의 욕심은 한이 없음을 이르는 말
- 登高自卑(등고자비) : 높은 곳에 오르려면 낮은 곳에서부터 오른다는 뜻으로 일을 순서대로 하여야 함을 이르는 말. 또는 지위가 높아질수록 자신을 낮춤
- 燈下不明(등하불명) : 등잔 밑이 어둡다는 뜻으로 가까이 있는 것이 오히려 알아내기 어려움을 이르는 말

ㄹ

- 磨斧爲針(마부위침) : 아무리 이루기 힘든 일이라도 끊임없는 노력과 끈기 있는 인내가 있으면 성공하고야 만다는 뜻

- 麻中之蓬(마중지봉) : 삼밭에 나는 쑥이라는 뜻으로, 선한 사람과 사귀면 그 감화를 받아 자연히 선해짐을 비유적으로 이르는 말
- 亡羊之歎(망양지탄) : 갈림길이 매우 많아 잃어버린 양을 찾을 길이 없음을 탄식한다는 뜻으로, 학문의 길이 여러 갈래여서 한 갈래의 진리도 얻기 어려움을 이르는 말
- 麥秀之嘆(맥수지탄) : 고국의 멸망을 한탄함을 이르는 말. 기자(箕子)가 은(殷)나라가 망한 뒤에도 보리만은 잘 자라는 것을 보고 한탄하였다는 데서 유래함
- 明若觀火(명약관화) : 불을 보는 듯이 환하게 분명히 알 수 있음
- 目不忍見(목불인견) : 차마 눈뜨고 볼 수 없는 참상이나 꼴불견
- 刎頸之交(문경지교) : 목을 쳐도 후회하지 않을 정도의 사이라는 뜻으로, 생사를 같이할 수 있는 아주 가까운 사이 또는 그런 친구를 이르는 말
- 門前成市(문전성시) : 권세가 드날리거나 부자가 되어 집문 앞이 찾아오는 손님들로 시장을 이룬 것 같음을 이르는 말

ㅂ

- 傍若無人(방약무인) : 언행이 방자하고 제멋대로 행동하는 사람
- 背恩忘德(배은망덕) : 은혜를 잊고 도리어 배반함
- 白骨難忘(백골난망) : 죽어도 잊지 못할 큰 은혜를 입음
- 百年河淸(백년하청) : 아무리 세월이 가도 일을 해결할 희망이 없음
- 附和雷同(부화뇌동) : 제 주견이 없이 남이 하는 대로 그저 무턱대고 따라함
- 粉骨碎身(분골쇄신) : 뼈가 가루가 되고 몸이 부서지도록 힘을 다하고 고생하며 일함
- 不立文字(불립문자) : 불도의 깨달음은 마음에서 마음으로 전하는 것이므로 말이나 글에 의지하지 않는다는 말
- 氷姿玉質(빙자옥질) : 얼음같이 맑고 깨끗한 살결과 아름다운 자질. '매화'의 이칭

ㅅ

- 四顧無親(사고무친) : 친척이 없어 의지할 곳 없이 외로움[四顧無人(사고무인)]
- 四面楚歌(사면초가) : 한 사람도 도우려는 자가 없이 고립되어 곤경에 처해 있음
- 事必歸正(사필귀정) : 무슨 일이든지 결국은 옳은 대로 돌아간다는 뜻
- 三顧草廬(삼고초려) : 유비가 제갈공명을 세 번이나 찾아가 군사로 초빙한 데서 유래한 말로 인재를 맞아들이기 위하여 참을성 있게 노력한다는 뜻
- 桑田碧海(상전벽해) : 뽕나무밭이 변하여 바다가 된다는 말로 세상일의 변천이 심하여 사물이 바뀜을 비유하는 말

• 塞翁之馬(새옹지마) : 세상일은 복이 될지 화가 될지 예측할 수 없다는 비유
• 脣亡齒寒(순망치한) : 입술이 없으면 이가 시린 것처럼 서로 돕던 이가 망하면 다른 한쪽 사람
  도 함께 위험하다는 뜻
• 識字憂患(식자우환) : 아는 것이 탈이라는 말로 학식이 있는 것이 도리어 근심을 사게 됨을 말함
• 十匙一飯(십시일반) : 열 사람이 한 술씩 보태면 한 사람 먹을 분량이 된다는 뜻으로 여러 사
  람이 힘을 합하면 한 사람을 돕기는 쉽다는 말

<h2 align="center">ㅇ</h2>

• 阿鼻叫喚(아비규환) : 지옥 같은 고통에 못 견디어 구원을 부르짖는 소리라는 뜻으로 심한 참
  상을 형용하는 말
• 我田引水(아전인수) : 제논에 물대기. 자기에게 유리하도록 행동하는 것
• 眼下無人(안하무인) : 태도가 몹시 거만하여 남을 사람 같이 대하지 않음
• 暗中摸索(암중모색) : 물건을 어둠 속에서 더듬어 찾음. 즉, 어림으로 추측함
• 羊頭狗肉(양두구육) : 양의 머리를 내걸고 개고기를 판다는 뜻으로 겉모양은 훌륭하나 속은 변
  변치 않음을 말함
• 漁父之利(어부지리) : 도요새가 조개를 쪼아 먹으려다가 둘 다 물리어 서로 다투고 있을 때 어
  부가 와서 둘을 잡아갔다는 고사에서 나온 말로 둘이 다투는 사이에 제삼자가 이득을 보는 것
  을 이르는 말
• 言中有骨(언중유골) : 예사로운 말 속에 깊은 뜻이 있는 것을 말함
• 緣木求魚(연목구어) : 나무에 올라가 고기를 구하듯 불가능한 일을 하고자 할 때를 비유하는 말
• 烏飛梨落(오비이락) : '까마귀 날자 배 떨어진다.'라는 말로 우연의 일치로 남의 의심을 받았을
  때 하는 말
• 傲霜孤節(오상고절) : 서릿발 날리는 추운 때에도 굴하지 않고 외로이 지키는 절개라는 뜻으로
  국화를 두고 하는 말
• 吳越同舟(오월동주) : 사이가 좋지 못한 사람끼리도 자기의 이익을 위해서는 행동을 같이 한다
  는 것을 비유하는 말
• 臥薪嘗膽(와신상담) : 섶에 누워 쓸개를 씹는다는 뜻으로 원수를 갚고자 고생을 참고 견딤을
  비유하는 말
• 一魚濁水(일어탁수) : 물고기 한 마리가 큰물을 흐리게 하듯 한 사람의 악행으로 인하여 여러
  사람이 그 해를 받게 되는 것을 뜻함
• 一場春夢(일장춘몽) : 인생의 영화(榮華)는 한바탕의 봄꿈과 같이 헛됨

ㅈ

- 自家撞着(자가당착) : 자기의 언행이 전후 모순되어 들어맞지 않음
- 自繩自縛(자승자박) : 자기의 줄로 자기를 묶는다는 말로 자기가 자기를 망치게 한다는 뜻
- 張三李四(장삼이사) : 장씨(張氏)의 삼남(三男)과 이씨(李氏)의 사남(四男)이란 뜻으로 평범한 사람을 가리키는 말
- 轉禍爲福(전화위복) : 화를 바꾸어 복으로 한다는 뜻이니 궂은일을 당하였을 때 그것을 잘 처리하여서 좋은 일이 되게 하는 것
- 切磋琢磨(절차탁마) : 학문과 덕행을 닦음을 가리키는 말
- 漸入佳境(점입가경) : 점점 더 재미있는 경지로 들어감
- 井底之蛙(정저지와) : 우물 안 개구리. 견문이 좁고 세상 형편을 모름
- 朝三暮四(조삼모사) : 간사한 꾀로 사람을 속여 희롱함. 눈앞에 당장 나타나는 차별만을 알고 그 결과가 같음을 모름
- 鳥足之血(조족지혈) : 새 발의 피 또는 매우 적은 분량을 비유하는 말
- 主客顚倒(주객전도) : 주인은 손님처럼 손님은 주인처럼 각각 행동을 바꾸어 한다는 것으로 입장이 뒤바뀐 것을 나타냄
- 走馬加鞭(주마가편) : 달리는 말에 채찍을 더한다는 뜻으로 잘하는 사람에게 더 잘하도록 하는 것을 일컬음
- 走馬看山(주마간산) : 말을 달리면서 산을 본다는 말로 바빠서 자세히 보지 못하고 지나침을 뜻함
- 進退幽谷(진퇴유곡) : 앞으로 나아갈 수도 뒤로 물러 설 수도 없이 꼼짝할 수 없는 궁지에 빠짐[進退兩難(진퇴양난)]

ㅊ

- 滄海桑田(창해상전) : 푸른 바다가 변하여 뽕밭으로 된다는 말로 곧 덧없는 세상이라는 뜻[桑田碧海(상전벽해)]
- 滄海一粟(창해일속) : 넓은 바다에 떠있는 한 알의 좁쌀이라는 뜻으로 아주 큰 물건 속에 있는 아주 작은 물건을 말함
- 千慮一失(천려일실) : 여러 번 생각하여 신중하고 조심스럽게 한 일에도 때로는 한 가지 실수가 있음
- 天方地軸(천방지축) : 너무 바빠서 두서를 잡지 못하고 허둥대는 모습. 어리석은 사람이 갈 바를 몰라 두리번거리는 모습
- 泉石膏肓(천석고황) : 고질병이 되다시피 산수풍경을 좋아함

- 千衣無縫(천의무봉) : 천사의 옷은 기울 데가 없다는 말로 곧 문장이 훌륭하여 손댈 곳이 없을 만큼 잘 되었음을 가리키는 말

ㅋ

- 快刀亂麻(쾌도난마) : 시원스럽게 어지러운 일들을 처리함

ㅌ

- 他山之石(타산지석) : 다른 산에서 난 나쁜 돌도 자기의 구슬을 가는 데에 소용이 된다는 뜻으로 다른 사람의 하찮은 언행일지라도 자기의 지덕을 연마하는 데에 도움이 된다는 말
- 泰山北斗(태산북두) : 태산과 북두칠성을 여러 사람이 우러러보는 것처럼 남에게 존경받는 뛰어난 존재
- 兎死狗烹(토사구팽) : 토끼가 죽으면 토끼를 잡던 사냥개도 필요 없게 되어 주인에게 삶아 먹힌다는 뜻으로, 필요할 때는 쓰고 필요 없을 때는 야박하게 버리는 경우를 이르는 말

ㅍ

- 波瀾萬丈(파란만장) : 일의 진행에 변화가 심함
- 波瀾重疊(파란중첩) : 일의 진행에 있어서 온갖 변화나 난관이 많음
- 破竹之勢(파죽지세) : 걷잡을 수 없이 나아가는 세력
- 表裏不同(표리부동) : 겉과 속이 다름
- 風樹之嘆(풍수지탄) : 부모가 이미 세상을 떠나 효도를 할 수 없음을 한탄하는 것을 뜻함
- 風前燈火(풍전등화) : 바람 앞에 켠 등불처럼 매우 위급한 경우에 놓여 있음을 가리키는 말

ㅎ

- 下石上臺(하석상대) : 아랫돌을 빼서 윗돌 괴고 윗돌 빼서 아랫돌 괴기. 즉, 임시변통으로 이리 저리 둘러맞춤을 말함
- 汗牛充棟(한우충동) : 짐으로 실으면 소가 땀을 흘리고, 쌓으면 들보에까지 찬다는 뜻으로, 가지고 있는 책이 매우 많음을 이르는 말
- 含哺鼓腹(함포고복) : 배불리 먹고 즐겁게 지냄
- 好事多魔(호사다마) : 좋은 일에는 방해가 되는 일이 많다는 뜻
- 浩然之氣(호연지기) : 사물에서 해방된 자유로운 마음 또는 하늘과 땅 사이에 넘치게 가득 찬 넓고도 큰 원기를 이르는 말
- 畵龍點睛(화룡점정) : 용을 그려 놓고 마지막으로 눈을 그려 넣음. 즉, 가장 긴요한 부분을 완성시킴

2 관용표현

(1) 관용어의 개념

관용어는 두 개 이상의 낱말로 이루어져 있으면서 그 낱말이 지닌 의미만으로는 전체의 의미를 알수 없는 특수한 의미를 지닌 말을 뜻한다.

> 예 오늘 시험에 붙었니? / 아니, 오늘 또 미역국 먹었어.
>
> → '미역국을 먹었어.'라는 말은 '시험'이란 상황과 관련해 '실패했다, 떨어졌다'는 뜻이다.

(2) 관용어의 종류

① 숙어 : 하나의 의미를 나타내는 굳어진 단어의 결합이나 문장을 말한다.

> 예 깨가 쏟아진다.　(행복하거나 만족함)
>
> 낯가죽이 두껍다.　(부끄러움을 모름)

② 속담 : 사람들의 오랜 생활 체험에서 얻어진 생각과 교훈을 간결하게 나타낸 구나 문장을 말한다.

> 예 백지장도 맞들면 낫다.

(3) 관용어의 특징

① 각각의 낱말이 지닌 기본적 의미와는 다른 특수한 의미를 가지고 있다.

② 형식은 언제나 변하지 않고 고정되어 사용된다.

③ 그 언어의 문화를 반영하므로 그 나라 사람이 아니면 관용어의 의미를 이해하기 어렵다.

④ 오랜 세월을 통해 관습적으로 이루어진 것이다.

⑤ 관용어는 유래담을 갖고 있는 경우가 있다.

⑥ 긴 내용을 간결하게 나타낼 수 있다.

⑦ 삶의 교훈과 같은 특별한 의미를 나타낸다.

⑧ 일반적인 표현보다 표현의 효과가 강하다.

(4) 관용어 용례

① '몸'과 관련된 관용어

ㄱ 눈

- 눈 깜짝할 사이 : 매우 짧은 순간을 이르는 말이다.
- 눈 둘 곳을 모르다 : 어리둥절하거나 어색하여 눈길을 어디에 두어야 할지 모르다.
- 눈 밖에 나다 : 신임을 잃고 미움을 받게 되다.

- 눈에 넣어도 아프지 않다 : 매우 귀엽다.
- 눈에 띄다 : 두드러지게 드러나다.
- 눈에 밟히다 : 잊히지 않고 자꾸 눈에 떠오르다.
- 눈(에) 어리다 : 어떤 모습이 잊히지 않고 머릿속에 뚜렷하게 떠오르다.
- 눈에 익다 : 여러 번 보아서 익숙하다.
- 눈(이) 맞다 : 두 사람의 마음이나 눈치가 서로 통하다.
- 눈(이) 삐다 : 뻔한 것을 잘못 보고 있을 때 비난조로 이르는 말이다.

ⓛ 얼굴
- 얼굴에 그늘이 지다 : 얼굴에 근심하는 기색이 있다.
- 얼굴을 깎다 : 체면을 잃게 만들다.
- 얼굴이 두껍다 : 부끄러움을 모르고 염치가 없다.
- 얼굴이 뜨겁다 : 부끄러운 일을 당하여 남을 대할 면목이 없다.
- 얼굴이 반쪽이 되다 : 병이나 고통 따위로 얼굴이 몹시 수척하여지다.
- 얼굴이 피다 : 얼굴에 살이 오르고 화색이 돌다.

ⓒ 머리
- 머리가 (잘) 돌아가다 : 임기응변으로 생각이 잘 떠오르다.
- 머리(가) 크다 : 성인(成人)이 되다. 머리(가) 굵다.
- 머리(를) 맞대다 : 어떤 일을 의논하거나 결정하기 위하여 서로 마주 대하다.
- 머리를 쥐어짜다 : 몹시 애를 써서 궁리하다.

ⓔ 코
- 코가 납작해지다 : 몹시 무안을 당하거나 기가 죽어 위신이 뚝 떨어지다.
- 코가 높다 : 잘난 체하고 뽐내는 기세가 있다.
- 코(가) 빠지다 : 근심에 싸여 기가 죽고 맥이 빠지다.
- 코 묻은 돈이다 : 어린아이가 가진 적은 돈을 이르는 말이다.

ⓜ 입
- 입만 살다 : 행동은 없으면서 말만 그럴듯하게 잘 하다.
- 입에 거미줄 치다 : 가난하여 먹지 못하고, 오랫동안 굶다.
- 입에 발린(붙은) 소리 : 마음에도 없는 것을 겉치레로 하는 말이다.

ⓗ 귀
- 귀가 솔깃하다 : 어떤 말이 그럴듯하게 여겨져 마음이 쏠리다.
- 귀(를) 기울이다 : 남의 이야기나 의견에 관심을 가지고 주의를 모으다.
- 귀에 못이 박히다 : 같은 말을 여러 번 듣다.
- 귀가 뚫리다 : 말을 알아듣게 되다.

    ⓢ 목

      • 목에 핏대를 세우다 : 몹시 노하거나 흥분하다.

      • 목에 힘을 주다 : 거드름을 피우거나 남을 깔보는 듯한 태도를 취하다.

    ⓞ 어깨

      • 어깨가 무겁다 : 무거운 책임을 져서 마음의 부담이 크다.

      • 어깨가 으쓱거리다 : 뽐내고 싶은 기분이나 떳떳하고 자랑스러운 기분이 되다.

      • 어깨가 처졌다 : 낙심하여 풀이 죽고 기가 꺾이다.

      • 어깨를 겨누다 : 서로 비슷한 지위나 힘을 가지다. 어깨를 겨루다. 어깨를 나란히 하다.

    ⓩ 뼈

      • 뼈도 못 추리다 : 죽은 뒤에 추릴 뼈조차 없다는 뜻으로 상대와 싸움의 적수가 될 수 없음을 과장되게 이르는 말이다.

      • 뼈를 깎다 : 매우 견디기 어려운 고통을 비유적으로 이르는 말이다.

    ⓒ 손

      • 손에 땀을 쥐다 : 아슬아슬하여 마음이 조마조마하도록 몹시 애달다.

      • 손(이) 뜨다 : 일하는 동작이 매우 굼뜨다.

      • 손이 나다 : 어떤 일에서 조금 쉬거나 다른 것을 할 틈이 생기다.

      • 손이 놀다 : 일거리가 없어 쉬는 상태에 있다.

      • 손이 맞다 : 함께 일할 때 생각·방법 따위가 서로 잘 어울린다.

    ⓚ 발

      • 발 벗고 나서다 : 적극적으로 나서다.

      • 발 뻗고 자다 : 곤란한 일에서 벗어나 마음 놓고 편히 자다.

      • 발(을) 끊다 : 오가지 않거나 관계를 끊다. 발그림자도 끊다.

      • 발(을) 빼다(씻다) : 어떤 일에서 관계를 완전히 끊고 물러나다.

② '물'과 관련된 관용어

    ㉠ 물 끓듯 하다 : 여러 사람이 몹시 술렁거리다.

    ㉡ 물 쓰듯 하다 : 물건을 헤프게 쓰거나, 돈 따위를 흥청망청 낭비하다.

    ㉢ 물 얻은(만난) 고기 : 어려운 지경에서 벗어나 크게 활약할 판을 만난 처지를 이르는 말이다.

    ㉣ 물에 빠진 생쥐 : 물에 흠뻑 젖어 몰골이 초췌한 모양을 비유적으로 이르는 말이다.

    ㉤ 물 위의 기름 : 물과 기름처럼 서로 어울리지 못하여 겉도는 사이를 이르는 말이다.

    ㉥ 물 찬 제비

      • 물을 차고 날아오른 제비처럼 몸매가 아주 매끈하여 보기 좋은 사람을 비유하여 이르는 말이다.

      • 동작이 민첩하고 깔끔하여 보기 좋은 행동을 함을 비유적으로 이르는 말이다.

(1) 음운의 개념

말의 뜻을 구별하여 주는 소리의 가장 작은 단위이다.

> 예 국화는 구콰로 소리나므로 음운은 ㄱ+ㅜ+ㅋ(ㄱ+ㅎ 축약)+ㅘ 4개이다.

> POINT UP **변이음**: 환경에 따라 다른 소리로 실현되는, 상보적 분포를 가질 때 음운의 변이음이라 한다.
>
> > 예 ㄱ은 첫소리에서는 무성음, 유성음 사이에서는 유성음으로, 끝소리에서는 닫힌 소리로 난다. 국어 – 첫소리에서 k, 사과 – 모음사이에서 g, 독 – 끝소리에서 k로 실현된다.

(2) 국어의 음운 체계

	전설 모음		후설 모음				입술소리	허끝소리	경구개음	연구개음	목청소리
	평순	원순	평순	원순	안울림 소리	파열음	ㅂ ㅃ ㅍ	ㄷ ㄸ ㅌ		ㄱ ㄲ ㅋ	
고모음	ㅣ	ㅟ	ㅡ	ㅜ		파찰음			ㅈ ㅉ ㅊ		
중모음	ㅔ	ㅚ	ㅓ	ㅗ		마찰음		ㅅ ㅆ			ㅎ
저모음	ㅐ		ㅏ		울림 소리	비음	ㅁ	ㄴ		ㅇ	
						유음		ㄹ			

① 분절음운

　㉠ 모음 : 공기가 목 안이나 입 안에서 별다른 장애를 받지 않고 나는 소리(단독으로 소리가 난다.)

　　ⓐ 단모음 : 발음하는 도중에 혀나 입술이 고정되어 움직이지 않음

　　　예 ㅏ, ㅐ, ㅓ, ㅔ, ㅗ, ㅚ, ㅜ, ㅟ, ㅡ, ㅣ

　　ⓑ 이중 모음 : 반모음과 단모음이 합하여 나는 소리(발음할 때 조음기관의 모양이 변한다.)

　　　예 ㅑ, ㅒ, ㅕ, ㅖ, ㅘ, ㅙ, ㅛ, ㅝ, ㅞ, ㅠ, ㅢ

　㉡ 자음 : 공기가 목 안이나 입 안에서 장애를 받으면서 나는 소리(단독으로 소리가 나지 않는다.)

　　ⓐ 예사소리 : 발음 기관의 긴장도가 낮아 약하게 나는 소리

　　　예 ㄱ, ㄷ, ㅂ, ㅅ, ㅈ 등

　　ⓑ 된소리 : 근육을 긴장하거나 성문(聲門)을 폐쇄하여 내는 소리

　　　예 ㄲ, ㄸ, ㅃ, ㅆ, ㅉ 등

　　ⓒ 센소리 : 숨이 거세게 나오는 소리

　　　예 ㅊ, ㅋ, ㅌ, ㅍ 등

② 비분절 음운 : 소리의 길이로 뜻을 구별하여 준다.
   ㉠ 짧은 소리 : 말[斗, 馬], 눈[眼], 밤[夜], 성인[成人], 무력[無力], 가정[家庭]
   ㉡ 긴소리 : 말:[言], 눈:[雪], 밤:[栗], 성:인[聖人], 무:력[武力], 가:정[假定]
       POINT UP 본래 길게 발음되던 것도 둘째 음절 이하에 오면 짧은 소리로 발음되는 경향이
           있다.
           예 한국 + 말 : → 한국말, 함박 + 눈 : → 함박눈, 구두 + 솔 : → 구둣솔

(3) 형태소

일정한 뜻을 가진 가장 작은 말의 단위를 형태소라 한다.
   예 하늘이 높다 → 하늘 + 이 + 높 + -다(4개의 형태소)
       POINT UP 단어는 실제적인 의미를 기준으로, 형태소는 일정한 문법적 의미(기능)을 중심
           으로 나눈다.

① 형태소의 종류
   ㉠ 자립성의 유무에 따라
     ⓐ 자립 형태소 : 혼자 쓰일 수 있는 형태소(체언, 관형사, 부사, 감탄사)
       예 <u>하늘</u> + 의 + <u>높</u> + -다
     ⓑ 의존 형태소 : 다른 말에 기대어 쓰이는 형태소(용언의 어간, 어미, 조사, 접사)
       예 하늘 + <u>의</u> + 높 + <u>-다</u>
   ㉡ 의미의 성격에 따라
     ⓐ 실질 형태소 : 실질적 의미를 표시하는 형태소(체언, 용언의 어간, 관형사, 부사, 감탄사)
       예 <u>하늘</u> + 이 + <u>높</u> + -다.
     ⓑ 형식 형태소 : 문법적인 의미를 표시하는 형태소(조사, 어미, 접사)
       예 하늘 + <u>이</u> + 높 + <u>-다</u>

② 이형태 : 하나의 형태소로 같은 의미를 가지고 있으나 상보적 분포를 보이며 다르게 사용될 때
형태소의 이형태라 한다.
   ㉠ 음운론적 이형태 : 다른 음운 환경에서 나타나는 이형태
     예 목적격조사 '을/를'은 앞에 자음이 오면 '을', 모음이 오면 '를'을 취한다.
   ㉡ 형태론적 이형태 : 다른 형태 환경에서 나타나는 이형태
     예 과거 시제 선어말어미 '었'은 하다와 결합할 때 '였'으로 실현된다.

(4) 단어

자립할 수 있는 말이나, 자립할 수 있는 형태소에 붙어서 쉽게 분리될 수 있는 말
   예 하늘이 맑다 → 하늘 + 이 + 맑다(3개의 단어)

① **단어의 형성** : 어근(語根)과 접사(接詞) : 실질적인 의미를 나타내는 중심 부분을 어근(語根), 어근에 붙어 그 뜻을 제한하는 부분을 접사(接詞)라 한다.

　예 군(접사) + 소리(어근), 구경(어근) + 꾼(접사)

② **형성 방법에 따른 단어의 구분**

　㉠ **파생어**

　　ⓐ **접두사에 의한 파생**(접두사 + 어근) : 접두사는 어근의 앞에 붙는 파생 접사로 어근의 품사를 바꿀 수 없으며, 특정한 뜻을 더하거나 강조하면서 새로운 말을 만들어 낸다.

　　　• 군- : 군말, 군불, 군살, 군소리, 군식구, 군침 등
　　　• 짓- : 짓구기다, 짓누르다, 짓밟다, 짓씹다, 짓이기다 등
　　　• 새- / 시-, 샛- / 싯- : 새빨갛다 / 시뻘겋다, 샛노랗다 / 싯누렇다 등
　　　• 헛- : 헛고생, 헛소리, 헛수고, 헛일, 헛돌다, 헛디디다 등

　　ⓑ **접미사에 의한 파생**(어근 + 접미사) : 접미사는, 어근의 뒤에 붙는 파생 접사로, 어근의 품사를 바꾸기도 한다.

　　　• 명사 파생

　　　　예 명사→명사 : 일 + -꾼→일꾼, 선생 + -님→선생님, 장난 + -꾸러기→장난꾸러기 등
　　　　용언→명사 : 먹 + -이→먹이, 쓰 + -기→쓰기, 슬프 + -ㅁ→슬픔 등

　　　• 동사 파생

　　　　예 동사→동사 : 놓 + -치- + -다→놓치다, 먹 + -이- + -다→먹이다, 먹 + -히- + -다→먹히다 등
　　　　명사·부사→동사 : 공부 + -하- + -다→공부하다, 출렁 + -거리- + -다→출렁거리다 등

　　　• 형용사 파생

　　　　예 형용사→형용사 : 높 + -다랗- + -다→높다랗다 등
　　　　명사·관형사·부사→형용사 : 어른 + -스럽- + -다→어른스럽다, 새 + -롭- + -다→새롭다, 차근차근 + -하- + -다→차근차근하다 등

　　　• 부사 파생

　　　　예 부사→부사 : 더욱 + -이→더욱이 등
　　　　명사·용언→부사 : 많 + -이→많이 등

　㉡ **합성어**

　　ⓐ **합성어의 형성** : 파생 접사 없이 어근과 어근이 직접 합쳐져서 만들어진 단어, '명사 + 사이시옷'이라든가, '대명사 + 조사', 용언의 활용형 등을 포함하고 있는 복잡한 합성어도 있다.

　　　예 밤낮(명사 + 명사), 빛나다(명사 + 동사), 보슬비(부사 + 명사)
　　　갈림길(동 + 명사파생접사 'ㅁ' + 명사), 큰아버지(형용사 + 관형사형 어미 + 명사)
　　　날아가다(동사 + 동사) 등

ⓑ **한자어에 의한 단어 형성** : 한자는 대체로 한 형태소(또는 단어) 자격을 가지고 있다. 따라서 접두사로 쓰이는 한자, 접미사로 쓰이는 한자어와의 결합을 제외한 거의 모든 한자어는 합성어 이다. 그리고 경우에 따라서 어근으로도 접사로도 쓰이는 한자어가 있다.

   예 가정(家庭), 가사(家事), 종가(宗家), 국가(國家) : 어근

   　 소설가(小說家), 정치가(政治家) : 접미사

ⓒ **통사적 합성어와 비통사적 합성어**

- **통사적 합성어** : 우리말의 일반적인 단어 배열법과 일치하는 합성어

   예 새해(관형사 + 명사), 작은형(형용사의 관형사형 + 명사), 들어가다(동사 + 어미 + 동사), 밤 낮(명사 + 명사)

- **비통사적 합성어** : 우리말의 일반적인 단어 배열법에서 벗어난 합성어로 어미나 보충 요소가 필요하다.

   예 어미의 생략 : 덮밥(동사 + 명사, 관형사형 어미 없음) → 덮(은) 밥

   　 부사 + 체언 : 부슬비(의태 부사 + 명사, 보충 요소 필요) → 부슬(부슬부슬 내리는) 비

(5) 품사

단어들을 성질이 공통된 것끼리 모아 갈래를 지어 놓은 것을 품사(品詞)라 한다. 이 품사는 문장 속에서 단어가 담당하는 기능, 문장 속의 일정한 자리에서 단어가 보이는 형태, 그리고 단어가 나 타내는 의미를 기준으로 나눈다.

👣 품사 분류표

분류기준				품사
형태	기능		의미	
불변어	체언	문장의 몸, 주체가 되는 자리에 나타나는 단어	사람이나 사물의 이름을 가리키는 단어	명사
			사람이나 사물을 지시하는 단어	대명사
			수량이나 순서를 나타내는 단어	수사
	관계언	주로 체언 뒤에 붙어서 다양한 문법적 관계를 나타내거나 의미를 추가하는 단어	체언 뒤에 붙어서 문법적 관계를 나타내거나 의미를 추가하는 의존 형태소	조사
	수식언	다른 말을 수식하는 기능을 하는 단어	체언 앞에 놓여서 체언, 주로 명사를 꾸며 주는 단어	관형사
			주로 용언이나 문장 전체를 꾸며 주는 단어	부사
	독립언	문장 속의 다른 성분에 얽매이지 않고 독립성을 지니는 단어	부름, 느낌 등을 나타내면서, 다른 성분들에 비하여 비교적 독립성이 있는 단어	감탄사
가변어	용언	문장의 주어를 서술하는 기능을 가진 단어	주어의 동작이나 작용을 나타내는 단어	동사
			주어의 성질이나 상태를 나타내는 단어	형용사

① 체언

  ⊙ **명사, 대명사, 수사** : 주로 주어가 되는 자리에 오며, 때로는 목적어나 보어가 되는 자리에 오는 단어, 조사와 결합할 수 있으며 형태가 변하지 않는다.

  ⊙ **명사**(名詞) : 사람이나 사물의 명칭을 표현하는 단어이다. 명사는 조사와 결합하여 모든 문장 성분이 될 수 있고, 관형사의 수식을 받는다.

    ⓐ **사용 범위**
- 고유 명사 : 예 세종, 인천, 백두산, 철수(사람의 이름은 모두 고유명사이다.)
- 보통 명사 : 예 나무, 꽃, 하늘

    ⓑ **자립 여부**
- 자립 명사 : 예 하늘, 이름
- 의존 명사 : 예 바, 것, 체

  ⊙ **대명사**(代名詞) : 명사를 대신하여 쓰일 수 있는 단어이다. 대명사는 명사의 특징과 동일하지만 관형사의 수식을 받을 수 없고, 인칭대명사는 상대방의 지위에 따라 달라진다.

    ⓐ **지시 대명사**
- 사물을 가리키는 것 : 예 이것, 그것, 저것, 무엇
- 처소를 가리키는 것 : 예 여기, 거기, 저기, 어디

    ⓑ **인칭 대명사**
- 1인칭 : 예 나, 우리, 저희, 소인, 짐
- 2인칭 : 예 너, 너희, 당신, 자네, 그대, 임자
- 3인칭 : 예 그, 이분, 그분, 저분, 이이, 그이, 저이

  ⊙ **수사**(數詞) : 사물의 수량이나 순서를 가리키는 단어이다. 수사는 접미사에 의한 복수가 없고 반복을 통해 복수(하나하나)를 나타낸다. 또한 고유어와 한자어가 공존(하나:일)하기도 한다.

    ⓐ **양수사**(量數詞) : 수량을 나타냄

      예 둘에 셋을 더하면 다섯이다.
        이(二)에 삼(三)을 더하면 오(五)이다.

    ⓑ **서수사**(序數詞) : 순서를 나타냄

      예 우리의 이념은 첫째는 진리이고, 둘째는 정의이다.

② 관계언

  ⊙ **조사** : 체언 뒤에 붙어서 다양한 문법적 관계를 나타내거나 의미를 추가하는 단어이다. 조사는 주로 체언에 붙지만, 부사나 용언에 붙기도 한다.

ⓛ **격조사** : 앞에 오는 체언이 문장 안에서 일정한 자격을 가지도록 하여 주는 조사이다.

종류	형태	보기
주격 조사	이/가, 에서, 께서, (은/는)	• 동생의 언니의 방에서 공부를 하고 있다. 　　주격　관형격 부사격　목적격
목적격 조사	을/를	• 꽃이 열매가 된다. 　주격조사 보격조사
보격 조사	이/가	
서술격 조사	이다	• 영희야, 오늘이 바로 한글날이다. 　호격조사 주격조사　　　서술격조사
관형격 조사	의	
부사격 조사	에, 에서, 에게, 한테 등	
호격 조사	아, 야, 이여	

ⓒ **접속 조사** : 두 단어를 같은 자격으로 이어 주는 구실을 하는 조사이다.

　　예 봄이 되면 개나리(와, 랑, 하고) 진달래가 가장 먼저 핀다.

ⓔ **보조사** : 앞말에 특별한 뜻을 더하여 주는 조사로 격조사를 대신할 수도 있고, 격조사 앞뒤로 사용할 수도 있다.

　　예 소설만 읽지 말고 시도 읽어라. ('만' : 한정, '도' : 역시)

③ **용언(동사, 형용사)** : 문자의 주어를 서술하는 기능을 하는 하며, 쓰임에 따라 형태가 변한다.

　㉠ **동사(動詞)** : 주어의 어떤 움직임이나 작용을 나타내는 단어

　　　ⓐ **자동사** : 움직임이 주어에만 관련되는 동사 예 뛰다, 걷다, 가다, 놀다, 살다 등

　　　ⓑ **타동사** : 움직임이 다른 대상(목적어)에 미치는 동사 예 잡다, 누르다, 건지다 등

　㉡ **형용사(形容詞)** : 주어의 성질을 나타내는 단어

　　　ⓐ **성상 형용사** : 성질이나 상태를 나타내는 형용사

　　　　예 달다, 예쁘다, 향기롭다 등

　　　ⓑ **지시 형용사** : 지시성을 가지는 형용사

　　　　예 이러하다, 그러하다, 저러하다 등

　㉢ **보조 용언** : 혼자서 쓰이지 못하고 반드시 다른 용언의 뒤에 붙어서 의미를 더하여 주는 용언

　　　ⓐ **보조 동사**

　　　　예 이 소리를 한번 들어 <u>보아라</u>. / 공책을 책상 위에 얹어 <u>두었다</u>.

　　　ⓑ **보조 형용사**

　　　　예 나도 좋은 시를 많이 읽고 <u>싶다</u>. / 오늘은 날씨가 춥지 <u>않다</u>.

　　　　　POINT ☝ 서술어가 단 한 개뿐일 때에는 언제나 본용언이다.

　　　　　　예 저 푸른 산을 보아라.

④ **수식언** : 활용하지 않으면서, 다른 말을 수식하는 기능을 하는 단어

　㉠ **관형사** : 체언 앞에 놓여서 체언, 주로 명사를 꾸며 주는 단어, 조사와 결합할 수 없으며, 형태가 변화하지 않는다.

　　ⓐ **지시 관형사** : 어떤 대상을 가리킨다. 이, 그, 저, 다른 등

　　　예 그 사람들도 따뜻한 마음을 가진 사람들이다.

　　ⓑ **성상 관형사** : 사물의 성질이나 상태를 꾸며 준다. 옛, 새, 갖은, 온갖 등

　　　예 새 책의 제목이 무엇이지?

　　ⓒ **수 관형사** : 수량이나 순서라는 수 개념을 나타낸다.

　　　예 세 사람, 연필 다섯 자루, 일곱째 날, 금 석 돈, 제삼(第三)회 대회, 그의 전 생애

　㉡ **부사** : 주로 용언이나 문장을 수식하는 것을 본래의 기능으로 하는 단어, 격조사도 붙이지 않고, 활용하지도 않는다.

　　ⓐ **성상 부사** : '어떻게'라는 방식으로 용언을 수식한다. 사물의 소리와 모양을 흉내 내는 부사들을 의성부사, 의태부사라고 한다.

　　　예 많이, 너무, 다행이, 데굴데굴, 사뿐사뿐 등

　　ⓑ **지시 부사** : 특정 대상을 가리킨다.

　　　예 이리, 그리 등

　　ⓒ **부정 부사** : 부정의 뜻을 나타낸다.

　　　예 못, 안 등

　　ⓓ **문장 부사** : 뒤에 오는 문장 전체를 수식한다.

　　　예 과연, 의외로 등

　　ⓔ **접속 부사** : 앞말과 뒷말, 앞 문장과 뒤 문장을 이어 주는 말이다.

　　　예 및, 그러나, 그리고 등

⑤ **독립언(감탄사)** : 부름, 대답, 놀람, 느낌 등을 나타내는 데 쓰이면서, 조사 결합이 불가능하고, 활용하지도 않는 말이다. 위치가 자유롭고 다른 성분들에 비하여 비교적 독립성이 강하다.

　예 여보, 세월이 정말 **빠르지요**? 네, 그래요.
　　아, 세월이 정말 **빠르구나**.

(6) 문장성분

① **문장과 문장의 단위**

　㉠ **문장** : 우리의 생각이나 감정을 완결된 내용으로 표현하는 최소의 언어형식이다. 따라서 문장을 만들 때에는 반드시 '주어'와 '서술어' 등을 갖추어야 하는 것이 원칙이지만, 의미상으로 완결되고 형식상으로 끝났음을 나타내는 표지가 있으면 문장이 된다.

ⓛ 문장을 구성하는 기본적인 문법 단위

ⓐ 어절 : 문장을 구성하는 기본 문법 단위로 띄어쓰기 단위와 일치하며, 조사나 어미와 같이 문법적인 기능을 하는 요소들은 앞의 말에 붙어 한 어절을 이룬다. 어절은 문장 내에서 일정한 기능을 하는 문장성분이 되며, 품사는 분리할 수 있는 각 단어의 성격으로 판단한다.

ⓑ 절 : 두 개 이상의 어절이 모여 하나의 의미 단위를 이루는 최소한의 문장 단위이다. 절은 주어와 서술어의 관계를 가지며 더 큰 문장 속에 들어 있기도 하다.

ⓒ 구 : 두 개 이상의 어절이 모여 하나의 단어와 동등한 기능을 지만, 주어와 서술어의 관계를 가지지 못한다.

② 문장성분의 종류

㉠ 주성분 : 문장을 이루는 데 골격이 되는 부분으로 주어, 목적어, 보어, 서술어가 있다.

ⓐ 주어 : 문장에서 동작이나 작용, 상태, 성질의 주체를 나타낸다. 체언이나 체언 구실을 하는 구나 절에 '이/가', '께서'가 붙어 나타나는 데 주격 조사가 생략될 수도 있고, 보조사가 붙을 수도 있다.

> 예 철수가 학교에 간다.
> 너 무엇을 먹니?(주격조사 생략)

ⓑ 서술어 : 주어의 동작이나 작용, 상태, 성질 등을 풀이하는 기능을 한다. 동사나 형용사, 체언 + 서술격 조사 '이다'가 결합하여 이루어진다.

> POINT UP 서술어의 자릿수 : 서술어는 그 성격에 따라서 필요로 하는 문장 성분의 개수가 다른데, 이를 서술어의 자릿수라고 한다.
> 예 소정이는 예쁘다.(주어 한 자리)
> 그는 연극을 보았다.(주어, 목적어 두자리)
> 우정은 보석과 같다.(주어, 부사어 두 자리)
> 물이 얼음이 되었다.(주어, 보어 두 자리)
> 할아버지께서 우리들에게 세뱃돈을 주셨다.(주어, 목적어, 부사어 세 자리)

ⓒ 목적어 : 서술어의 동작 대상이 되는 문장 성분, 체언에 목적격 조사 '을/를'이 붙는 것이 일반적이나, 때로 '을/를'이 생략될 수도 있다. 또 보조사가 붙기도 한다.

> 예 나는 과일을 좋아해.

ⓓ 보어 : '되다, 아니다'를 서술어로 취하는 문장 성분만을 보어로 인정하며, '이/가'가 붙어서 실현된다.

> 예 물이 얼음이 되었다.
> 소정이는 더 이상 고등학생이 아니다.

㉡ 부속성분 : 주로 주성분의 내용을 수식하는 성분으로 관형어, 부사어가 있다.

ⓐ 관형어 : 체언을 수식, 체언에 관형격 조사 '의'가 결합(생략이 가능하여 '체언+체언'의 구성)하거나 용언의 관형사형(관형사형 어미 '-(으)ㄴ, -는, -(으)ㄹ, -던')이 결합 (관형사는 변화 없이 관형어가 됨)하여 실현된다.

ⓔ 소녀는 시골 풍경을 좋아한다.(관형격 조사 생략)
　　소녀는 조용한 시골을 좋아한다.(조용하 + 'ㄴ'결합)

ⓑ **부사어**
- **성분 부사어** : 용언, 관형어, 다른 부사어를 수식, 체언에 부사격 조사'에, 에서, 에게, (으)로'가 결합, 용언의 부사형 '이, 게, -(아)서, -도록' 결합. 또 보조사가 결합.(부사는 변화 없이 부사어가 됨)
　　ⓔ 가을 하늘이 참 높아 보인다.(부사)
　　　무척이나 맑아 보인다.(보조사)

ⓒ **독립성분** : 문장에서 다른 성분과 직접적인 관련이 없는 성분으로 독립어가 있다. 문장의 어느 성분과도 직접적인 관련이 없는 문장 성분, 일반적으로 감탄사가 독립어가 되나, 체언에 호격 조사 '아, 이여'가 결합된 형태로도 나타난다. 또한 독립어는 생략해도 완전한 의미를 가지는 문장이다.
　　ⓔ 앗, 뜨거워라.
　　　연아야, 에어컨 샀니?(명사 + 호격조사)

③ **문장의 짜임**

㉠ **문장의 종류**

ⓐ **홑문장** : 주어와 서술어의 관계가 한 번만 나타난다. 이때 부사어나 관형어 등의 문장성분은 따지지 않는다.
　　ⓔ 소정이는 아침 일찍 일어났다.(주어 '소정이는'은 한 개의 서술어 '일어났다'만을 가지므로 홑문장이다.
　　　소정이는 아침 일찍 일어나서 학교에 갔다.('소정이는 일어났다', '소정이는 학교에 갔다'의 두 문장이므로 겹문장이다.)

ⓑ **겹문장** : 주어와 서술어의 관계가 두 번 이상 나타난다.
- **안은문장** : 홑문장이 다른 문장 속에서 한 문장 성분이 되는 문장
- **이어진 문장** : 홑문장과 홑문장이 대등하거나 종속적으로 이어진 문장

㉡ **안은문장과 안긴문장** : 문장 속에서 하나의 성분처럼 사용되는 홑문장을 안긴문장이라고 하며, 이때 안긴문장을 포함하고 있는 문장이 안은문장이다.

ⓐ **명사절로 안긴문장** : 명사형 어미 '-(으)ㅁ, -기'이 붙어서 이루어진다.
　　ⓔ 철수가 합격했음이 밝혀졌다.
　　　나는 농사가 잘 되기를 진정으로 빌었다.

ⓑ **관형절로 안긴문장** : 관형사형 어미 '-(으)ㄴ, -는, -(으)ㄹ, -던'이 붙어 이루어진다.
　　ⓔ 학교에 가는 철수를 보았다.
　　　철수가 쓸 소설은 애정소설이다.

- **동격 관형절** : 동격 관형절은 안긴문장 그 자체가 뒤에 오는 체언과 동일한 의미를 가지는 것으로 생략이 불가능하다.
  > 예 그는 우리가 돌아온 사실을 모른다.
  > 나는 그가 착한 사람이라는 생각이 들었다.
- **관계 관형절** : 관계 관형절은 뒤에 오는 체언과 관형절 내의 성분이 동일하여 그 성분이 탈락된다.
  > 예 한국인의 따뜻한 마음을 안고 떠납니다.(안긴문장은 '한국인의 마음이 따뜻하다'이며 안긴문장 내의 '마음이'가 안은문장의 목적어와 같아서 생략되었다.)

ⓒ **부사절로 안긴문장** : 부사형 어미 '-이, -게, -도록, -(아)서'에 의하여 이루어짐
  > 예 그는 형과 달리 말을 잘 한다. → 그는 형과 다르다. 그는 말을 잘 한다.
  > 그곳은 꽃이 아름답게 피었다. → 꽃이 아름답다, 꽃이 피었다.
  > 우리는 그녀가 지나가도록 길을 비켜 주었다. → 그녀가 지나가다, 우리는 길을 비켜 주었다.

ⓓ **서술절로 안긴문장** : 서술절을 안은문장은 한 문장에 주어가 두 개 있는 것처럼 보인다. 이 때 앞에 나오는 주어를 제외한 나머지 부분이 서술절에 해당한다.
  > 예 이 책이(은) 글씨가 너무 작다.
  > 토끼는 앞발이 짧다.

ⓔ **인용절로 안긴문장** : 다른 사람의 말을 인용한 것이 절의 형식으로 안김
- **직접 인용절** : 주어진 문장을 그대로 직접 인용하는 것. :인용격 조사 '라고'가 붙어 이루어진다.
  > 예 철수가 "선생님, 어디 가세요."라고 물었다.
- **간접 인용절** : 인용격 조사 '고'가 붙어서 이루어진다. 서술격 조사 '이다'로 끝난 간접 인용절에서는 '이다고'가 아니라 '이라고'로 나타난다.
  > 예 형은 철수가 학교에 간다고 말하였다.
  > 소크라테스는 악법도 법이라고 말했다.

ⓒ **이어진 문장**

ⓐ **대등하게 이어진 문장** : 대등적 연결 어미 '-고, -며 '(나열), '-지만, -든지, -나'(대조) 등으로 실현
  > 예 형은 학교에 가고, 동생은 놀이터에서 논다.(나열)
  > 산으로 가든지 바다로 가든지 어서 결정합시다.(대조)

ⓑ **종속적으로 이어진 문장** : '-고'(계기), '-(으)면'(조건), '-(으)ㄹ지라도'(양보), '-(아)서'(원인), '-(으)려고'(의도), '-는데'(배경) 등으로 실현되거나, '-기 때문에, -는 가운데, -는 중에'와 같이 명사절, 관형절로도 이루어진다.
  > 예 시간이 다 되어서 나는 일어났다.(원인)
  > 내가 일찍 일어나면 아버지께서 칭찬하신다.(조건)

POINT **Up** 종속적으로 이어진 문장은 문장 순서를 바꿨을 때 의미가 변화하거나, 문장 자
체가 성립하지 않는다.

例 오늘은 날이 좋아서 등산을 했다. → 등산을 해서 오늘은 날씨가 좋다

ⓒ '-와/과'로 이어진 문장 : 둘 이상의 홑문장이 접속 조사를 통해 이어진 문장이 된다.

例 철수는 국어와 수학을 좋아한다.(소정이는 국어를 좋아한다. 소정이는 수학을 좋아한다)

POINT **Up** '마주치다, 만나다, 악수하다, 다르다, 닮다' 등과 같이 서술어가 반드시 짝을
이루는 복합 주어를 필요로 할 때는 홑문장이다.

例 소정이와 연아는 닮았다.

출제예상문제

 **객관식**

1 다음 중 고유어의 뜻으로 옳지 않은 것은?

① 가납사니 : 쓸데없는 말을 지껄이기 좋아하는 수다스러운 사람
② 나부라지다 : 얼굴이 동그스름하고 나부죽하다.
③ 다락바위 : 높다랗게 놓여 있는 바위
④ 마라소 : 소 두 마리가 쟁기를 끌 때, 오른쪽에 맨 소

ADVICE 》 ② 나부라지다 : 힘없이 나부죽이 바닥에 까부라져 늘어지다.

2 다음 문장의 밑줄 친 낱말의 뜻을 바르게 설명한 것은?

> 그는 매우 <u>반지빠르다</u>.

① 몸매가 날씬하다.
② 허술한 데가 없다.
③ 성질이 부드럽고 친절하다.
④ 교만스러운 데가 있어 얄밉다.

ADVICE 》 **반지빠르다** … '교만스러워 얄밉다, 어중간하여 쓰기에 알맞지 않다.'를 이르는 말이다.

A_{NSWER} 1.② 2.④

3 다음에서 설명하는 뜻을 나타내는 말은?

> 말이나 행동이 곱고 우아하다. 또는 얌전하고 점잖다.

① 반지랍다　　　　　　　　② 섬서하다
③ 음전하다　　　　　　　　④ 바장이다

ADVICE 》 ① 기름기나 물기 따위가 묻어서 윤이 나고 매끄럽다.
　　　　 ② 지내는 사이가 서먹서먹하다.
　　　　 ④ 부질없이 짧은 거리를 오락가락 거닐다.

4 다음 밑줄 친 부분의 한자가 옳지 않은 것은?

> 제1조 (목적)　이 법은 ① <u>國語(국어)</u>의 사용을 촉진하고 국어의 발전과 보전의 기반을 마련
> 하여 국민의 창조적 사고력의 ② <u>憎進(증진)</u>을 도모함으로써 국민의 문화적 삶의 질
> 을 향상하고 민족문화의 ③ <u>發展(발전)</u>에 이바지함을 목적으로 한다.
>
> 제2조 (기본 이념)　국가와 국민은 국어가 민족 제일의 문화유산이며 문화 창조의 ④ <u>原動力</u>
> <u>(원동력)</u>임을 깊이 인식하여 국어발전에 적극적으로 힘씀으로써 민족문화의 정체성
> 을 <u>確立(확립)</u>하고 국어를 잘 보전하여 후손에게 계승할 수 있도록 하여야 한다.

ADVICE 》 ② **增進(증진)** : 더하여 나아감 또는 나아가게 함을 이르는 말이다.

5 다음 관용어들 중 그 뜻이 올바르게 연결되지 않은 것은?

① 털끝도 못 건드리게 하다 – 조금도 손을 대지 못하게 하다.
② 말짱 도루묵 – 아무 소득이 없는 헛된 일이나 헛수고를 속되게 이르는 말
③ 눈이 트이다 – 의식이 따라가지 못할 만큼 바쁘거나 빠름을 비유적으로 이르는 말
④ 북장단을 치다 – 정황에 따라 일을 줏대 있게 잘 처리하다.

ADVICE 》 ③ 눈이 트이다 – 사물이나 현상을 판단할 줄 알게 되다.

ANSWER　3.③　4.②　5.③

6 다음 한자 성어 중 '부모에 대한 효'와 관계가 없는 것은?

① 昏定晨省 　　　　　　　　　　② 晩時之歎
③ 反哺之孝 　　　　　　　　　　④ 斑衣之戲

ADVICE » ② 晩時之歎(만시지탄)은 시기에 늦어 기회를 놓쳤음을 안타까워하는 탄식을 이르는 말이다.

※ 부모에 대한 효와 관련 있는 한자 성어
　ⓐ **昏定晨省**(혼정신성) : 밤에는 부모의 잠자리를 보아 드리고 이른 아침에는 부모의 밤새 안부를 묻는다는 뜻으로, 부모를 잘 섬기고 효성을 다함을 이르는 말이다.
　ⓑ **反哺之孝**(반포지효) : 까마귀 새끼가 자라서 늙은 어미에게 먹이를 물어다 주는 효(孝)라는 뜻으로, 자식이 자란 후에 어버이의 은혜를 갚는 효성을 이르는 말이다.
　ⓒ **斑衣之戲**(반의지희) : 늙어서 효도함을 이르는 말로 중국 초나라의 노래자가 일흔 살에 늙은 부모님을 위로하려고 색동저고리를 입고 어린이처럼 기어 다녀 보였다는 데서 유래한다.
　ⓓ **冬溫夏凊**(동온하정) : 겨울에는 따뜻하게, 여름에는 서늘하게 한다는 뜻으로, 부모를 잘 섬기어 효도함을 이르는 말이다.
　ⓔ 그밖에 부모에 대한 효를 뜻하는 성어로 '望雲之情(망운지정), 風樹之嘆(풍수지탄), 老萊之戲(노래지희)' 등이 있다.

7 다음 중 관용어가 사용되지 않은 문장은?

① 영수는 그 날 이후로 민호네 집에 발을 끊었다.
② 나는 이 일에서 발을 **뺄래**.
③ 이사를 하다가 재봉틀의 발이 부러졌다.
④ 그런 부탁은 발이 넓은 사람에게 해야지.

ADVICE » ①은 '발을 끊다.' ②는 '발을 빼다.' ④는 '발이 넓다.'의 관용표현이 사용되었다.

8 다음 중 접속 조사가 쓰이지 않은 문장은?

① 떡에 과일에 없는 게 없다.
② 어쩌면 네 생각이 나하고 같을까?
③ 그는 춤추며 노래하며 즐겁게 놀았다.
④ 대낮과 같이 휘영청 밝은 달밤이었다.

ADVICE » 접속 조사 ···'과/와'가 대표적인 모습이나, 구어체에서는 '하고, 에(다), (이)며, (이)랑' 등이 함께 쓰인다.

9 다음 밑줄 친 단어들의 공통점으로 알맞지 않은 것은?

> •<u>새</u> 자동차가 빨리 달린다.
>
> •<u>의</u> 사람은 아침이면 <u>아주</u> 일찍 일어난다.
>
> •나는 <u>헌</u> 옷을 입고도 <u>전혀</u> 부끄럽지 않다.

① 수식언이라고 한다.

② 다른 말을 꾸며 준다.

③ 형태가 변하지 않는다.

④ 아무 말이나 꾸며 줄 수 있다.

ADVICE ≫ 밑줄 친 말은 다른 말을 꾸며 주는 수식언(관형사, 부사)이다. 관형사는 체언을 꾸미고, 부사는 다른 부사나 체언을 꾸며 준다. 관형사는 또한 용언을 꾸밀 수 없다

10 다음 문장의 밑줄 친 말의 쓰임과 같은 것은?

> 이번 사건은 우리 단체<u>에서</u> 해결하겠습니다.

① 서울<u>에서</u> 부산까지 비행기를 탔다.

② 고마운 마음<u>에서</u> 드리는 선물입니다.

③ 이 경기는 우리 학교<u>에서</u> 승리해야 한다.

④ 이<u>에서</u> 어찌 더 나쁠 수가 있겠습니까.

ADVICE ≫ '에서'는 앞말이 주어임을 나타내는 '격조사'로 쓰였다
> ① 앞말이 출발점의 뜻을 갖는 부사어임을 나타낸다.
> ② 앞말이 근거의 뜻을 갖는 부사어임을 나타낸다.
> ④ 앞말이 비교의 기준이 되는 점의 뜻을 갖는 부사어임을 나타낸다.

11 다음 밑줄 친 말 중 조사가 아닌 것은?

> 동생과 내가 거의 동시에 소리를 지르고 말았다.

① 과　　　　　　　　　　　② 가
③ 에　　　　　　　　　　　④ 고

ADVICE >> ① 접속 조사
　　　　② 주격 조사
　　　　③ 부사격 조사
　　　　④ 어간 '지르-' 뒤에 붙은 어미

12 다음의 밑줄 친 문장에서 생략된 문장 성분은?

> "철수는 뭐 하니?"
> "책 봐."

① 주어　　　　　　　　　　② 서술어
③ 목적어　　　　　　　　　④ 부사어

ADVICE >> 철수는(주어) 책(목적어) 봐(서술어).

13 다음 중 홑문장인 것은?

① 커다란 달이 떠오른다.　　　② 코끼리는 코가 길다.
③ 영수는 야구와 농구를 좋아한다.　　④ 그가 드디어 얼굴에 미소를 띠었다.

ADVICE >> 홑문장은 '주어+서술어'의 관계가 한 번 이루어져 있는 문장이다.
　　　　① 관형절을 안은 문장(겹문장)이다.
　　　　② 서술절을 안은 문장(겹문장)이다.
　　　　③ 2개의 문장으로 분리가 가능하다(겹문장).
　　　　④ 주어+서술어의 관계가 한 번 나타난다(홑문장).

ANSWER　11.④　12.①　13.④

14 문장을 고친 것 중 적절하지 못한 것은?

① 철수의 축구 소질이 널리 알려졌다.

　→ 철수의 축구에 대한 소질이 있음이 널리 알려졌다.

② 우리는 비로소 그의 정당했음을 깨달았다.

　→ 우리는 비로소 그가 정당했다는 사실을 깨달았다.

③ 가장 심각한 문제는 우리 대학의 국제 경쟁력 낙후이다.

　→ 가장 심각한 문제는 우리 대학의 국제 경쟁력이 떨어진다는 것이다.

④ 한식은 영양가가 풍부하다는 것과 약간 맵다는 것이 특징이라는 것이다.

　→ 한식은 영양가가 풍부하고 약간 매운 것이 특징이다.

ADVICE 〉〉 ① 철수가 축구에 소질이 있음이 널리 알려졌다.

15 다음 중 필요한 성분을 제대로 갖춘 문장은?

① 나는 선이를 좋아하지만 나를 좋아하는지는 알 수 없다.

② 동물은 다른 동물을 잡아먹기도 하고 잡아먹히기도 한다.

③ 영철이는 어제 저녁에 장미꽃 한 송이를 영미에게 주었다.

④ 오랫동안 영희를 사모해 왔던 철수는 드디어 아내로 삼았다

ADVICE 〉〉 ① '나를 좋아하는지' → '누가'에 해당하는 주어가 없다.

　　② '잡아먹히기' → '누구에게'에 해당하는 부사어가 없다.

　　④ '아내로 삼았다' → '누구를'에 해당하는 목적어가 없다.

1 다음의 의미를 가진 고유어는?

> 맨 처음으로 물건을 파는 일. 또는 거기서 얻은 소득

2 맺은 사람이 풀어야 한다는 뜻으로, 자기가 저지른 일은 자기가 해결하여야 함을 이르는 한자성어를 쓰시오.

3 다음의 단어 중 합성어를 모두 고르시오.

> 도시락, 군소리, 소설가, 헛소리, 작은형, 부슬비

4 체언 앞에 놓여서 체언, 주로 명사를 꾸며주는 단어의 품사는?

5 문장을 이루는 데 골격이 되는 주성분 4가지를 쓰시오.

Answer
1. 마수걸이
2. 결자해지(結者解之)
3. 소설가, 작은형, 부슬비
4. 관형사
5. 주어, 목적어, 보어, 서술어

한 권으로 단박에 합격하기 **독학사**

고전문학

01 총론

02 고전시가

03 고전산문

04 한문학

05 구비문학

총론

CHAPTER 01

1 한국문학의 범위와 영역

(1) 한국문학의 범위

① **한국문학의 개념** : 한국문학이란 한국인의 사상과 감정을 한글로 표현한 문학이다. 하지만 우리나라의 경우 문학 활동이 이루어진 기간에 비하여 한글이 뒤늦게 생성되어 이러한 정의는 한국문학의 범위를 제한한다는 문제가 발생한다.

② **한국문학의 범위** : 한글로 표현한 문학 외에 입에서 입으로 전승되어 내려오는 구비문학 또는 한글이 만들어지기 이전에 한문으로 기록된 한문학에서도 한국인의 사상과 감정을 읽을 수 있다. 따라서 한국문학의 범위에 구비문학과 한문학이 포함되어야 한다.

③ 한민족이라는 차원에서 분단 이후 북한문학이나 해외 동포가 한국어로 표현한 작품도 한국문학의 범위에 포함해야 한다는 견해가 있다.

(2) 한국문학의 영역

① 문학사적 측면에서 한국문학의 영역에 대한 일반적인 견해는 크게 세 가지로 볼 수 있다.
  ㉠ 한글로 표현된 문학만이 국문학이라고 인정하는 견해로 국문학의 범위가 매우 좁아진다.
  ㉡ 한글로 표현된 순수한 국문학에 한문학을 넓은 의미의 국문학에 포함시키려는 견해가 있다.
  ㉢ 한글 창제 이전 한자로 표현된 한문학을 한글로 표현된 작품과 동등하게 한국문학으로 인정해야 한다는 견해이다.

② 구비문학은 과거에 민속학의 연구 분야로 보았으나, 조동일이 구비문학을 국문학의 범위에 포함시켜야 한다고 주장한 이후 국문학의 영역에 포함시키고 있다.

(1) 고대 문학

① **문학의 태동(胎動)기** : 상고시대부터 통일 신라 멸망까지 이루어진 문학이다.

② **상대(上代)의 문학** : 음악, 무용, 시가(詩歌)가 분화되지 않은 원시 종합 예술이다.

③ 서사(敍事) 문학과 서정 문학으로 분화된 시기이다.

④ 고유 정서를 바탕으로 만들어진 향가(鄕歌)가 출현하였다.

⑤ **한문학의 발달** : 구비 문학 중심이었다가 중국 문화가 유입되어 한자를 사용하게 되었고 그로 인해 한문학이 발전하였다.

(2) 고려시대의 문학

① **한문학의 융성** : 광종 때 문학을 통해 능력을 평가하는 과거제를 도입하고, 숙종 때 국가 교육 기관인 국자감 강화 등이 원인이 되었다.

② 설화에서 발전한 패관 문학과 가전체 작품이 소설로 접근해 갔다.

③ 향가가 쇠퇴하고, 고려 가요가 평민층에서 애송되었다.

④ 귀족 문학인 경기체가(景幾體歌)가 발달하고, 시조가 발생하였다.

⑤ 내용이 진솔하고 소박했다.

⑥ **과도기적 문학** : 향가의 낡은 형식과 내용에 싫증을 느꼈으나 새로운 시형을 찾지 못하고, 경기체가와 속요는 그 수명이 길지 못했으며, 시조는 조선조에 와서 꽃을 피웠다.

⑦ **불교 문학의 발달** : 건국 초부터 불교를 국교로 삼았다(균여, 의천, 탄면, 지눌, 혜심 등). 그러나 후반기에는 무신 정권 이후 귀족 계층의 변화로 성리학을 도입하였다.

⑧ 내외의 환란이 계속되어 현실 도피와 순간적인 향락을 표현하였다.

(3) 조선 전기의 문학

① 조선 건국(14세기 말)부터 임진왜란(16세기 말)까지의 문학을 포괄한다.

② 훈민정음의 창제로 새로운 정음 문학이 발흥하고, 각종 구비 문학이 문자로 정착되었으며 한문 전적(典籍)이 번역되어 국문학이 발전되었다.

③ **악장의 출현** : 조선 왕조의 건국 위업을 찬양하고, 왕실의 무궁한 발전을 축원하는 악장이 발생하였다.

④ 설화의 발전과 중국 소설의 영향으로 전기체 소설이 등장하였다(한문 소설).

⑤ 경기체가가 붕괴되고 가사가 출현하였으며 시조와 더불어 형식면에서 운문 문학이 지배적이었다.

⑥ 문학 향유 계층은 귀족, 양반 계층이 주축이 되었다.

⑦ **사상적 배경** : 유교 · 불교 사상을 바탕으로 하였고, 성리학이 도입되었다.

(4) 조선 후기의 문학

① 임진왜란 이후 평민 의식의 성장에 따라 현실과 양반 계급에 대한 비판이 일어나면서 평민 문학이 발전하기 시작하였다.

② 실학사상의 대두로 구체적이고 사실적인 서민적 문학이 발달하였다.

③ 관념적인 운문 문학에서 사실적인 산문 문학으로 발전하였다.

④ 한글 소설이 발생하여 크게 발달하였다.

⑤ 시조집의 편찬, 가단 형성, 사설시조의 등장, 평민 시인이 배출되었다.

⑥ 평민 가사, 내방 가사, 장편 기행 가사가 성행하였다.

⑦ 판소리, 탈춤, 잡가가 성행하였다.

⑧ 작가의 범위가 확대되었다(평민, 부녀자 중심).

3 한국문학의 특질

(1) 한국문학의 특질

① 한(恨)의 정서
　㉠ 주어진 운명을 거스르지 않고 순응함으로써 슬픔을 승화시키려는 것이다.
　㉡ 외세 침략, 신분적 억압, 전통적 도덕주의 등과 같은 우리 민족의 역사적 배경에서 비롯되었다.
　㉢ 향가, 고려가요, 민요, 1920년대 현대시 등에서 잘 드러난다.

② 해학과 풍자의 미학
　㉠ **해학** : 고통과 갈등을 희극적 인물을 통해 화해와 타협으로 변화시키려는 정신이다.

ⓛ 풍자 : 현실의 부조리를 간접적으로 빗대어 폭로함으로써 현실에 대한 부정과 비판 의식을 간접적으로 표현한다.

ⓒ 신분적 한계로 고통스러운 삶을 살던 평민들의 애환이 빚어낸 결과로 볼 수 있다.

ⓔ 민요, 사설시조, 판소리계 소설, 탈춤 등에서 잘 나타난다.

③ 조화와 풍류의 정신

ⓐ 조화란 서로 잘 어울리는 아름다움이며, 풍류란 여유와 품위를 통해 전체적인 조화에 멋을 더한다.

ⓛ 사대부만의 여유와 낙천적인 세계관을 배경으로, 자연미를 발견하고 삶의 가치를 탐구하는 특징이 있다.

ⓒ 강호한정의 시조 및 가사, 청록파와 시문학파의 시에서 잘 드러난다.

④ 선비 기질과 지조

ⓐ 품위와 위엄을 지키고 대의명분에 충실하려는 의지와 절개를 말한다.

ⓛ 유교적 전통 사회 속에서 자연스럽게 형성된 성향으로 일제강점기 민족의 고난 극복과 주체성 확립과도 연결된다.

ⓒ 조선 전기의 시조(충의가, 절의가), 일제강점기의 저항시에서 찾아볼 수 있다.

(2) 한국문학의 특질에 관한 견해

① 조윤제

ⓐ 은근과 끈기 : 한국문학을 우리 민족 생활의 표현이요, 민족 마음의 거울로 보는 조윤제는 우리 민족의 민족성인 은근과 끈기가 한국문학에 자연스럽게 녹아난다고 보았다.

ⓛ 애처로움과 가냘픔 : 현실에 대한 무상감(無常感)에서 비롯된 비관적 어조가 애처로움과 가냘픔을 만들어 낸다. 여기서 애처로움은 슬픔이 아니며, 가냘픔은 섬세함을 내포한다.

ⓒ '두어라'와 '노세' : 정치·사회적 제약으로 인한 현실에 대한 체념이 도피 또는 향락으로 이어진 것이다.

② 조지훈

ⓐ 아름다움 : 한국문학의 전체적인 미의식

ⓛ 고움 : 규격미, 우아미, 아려미(雅麗美) 등

ⓒ 멋 : 변형미, 초규격성의 풍류미

출제예상문제

 **객관식**

1 다음 중 한국문학의 범위에 대한 설명으로 옳지 않은 것은?

① 한국문학이란 한국인의 사상과 감정을 한글로 표현한 문학이다.
② 한문학이나 구비문학을 한국문학에서 제외하는 관점은 한국문학의 범위를 제한한다.
③ 북한문학은 한국문학으로 볼 수 없다.
④ 해외 동포가 한국어로 표현한 작품도 한국문학에 포함시킬 수 있다.

ADVICE ›› ③ 한민족이라는 차원에서 분단 이후 북한문학이나 해외 동포가 한국어로 표현한 작품도 한국문학의 범위에 포함해야 한다는 견해가 있다.

2 다음 중 조선 전기 문학의 특징을 모두 고르면?

> ㉠ 구비 문학이 문자로 정착되었으며 한문 전적(典籍)이 번역되어 국문학이 발전되었다.
> ㉡ 평민 가사, 내방 가사, 장편 기행 가사가 성행하였다.
> ㉢ 설화의 발전과 중국 소설의 영향으로 전기체 소설이 등장하였다(한문 소설).
> ㉣ 한글 소설이 발생하여 크게 발달하였다.

① ㉠㉡ ② ㉠㉢
③ ㉡㉢ ④ ㉡㉣

ADVICE ›› ㉡㉣은 조선 후기 문학의 특징이다.

ANSWER 1.③ 2.②

3 고대 한국문학에 대한 설명으로 옳은 것은?

① 음악, 무용, 시가(詩歌)가 분화되지 않은 원시 종합 예술이다.
② 설화에서 발전한 패관 문학과 가전체 작품이 소설로 접근해 갔다.
③ 서사(敍事) 문학과 서정 문학으로 분화된 시기이다.
④ 각종 구비 문학이 문자로 정착되었다.

ADVICE ≫ 고대 문학은 상고시대부터 통일 신라 멸망까지 이루어진 문학으로 음악, 무용, 시가가 분화되지 않은 원시 종합 예술이다.
②③ 고려시대 ④ 조선 전기

4 다음 중 고려시대 문학의 특징으로 옳지 않은 것은?

① 한문학이 활발하게 창작되었다.
② 건국 위업을 찬양하고, 왕실의 무궁한 발전을 축원하는 악장이 발생하였다.
③ 향가가 쇠퇴하고, 고려 가요가 평민층에서 애송되었다.
④ 귀족 문학인 경기체가(景幾體歌)가 발달하고, 시조가 발생하였다.

ADVICE ≫ ② 악장이 발생한 것은 조선 전기의 일이다.

5 다음에 설명하고 있는 한국문학의 특질은?

> 외세 침략, 신분적 억압, 전통적 도덕주의 등과 같은 우리 민족의 역사적 배경에서 비롯된 것으로, 주어진 운명을 거스르지 않고 순응함으로써 슬픔을 승화시킨다.

① 한의 정서   ② 해학과 풍자의 미학
③ 조화와 풍류의 정신   ④ 선비 기질과 지조

ADVICE ≫ ② 해학과 풍자의 미학 : 고통과 갈등을 희극적 인물을 통해 화해와 타협으로 변화시키려는 해학과 현실의 부조리를 간접적으로 빗대어 폭로함으로써 현실에 대한 부정과 비판 의식을 간접적으로 표현하는 풍자의 미학을 가진다.
③ 조화와 풍류의 정신 : 조화란 서로 잘 어울리는 아름다움이며, 풍류란 여유와 품위를 통해 전체적인 조화에 멋을 더한다.
④ 선비 기질과 지조 : 품위와 위엄을 지키고 대의명분에 충실하려는 의지와 절개를 말한다.

1 다음에 설명하고 있는 문학 장르는 무엇인가?

> 조선 왕조의 건국 위업을 찬양하고, 왕실의 무궁한 발전을 축원하는 내용을 담은 시가 형태의 하나이다.

2 조선 후기에 이르러 성행한 문학 장르를 2가지 이상 쓰시오.

3 다음에서 정의하고 있는 한국문학의 특질을 쓰시오.

> 품위와 위엄을 지키고 대의명분에 충실하려는 의지와 절개로, 조선 전기의 시조인 충의가, 절의가 또는 일제강점기의 저항시에서 잘 나타난다.

4 한국문학의 특질을 '아름다움', '고움', '멋'으로 정의한 학자는?

Answer

1. 악장
2. 한글소설, 판소리, 잡가, 민요 등
3. 선비 기질과 지조
4. 조지훈

고전시가

1 고대가요의 세계

(1) 상고시대의 문학

상고시대의 문학은 삼국정립기 이전 국문학의 태동기를 말한다. 우리 민족이 한반도에 정착하여 농경문화가 도입될 무렵부터, 자연현상에 대한 관심과 초월적 존재에 대한 관념이 형성되기 시작하였다. 따라서 형성된 절대자에 대한 의식이 제천의식의 형태로 발전하게 되고, 이는 초기 국가에서 다양한 형식으로 나타났다. 이러한 제천의식은 원시종합예술의 형태를 가지는데, 이것이 다양한 갈래로 분화되면서 상고시대의 문학으로 전개되었다.

① 문자가 창제, 보급되기 이전으로 구비문학만이 존재, 후에 한자의 도입이후 문자로 정착되었다. 그래서 원래 어떤 형태였는지 알 수가 없고, 핵심적인 내용만 한역되어 전해진다.

② 집단적인 제천의식(제천의식)과 더불어 형성되었다.

국가	명칭	시기	출전
부여	영고(迎鼓)	1월	「삼국지(三國志)」「위지(魏志) 동이전(東夷傳」
동예	무천(舞天)	10월	
고구려	동맹(東盟)	10월	
마한	오월제, 시월제	5월, 10월	

③ 노래, 춤, 이야기가 결합한 원시종합예술의 형태를 지닌다. 또한 고대가요는 모두 배경설화 속에 삽입되어 있다.

④ 집단적 무가에서 개인 서정 시가로 발전하였다.

⑤ 고대가요

제목	작가	주제	출전	특징
「구지가」	구간 등	수로왕의 강림기원	「삼국유사」	• 4언 4구체, 집단무가 • 가장 오래된 노래
「공무도하가」	백수광부의 처	님을 잃은 슬픔	「해동역사」	• 4언 4구체 • 가장 오래된 서정가요
「황조가」	유리왕	아내를 잃은 슬픔	「삼국사기」	• 4언 4구체 • 작가와 연대가 알려진 가장 • 오래된 노래

(2) 삼국시대의 문학

이 시기는 삼국이 정립된 이후 통일신라 이전까지의 문학을 말한다. 이 시기에는 국가체제가 정비되고 한자가 도입되었으며, 불교가 전래되어 문화가 발전한 시기이다. 삼국의 문학은 모두 독자적인 특징을 가지며 발전했을 것으로 추정되지만, 신라의 문학 외에 백제와 고구려의 문학은 거의 전해지지 않는다.

① 한자의 보급으로 본격적인 기록문학이 정착하게 되었다.

② 불교의 전래로 문학작품에서도 종교적 색채의 작품이 창작되었다.

③ 집단 서사에서 개인 서정 문학으로 발전하였다.

④ 신화와 더불어 다양한 형태의 설화가 출현하였다.

⑤ 국가별 문학의 특징

　㉠ 고구려 문학 : 대륙적인 기상의 서사 문학 창작하였다.

　㉡ 백제 문학 : 서정 문학이 발전했으며, 일본 문화에 영향을 끼쳤다.

　㉢ 신라 문학 : 서정문학이 크게 발전했으며, 특히 향가가 크게 발전했다. 또한 다양한 형태의 설화가 출현하여 후대 갈래 형성에 영향을 미치게 된다.

　　POINT 삼국이 모두 향찰이나, 유사한 문자표기 방식을 갖고 있었으나 향찰로 된 문학인 향가는 현재 신라만 전하고 있다.

⑥ 삼국시대의 운문

국가	작품	특징
고구려	「내원성가」 「연양가」 「명주가」	제목만 전하며, 모두 지명을 제목으로 하고 있다.
백제	「정읍사」	현전하는 유일한 백제가요
	「선운산가」 「무등산가」 「지리산가」 「방등산가」	• 제목만 전하며, 산을 제목으로 하고 여성작자이다. • 구체적인 가사는 알 수 없다.
신라	「도솔가」 「회소곡」 「치술령곡」 「목주가」	• 현재 모두 제목만 전한다. • 「도솔가」는 유리왕대 작품으로 제목만 전하며, 월명사가 지은 향가인 「도솔가」와는 다른 작품이다.

(3) 주요 작품

① 공무도하가

公無渡河(공무도하)	저 임아, 그 **물**을 건너지 마오.
公竟渡河(공경도하)	임은 **그예** 그 물을 건너셨네.
墮河而死(타하이사)	물에 쓸려 돌아가시니,
當奈公何(당내공하)	가신 임을 **어이할꼬**.

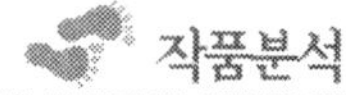 작품분석 

① **시대** : 상고시대
② **갈래** : 4언 4구의 한역 시가
③ **특징**
 • 화자의 감정을 직접적으로 표출함.
 • '물'의 상징적 의미를 중심으로 시상을 전개함.
 • 마지막 4구에서 시적 화자의 비탄의 정서가 드러남.
④ **주제** : 임을 여읜 슬픔
⑤ **작가** : 백수광부의 아내
⑥ **의의**
 • 우리문학 최고(最古)의 서정가요
 • 집단 서사에서 개인적 서정가요로 넘어가는 과도기적 성격

- 문학적 계승 : 이별의 정한을 노래한 작품으로 「가시리」, 「송인」, 「진달래꽃」등으로 연결된다.
⑦ 해설

고조선 때 나루터의 사공 곽리자고가 새벽에 나루터에 나갔더니 흰 머리를 한 사람이 배도 없이 강을 건너려고 하는데 그 아내로 보이는 이가 따라가 건너지 말라고 외치며 말렸으나 그 사람은 강을 건너다가 빠져 죽고 만다. 그 아내는 울다가 공후를 튕기며 노래를 불렀다. 곽리자고는 집으로 돌아와 이 이야기를 아내인 여옥에게 하고, 여옥은 백수광부의 아내가 불렀던 곡을 다시 노래 불렀다. 일명 「공후인」으로 불리기도 한다.

※ 작가에 대한 견해
　① 여옥
　② 곽리자고
　③ 백수광부의 처 등의 설이 있다.

*물 : 삶과 죽음의 경계

*그예 : 마침내

*어이할꼬 : 체념과 한탄, 이별의 정한을 집약

② 황조가

翩翩黃鳥(편편황조)	훨훨 나는 **꾀꼬리**는
雌雄相依(자웅상의)	암수 다정히 즐기는데
念我之獨(염아지독)	외로울사 이 내 몸은
誰其與歸(수기여귀)	뉘와 함께 돌아갈꼬.

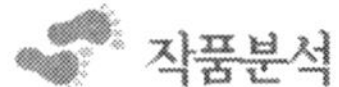 작품분석 

① **시대** : 고구려 유리왕 3년(BC 17)
② **갈래** : 4언 4구의 한역가
③ **성격** : 개인적 서정시
④ **표현**
　• 인간과 자연의 대비
　• 선경후정의 시상전개방식
⑤ **짜임**
　• 1 · 2행(기/승) : 꾀꼬리의 정다운 모습 - 선경
　• 3 · 4행(전/결) : 임을 잃은 외로움 - 후정
⑥ **의의**
　• 작가가 구체적으로 알려진 고대 가요이다.
　• 집단 가요에서 개인적 서정시로 넘어가는 단계의 가요이다.
　• 국문학사상 사랑을 주제로 한 최초의 서정 시가이다.
⑦ **주제** : 짝을 잃은 슬픔(외로움)
⑧ **해설** : B.C 17년(유리왕3)에 지어진 노래로서, 왕비를 잃은 유리왕이 돌아오는 길에 나무 밑에서 쉬다가 암수 서로 정답게 놀고 있는 꾀꼬리를 보고 자신의 외로운 처지를 노래한 순수 서정시이다. 그 노래가 시경체로 한역되어 전한다. 국문학 발생 초기의 집단 서정 문학에서 개인 서정 문학으로 넘어가는 과도기적 성격을 띠는 노래이다. 이 노래의 지은이인 유리왕의 신화적

성격에 비추어 이 노래에 대해 다른 해석을 내놓기도 한다. 특히, 두 왕비의 이름이 '화희'와 '치희'라는 점에 비추어 역사적으로 부족 간의 갈등과 그 타협, 타협의 실패를 겪는 고구려 초기의 임금이었던 유리왕의 비애를 숨기고 있는 것으로 볼 수도 있다.

※ 이 작품은 작가와 연대가 알려진 가장 오래된 시가이다.

*꾀꼬리 : 화자의 정서와 대비되는 객관적 상관물, 부러움의 대상

③ 정읍사

前　腔	**돌**하 **노피곰** 도드샤
	어긔야 **머리곰** 비취오시라.
	어긔야 어강됴리
小　葉	아으 다롱디리
後腔全	**져재** 녀러신고요
	어긔야 **즌 딕를 드딕욜셰라.**
	어긔야 어강됴리
過　篇	어느이다 노코시라.
金善調	어긔야 내 **가논 딕 졈그를셰라.**
	어긔야 어강됴리
小　葉	아으 다롱디리

(현대어 풀이)

달님이시어, 높이높이 돋으시어,

어긔야 멀리멀리 비춰 주십시오.

어긔야 어강됴리 아으 다롱디리

시장에 가 계신가요.

어긔야 나쁜 유혹을 받을까 두렵습니다.

어긔야 어강됴리

어느 곳이든 놓으십시오.

어긔야 내 가는 곳에 날이 저물까 염려됩니다.

어긔야 어강됴리 아으 다롱디리

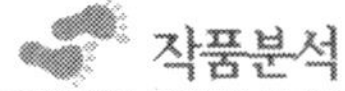 작품분석

① **시대** : 백제(?~660)로 추정, 또는 고려시대 백제 지방 노래로도 봄
② **갈래** : 개인적 서정가요, 망부가(亡夫歌)
③ **성격** : 서정적
④ **주제** : 남편의 안전을 기원
⑤ **작가** : 어느 행상인의 아내

⑥ 문학적 계승
- 망부석 모티브(문학창작의 동기나 배경)의 원형이 되었다.
- 후렴구를 제외한 3장 6구체 형식이 시조에 전승된다.

⑦ 관련설화 : 정읍은 전주 속현으로 이 고을 사람이 행상을 떠나 오래도록 돌아오지 않자, 그 아내가 산 위 바위에 올라가 남편이 있을 먼 곳을 바라보면서 남편이 밤길에 오다가 해나 입지 않을까 염려되어 이 노래를 불렀다고 한다. 남편을 기다리던 언덕에 망부석이 남아 있다고 한다. 이 작품은 일반적으로 백제의 문학으로 취급되지만, 고려가요의 하나로 여겨지기도 한다. 그 근거로 고려가요과 유사한 형태의 후렴구와 백제시대에서 문자로 기록되는 조선 초 사이의 시간적 간극과, 후렴구의 존재를 들기도 한다.

※ 이 작품은 현전하는 유일한 백제 시가이며, 한글로 기록된 가장 오래된 시가이다.

*달 : 기원의 대상, 광명과 구원의 이미지

*노피곰 : 높이높이   *머리곰 : 멀리멀리

*져재 : 시장에   *즌 딕 : 위험한 곳, 질척한 곳(유혹)

*드딕욜셰라 : 디딜까 두렵습니다.   *졈그롤셰라 : 저물까 두렵습니다.

*내 가논 딕 : 화자의 인생길, 님의 가는 길, 부부의 인생길

2 향가의 성격과 주요 작품 세계

(1) 통일신라의 문학

신라가 삼국을 통일하고, 당의 문화가 유입되는 과정에서 양적·질적으로 크게 발전한다. 한자와 향찰 사용이 보편화되어 본격적인 기록문학이 전개되며, 한문학과 불교문학도 크게 융성하였다. 향가문학이 크게 발전하여 대표적인 문학 갈래로 자리 잡게 되었고 고려 초까지 창작되었다. 설화문학 역시 세분화되어 가전의 모태가 되는 우화적 설화가 등장하였다. 또한 정치적으로 혼란했던 통일신라 말기에는 유교적 이념을 보급하려는 작품도 출현하게 된다.

(2) 향가

① 본래 중국 노래에 대하여 우리말 노래라는 뜻으로, 한자의 음과 훈을 빌어 표기하는 향찰을 사용하여 창작한 우리 고유의 노래이다.

② 4구체·8구체·10구체가 있으며, 근원은 민요일 것으로 추정하며, 10구체에 이르러 3단 구성형을 가지며 완성형의 형태를 갖게 되었다.

③ 10구체 향가는 사뇌가(詞腦歌)로도 불리며 결부분 첫 구절에 감탄사를 취한다. 이는 시조의 종장형에 영향을 미치기도 하였다.

④ 현재 「삼국유사」에 14수, 「균여전」에 11수가 전한다.

⑤ 진성여왕 대에 향가집 「삼대목」이 간행되었으나 현재 전하지 않는다.

⑥ 주요작품

제목	형식	작가	내용	특징
「서동요」	4구체	백제 무왕	선화공주에 대한 사랑	• 향가의 첫 작품 • 동요이며, 민요가 정착
「헌화가」		견우노옹	수로부인에 대한 사랑	
「처용가」	8구체	처용	축사(逐邪)	• 향가 해독의 시발점 • 고려, 조선조까지 계승
「모죽지랑가」		득오	죽지랑에 대한 추모	여성적 정서가 섬세하게 표현된 순수 서정시
「원왕생가」	10구체	광덕	사방정토 귀의 소망	• 기원가의 전형 • 불교적 세계관과 샤머니즘의 결합
「제망매가」		월명사	인간적 비극의 불교적 극복	• 문학적으로 가장 뛰어난 향가 • 종교를 통해 인간적 비극을 극복
「찬기파랑가」		충담사	기파랑 추모	문답과 비유를 통한 뛰어난 형식미를 가지는 순수 서정시
「안민가」		충담사	치국의 도	• 유교적 정치관 • 국가를 가족관계에 비유

(3) 주요 작품

① 서동요

선화공주니믄	선화 공주님은
늄그스지 얼어두고	남 몰래 정을 통해 두고
맛둥바올	맛둥(서동) 도련님을
바미 몰 안고 가다.	밤에 몰래 안고 간다.

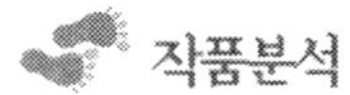 작품분석

　　① **시대** : 신라 진평왕
　　② **갈래** : 4구체 향가
　　③ **성격** : 참요(讖謠), 민요
　　④ **표현**

- 주술적 기능을 나타낸 노래로, 전래 민요가 정착된 것으로 보인다.
- 서동이 바라는 바를 선화 공주가 실제행한 것처럼 전도시켜 표현하였다.

⑤ 주제 : 선화 공주의 은밀한 사랑(선화 공주에 대한 연모의 정)

⑥ 의의
- 현전하는 가장 오래된 향가로 향가 중 유일한 동요(童謠)
- 민요가 4구체 향가로 정착한 노래

⑦ 출전 : 「삼국유사」

⑧ 작가 : 서동(600~641). 백제 제 30대 무왕

⑨ 해설 : 이 노래는 서동이 신라의 선화 공주를 연모하여 감자 캐는 아이로 변장하여 신라에 잠입, 이 노래를 아이들에게 퍼뜨려, 부모의 질책을 받고 쫓겨난 공주를 아내로 맞게 되었으며, 그 후 서동은 자라서 백제 무왕이 되었다고 한다.
일종의 참요(讖謠)로 서동의 잠재적 갈망을 상대편의 행위에 전도시켜 표현한 것이 특징이다. 순진하고 소박한 고대 동요(童謠)의 전형적 형식을 띠고 있다.

※ 참요 : 어떤 징후를 암시하거나, 예언하는 노래

② 처용가

시볼 불긔 두래	새벌 밝은 달에
밤 드리 노니다가	밤새 놀며 다니다가
드러사 자리 보곤	들어와 잠자리를 보니
가루리 네히어라.	가랑이가 넷이로구나
둘은 내해엇고	둘은 내 것인데
들흔 뉘해언고.	둘은 누구의 것인가
본듸 내해다마룬	본래 내 것이지만
아사눌 **엇디ᄒ릿고.**	빼앗긴 것을 어찌 할 것인가.

 작품분석 

① 시대 : 신라 49대 헌강왕 때
② 갈래 : 8구체 향가, 축사(逐邪)의 노래
③ 성격 : 주술적
④ 표현 : 대유법, 영탄법
⑤ 어조 : 관용과 체념의 어조
⑥ 출선 : 「삼국유사」 권2
⑦ 작자 : 처용(處容)
⑧ 주제 : 아내를 빼앗긴 것에 대한 체념과 축신(逐神)
⑨ 의의
- 벽사진경(辟邪進慶) : 사악한 것은 물리치고 경사로운 것을 맞이함)의 민속에서 형성된 무가
- 고려와 조선조에 걸쳐 의식무, 연희로 계승됨
⑩ 배경설화 : 제49대 헌강대왕 대에 동해 용이 아들 하나를 딸려서 서울로 보내어 왕의 정사를 돕도록 하였는데 그의 이름은 처용이었다. 왕은 미모의 여자로 아내를 삼아 주고 그의 뜻을 사로

잡기 위하여 급간의 벼슬을 주었다. 그의 아내는 너무나 아름다워 역신이 탐을 내고 사람으로 변신하여 밤에 몰래 그 집으로 들어가 같이 잤다. 처용이 밖에서 돌아와 잠자리에 두 사람이 있는 것을 보고서 노래를 부르고 춤을 추며 물러났다. 이 때 역신이 모습을 드러내고 처용 앞에 꿇어 엎드려 말하기를 "내가 공의 아내를 흠모하여 죄를 범했습니다. 그런데도 공은 노하지 않으니 그 미덕에 감복했습니다. 지금 이후로는 공의 얼굴을 그린 것만 보아도 그 집에는 들어가지 않기로 맹세하겠습니다." 하였다. 이 말에 따라 사람들은 처용의 모습을 문에 붙여 사악한 기운을 물리치고 경사스런 일을 맞는다 하였다. [삼국유사(三國遺事) 권2 기이. 처용랑 망해사]

*시블 : 서울, 여기서는 신라의 수도인 경주를 가리킨다.

*가르리 네히어라 : 역신의 침범을 대유적으로 표현

*엇디ᄒᆞ릿고 : 체념과 관용의 태도이다.

③ 제망매가

生死 길흔	생과 사의 길은
이에 이샤매 머뭇거리고,	여기 있으므로 머뭇거리고
나ᄂᆞᆫ 가ᄂᆞ다 말ㅅ도	나는 간다는 말도
몯다 니르고 가ᄂᆞ닛고.	못다 이르고 가는가
어느 ᄀᆞ술 이른 ᄇᆞᄅᆞ매	어느 가을 이른 바람에
이에 뎌에 ᄠᅳ러딜 닙ᄀᆞᆫ,	여기 저기 떨어진 잎처럼
ᄒᆞᄃᆞᆫ 가지라 나고	한 가지에 나고
가논 곧 모ᄃᆞ론뎌.	가는 곳 모르겠구나
아야 彌陀刹아 맛보올 나	아아 미타찰에 만날 나
道 닷가 기드리고다.	도 닦으며 기다리겠다

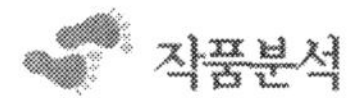 작품분석 

① 연대 : 신라 경덕왕 19년(760) 이전
② 성격 : 추도가(追悼歌), 서정시. 불교 윤회사상
③ 종류 : 10구체 향가
④ 표현 : 비유법, 상징법
⑤ 구성 3단 구성
  • 기(1~4행) 누이의 죽음
  • 서(5~8행) 인간존재의 허무감과 유한성
  • 결(9~10행) 슬픔의 종교적 승화와 극복
⑥ 주제 : 죽은 누이를 추도함, 죽은 누이의 명복을 빎.
⑦ 작가 : 월명사(신라 경덕왕 때의 승려)
⑨ 의의
  • 표현 기교와 서정성이 가장 뛰어난 향가의 백미이다.
  • 뛰어난 비유를 통해 인간적 비극을 종교적 승화한 작품이다.
⑩ 해설 : 이 노래는 불교의 윤회(輪回)의 진리를 바탕으로 하고 있다. 월명사는 단지 죽은 누이 애도하는 데 머무르지 않고, 그것을 빌어 인간 존재에 대한 회의를 불교를 통해 극복하려 하고

있다. 이 노래는 10구체 향가의 전형적인 모습인 3단 구성으로 이루어졌다. '기' 부분에서는 누이의 죽음에 마주 선 괴로운 심경을, '서'에서는 개인적 아픔을, 인간 존재의 무상성(無常性)에 대한 고뇌로 나타내고 있다. 이는 '바람'과 '잎'의 대조에서, 그리고 한 부모에게서 나고도 가는 곳을 모르는 인간 존재의 유한성에 대한 고뇌를 엿볼 수 있다. 마지막 '결' 부분에서는 이승에서의 슬픔과 고뇌를 불교적 믿음에 의해 초극하고 있다.

※ 이 작품은 같은 내용의 고려가요가 존재하여, 향가 해독의 열쇠가 되었다.

*길 : 갈림길	*이 : 이승
*나는 가는 : 죽은 누이의 말	*이른 ㅂ르매 : 누이의 요절
*뜨러딜 닙 : 인간 생명의 허무함	*ㅎ둔가지 : 한부모
*가논 곧 모두론뎌 : 인간 존재의 유한성	*미타찰 : 극락세계

3 고려속요의 성격과 주요 작품 세계

(1) 고려의 문학

통일신라가 멸망하고 조선이 건국하기까지 약 500여 년간 고려시대의 문학을 말한다. 이시기는 대륙의 문화가 폭넓게 보급되어 불교가 융성하고 한자사용이 고도화되었다. 그리하여 향찰이 쇠퇴하면서 한문학이 발달하게 되었고, 이전 시대에 비해 문학의 향유계층이 뚜렷하게 구분되어 귀족문학과 평민문학으로 분립되었다. 특히 무신집권기의 혼란한 사회상을 바탕으로 문인지식인의 불우한 심정과 민중의 고난과 한을 형상화한 다양한 갈래의 문학이 다수 창작되기도 하였으며, 고려 말 시조와 가사의 출현은 우리말 시가문학의 새로운 전환점을 만들기도 하였다.

① **향가계 고려가요** : 향가는 고려 초까지 계승되었지만, 새로운 문학양식이 출현하고, 향찰 또한 한문에 밀려 사용되지 않아 더 이상 창작되지 않았다. 향가계 고려가요는 고려가요로 이행되는 과정에서 과도기적인 의미를 갖는다. 대표작품으로 고려 예종이 지은 「도이장가」와 유배문학의 원류가 되기도 한 정서의 「정과정곡」이 있다.

② **고려가요**

　⑴ 고려시대 평민들에 의해 불린 우리말 시가이다. 따라서 평민들의 일상적 삶을 소재로 하여 소박하고 진솔하게 표현한 작품이 많다.

　⑵ 당시 구전되다가 훈민정음 창제 이후 문자로 기록되었다. 고려가요를 수록한 문헌은 「악장가사」, 「시용향악보」, 「악학궤범」이 있다.

　⑶ 3음보의 운율에 대체로 분절의 형식을 가지며, 후렴구가 있다.

　⑷ 고려가요는 진솔한 생활감정을 솔직하게 표현하여 일부 작품들은 '남녀상열지사(男女相悅之詞)'로 가사가 속되어 적지 않는 '사리부재(詞俚不載)'로 기록의 과정에서 가사의 일부가 수정되거나 삭제되었다.

㉢ 주요 작품

제목	내용	특징
「가시리」	이별한 여인의 정한	• 한국적 여인상의 계승 • 간결하고 함축적인 표현
「청산별곡」	삶의 고통과 비애	• 뛰어난 비유와 상징으로 문학성 획득 • 전 8연으로 2단 구성 • 난해한 시어로 다양하게 해석됨
「동동」	이별한 여인의 정한	• 최초의 월령체 시가로 민속 연구의 자료가 됨 • 정서의 일관성은 없음
「서경별곡」	이별한 여인의 정한	• 이별에 대처하는 방식이 적극적 • 2연이 정석가의 가사와 같음
「상저가」	소박한 백성의 효	• 전 4행의 단행시이며, 노동요 • 민요의 본래적 성격이 강함
「만전춘별사」	임과의 영원한 사랑 기원	• 형식상 시조의 원형으로 추정 • 남녀상열지사의 대표작
「쌍화점」	남녀 간의 퇴폐적 사랑	조선후기 사회상 반영한 남녀상열지사
「이상곡」	님에 대한 그리움	단연시이나 2단 구성으로 남녀 간의 대화로 구성됨
「정석가」	님과의 영원한 사랑 기원	• 작자가 무관으로 추정됨 • 역설적 상황제시를 통해 정서를 강조하는 기발한 착상이 돋보임

(2) 주요 작품

① 가시리

가시리 가시리잇고 **나는**
ᄇᆞ리고 가시리잇고 나는
위 증즐가 大平聖代(대평 셩ᄃᆡ)

날러는 엇디 살라 ᄒᆞ고
ᄇᆞ리고 가시리잇고 나는
위 증즐가 大平聖代(대평 셩ᄃᆡ)

잡ᄉᆞ와 두어리마ᄂᆞᆫ
선ᄒᆞ면 아니 올셰라
위 증즐가 大平聖代(대평 셩ᄃᆡ)

셜온 님 보내웁노니 나는

가시는 둣 도셔 오쇼셔 나는

위 증즐가 大平盛代(대평 셩딕)

(현대어 풀이)

가시리 가시리

버리고 가십니까?

나는 어떻게 살라고

버리고 가십니까?

(님을) 붙잡아 두고 싶지만,

(님이) 서운하게 여기면 돌아오지 않을까 두려워

서러운 님을 보내오니,

가시는 듯 다시 돌아오십시오.

 작품분석

① **시대** : 고려
② **갈래** : 고려가요
③ **구성**
  • 기 : 이별의 상황
  • 승 : 님에 대한 원망
  • 전 : 어쩔 수 없는 체념
  • 결 : 재회의 기대
④ **운율** : 3 · 3 · 2조, 3음보, 후렴구의 사용
⑤ **특징**
  • 간결하고 소박한 시어를 사용
  • 국문학사상 여성적 정한의 원류
⑥ **주제** : 이별의 정한(情恨)
⑦ **작가소개** : 미상
⑧ **해설** : 이 작품은 전통적인 여인상을 소박한 내용이지만, 전체의 구성이 빈틈없는 형식미를 가지고 있다. 또한 이별에 대처하는 화자의 자기희생적인 체념과 기다림은 「공무도하가」에서 시작하여 이후 황진이의 시조, 김소월의 작품 등에서 다양하게 계승되고 있다.

*나는 : 조음구

*잡스와 : 붙잡아

*선ᄒᆞ면 아니 올셰라 : (님이) 서운하면 아니 올까 두렵습니다.

*셜온 : (화자가) 서러운

② 청산별곡

살어리 살어리랏다. 靑山(청산)애 살어리랏다.
멀위랑 ᄃ래랑 먹고, 靑山(청산)애 살어리랏다.
얄리얄리 얄랑셩, 얄라리 얄라.

우러라 우러라 새여, 자고 니러 우러라 새여.
널라와 시름 **한** 나도 자고 니러 우니노라.
얄리얄리 얄라셩, 얄라리 얄라.

가던 새 가던 새 본다. 믈 아래 가던 새 본다.
잉무든 장글란 가지고, 믈 아래 가던 새 본다.
얄리얄리 얄라셩, 얄라리 얄라.

이링공 뎌링공 ᄒ야 나즈란 디내와손뎌.
오리도 가리도 업슨 바므란 ᄯ 엇디 호리라.
얄리얄리 얄라셩, 얄라리 얄라.

어듸라 더디던 돌코, 누리라 마치던 돌코.
믜리도 괴리도 업시 마자셔 우니노라.
얄리얄리 얄라셩, 얄라리 얄라.

살어리 살어리랏다. 바ᄅ래 살어리랏다.
ᄂᄆ자기 구조개랑 먹고 바ᄅ래 살어리랏다.
얄리얄리 얄라셩, 얄라리 얄라.

가다가 가다가 드로라, **에졍지** 가다가 드로라.
사ᄉ미 짒대예 올아셔 奚琴(히금)을 혀거를 드로라.
얄리얄리 얄라셩, 얄라리 얄라.

가다니 빅 브른 도긔 **설진 강수**를 비조라.
조롱곳 **누로기** 민와 잡ᄉ와니, 내 엇디 ᄒ리잇고.
얄리얄리 얄라셩, 얄라리 얄라.

(현대어 풀이)

살으리 살으리라. 청산에 가서 살으리라.
머루랑 다래랑 먹고 청산에서 살으리라.

울어라(우는구나) 새여. 자고 일어나서 울어라 새여.
너보다 근심 많은 나도 자고 일어나서 울고 있노라.

가던 새 가던 새를 본다 물 아래 가던 새를 본다
녹슨 연장을 가지고 물 아래 가던 새를 본다

이럭저럭 하여 낮은 지내왔는데
올 사람도 갈 사람도 없는 밤은 또 어찌하리오?

어디에다 던지던 돌인가? 누구를 맞히려 던진 돌인가?
미워할 사랑할 사람도 없이 맞아서 울고 있노라.

살으리 살으리라. 바다에 살으리라.
나문재랑 굴조개랑 먹고 바다에 살으리라.

가다가 가다가 듣노라. 외딴 부엌 가다가 듣노라.
사슴이 장대에 올라가서 해금을 켜는 소리를 듣노라.

가다가 볼록한 술독에 진한 술을 빚는구나.
조롱박꽃 누룩의 냄새(향)가 매워(진해) 붙잡으니 어찌하리오.

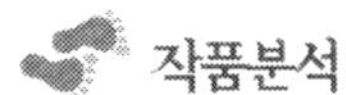

작품분석

① **시대** : 고려
② **갈래** : 고려가요
③ **작가** : 미상
④ **성격** : 애상적, 현실 도피적, 평민적, 은둔적
⑤ **구성**

	제재	정서		제재	정서
1	청산	동경	6	바다	동경
2	새	비애	5	돌	비애
3	잉무든 장그	미련	7	사슴이 장대~	미련
4	밤	고독	8	술	체념

⑥ **운율** : 3음보, 분연체, 후렴구, 'ㄹ, ㅇ'음의 반복
⑦ **주제**
  • 삶의 고뇌와 비애
  • 삶의 터전을 상실한 유랑민의 슬픔
  • 임을 잃은 여인의 비애와 그리움

⑧ 의의 : '서경별곡'과 더불어 고려가요 중에서 가장 뛰어난 창작성과 문학성을 보이며, 고려인의 생활 정서와 감정이 잘 드러나 있다.

⑨ 화자에 대한 다양한 가설 : 이 작품은 매우 상징적인 작품으로 화자에 대한 다양한 가설이 주장되고 있다. 이 작품이 창작될 당시는 몽고침입과 무인정권으로 인한 혼란기로 추정되는데, 작품속의 화자는 농토를 잃고 방황하는 유랑민, 실연한 여인, 그리고 무인정권으로 인해 정치활동에 참여하지 못한 불우한 지식인 등으로 해석되고 있다.

※ 동 시대의 고려가요이지만, 「서경별곡」에서는 이별에 대해 적극적으로 저항하는 여인상이 그려져 있다.

※ 3연의 해석에 따라 전체 내용이 달라지는데 '가던 새'를 날아가는 새, 갈던 사래 등으로 해석하여 전자는 지식인이나, 이별한 화자로 후자는 유랑민으로 설정하기도 한다.

※ 형식상 두 부분으로 완전하게 대응되는데, 5연과 6연의 순서가 후대에 잘못 기록한 것으로 추정한다.

*널라와 : 너보다
*한 : 많은, 큰
*잉무든 장그 : 이끼 낀 도구
*이링공 더링공 : 이럭저럭
*오리도 가리도 업슨 : 오는 사람도 가는 사람도 없는
*믜리도 괴리도 : 미워하는 사람도 사랑하는 사람도
*에졍지 : 외딴 부엌
*설진 강수 : 잘 익은 술
*누로기 : 누룩이(술)

③ 쌍화점

쌍화점(雙花店)에 **쌍화**(雙花) 사라 가고신딘
회회(回回) **아비** 내 손모글 주여이다
이 말스미 이 점(店)밧긔 **나명들명**
다로러거디러 죠고맛감 삿기 광대 네 마리라 호리라
더러둥셩 다리러디러 다리러디러 다로러거디러 다로러
긔 자리예 나도 자라 가리라
위 위 다로러 거디러 다로러
긔 잔 디ᄀ티 **덦거츠니** 업다

삼장사(三藏寺)애 브를 혀라 가고신
그 뎔 사주(社主)ㅣ 내 손모글 주여이다
이 말스미 이 뎔밧긔 나명들명
다로러거디러 죠고맛간 **삿기** 상좌(上座)ㅣ 네 마리라 호리라
더러둥셩 다리러디러 다리러디러 다로러거디러 다로러
긔 자리예 나도 자라 가리라

위 위 다로러거디러 다로러
긔 잔 딕ㄱ티 덮거츠니 업다

드레 **우므레** 므를 길라 가고신 딘
우믓용(龍)이 내 손모글 주여이다
이 말ㅅ미 이 우믈밧긔 나명들명
다로러거디러 죠고맛간 **드레바가** 네 마리라 호리라
더러둥셩 다리러디러 다리러디러 다로러거디러 다로러
긔 자리예 나도 자라 가리라
위 위 다로러거디러 다로러
긔 잔딕ㄱ티 덮거츠니 업다

술 풀 지븨 수를 사라 가고신딘
그 짓 아비 내 손모글 주여이다
이 말ㅅ미 이 집밧긔　나명들명
다로러거디러 죠고맛간 **싀구비가** 네 마리라 호리라
더러둥셩 다리러디러 다리러디러 다로러거디러 다로러
긔 자리예 나도 자라 가리라
위 위 다로러거디러 다로러
긔 잔딕ㄱ티 덮거츠니 업다

(현대어 풀이)
만두집에 만두 사러 갔더니만
회회아비 내 손목을 쥐더라
이 소문이 가게 밖에 나며 들며 하면
다로러거디러 조그마한 새끼 광대 네 말이라 하리라
더러둥셩 다리러디러 다리러디러 다로러거디러 다로러
그 잠자리에 나도 자러 가리라
위 위 다로러 거디러 다로러
그 잔 데 같이 난잡한 곳 없다

삼장사에 불을 켜러 갔더니만
그 절 지주 내 손목을 쥐더라
이 소문이 이 절 밖에 나며 들며 하면
다로러 거디러 조그마한 새끼 상좌 네 말이라 하리라
더러둥셩 다리러디러 다리러디러 다로러거디러 다로러
그 잠자리에 나도 자러 가리라

위 위 다로러거디러 다로러

그 잔 데 같이 난잡한 곳 없다

두레 우물에 물을 길러 갔더니만

우물 용이 내 손목을 쥐더라

이 소문이 우물 밖에 나며 들며 하면

다로러거디러 조그마한 두레박아 네 말이라 하리라

더러둥셩 다리러디러 다리러디러 다로러거디러 다로러

그 잠자리에 나도 자러 가리라

위 위 다로러거디러 다로러

그 잔 데 같이 난잡한 곳 없다

술 파는 집에 술을 사러 갔더니만

그 집 아비 내 손목을 쥐더라

이 소문이 이 집 밖에 나며 들며 하면

다로러거디러 조그마한 바가지야 네 말이라 하리라

더러둥셩 다리러디러 다리러디러 다로러거디러 다로러

그 잠자리에 나도 자러 가리라

위 위 다로러거디러 다로러 그 잔 데 같이 난잡한 곳 없다

 작품분석 

① **연대** : 충렬왕 때로 추측
② **성격** : 남녀상열지사(男女相悅之詞)
③ **종류** : 고려가요
④ **표현** : 직설적, 퇴폐적
⑤ **주제** : 남녀 간의 사랑
⑥ **작가** : 미상
⑦ **해설** : 「雙花店」은 고려속요 가운데서도 그 노골적인 표현으로 말미암아 조선조(朝鮮朝) 양반계
층에 의해 사리부재(詞俚不載)로 거론된 남녀상열지사(男女相悅之詞)의 대표적인 작품이다. 몽
고침임과 무신정권의 지속이 혼란한 사회상을 가중시키고 이에 따라 퇴폐적이고 향락적인 사회
분위기를 성행하게 했다. 이 작품에서는 왕으로부터 일반 백성 그리고 외국인이나 종교인까지
도 타락한 성윤리가 적나라하게 묘사되는데, 후기 고려가요의 향락적이고 퇴폐적인 성격을 잘
보여준다.

※ 이 작품은 다음과 같은 내용의 구조가 반복되는 형태이다.
  • 1~2행 : 남성의 유혹
  • 3~5행 : 목격자 단속
  • 6~8행 : 문란한 행위의 확산

※ 우물의 용 : 충렬왕을 상징하며, 이는 봉건사회의 성격상 '왕'을 풍자하지 않는 금기를 어긴 매우 파격적
인 표현이다. 하지만 이러한 내용에도 불구하고 이 노래는 당시 궁중에서 불러지기도 하였다.

*쌍화 : 만두
*회회 아비 : 색목인 혹은 몽고인이나 아라비아 상인 등의 이설이 있다.
*나명들명 : 나며들며
*덦거츠니 : 난잡한, 지저분한, 거친, 답답한 등으로 해석된다.
*삿기 : 새끼
*상좌(上座) : 절의 잡무를 맡아보는 스님
*우무레 : 우물에
*드레바가 : 두레박아
*술 팔 지븨 : 술 파는 집에
*싀구바 : 술바가지

4 경기체가의 성격과 주요 작품 세계

(1) 경기체가

① 고려 중기 신흥사대부들에 의해 불린 노래이다.

② 사물을 단순히 나열하고 간단한 설명을 하는 교술적 성격의 시가이다.

③ 3음보의 분절체 형식이며 '~景긔 엇더ᄒ니잇고'의 반복이 후렴의 기능을 한다. 하나의 연은 2단 구성으로 전대절, 후소절의 형식을 갖기도 한다.

④ 신흥사대부의 학문적 기개를 지나치게 과시하고 향락적 삶을 노래하여, 조선조 성리학자들의 비판의 대상이 되기도 하였다.

⑤ 대표적인 작품으로 「한림별곡」이 있으며, 조선 초에 악장의 형식이 되기도 하였다.

(2) 주요 작품

① 한림별곡

元淳文(원슌문) 仁老詩(인노시) 公老四六(공노ᄉ륙)
李正言(니정언) 陳翰林(딘한림) 雙韻走筆(솽운주필)
冲基**對策**(튱긔딕칙) 光鈞**經義**(광균경의) 良鏡**詩賦**(량경시부)
위 試場(시댱)ㅅ **景(경)** 긔 엇더ᄒ니잇고.
葉(엽) 琴學士(금혹ᄉ)의 玉笋門生(옥슌믄싱) 琴學士(금혹ᄉ)의 玉笋門生(옥슌믄싱)
위 날조차 몃 부니잇고.

〈제1장〉

유원순의 문장 이인로의 시 이공로의 사륙변려문
이규보 진화 쌍운에 맞춰 쓰는 시
유충기의 대책 민광균의 경의 김양경의 시부
이 시험장의 광경이 그 어떠합니까?
금의의 빼어난 문하생 금의의 빼어난 문하생
나조차 몇 명이나 되겠습니까?

唐漢書(당한서) 莊老子(장로ᄌ) 韓柳文集(한류문집)
李杜集(니두집) 蘭臺集(난ᄃᆡ집) 白樂天集(빅락텬집)
毛試尙書(모시상서) 周易春秋(쥬역춘추) 周戴禮記(쥬ᄃᆡ례귀)
위 註(주)조쳐 내 외옴 景(경) 긔 엇더ᄒ니잇고.
葉(엽) **大平廣記**(대평광기) 四百餘卷(ᄉ빅여권) 大平廣記(대평광기) 四百餘卷(ᄉ빅여권)
위 **歷覽**(력남)ㅅ 景(경) 긔 엇더ᄒ니잇고.

〈제2장〉

당한서 장자와 노자 한유와 유종원의 문집
이백 두보의 시집 난대집 백낙천집
시경 서경 주역춘추 주대례기
이 주조차 외운 광경이 그 어떠합니까?
대평광기 사백여권 대평광기 사백여권
역람하는 광경이 그 어떠합니까?

唐唐唐(당당당) 唐揪子(당츄ᄌ) 조협(早莢) 남긔
紅(홍)실로 紅(홍) **글위** ᄆᆡ요이다.
혀고시라 밀오시라 鄭少年(뎡소년)하.
위 **내 가논 ᄃᆡ** ᄂᆞᆷ 갈셰라.
葉(엽) 削玉纖纖(샥옥셤셤) 雙手(솽슈)ㅅ 길헤 削玉纖纖(샥옥셤셤) 雙手(솽슈)ㅅ길헤
위 携手同遊(휴슈동유)ㅅ 景(경) 긔 엇더ᄒ니잇고.

〈제8장〉

당당당 호두나무 쥐엄나무
붉은 실로 붉은 그네를 맵니다
당기시라 밀어시라 정소년이여.
내가 가는 곳에 남이 갈까 두렵구나.
옥을 깎은 듯한 여인의 두 손길을 옥을 깎은 듯한 여인의 두 손길을,
손길 마주 잡고 노니는 광경이 그 어떠합니까?

① **시대** : 고려 고종 때
② **갈래** : 경기체가
③ **성격** : 귀족적, 향락적, 풍류적, 과시적, 예찬적
④ **표현** : 열거법, 영탄법, 설의법, 반복법
⑤ **형식** : 3음보, 3·3·4조, 전대절(4구) 후소절(2구)의 6구체
⑥ **주제** : 문인들의 향락적이고 귀족적인 삶
⑦ **작가** : 한림제유(한림의 여러 선비)
⑧ **해설** : 이 작품은 경기체가의 효시가 되는 작품으로 당대 문인들의 기개와, 향락적 삶을 엿볼 수 있다. 총 8연으로 구성된 이 작품의 전체적인 제재는 문인, 서적, 서도, 술, 꽃, 음악, 누각, 추천이며 사물을 객관적으로 나열하고 그에 대한 감상을 서술하는 단순한 구조이다. 가사의 내용이 지나치게 들떠있고 음란하여 조선조 유학자들에게 질타의 대상이 되기도 하였다.

※ **고려가요와 비교**
  • 공통점 : 3음보, 후렴구, 분절체
  • 차이점 : 귀족문학, 기록문학(한자)
  • 후기 악장으로 계승

*대책, 경의, 시부 : 과거시험 과목

*景(경) 긔 엇더ᄒ니잇고 : 이 갈래의 명칭인 경기체가의 유래가 된 표현이다.

*멋 부니잇고 : 몇 명이나 되겠습니까?

*大平廣記(대평광기) : 송나라 대의 소설집

*歷覽(력남) : 두루 보다

*唐唐唐(당당당) : 운율을 맞추기 위한 소리

*글위 : 그네

*내 가논 딕 : '향락적인 삶, 작자 층이 한림제유인 지식인으로 '벼슬길'로 보는 견해가 있다.

5 악장의 성격과 주요 작품 세계

(1) 악장

① 조선의 종묘제악(宗廟祭樂) 등 국가적인 행사에 사용된 음악의 가사이다.

② 임금의 만수무강과 조선왕조의 송축으로 일관된 내용을 가지고 있는 귀족적 성격의 문학으로 평민 생활과 유리되어 생명력을 유지하지 못하고 소멸하였다.

③ 주로 신체 고려가요체, 경기체가체, 한시체 등 다양한 형식으로 창작되었다.

④ 주요 작품으로 「용비어천가(龍飛御天歌)」와 「月印千江之曲」 등이 있다.

(2) 주요 작품

① 용비어천가

해동(海東) 육룡(六龍)이 ᄂᆞᄅᆞ샤 일마다 천복(天福)이시니.
고성(古聖)이 동부(同符)ᄒᆞ시니.

〈제1장〉

(현대어 풀이)
해동 육룡(여섯 왕)이 나시어 하시는 일마다 천복이시니
옛 중국의 성인(개국 왕)과 같으시니

불휘 기픈 남ᄀᆞᆫ ᄇᆞᄅᆞ매 아니 뮐씨 곶 됴코 여름 하ᄂᆞ니.
ᄉᆡ미 기픈 므른 ᄀᆞ믈래 아니 그츨씨, 내히 이러 바ᄅᆞ래 가ᄂᆞ니

〈제2장〉

(현대어 풀이)
뿌리 깊은 나무는 바람에 아니 움직이므로 꽃 좋고 열매 많으니
샘이 깊은 물은 가뭄에 아니 그치므로, 내를 이루어 바다로 가나니

천세(千世) 우희 미리 정(定)ᄒᆞ샨 한수(漢水) 북(北)에, 누인개국(累仁開國)ᄒᆞ샤 복년(卜年)이 ᄀᆞ업스시니, 성신(聖神)이 니ᅀᅳ샤도 경천근민(敬天勤民)ᄒᆞ샤사, 더욱 구드시리이다.
님금하, 아ᄅᆞ쇼셔. **낙수(洛水)예 산행(山行)가 이셔 하나빌 미드니잇가.**

〈제125장〉

(현대어 풀이)
천세 전에 미리 정하신 한수 북에, 인을 쌓아 나라를 여시니 복스러운 해가 끝없으시니, 성스러운 후손이 나라를 이으셔도 경천근민하시어, 더욱 굳을 것입니다.
임금이시여, 아셔야 할 것입니다. 낙수에 산행 가 있어 할아버지를 믿겠습니까.

 작품분석 

① **시대** : 완성 – 세종 27년(1445년), 간행 – 세종 29년(1447년)
② **갈래** : 악장(樂章)
③ **성격** : 서사시, 송축가(頌祝歌)
④ **형식** : 각 장은 2절, 각 절은 4구체로서 대구(對句) 형식을 취하고 있다.(단 제1장, 제125장 등 10여 장은 제외) 전절(前節)은 중국 고대 성군의 건국과정과 업적 등을 노래하고, 후절(後節)에서는 조선 사적을 노래하여 대비시켰다.
⑤ **구성**
• 서사(제1~16장)에서는 조선 왕조 창업의 당위성을 제시
• 본사(제17~109장)에서는 조선 왕조 창업과정의 사적
• 결사(제110~125장)에서는 후대 왕에 대한 권계(勸戒)

⑥ 창작동기
  • 조선 건국의 정당성을 확보하여 민심을 수습
  • 후대 왕에 대한 권계
  • 훈민정음의 시험 사용하여 실용성을 확인하고 국자로서의 존엄성을 확보
⑦ 국문학상 의의
  • 훈민정음으로 기록된 최초의 문헌
  • 훈민정음으로 기록된 최초의 장편 영웅 서사시
  • 월인천강지곡과 함께 악장 문학의 대표작
  • 세종 당시 국어 연구의 귀중한 자료
⑧ 주제 : 조선 창업의 정당성과 후대 왕에 대한 권계
⑨ 작가 : 정인지(鄭麟趾) 등(1396-1478) 문신, 학자
⑩ 해설 : 「용비어천가」는 왕조가 점차 안정되어 가던 세종 조에 유교적 예악 사업인 악장 제정 과정에서 제작된, 악장 가운데 최고의 서사시이다. 용비어천가는 고려 말에서 조선 초로 이어지는 혼란기를 무대로 하여, 역사적 사실과 전설적 일화들을 소재로 하여 왕조 창업의 내력을 담은 서사시이며, 세종 29년 2월에 완성된 전 10권 125장에 달하는 장편 시가이다.
중국 역사와 대등하게 2절 구조를 취하여 국가적 자존심을 강조하고, 천명의 당위성을 문학적으로 형상화해 민심을 수습하려 하였으며, 후대왕의 권계를 통해 조선 왕조의 무궁한 발전을 기원하였다.

※ 제1장
  • 1절 3구체
  • 핵심어 : 천복(天福)

※ 제2장
  • 순 우리말 표현
  • 뛰어난 비유와 상징
  • 중국 고사가 쓰이지 않음
  • 핵심어 : 여름, 바다
  • ~여름 하나니, 바르래 가나니 : 문화의 번성

※ 제125장
  • 3장 6구체
  • 핵심어 : 경천근민

※ 「용비어천가」의 영웅서사적 요소
  • 다양한 영웅의 활약
  • 광활한 배경과 다양한 갈등
  • 영웅에 활약에 걸맞는 소재

*낙수(洛水)예 산행(山行)가~ : 중국 하(夏)의 시조 우왕(禹王) 의 손자 태강왕(太康王)은 정사를 돌보지 않고 낙수(洛水)에 사냥을 나가 100여 일 동안이나 돌아오지 않자 왕위를 폐위시킨 고사

6 시조의 특징과 흐름

(1) 조선 전기의 시가 문학

① 고려 말에 완성된 우리말 시가이다. 유학자들의 도덕적 관념을 절제되고 담백하게 표현하기에 알맞아 크게 발전하였다.

② 3장 6구체, 4음보, 종장형은 3·5·4·3의 글자 수를 정형으로 한다. 초기 단시조(短時調)에서 발전된 형태로 여러 수를 묶어 하나의 주제를 표현한 연시조(聯詩調)가 창작되기도 하였다.

③ 주로 양반계층에 의해 창작되고 유교적 규범이나, 자연친화 그리고 기녀 계층에 의해 남녀 간의 사랑을 주제로 하여 창작되기도 하였다.

(2) 조선 후기의 시가

① **시조** : 시조문학이 양반 중심의 문학에서 대중화되어 향유층이 급속하게 늘어난다. 조선 전기의 관념적 시가에서 벗어나, 우리말의 생동감 있는 표현을 통해 현실을 구체적 그린 윤선도가 양반 시조의 대표적 인물이다. 또한 중인층을 중심으로 전문 가객이 등장하는데, 김천택, 김수장 등이 대표적이며 시조집이 발간되기도 했다.

② **사설시조** : 조선후기 평민의식의 성장으로 인해 나타난 산문정신은 소설을 크게 발전시키기도 하였지만, 그 과정에서 시조를 변형한 갈래인 사설시조가 출현하였다. 사설시조는 그 기본형이 시조에서 출발하여 중장과 종장의 길이가 증가한 형식을 갖는다. 주제의식이 평범한 삶의 모습에서 지배층에 대한 풍자와 비판까지 다양하여 평민층에서는 폭넓게 향유되었으나, 시조가 가지는 길이의 제한이라는 근본적 한계를 극복하지 못하여 그 생명력을 오래 지속시키지 못하였다.

(3) 주요 작품

① 유교적 가치의 실현

이 몸이 죽어죽어 일백 번(一百番) **고쳐** 죽어
백골(白骨)이 진토(塵土)되여 넉시라도 잇고업고
님 향(向)한 일편단심(一片丹心)이야 가실 줄이 이시랴

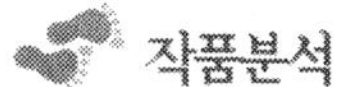 작품분석

   ① **표현** : 설의법, 반복법, 점층법
   ② **운율** : 4음보
   ③ **주제** : 임금에 대한 변함없는 충성심

④ **작가** : 정몽주. 호 포은. 고려 충숙왕 ~ 조선 태조. 고려 말 삼은(三隱)의 한 사람. 문과에 장원 급제하고 뒤에 벼슬이 예문관 대제학에 이르렀다. 개성 부근 선죽교에서 이방원에게 살해당했다.
⑤ **해설** : 「단심가」로 알려진 이 시조는 지은이를 회유하기 위해 이방원이 부른 「하여가」에 답가로 써 고려 왕조에 대한 충성심을 표현하고 있는 작품이다. 점층과 설의를 통해 타협하지 않는 충절의 가치를 드러내고 있다.

*고쳐 : 다시

首陽山(수양산) 바라보며 夷齊(이제)를 恨(한)ᄒᆞ노라.
주려 주글진들 採薇(채미)도 ᄒᆞᆫ것가.
비록애 **푸새엣** 거신들 긔 뉘 ᄯᅡ헤 낫ᄃᆞ니.

작품분석

① **성격** : 풍자적, 절의가
② **표현** : 풍유법, 중의법, 설의법
③ **제재** : 백이와 숙제의 고사
④ **주제** : 굳은 절의와 지조
⑤ **작가** : 성삼문. 호는 매죽헌(梅竹軒). 세종 때의 학자이며 사육신의 한 사람.
⑥ **해설** : 백이와 숙제는 본래 은(殷)나라 고죽국(孤竹國)의 왕자이었으나, 아버지가 죽은 후 후계자가 되기를 사양하다가 나라를 떠났다. 그 무렵 주나라 무왕(武王)이 은나라의 주왕(紂王)을 토멸하여 주왕조를 세우자, 두 사람은 무왕의 행위가 인의(仁義)를 어긴 것이라 하여, 수양산(首陽山)에 들어가 몸을 숨기고 고사리를 캐어먹고 지내다가 굶어죽었다.
이러한 고사를 차용하여 백이와 숙제를 한탄하는 방식을 취하지만, 아무리 적은 것이라도 단종을 폐위시킨 수양대군의 녹을 받지 않겠다는 작가의 결의가 담겨있다.

*首陽山(수양산) : 실제 중국의 산이며 중의적 표현으로 수양대군을 의미한다.
*푸새엣 : 채소

盤中(반중) 早紅(조홍)감이 고아도 보이는다.
柚子(유자) ㅣ 안이라도 품엄즉도 하다마
품어 가 반기리 업슬니 글노 설워 하내이다.

작품분석

① **성격** : 思親歌(사친가)
② **제재** : 조홍감
③ **주제** : 풍수지탄(風樹之嘆)
④ **작가** : 박인로. 조선 중기 무신 겸 시인. 주요 작품으로 「누항사」, 「선상탄」 등이 있으며 조선 후기 가사 발전에 크게 이바지했다.
⑤ **해설** : 중국 오나라에 육적이라는 사람이 원술(袁術)을 찾아갔다가 그가 내놓은 귤 중에서 세 개를 몰래 품속에 넣었다가 발각이 되었다. 원술이 사연을 물으니, 육적은 집에 가지고 가서

어머님께 드리려 하였다 하므로, 모두 그의 효심에 감격하였다고 한다.

중국의 육적회귤(陸績懷橘) 고사를 차용한 이 작품은 귀한 음식을 대했을 때 그것을 부모님께 갖다 드렸으면 하는 것은 당연한 심정이다. 그러나 돌아가신 부모님을 생각하고 그것을 갖다 드리지 못하는 안타까움을 노래하고 있다.

② 자연친화적 삶

말 업슨 청산(靑山)이오, 태(態) 업슨 유수(流水) l 로다.

갑 업슨 청풍(淸風)이오, 님ᄌᆞ 업슨 명월(明月)이라.

이 중(中)에 병(病) 업슨 이 몸이 **분별**(分別) 업시 늘그리라.

 작품분석 

> ① **성격** : 자연친화적, 한정가(閑情歌)
> ② **표현** : 대구법, 의인법
> ③ **제재** : 자연
> ④ **주제** : 강호한정
> ⑤ **작가** : 성혼. 조선 선조 때의 유학자. 호는 우계(牛溪)·묵암(默庵). 성리학의 대가로 기호학파의 이론적 근거를 닦았다. 저서에 「우계집」 등이 있다.
> ⑥ **해설** : 말 없는 청산과 모양이 없는 유수를 벗하며 세속적 집착을 버리고 무욕의 삶을 갈아가는 선비들의 삶을 노래한다. '업슨'이라는 시어의 반복을 통해 운율을 형성하고, 무욕의 의지를 강조하기도 한다.

*분별(分別) : 근심, 욕심

잔 들고 혼자 안자 먼 뫼흘 브라보니

그리던 님이 오다 반가옴이 이러ᄒᆞ랴

말숨도 **우움**도 아녀도 몯내 **됴하** ᄒᆞ노라.

 작품분석 

> ① **성격** : 강호가도, 한정가
> ② **표현** : 설의법, 비교법
> ③ **주제** : 안분지족, 안빈낙도
> ④ **작가** : 윤선도. 조선 중기의 문신. 호는 고산(孤山).
> ⑤ **해설** : 전 6수의 연시조로 자연친화적 실천과 연군지정을 노래하고 있다. 이 작품은 한문 투를 거의 사용하지 않고 우리말의 아름다움을 잘 살려 표현한 것이 특징이며, 인간사의 비판을 통해 속세의 욕망으로부터 벗어나려 하고 있다.

*그리던 님이 오다 반가옴이 이러ᄒᆞ랴 : 그리워하던 님이 온다 해도 반가움이 이러하랴

*우움 : 웃음

*됴하 : 좋아

田園(전원)에 나믄 興(흥)을 전나귀에 모도 싯고
溪山(계산) **니근** 길로 흥치며 도라와셔
아해야 禁書(금서)를 다스려라 나믄 해를 보내리라.

 작품분석 

> ① **성격** : 풍류적
> ② **표현** : 중의법
> ③ **제재** : 전원의 흥취
> ④ **주제** : 자연 속에서 누리는 풍류(흥취)
> ⑤ **작가** : 김천택. 조선 중기의 시조작가이자 가객(歌客). 작품집으로 「청구영언」이 있다.
> ⑥ **해설** : 이 작품은 자연 속에서 풍류를 즐기는 한가함과 여유로움이 가득 찬 모습을 그려낸다.
>   조선 전기의 관념적 자연관을 벗어나 '전원'을 풍류의 현실적 공간으로 설정했다는 점이 특징이
>   며, 추상적인 흥을 구체화하여 해학적으로 표현하고 있다.
>
> ※ 전원과 자연 : 자연은 속세에서 분리된 탈속적 공간이며 심미적 대상의 의미가 강하다. 그러나 전원은
>   현실 속의 공간이며, 풍류의 공간이다.

***니근 : 익숙한**

③ 남녀 간의 사랑

동지(冬至)ㅅ달 기나긴 밤을 한 허리를 버혀 내여,
춘풍(春風) 니불 아래 서리서리 너헛다가,
어론님 오신 날 밤이여든 구뷔구뷔 펴리라.

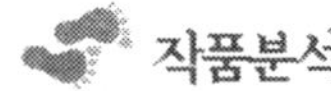 작품분석 

> ① **성격** : 연정가(戀情歌)
> ② **표현** : 추상의 구체화
> ③ **주제** : 님에 대한 그리움
> ④ **작가** : 황진이. 조선 중기의 기생.
> ⑤ **해설** : 이 작품은 추상적인 시간을 구체적인 사물로 형상화하여 임에 대한 그리움과 사랑을 절실
>   히 드러낸다. 또한 '서리서리 너헛다가'와 '구뷔구뷔 펴리라'와 같은 대조적 표현은 우리말의 아
>   름다움을 잘 살리고 있다.

***어론 : 사랑하는**

이화우(梨花雨) 훗날릴 제 울며 잡고 이별(離別)한 님,
추풍낙엽(秋風落葉)에 저도 날 생각할가.
천리(千里)에 외로운 꿈만 오락가락 하노매.

① **성격** : 감상적, 애상적, 여성적, 연정가, 이별가
② **표현** : 은유법
③ **제재** : 이별과 그리움, 연모의 정
④ **주제** : 임에 대한 그리움. 임을 그리는 마음
⑤ **작가** : 계랑. 조선 중기의 기생
⑥ **감상** : 이별의 상황과 외로움이 계절적 배경과 조화되어 섬세한 아름다움을 형성한다. 특히 시간의 변화와 흐름에 연결된 화자의 정서가 안타까움과 원망, 그리움으로 심화된다.

나모도 돌도 없는 산에서 매에게 쫓긴 까투리의 마음과,

대천 바다 한가운데 일천 석이나 되는 짐을 실은 배가 노도 잃고, 닻도 잃고, 돛 줄도 끊어지고, 돛대도 꺾어지고 키까지 빠지고 바람이 불고 물결치는데 안개는 자욱이 낀 날에 갈 길은 천리만리 남아 아득히 먼데, 사방은 깜깜하고 어둑어둑하게 저물어 가고, 천지는 적막하며 사나운 파도가 일 듯 한데 해적 만난 도사공의 마음과,

엊그제 임을 이별한 나의 마음이야 어디에다 비교할 수 있으랴.

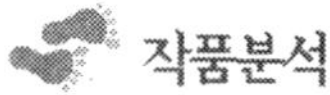 작품분석 

① **갈래** : 사설시조
② **성격** : 수심가, 이별가
③ **표현** : 열거법, 비교법, 과장법, 점층법
④ **주제** : 임을 여읜 절망적인 슬픔
⑤ **작가** : 미상
⑥ **해설** : '三恨(삼한)' 혹은 '三內(삼안)'이라고 알려진 이 작품은 '안'이라는 말로 마음을 나타내면서, 세 가지 절박한 마음을 서로 비교하여 시상을 전개하고 있다. 임을 여읜 화자가 자신의 마음을 전달하기 위해서 극한적 상황에 내몰린 처지의 인물들과 비교하는 수법은 매우 기발한 발상이다.

④ 평민들의 소박한 삶

창(窓) 내고쟈 창(窓)을 내고쟈 이 내 가슴에 창(窓) 내고쟈.
고모장지 셰살장지 들장지 열장지 암돌져귀 수돌져긔 배목걸새 크나큰 쟝도리로 둑닥 바가 이내 가슴에 창(窓) 내고쟈.
잇다감 하 답답홀 제면 여다져 볼가 흐노라.

① **갈래** : 사설시조
② **성격** : 해학적
③ **표현** : 열거법, 반복법
④ **특징** : 비극적 상황을 해학적으로 표현
⑤ **주제** : 마음속에 쌓인 비애와 고통
⑥ **작가** : 미상
⑦ **해설** : 마음속에 시름이라는 추상적 상황을 창을 내는 구체적 행위를 통해 표현하려는 발상은, 답답한 심정의 전달과 해소의 욕망을 적절히 드러내는 장치이다. 생활언어를 통해 나열되는 창문의 묘사는 다소 과장적이지만, 비극적 상황을 해학적으로 인식하고 표현하려는 평민문학적 특징을 잘 드러낸다.

댁들에 **동난지이** 사오. 져 쟝스야, 네 **황후** 긔 무서시라 웨는다, 사쟈.

外骨內肉(외골내육), 兩目(양목)이 上天(상천), 前行後行(전행후행), 小(소)아리 八足(팔족) 大(대)아리 二足(이족), 淸醬(청장) 아스슥 한 동난지이 사오.

쟝스야, 하 거복이 웨지 말고 게젓이라 하렴은.

① **성격** : 해학적
② **표현** : 대화체, 돈호법
③ **제재** : 동난지이
④ **주제** : 衒學的(현학적)인 학자들의 풍자
⑤ **해설** : 평민의 생활 감정을 담은 사설시조로, 게젓 장수와의 대화체로 표현되었다. 게젓이란 간단하고 쉬운 우리말이 있음에도 어려운 한문 문자로 외치고 다니는 게젓 장수를 빈정대고 있다. 다시 말해 한문만을 뽐내는 지식 계층을 은근히 풍자하는 내용이라 할 수 있다.

*동난지이 : 게장
*황후 : 거래

7   가사의 유형별 이해

(1) 조선 전기 가사

① 시조와 같은 시기에 형성된 운문적 형식의 산문적 내용의 시가이다.

② 시조와 운율적 형식은 같지만, 길이에 제한이 없다.

③ 정극인의 「상춘곡」을 가사의 효시(고려 말 나옹화상이 지은 「서왕가」로 보기도 한다.)로 하여,

정철의 작품에 이르러 문학적으로 크게 발전하였다.

(2) 조선 후기 가사

시조의 전개과정과 마찬가지로, 가사문학도 평민의식이 개입되면서 다양한 모습으로 분화되었다.
조선 전기의 가사가 양반들의 유교적 관념의 실현을 추구하였지만, 그 폭이 넓어져 양반들에 의해
창작된 가사 외에도 기행가사, 내방가사, 개화가사, 잡가 등으로 세분화되어 발전하였다.

조선 후기 대표적 가사

제목	갈래	작가	내용	특징
「누항사」	양반가사	박인로	누항에서의 고단한 삶과, 안분지족의 의지	• 몰락한 지식인의 삶을 구체적으로 표현
「농가월령사」	양반가사	정학유	농사일의 보급과 권장	• 월령체가 형식의 가사 • 실학사상을 반영
「일동장유가」	기행가사	김인겸	일본 통신사 기행	• 일본의 풍속과 문물제도 등 알 수 있다. • 국문학적으로 중요한 자료
「연행가」	기행가사	홍순학	청나라 북경 기행	조선 선비의 시각에서 바라본 이국적 풍물 묘사
「만언사」	유배가사	안조환	귀양살이의 고단함과 회개	• 추상적인 연군지정의 주제의식 없음 • 사실적이고 생생한 귀양살이 표현 • 자신의 회상과 체험중심 전개
「규중행실가」	규방가사	미상	시집간 딸 훈계	양반 부녀의 생활을 사실적으로 드러내 시대상을 보여줌
「화전가」	규방가사	미상	화전놀이의 흥취	영남지방 구전되던 「화전가」가 정착
「용담유사」	개화가사	최제우	동학 정신의 포교	총 9편으로 이루어진 동학의 경전
「유산가」	잡가	미상	봄 경치 완상과 예찬	양반 문화의 모방으로 상투적 한자어와 중국 고사의 원용이 많으나, 우리말을 생동감 있게 표현

제목	갈래	작가	내용	특징
「상춘곡」		정극인	봄 경치 완상	• 가사 문학의 효시 • 세련되고 화려한 표현
「면앙정가」		송순	강호한정	• 강호가도를 확립한 가사 • 도가사상과 유가 사상의 조화
「사미인곡」		정철	이별의 정한(연군지정)	• 이별한 여인의 정서를 계절의 흐름에 따른 전개
「속미인곡」		정철	이별의 정한(연군지정)	• 대화체(문답의 형식) • 순우리말 표현과 생동감 있는 언어 사용
「관동별곡」		정철	관동 유람 연군지정과 애민정신	• 화려하고 낭만적 표현 • 생략과 비약을 통한 기행가사의 절정
「규원가」		허난설헌	규중 여인의 고독과 한	• 현전하는 최고의 내방가사 • 고사나 한자어가 많다.

POINT TIP **정철 가사에 대한 평가**

㉠ 홍만종 「순오지(旬五志)」: 「사미인곡」도 역시 송강이 지은 것이다. 시경에 있는 미인이라는 두 글자를 따 가지고 세상을 걱정하고 임금을 사모하는 뜻을 붙였으니, 이것은 옛날 초나라에 있었던 「백설곡」만이나 하다고 할 것이다. 가히 제갈공명의 「출사표」에 비길만하다.

㉡ 김만중 「서포만필(西浦漫筆)」: 옛날부터 우리나라의 참된 문장은 오직 이 세 편뿐인데, 그 중에서 「속미인곡」이 가장 뛰어나다. 「관동별곡」과 「사미인곡」은 오히려 한자음을 빌어서 그 가사 내용을 꾸민 데 지나지 않는다.

(3) 주요 작품

① 사미인곡

이 몸 삼기실 제	이 몸이 생겨날 때
님을 조차 삼기시니,	님을 따라 태어나니,
혼싱 연분(緣分)이며	한 평생 연분이며
하늘 모를 일이런가.	하늘이 모를 일이런가.
나 ᄒ나 졈어 잇고	나 하나 젊어 있고
님 ᄒ나 날 **괴시니**,	님 하나 날 사랑하시니,
이 ᄆᆞ음 이 ᄉ랑	이 마음 이 사랑
견졸ᄃᆡ 노여 업다.	견줄 곳이 전혀 없다.
평생(平生)애 원(願)ᄒ요ᄃᆡ	평생 원하는 것은

혼 **녜쟈** ᄒ얏더니,	함께 살자 하였더니,
늙거야 므스 일로	늙어서 무슨 일로
외오 두고 글이는고.	홀로 두고 그리워하는가.
엇그제 님을 뫼셔	엊그제 님을 뫼셔
광한전(廣寒殿)의 올낫더니	광한전에 올랐더니
그 **더디** 엇디ᄒ야	그 동안 어찌하여
하계(下界)예 ᄂ려오니	하계에 내려오니
올 적의 비슨 머리	올적이 빗은 머리
얼킈연디 삼년(三年)이라.	엉킨지 삼년이라.
연지분(燕脂粉) 잇ᄂ마ᄂ	연지분 있지마는
눌 위ᄒ야 고이 ᄒ고.	누굴 위하여 곱게 할까.
ᄆ음의 ᄆ친 실음	마음에 맺힌 시름
텹텹(疊疊)이 빠혀 이셔	첩첩이 쌓여있어
짓ᄂ니 한숨이오,	짓는 것은 한숨이오,
디ᄂ니 눈믈이라.	떨어지는 것은 눈물이라.
인생(人生)은 유한(有限)ᄒ디	인생이 유한한데
시름도 그지 업다.	시름은 끝이 없다.
무심(無心)ᄒ 셰월(歲月)은	무심한 세월은
믈 흐ᄅ듯 ᄒ는고야.	물 흐르듯 하는구나.
염냥(炎凉)이 째를 아라	더위와 추위가 때를 알아
가ᄂ 듯 고텨 오니,	가는 듯 다시 오니,
듯거니 보거니	듣거니 보거니
늣길 일도 하도 할샤.	흐느낄 일도 많구나.
동풍(東風)이 건듯 부러	봄바람이 잠깐 불어
젹셜(積雪)을 헤텨 내니,	쌓인 눈을 헤쳐 내니,
창(窓) 밧긔 심근 매화(梅花)	창 밖에 심은 매화
두세 가지 픠여셰라.	두세 가지 피었구나.
ᄀ득 닝담(冷淡)ᄒ디	가뜩이나 냉담한데
암향(暗香)은 므스 일고.	그윽한 향은 무슨 일인가.
황혼(黃昏)의 ᄃ이 조차	황혼에 달이 따라
벼마틴 빗최니,	베게 맡에 비추니,
늣기는 듯 반기는 듯,	흐느끼는 듯 반기는 듯,
님이신가 아니신가.	님이신가 아니신가.
뎌 매화(梅花) 것거내여	저 매화 꺾어내어

님 겨신 디 보내오져.
님이 너를 보고
엇더타 너기실고.
곳 디고 새닙 나니
녹음(綠陰)이 실렷ᄂ디,
나위(羅幃) 寂적寞막ᄒ고
슈막(繡幕)이 뷔여 잇다.
부용(芙蓉)을 거더 노코
공쟉(孔雀)을 둘러 두니,
ᄀ득 시름 ᄒᆫ디
날은 엇디 기돗던고.
원앙금(鴛鴦錦) 버혀 노코
오ᄉᆡ션(五色線) 플텨 내여,
금자히 견화이셔
님의 옷 지어 내니,
슈품(手品)은 ᄏ니와
졔도(制度)도 ᄀ졸시고.
산호슈(珊瑚樹) 지게 우히
빅옥함(白玉函)의 다마 두고,
님의게 보내오려
님 겨신 디 ᄇ라보니,
산(山)인가 **구롬**인가
머흐도 머흘시고.
천리만리(千里萬里) 길흘
뉘라셔 ᄎ자 갈고.
니거든 여러 두고
날인가 반기실가.
ᄒᆞᄅ밤 서리김의
기러기 우러 녤 제,
위루(危樓)에 혼자 올나
수정념(水晶簾) 거든말이,
동산(東山)의 **돌**이 나고
북극(北極)**의 별**이 뵈니,
님이신가 반기니

님 계신데 보내고 싶구나.
님이 너를 보고
어떻다 여기실까.
꽃 지고 새 잎 나니
푸른 그늘이 깔렸는데,
나위 적막하고
수막이 비어 있다.
부용장을 걷어 놓고
공작장을 둘러두니,
가뜩이나 시름이 많은데
날은 어찌나 길던가.
원앙금 베어 놓고
오색실을 풀어내어,
금자로 재어서
님의 옷을 지어내니,
솜씨는커녕
격식도 갖추었구나.
산호수 지게 위에
백옥함에 담아 두고,
님에게 보내려
님 계신 곳 바라보니,
산인가 구름인가
험하기도 하구나.
천리만리 머나먼 길을
누가 찾아갈까.
이르거든 열어두고
나인가 반겨 주실까.
하룻밤 서리 내릴 때
기러기 울며 다닐 때,
위험한 누각에 혼자 올라
수정 발을 걷으니
동산에 달이 나고
북극에 별이 보이니,
님이신가 반기니

눈믈이 절로 난다.	눈물이 저절로 난다.
청광(淸光)을 쥐여 내여	푸른빛을 쥐어 내어
봉황누(鳳凰樓)의 븟티고져.	봉황루에 올리고 싶구나.
누(樓) 우히 거러 두고	누각 위에 걸어 두고
팔황(八荒)의 다 비최여,	온 세상에 다 비추어,
심산궁곡(深山窮谷) **졈낫구티 밍그쇼셔.**	깊은 산 외진 골자기를 대낮같이 만들어 주소서.
건곤(乾坤)이 폐식ᄒᆞ야	온 세상이 막혀 있어
빅셜(白雪)이 흔 빗친 제,	흰 눈과 한 빛일 때,
사름은ᄏᆞ니와	사람은커녕
늘새도 긋쳐 잇다.	나는 새도 그쳐있다.
쇼샹남반(瀟湘南畔)도	따뜻한 남쪽 지방도
치오미 이러커든,	추움이 이러하거든,
옥누고쳐(玉樓高處)야	님 계신 높은 곳이야
더옥 닐너 므슴하리.	더욱 말하여 무엇하리.
양츈(陽春)을 부쳐 내여	따뜻한 봄기운을 붙여 내어
님 겨신 듸 쏘이고져.	님 계신데 쏘이고 싶구나.
모쳠(茅簷) 비쵠 히를	초가집 비춘 해를
옥누(玉樓)의 올리고져.	님 계신 곳에 올리고 싶구나.
홍샹(紅裳)을 니믜추고	다홍치마 여미어 차고
취슈(翠袖)를 半반만 거더,	소매를 반쯤 걷어.
일모슈듁(日暮脩竹)의	해지는 저녁 대나무에 기대어
헴가림도 하도 할샤.	생각이 많기도 하구나.
댜른 히 수이 디여	짧은 해 쉽게 지고
긴밤을 고초 안자,	긴 밤을 꼿꼿이 앉아,
청등(靑燈) 거른 겻틱	푸른 등 걸은 곁에
뎐공후(鈿箜篌) 노하 두고,	전공후 놓아두고,
꿈의나 님을 보려	꿈에나 님을 보려
퇴 밧고 비겨시니,	턱 받치고 비스듬히 있으니,
앙금(鴦衾)도 츠도 츨샤	앙금도 차기도 하구나
이 밤은 언제 샐고.	이 밤을 어제 샐까.
ᄒᆞᄅᆞ도 열두 쌔	하루도 열두 때
흔 둘도 셜흔 날	한 달도 서른 날
져근덧 싱각 마라.	잠깐이라도 생각 말자.
이 시름 닛쟈 ᄒᆞ니	이 시름을 잊자 하니

므음의 미쳐 이셔

골슈(骨髓)의 쎄텨시니,

편쟉(扁鵲)이 열히 오나

이 병을 엇디 ᄒ리.

어와 내 병이야

이 님의 타시로다.

출하리 싀여디여

범나븨 되오리라.

곳나모 가지마다

간 듸 죡죡 안니다가,

향므든 늘애로

님의 오ᄉ 올므리라.

님이야 날인 줄 모ᄅ셔도

내 님 조ᄎ려 ᄒ노라.

마음에 맺혀 있어

골수에 사무쳤으니,

편작이 열이 오나

이 병을 어찌 할까.

어와 내 병이야

이 임의 탓이로다.

차라리 죽어서

범나비 되리라.

꽃나무 가지마다

간대 족족 앉고 다니다.

향 묻은 날개로

님의 옷에 옮으리라.

님이야 나인 줄 몰라도

내 님 따르려 하노라.

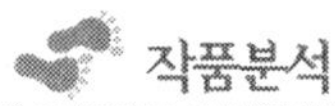 작품분석 

① **연대** : 조선 선조 때
② **성격** : 연군지사
③ **종류** : 서정(抒情) 가사(歌辭)
④ **구성** : 3 · 4조, 4 · 4조로 된 서정(抒情) 가사(歌辭) '서사─본사─결사'의 3단
⑤ **주제** : 연군(戀君)의 정(情)[충신연군지사]
⑥ **작가** : 정철(1536~1593) 조선 전조 때의 문신, 시인 호는 송강(松江) 고산 윤선도와 더불어 고전 시가의 쌍벽으로 일컬어진다.
⑦ **해설** : 이 작품은 고려가요인 「정과정」을 원류(源流)로 하는 충신연군지사(忠臣戀君之詞)다. 「속미인곡」과 더불어 가사 문학의 절정을 이루는 작품이다. 본사는 계절의 흐름에 따라 님과 이별한 화자의 정서가 일관되게 진술되고 있다. 화려하고 다양한 수사와 우리말의 아름다움 잘 살린 이 작품은 높은 문학적 가치를 가지고 있다. 이는 심리적 서포 김만중은 「서포만필(西浦漫筆)」에서 「관동별곡」, 「속미인곡」과 더불어 '우리나라의 훌륭한 문장은 이 세 편뿐이다.'라고 극찬하였고, 초나라 굴원의 「이소경(離騷經)」에 비겨 '동방의 이소'라고 하였다.

*괴시니 : 사랑하시니
*녜자 : 살다, 다니다, 지내다
*흔듸 녜쟈 : 화자의 궁극적인 소망
*더듸 : 동안
*하계(下界) : 작자의 은거지인 전남 창평
*믈 흐르듯 ᄒᆞᄂᆞᆫ고야. : 빠르다, 돌이킬 수 없다.
*동풍 : 봄바람
*계절별 사랑의 매개
  봄 : 매화
  여름 : 님의 옷
  가을 : 청광
  겨울 : 양춘
*나위(羅幃), 슈막(繡幕) : 방안에 장식하는 천, 여기서는 방 안의 의미
*원앙금 : 원앙무늬 비단, 남녀 간의 금슬이나 사랑을 의미한다.
*산, 구름 : 장애물
*달, 북극의 별 : 임금
*졈낫ᄀᆞ티 딩그쇼셔 : 임금의 선정을 바라는 화자의 소망을 표현
*꿈 : 현실적 욕망의 일시적 해소 공간, 갈등과 그리움을 심화시킨다.
*범나븨 : 간접적이고 소극적인 사랑, 이 작품은 작자가 죄를 짓고 은거할 때 지은 작품으로 당시의
  처지에 따라 적극적으로 항변할 수 없음을 드러낸다.
*정과정 : 정서가 지은 작품으로 유배가 시초가 된 작품이다.

② 속미인곡

서사

뎨 가는 뎌 각시	저기 가는 저 부인
본 듯도 흔뎌이고	본 듯도 하구나
천샹(天上) **빅옥경**(白玉京)을	임금이 계시는 대궐을
엇디ᄒᆞ야 니별(離別)ᄒᆞ고	어찌하여 이별하고
해 다 뎌 져믄 날의	해가 다 저문 날에
눌을 보라 가시ᄂᆞᆫ고.	누구를 만나러 가시는고.

본사

어와 네여이고	아, 너로구나
내 ᄉᆞ셜 드러보오.	내 사정 이야기를 들어 보오.
내 **얼골** 이 거동이	내 얼굴과 이 나의 태도는
임 괴얌즉 흔가마ᄂᆞᆫ	임께서 사랑함직 하다마는
엇딘디 날 보시고	어쩐지 나를 보시고
네로다 녀기실ᄉᆡ	너로구나 하고 특별히 여기시기에

<table>
<tr><td>

나도 님을 미더
군쁘디 젼혀 업서
이릭야 교틱야
어즈러이 구돗썬디
반기시는 눛비치
녜와 엇디 다르신고.
누어 싱각호고
니러 안자 혜여 호니
내 몸의 지은 죄
뫼フ티 빠혀시니
하늘히라 원망호며
사룸이라 허믈호랴
셜워 플텨 혜니
조믈(造物)**의 타시로다.**
글란 싱각 마오.
미친 일이 이셔다.
님을 뫼셔 이셔
님의 일을 내 알거니
믈 フ탄 얼굴이
편호실 적 몃 날일고.
춘한고역(春寒苦熱)은
엇디호야 디내시며
추일동천(秋日冬天)은
뉘라셔 뫼셧는고.
죽조반(粥早飯) 조석(朝夕) 뫼
녜와 ス티 셰시는가.
기나긴 밤의 좀은 엇디 자시는고.
님다히 소식(消息)을
아므려나 아쟈 호니
오늘도 거의로다
내일이다 사람 올가.
내 무움 둘 틱 업다
어드러로 가쟛 말고.
잡거니 밀거니

</td><td>

나도 임을 믿어
딴 생각이 전혀 없이
응석과 아양을 부리며
어지럽게 굴었던지
반기시는 낯빛이
옛날과 어찌 다르신고.
누워 생각하고
일어나 앉아 헤아려 보니
내 몸에 지은 죄가
산같이 쌓였으니
하늘을 원망하며
사람을 탓하랴
서러워 풀어 헤아리니
조물주의 탓이로다.
그렇게는 생각마오.
맺힌 일이 있습니다.
예전에 임을 모시어
임의 일을 내가 알거니와
물같이 연약한 몸이
편하실 때가 몇 날일꼬.
이른 봄날의 추위와 여름철의 무더위는
어떻게 지내시며
가을날 겨울날은
누가 모셨는고.
아침저녁 진지는
예전과 같이 잘 잡수시는지.
기나긴 밤에 잠은 어떻게 주무시는가.
임의 소식을
어떻게 해서라도 알려고 하니
오늘도 거의 저물었구나.
내일이나 사람이 올까.
내 마음 둘 곳이 없다
어디로 가자는 말인가.
잡기도 하고 밀기도 하면서

</td></tr>
</table>

놉픈 뫼히 올라가니	높은 산에 올라가니
구름은 크니와	구름은커녕
안개는 므스 일고.	안개는 무슨 일인가.
산천(山川)이 어둡거니	산천이 어두우니
일월(日月)을 엇디 보며	일월을 어찌 보며
지척(咫尺)을 모르거든	지척을 모르니
천리(千里)를 브라보랴.	천리를 알 수 있으랴.
출하리 믈フ의 가	차라리 물가에 가
빅 길히나 보쟈 ᄒ니	뱃길이나 보자 하니
브람이야 믈결이야	바람과 물결이
어둥졍 된뎌이고.	어수선하게 되었구나.
샤공은 어딕 가고	사공은 어디 가소
빈 빅만 걸렷ᄂ니.	빈 배만 남았는가.
강뎐(江天)의 혼쟈 셔셔	강천에 혼자 서서
디난 히룰 구버보니	지는 해를 굽어보니
님**다히** 소식(消息)이	님의 소식이
더욱 아득ᄒ뎌이고	더욱 아득하구나.
모쳠(茅簷) 춘 자리의	초가집 찬 자리에
밤듕만 도라오니	밤중만 돌아오니
반벽쳥등(半壁靑燈)은	벽 가운데 걸린 푸른 등은
눌 위ᄒ야 볼ᄀᄂ고.	누구를 위해 밝았는가.
오르며 ᄂ리며	오르며 내리며
헤쓰며 바니니	헤매며 오락가락하니
져근덧 녁진(力盡)하야	잠깐 사이 힘이 다 하여
풋줌을 잠간 드니	풋잠을 잠간 드니
졍셩(精誠)이 지극하야	정성이 지극하여
꿈의 님을 보니	꿈에 님을 보니
玉옥 ᄀ튼 얼굴이	옥 같은 얼굴이
半반이나마 늘거셰라.	반이나 늙었구나.
ᄆ음의 머근 말슴	마음에 먹은 말씀
슬ᄏ장 ᇫ쟈 ᄒ니	실컷 사뢰자 하니
눈믈이 바라 나니	눈물이 이어 나니
말인들 어이 하며	말인들 어찌 하며
졍(情)을 못다 ᄒ야	정을 못다 하여

목이 조차 메여ᄒᆞ니	목조차 메어오니
오뎐된 계셩(鷄聲)의	방정맞은 닭울음소리가
줌은 엇디 ᄭᆡ돗던고.	잠은 어찌 깨우는가.
어와, 허ᄉᆞ(虛事)로다	아, 허사로구나
이 님이 어ᄃᆡ 간고.	이 님이 어디 갔는가.
결의 니러 안자	꿈결에 일어나 앉아
창(窓)을 열고 ᄇᆞ라보니	창을 열고 바라보니
어엿븐 그림재	불쌍한 그림자
날 조ᄎᆞᆯ 뿐이로다.	나를 따를 뿐이로구나.
찰하리 **ᄉᆡ여디여**	차라리 죽어서
낙월(落月)이나 되야이셔	낙월이나 되어
님 겨신 창(窓) 안히 번드시 비최리라.	님 계신 창안에 반듯이 비추리라.
결사	
각시님 ᄃᆞᆯ이야ᄏᆞ니와	각시님, 달은커녕
구ᄌᆞᆫ 비나 되쇼셔.	궂은비나 되십시오.

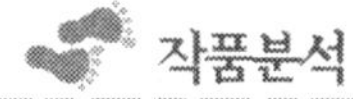

작품분석

① **시대** : 조선 선조
② **갈래** : 서정가사, 양반가사, 정격가사
③ **운율** : 3 · 4조 4음보
④ **특징**
  • '사미인곡'과 더불어 가사 문학의 극치를 이룸,
  • 한자의 사용이 거의 없이, 우리말로 표현
  • 대화 형식으로 된 작품임.
⑤ **주제** : 연군지정(戀君之情)
⑥ **작가** : 정철(1536~1593) 조선 전조 때의 문신, 시인 호는 송강(松江) 고산 윤선도와 더불어 고전 시가의 쌍벽으로 일컬어진다.
⑦ **해설** : 정철이 관직을 잃고 고향인 전남 창평에 있을 때 지은 작품으로, 서사 부분에서는 갑녀와 을녀의 대화 형식을 빌려 임과 이별한 사연을 하소연하고 있다. 여기에 등장하는 갑녀는 보조적으로 등장했으나 을녀와 마찬가지로 작자 자신을 대변하고 있다. 임과 이별한 것을 자신의 탓으로 걸려 표현한 화자의 태도 속에 작자의 충절이 잘 나타나 있고, 그것이 이별한 화자의 사랑으로 비유되어 문학적 가치를 높여 주고 있다.

※ 사마인곡과 속미인곡 비교

	사미인곡	속미인곡
공통점	• 이별한 여인의 처지를 빌어 연군지정을 표현 • 자연물을 통해 화자에 대한 영원한 사랑을 표현	
차이점	• 독백체 • 한자가 사용됨 • 소극적인 여인상	• 대화체 • 순우리말 표현 • 적극적인 여인상

※ '달'과 '구즌비'의 비교
  • 달 : 소극적 간접적 사랑
  • 구즌비 : 적극적, 직접적 사랑

※ '갑녀'와 '을녀'의 관계
  이 작품은 두 여인의 대화를 통해 전개된다. 질문자인 갑녀는 주인공인 을녀의 정서를 이끌어 내는 역할을 하는 동시에 마지막 대사를 통해 적극적 사랑의 표현을 권유하고 있다. 결국 이러한 설정은 을녀 뿐 아니라 갑녀 역시 화자를 대리하는 것으로 볼 수 있다.

*천상 백옥경 : 옥황상제의 궁궐, 여기서는 임금의 궁궐을 의미한다.
*얼골 : 몸
*괴얌즉 : 사랑함직
*이리 : 애교
*조물의 탓이로다 : 표현상으로는 절대자를 원망하는 것처럼 보이지만, 화자 스스로 과거의 행위에 대해 자책하는 의미이다.
*죽조반(粥早飯) : 아침식사 이전에 빈속을 달래기 위해 먹는 음식
*日일月월과 千천里리 : 이 작품에서는 각각 임금과 한양을 상징한다.
*다히 : ~의
*반벽청등 : 화자의 대리물
*쑴 : 현실적 욕망의 일시적 해소 공간
*슬ᄏ장 : 실컷
*숣쟈 : 사뢰자, 아뢰다의 높임말
*오뎐된 鷄계聲성 : 화자의 욕망을 방해
*싀여디여 : 조금씩 조금씩 사라지다, 사람에게 사용하면 '죽다'로 해석

③ 누항사

어리고 우활(迂闊)홀산	어리석고 세상물정 모르기는
이뉘 우히 더니 업다.	나보다 더한 이 없다.
길흉 화복(吉凶禍福)을	길흉화복을
하날긔 부쳐두고	하늘에게 맡기고
누항(陋巷) 깁픈 곳의	누추한 깊은 곳에
초막(草幕)을 지어두고	초가집을 지어두고
풍조(風朝) **우석**(雨夕)에	바람 부는 아침, 비오는 저녁에
석은 딥히 셥히 되야,	썩은 짚이 땔감이 되어,
셔홉 밥 닷홉 죽(粥)에	서 홉 밥 닷 홉 죽으로
연기(煙氣)도 하도할샤.	연기만 많기도 하구나.

설 데인 숙냉(熟冷)에 설 데운 숭늉으로
뷘 빈 쇠일 샌이로다. 빈 배 속일 뿐이로구나.
생애(生涯) 이러ᄒ다 생애가 이렇다 하여
장부(丈夫) 쯧을 옴길넌가. 장부의 뜻을 옮길런가.
안빈 일념(安貧一念)을 안빈낙도 한 생각을
젹을망정 품고 이셔 적을망정 품고 있어
수의(隨宜)로 살려 ᄒ니 옳은 뜻을 따르며 살려 하니
날로조차 저어(齟齬)ᄒ다. 나부터가 뜻대로 되지 않는구나.
ᄀ을히 부족(不足)거든 가을이 부족하거든
봄이라 유여(有餘)ᄒ며, 봄이라고 여유가 있으며,
주머니 뷔엇거든 주머니가 비었거든
병(瓶)의라 담겨시랴. 술병이라 담겨 있으랴.
빈곤(貧困)ᄒ 인생(人生)이 빈곤한 인생이
천지간(天地間)의 나쑨이라. 천지간에 나뿐이라.
기한(飢寒)이 절신(切身)ᄒ다 배고픔과 추위가 몸을 끊는다 해도
일단심(一丹心)을 이질는가. 일단심을 잊겠는가.
분의망신(奮義忘身)ᄒ야 내 한 몸 잊고 의를 떨쳐
죽어야 말녀 너겨 죽어야 그만두리라 여겨
우탁우랑(于槖于囊)의 전대와 주머니에
줌줌이 모와 녀코 줌줌이 모아 넣어
병과(兵戈) **오재**(五載)예 병과 오년에
감사심(敢死心)을 가져 이셔, 감히 죽겠다는 마음을 갖고,
이시섭혈(履尸涉血)ᄒ야 시체를 밟고 피를 건너
몃 백전(百戰)을 지닉연고. 몇 백전을 지내었는가.
일신(一身)이 여가(餘暇) 잇사 한 몸이 여유가 있어
일가(一家)를 도라보랴. 집안을 돌아보랴.
일노장수(一奴長鬚)는 늙은 종은
노주분(奴主分)을 이젓거든. 주인과 종 사이의 분수를 잊었거든.
고여춘급(告余春及)을 봄이 왔다고 알림을
어늬 사이 싱각ᄒ리. 어느 사이 생각하랴.
경당문노(耕當問奴)인들 밭 갈기를 묻고자 한들
눌ᄃ려 물롤는고. 누구에게 물을 것인가.
궁경가색(躬耕稼穡)이 몸소 농사를 짓는 것이
닉 분(分) 알리로다. 내 분수로 알 것이다.

신야경수(莘野耕叟)와 **농상경옹**(瓏上耕翁)을   밭 가는 늙은이를
천(賤)타 ᄒ리엽것마ᄂ,   천하다 하는 사람이 없지만,
아므려 갈고젼들   아무리 갈고자 한들
어늬 쇼로 갈로손고.   어느 소로 갈겠는가.
한기태심(旱旣太甚)ᄒ야   가뭄이 이미 심하여
시절(時節)이 다 느즌 졔,   시절이 늦은 때에,
서주(西疇) 놉흔 논애   서쪽 두둑 높은 논에
잠ᄭᆞᆫ 긴 녈비예   잠깐 갠 지나는 비에
도상 무원수(道上無源水)를   근원 없는 길 위의 물을
반만ᄭᆞᆫ 듸혀 두고,   반쯤 대어 두고,
쇼 ᄒᆞᆫ 젹 듀마 ᄒᆞ고   소 한번 빌려 주마 하고
엄섬이 ᄒᆞᄂᆞᆫ말삼   대충 하는 말을
친절(親切)호라 너긴 집의   친절하다 여긴 집에
ᄃᆞᆯ 업슨 황혼(黃昏)의   달 없는 밤중에
허위허위 다라가셔   허위허위 달려가서
구디 다든 문(門) 밧긔   굳게 닫은 문 밖에
어득히 혼자 서셔,   아득히 혼자 서서,
큰 기츔 아함이를   큰 기침 아함이를
양구(良久)토록 ᄒᆞ온 후(後)에   오래도록 한 후에
어와 긔 뉘신고   어와 그 누구신가
염치(廉恥) 업산 늬옵노라.   염치없는 나입니다.
초경(初更)도 거읜듸   초경도 거의 지났는데
긔 엇지 와 겨신고.   그 어찌 와 계신가.
연년(年年)에 이러ᄒ기   해마다 이러하기
구차(苟且)ᄒᆞᆫ 줄 알건마ᄂ   구차한 줄 알지만
쇼 없슨 궁가(窮家)애   소 없는 가난한 집에
혜염 만하 왓삽노라.   근심이 많아 왔습니다.
공ᄒᆞ니나 갑시나   공으로나 값을 치거나
주엄즉도 ᄒᆞ다마ᄂ,   빌려줌직도 하지마는,
다만 어제 밤의   다만 어제 밤에
거녠 집 져 사ᄅᆞᆷ이   건넛집 저 사람이
목 불근 **수기 치**(雉)를   목 붉은 수꿩을
옥지읍(玉脂泣)게 ᄭᅮ어 늬고   좋은 기름에 구워내고
갓 이근 **삼해주**(三亥酒)를   갓 익은 삼해주를

취(醉)토록 권(勸)ᄒ거든,
이러한 은혜(恩惠)를
어이 아니 갑흘넌고.
내일(來日)로 주마ᄒ고
큰 언약(言約) ᄒ야거든,
실약(失約)이 미편(未便)ᄒ니
사셜이 어려왜라.
실위(實爲) 그러ᄒ면
혈마 어이홀고.
헌 먼덕 수기 스고
측 업슨 집신에
설피설피 물너 오니
풍채(風彩) 저근 형용(形容)애
기 즈칠 뿐이로다.
와실(蝸室)에 드러간들
잠이 와사 누어시랴.
북창(北窓)을 비겨 안자
싀비ᄅ 기다리니,
무정(無情)ᄒ 대승(戴勝)은
이 늬 한(恨)을 도우ᄂ다.
종조추창(終朝惆悵)ᄒ며
먼 들흘 바라보니,
즐기ᄂ 농가(農歌)도
흥(興) 업서 들리ᄂ다.
세정(世情) 모른 한숨은
그칠 줄을 모르ᄂ다.
아ᄭ온 저 **소뷔**는
볏보님도 됴흘셰고.
가시 엉귄 묵은 밧도
용이(容易)케 갈련마ᄂ,
허당반벽(虛堂半壁)에
슬듸업시 걸려고야.
춘경(春耕)도 거의거다
후리쳐 더뎌 두쟈.

취하도록 권하니
이러한 은혜를
어찌 아니 갚을 수 있겠습니까.
내일로 빌려 주마 하고
큰 약속을 하였거든,
약속을 어기는 것이 편치 않으니
말하기가 어렵습니다.
사실 그러하다면
설마 어찌 할꼬.
헌 갓을 숙여 쓰고
뒤축 없는 짚신에
맥없이 물러나오니
풍채 적은 모습에
개가 짖을 뿐이로구나.
초라한 방에 들어간들
잠이 와서 누워있으랴
북쪽 창에 비스듬히 앉아
새벽을 기다리니,
무심한 오디새는
이 내 한을 돋우는구나.
아침을 마칠 때까지
먼 들을 바라보니,
즐기던 농부의 노래에도
흥이 나지 않는구나.
세상 물정 모르는 한숨이
그칠 줄을 모르는구나.
아까운 저 쟁기는
볏의 보님도 좋구나.
가시 엉긴 묵은 밭고
쉽게 갈겠지마는,
텅 빈 벽 가운데
쓸데없이 걸려 있구나.
봄 농사도 거의 지나갔구나.
팽개쳐 던져두자

강호(江湖) 혼 꿈을
꾸언지도 오리러니
구복(口腹)이 위루(爲累)ᄒ야
어지버 이져쩌다.
첨피기욱(瞻彼淇燠)혼듸
녹죽(綠竹)도 하도 할샤.
유비군자(有斐君子)들아
낙ᄃᆡ ᄒ나 빌려스라.
노화(蘆花) 깁픈 곳애
명월청풍(明月淸風) 벗이 되야,
님지 업슨 풍월강산(風月江山)애
절로절로 늘그리라.
무심(無心)혼 백구(白鷗)야
오라 ᄒ며 말라 ᄒ랴.
다토리 업슬슨
다문 인가 너기로라.
무상(無狀)혼 이 몸애
무슨 지취(志趣) 이스리마는,
두세 이렁 밧논을
다 무겨 더뎌 두고
이시면 죽(粥)이오,
업시면 굴물망졍
남의 집 남의 거슨
전혀 부러 말렷노라.
ᄂᆡ 빈천(貧賤) 슬히 너겨
손을 헤다 물러가며,
남의 부귀(富貴) 불리 너겨
손을 치다 나아오랴.
인간(人間) 어늬 일이
명(命) 밧긔 삼겨시리.
빈이무원(貧而無怨)을
어렵다 ᄒ건마는,
ᄂᆡ 생애(生涯) 이러호듸
설온 ᄯᅳᆺ은 업노왜라.

강호한정의 꿈을
꾼 지도 오래지만
먹고 사는 것이 누가 되어
어느덧 잊었구나.
기수의 물가를 바라보니
푸른 대나무가 많기도 하구나.
교양 있는 군자들아
낚싯대 하나 빌려다오.
갈대꽃 깊은 곳에
명월과 청풍 벗이 되어
임자 없는 자연 가운데에서
저절로 늙으리라.
무심한 백구야
오라하며 말라하랴.
다툴 이 없으니
다만 이것인가 여기노라.
보잘 것 없는 이 몸에
무슨 높은 뜻이 있겠냐마는,
두 세 이랑 밭논을
다 묵혀 던져두고
있으면 죽이요,
없으면 굶을망정
남의 집 남의 것은
전혀 부러워 않겠노라.
내 가난과 천함을 싫다고 하여
손을 헨다고 물러갈 것이며
남의 부귀 부러워 여겨,
손을 친다고 내게 오겠느냐.
인간 세상 어느 일이
운명 밖에 생겼으랴.
가난하지만 원망치 않는 삶을
어렵다 하겠지만,
내 생애가 이러하니
서러운 뜻은 없노라.

단사표음(簞食瓢飲)을   한 표주박의 밥과 물을
이도 足(족)이 너기로라.   이도 충분하다 여기노라.
평생(平生) 흔 뜻이   평생 한 뜻이
온포(溫飽)애는 업노왜라.   배부르고 따스한 데에는 없노라.
태평천하(太平天下)애   태평천하에
충효(忠孝)를 일을 삼아,   충효를 일을 삼아,
화형제(和兄弟) 신붕우(信朋友)   형제와 화합하고 붕우를 믿는 것이
외다 ᄒᆞ리 뉘 이시리.   잘못되었다 하는 사람이 누가 있으랴.
그 밧긔 남은 일이야   그 밖에 남은 일이야
삼긴 ᄃᆡ로 살렷노라.   생긴 대로 살겠노라.

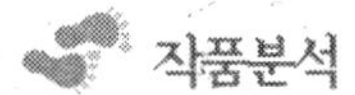 작품분석

① 갈래 : 가사, 은일(隱逸) 가사
② 성격 : 한정가(閑情歌)
③ 운율 : 3(4) · 4조, 4음보 연속체
④ 표현 : 대구, 설의, 과장, 열거
⑤ 특징
 • 빈이무원(貧而無怨)하는 삶을 노래함
 • 초기가사의 정형성이 파괴되어, 파격이 많이 드러난다.
 • 사실적이고 현실적인 삶의 모습을 묘사한다.
⑥ 주제
 • 빈이무원(貧而無怨)
 • 임진왜란 직후 지식인의 현실적 어려움과 고뇌
⑦ 작가 : 박인로(1561~1642) 조선 중기의 무신. 시인.
⑧ 해설 : 이 작품은 작가가 작자의 생활을 묻는 이덕형의 편지에 답가로 지은 작품이다. 전체적인
　　　내용은 누추한 곳에 초막을 지어 가난한 생활을 하지만, 원망하지 않고 자연을 벗 삼아 충성과
　　　효도, 형제간의 화목, 친구간의 신의를 바라면서 안빈낙도의 심경을 노래하였다.
　　　이 작품에는 임진왜란 이후에 급격하게 몰락하기 시작하는 양반계층의 현실이 잘 나타나 있다.
　　　〈누항사〉는 자연 속에 파묻혀 그 속에서 안빈낙도한다는 점에서 초기 가사의 자연친화적인 가
　　　사와 맥을 같이 한다고 볼 수 있으나, 조선 전기의 관념적 성격을 벗어나 현실적이고 사실적인
　　　묘사를 바탕으로 구체적인 삶의 모습을 그려냈다는 점에서 조선 후기 가사의 형성에 큰 영향을
　　　미치게 된다.

※ 4음보의 정형성이 파괴되어 중간 중간 3음보(6음보)형이 보인다.

*하날긔 부쳐두고 : 운명론적 가치관

*풍조(風朝) 우석(雨夕) : 가난으로 인한 초라한 사람

*병과(兵戈) 오재(五載) : 전란 오년으로 임진왜란을 의미한다. 이 부분은 당시에 지은이가 가산을
  정리하여 참전한 일을 떠올리는 부분이다.

*신야경수 : 잡초 많은 들에서 밭을 가는 늙은이

*농상경옹 : 밭두둑 위에서 밭을 가는 늙은이

*어와 긔 뉘신고 : 소 주인의 대사로 이 부분에서는 대화체로 전개된다.

*초경(初更) : 오후 7~9시 무렵, 내용상 늦은 밤

*수꿩과 삼해주 : 공짜로 소를 빌리려 하는 지은이를 간접적으로 비웃는 소 주인을 통해 야박한 세
  상의 인심을 의미한다.

*세정(世情) 모른 한숨 : 남의 빈말에 무작정 소를 빌리려 했던 자신의 행위와 야박한 세상의 인심
  을 한탄한다. 또한 이 부분은 임란직후 몰락한 양반 계층의 위상을 보여주기도 한다.

*소뷔 : 봄이 되었으나 농사를 짓지 못하고 벽에 걸려 하므로, 화자 자신을 가리킨다.

*낙딕 : 자연친화적 삶

*무심(無心)혼 백구(白鷗)~ : 자연은 내게 오라하거나 가라 하니 않는다. 즉 이 표현은 자연이 갖는
  무욕(無慾)의 성격을 강조하는 부분이다.

④ 용부가

흉보기가 싫다마는	흉보기는 싫지마는
저 부인(婦人)의 거동(擧動) 보소.	저 부인의 거동 보소.
시집간 지 석 달 만에	시집간 지 석 달 만에
시집살이 심하다고	시집살이 심하다고
친정에 편지하여	친정에 편지하여
시집 흉을 잡아내네.	시집 흉을 잡아내네.
계염할사 시아버니	욕심 많은 시아버지
암상할사 시어미라	시샘 많은 시어미라
고자질에 시누의와	고자질쟁이 시누이와
엄숙하기 만동서여	엄격한 만동서에
요악(妖惡)한 아우 동서	요사하고 간사한 동서
여우 같은 시앗년에	여우같은 첩년에
드세도다 남녀(男女) 노복(奴僕)	드세구나 남녀 종들
들며나며 흠구덕에	들며나며 흠잡기에
남편(男便)이나 믿었더니	남편하나 믿었더니
십벌지목(十伐之木) 되었에라.	십벌지목 되었구나.
여기저기 사설이요	여기저기 이야기요

구석구석 모함이라.
시집살이 못 하겠네
간숫병을 기우리며
치마 쓰고 내닫기와
보찜 싸고 도망질에
오락가락 못 견디어
승(僧)들이나 따라갈가
긴 장죽(長竹)이 벗이 되고
들구경 하여 볼가
문복(問卜)하기 소일(消日)이라.
겉으로는 시름이요
속으로는 딴 생각에
반분대로 일을 삼고
털 뽑기가 세월이라
시부모가 경계(警戒)하면
말 한마디 지지 않고
남편이 걱정하면
뒤받아 맞넉수요
들고 나니 **초롱군**에
팔짜나 고쳐 볼까
양반 자랑 모두 하며
색주가(色酒家)**나 하여 볼가**
남문 밖 **뺑덕어미**
천생(天生)이 저러한가
배워서 그러한가
본 데 없이 자라나서
여기저기 무릎맞침
싸홈질로 세월이며
남의 말 말전주에
들며는 음식(飮食) 공논
조상(祖上)은 부지(不知)하고
불공(佛供)하기 위업(爲業)할 제
무당 소경 푸닥거리
의복(衣服) 가지 다 내주고
남편 모양 볼작시면

구석구석 모함이라.
시집살이 못하겠네.
간숫병을 기울이며
치마 쓰고 내닫기와
봇짐 싸고 도망질에
오락가락 못 견디어
스님들이나 따라갈까
긴 담뱃대가 벗이 되고
들 구경이나 하여 볼까
점보기가 소일이라.
겉으로는 시름이라
속으로는 다른 마음 품고
화장거울로 일을 삼고
털 뽑기가 세월이라.
시부모가 훈계하면
말 한마디 지지 않고
남편이 걱정하면
뒤맞아 맞대꾸요
들고 나니 초롱군에
팔자나 고쳐볼까
양반 자랑 모두 하며
술집이나 차려 볼까.
남문 밖 뺑덕어미
천생이 저러한가
배워서 저러한가.
버릇없이 자라나서
여기저기 참견질에
싸움질로 세월이며
여기저기 말 옮기고 이간질에
들어오면 음식타령
조상은 알지 못하고
불공만 일삼으며
무당 소경 굿하기로
의복가지 다 내주고
남편 모양 볼작시면

삽살개 뒷다리요,
자식 거동 볼작시면
털 벗은 솔개미라.
엿장사야 떡장사야
아이 핑계 다 부르고
물레 앞에 선하품과
씨아 앞에 기지개라
이 집 저 집 이간질과
음담패설(淫談悖說) 일삼는다.
모함(謀陷) 잡고 똥 먹이기
세간은 줄어 가고
걱정은 늘어 간다.
치마는 절러 가고
허리통이 길어 간다.
(후략)

삽살개 뒷다리고,
자식 거동 볼작시면
털 벗은 솔개라.
엿장사야 떡장사야
아이 핑계 대며 다 부르고
물레 앞에 선하품과
씨아 앞에 기지개라
이집 저집 이간질과
음담패설 일 삼는다.
모함 잡고 똥 먹이기
살림살이는 줄어가고
걱정은 늘어간다.
치마는 짧아 가고
허리는 길어간다.

 작품분석 

① **연대** : 미상(조선 후기)
② **성격** : 풍자적, 경세가, 과장적
③ **종류** : 평민가사
④ **표현** : 열거법, 과장법, 대구법, 대조법
⑤ **주제** : 여성들의 非行(비행) 비판
⑥ **해설** : 이 작품은 제목에서 드러나 있듯이, 어리석은 용부(傭婦)의 행적을 풍자적으로 묘사, 이를 경계한 내용을 그려내고 있다. 어리석은 부인으로는 익명의 '저 부인'과 '뺑덕어미' 두 사람이 등장하는데, 이에 따라 작품을 크게 두 부분으로 나눌 수 있다. 작품의 전반부에 등장하는 익명의 부인은 양반집 아녀자로 주로 집안에서 일어나는 시집살이와 관계되는 일을 전개하며, 후반의 뺑덕어미는 서민층으로 추정할 수 있는데 그 악행의 범위가 조금 더 넓게 설정되어 있다. 이것은 이 작품에서 비판하고자 하는 대상이 상층이나 하층에 관계없이 어리석은 부녀 모두를 포함하고 있음을 나타낸다. 결국 작가의 의도는 유교적 질서와 규범이 파괴된 현실을 강하게 비판하면서 윤리의 회복을 역설하고 있다.

※ 우부가 : 세 양반의 도덕적 타락과 몰락과정을 그린 조선 후기 가사로 봉건적 질서의 회복을 바라는 내용으로 서술되어 있다. 주제나 내용면에서 두 작품은 매우 유사하지만, 이 작품이 남성 주인공을 내세워 시대상을 풍자했다면 「용부가」는 여성을 주인공으로 삼았다는데 그 차이가 있다.

*용부 : 변변치 못한 아낙네
*십벌지목(十伐之木) : 열 번 찍어 안 넘어 가는 나무 없다, 내용상 남편도 식구들 편에 서서 자신의
 편을 들어주지 않는 다고 비난함
*간수 : 소금물, 여기서는 자살을 의미한다.
*초롱군 : 등을 들고 밤길을 밝혀 주는 사람, 여기서는 외간 남자에 관심이 많음을 의미한다.
*색주가나 하여볼가 : 양반임을 자랑하고 다니나 실제 행동은 천박함을 드러낸다.
*뺑덕어미 : 두 번째 등장하는 용부를 가리킨다. 첫 번째 용부는 전반부 익명으로 드러난다.
*남편 모양~ 솔개미라 : 식구들의 행색이 초라함을 말하며, 용부가 ㅏ살림을 등한시함을 비유한다.
*씨아 : 목화씨를 빼는 기구

출제예상문제

1 다음 중 상고 시대 문학의 특징으로 알맞지 않은 것은?

① 노래와 춤 이야기가 결합한 원시 종합 예술 형태이다.
② 구전되다가 한자로 정착되었다.
③ 개인적 서정문학에서 집단적 주술문학으로 발전한다.
④ 집단적 제천의식에서 국문학이 비롯되었을 것이다.

ADVICE >> ③ 집단적 주술문학에서 개인적 서정문학으로 발전한다.

2 다음 중 성격이 다른 작품은?

① 「황조가」 ② 「공무도하가」
③ 「정읍사」 ④ 「구지가」

ADVICE >> 「구지가」는 집단 주술적 성격의 시가이다.

3 다음 중 고대가요가 아닌 것은?

① 「구지가」 ② 「공무도하가」
③ 「황조가」 ④ 「안민가」

ADVICE >> 「안민가」는 통일신라시대의 향가이다.

ANSWER 1.③ 2.④ 3.④

4 다음은 유리왕의 황조가이다. 의태어에 해당하는 부분은?

> 翩翩黃鳥(편편황조)
> 雌雄相依(자웅상의)
> 念我之獨(염아지독)
> 誰其與歸(수기여귀)

① 翩翩   ② 相依
③ 念我   ④ 與歸

ADVICE ≫ '翩翩黃鳥'에서 '翩翩'은 가볍게 나부끼거나 훨훨 나는 모양을 나타내는 말로 의태어에 해당한다.

5 「공무도하가」에 대한 설명으로 옳지 않은 것은?

① 우리말로 기록되어 전한다.
② 최초의 개인적 서정시가이다.
③ 여성의 전통적 정한을 소재로 한다.
④ 소박하고 직설적으로 표현하고 있다.

ADVICE ≫ 4언 4구체로 한역되어 전한다.

6 다음 중 밑줄 친 시어에 대한 설명으로 적절한 것은?

> 훨훨 나는 <u>꾀꼬리</u>는
> 암수 다정히 즐기는데,
> 외로울사 이 내 몸은
> 뉘와 함께 돌아갈꼬.

① 기원의 대상이다.   ② 화자와 동병상련의 처지에 있다.
③ 부러움의 대상이다.   ④ 이별한 님을 상징한다.

ADVICE ≫ '꾀꼬리'는 화자의 처지와 대조되는 정다움을 느끼는 대상으로 화자에게는 부러움을 불러일으켜, 상실감을 강화시킨다.

ANSWER 4.① 5.① 6.③

7 「정읍사」의 의의로 알맞지 않은 것은?

① 현전하는 유일한 백제가요이다.

② 우리말로 기록되어 전한다.

③ 후기 시조의 형성에 영향을 주었다.

④ 아내의 무사 귀환을 기원하는 노래이다.

ADVICE 〉 이 작품은 행상 나간 남편의 무사 귀환을 기원하는 노래이다.

8 「구지가」에 대한 설명으로 옳은 것은?

① 칠언사구체의 고대시가이다.

② 배경설화는 전하나 가사는 전하지 않는다.

③ 임금의 강림을 기원하는 영신군가이다.

④ 신라의 건국신화이다.

ADVICE 〉 임금의 강림을 기원하는 영신군가이다.
　　　　　　① 사언사구체의 고대시가이다.
　　　　　　② 배경설화와 가사 모두 전한다.
　　　　　　④ 가락국의 건국신화이다.

9 다음 중 「처용가」에 대한 설명으로 옳지 않은 것은?

① 신라 헌강왕 때 처용이 지은 노래이다.

② 8구체 향가로 주술적 성격을 띤다.

③ 죽음의 시간적 성격을 공간적으로 전환하여 표현하였다.

④ 관용과 체념의 어조를 보인다.

ADVICE 〉 「처용가」는 신라 헌강왕 때 지어진 8구체 향가로 주술적 성격을 띠며 관용과 체념의 어조를
　　　　　　보인다.
　　　　　　③ 「제망매가」에 대한 설명이다.

10 다음 중 가장 먼저 창작된 향가는?

① 「서동요」 　　　　　　　　　② 「처용가」
③ 「제망매가」 　　　　　　　　④ 「도이장가」

ADVICE >> 「서동요」는 백제 무왕대의 작품이다. 「처용가」와 제망매가는 통일신라시대, 「도이장가」는 고려시대 창작되었다.

11 고려시대 유사한 내용의 고려가요로 창작되어 향가를 해독하는데 결정적인 영향을 미친 작품은?

① 「처용가」 　　　　　　　　　② 「원왕생가」
③ 「찬기파랑가」 　　　　　　　④ 「서동요」

ADVICE >> 「처용가」는 고려시대 고려가요로 창작되어 궁중악으로 사용되었다.

12 다음 중 「제망매가」에 대한 설명으로 옳은 것은?

① 8구체 향가이다.
② 작가는 화랑으로 유교적 규범을 주제로 한다.
③ 불교적 윤회사상을 바탕으로 하고 있다.
④ 통일신라시대의 향가 잔형으로 고려에 창작되었다.

ADVICE >> 불교적 윤회사상을 바탕으로 인간적 슬픔을 종교를 통해 극복하려는 작품이다.

13 다음 중 「쌍화점」에 등장하는 장소가 아닌 곳은?

① 만두가게 　　　　　　　　　② 절
③ 술집 　　　　　　　　　　　④ 궁궐

ADVICE >> 「쌍화점」의 공간적 배경
　　　　ㄱ 1연 : 만두가게
　　　　ㄴ 2연 : 삼장사
　　　　ㄷ 3연 : 우물
　　　　ㄹ 4연 : 술 파는 집

ANSWER　10.① 11.① 12.③ 13.④

14 다음 시어의 의미로 바르지 않은 것은?

生死 길흔

이에 이샤매 머믓거리고,

나는 가느다 말ㅅ도

몯다 니르고 가느닛고.

어느 ㄱ술 이른 브르매

이에 뎌에 뜨러딜 닙ᄀᆫ,

ᄒᆞᄃᆞᆫ 가지라 나고

가논 곧 모두론뎌.

아야 彌陀刹아 맛보올 나

道 닷가 기드리고다.

① 나 : 월명사
② 이른 ᄇᆞ람매 : 누이의 요절
③ ᄒᆞᄃᆞᆫ 가지 : 한 부모
④ 彌陀刹 : 극락세계

ADVICE 〉〉 '나'는 월명사가 아니라 죽은 누이이다.

15 다음 중 「가시리」에 대한 설명으로 옳지 않은 것은?

① 3음보, 분절체의 형식을 가진 고려가요이다.
② 작자는 알려져 있지 않다.
③ 한시의 구성방식인 기승전결 형식을 취하고 있다.
④ 한자로 기록되어 전한다.

ADVICE 〉〉 고려가요는 구전되다가 훈민정음 창제이후 한글로 기록되어 전한다.

ANSWER　**14.**① **15.**④

16 「청산별곡」에서 '청산'의 의미로 바른 것은?

① 현실의 고뇌를 잊을 수 있는 도피적 이상향이다.
② 화합과 조화의 공간이다.
③ 도교적 자연으로 아름다운 이상향이다.
④ 현실적 삶을 풍요롭게 하는 공간이다.

ADVICE >> '청산'은 속세와 대립되는 이상향이다.

17 다음 작품 중 갈래가 다른 작품은?

① 「동동」   ② 「동명왕편」
③ 「청산별곡」   ④ 「쌍화점」

ADVICE >> 「동명왕편」은 한문으로 기록된 영웅서사시이다.

18 「쌍화점」의 특징으로 적절하지 않은 것은?

① 한자로 기록되었다가 조선조에 이르러 훈민정음으로 번역되었다.
② 3음보의 율격을 지니며, 후렴구가 있다.
③ 작가와 시대는 미상이나, 고려시대 타락상을 보여주고 있다.
④ 쌍화점은 만두 가게를 의미한다.

ADVICE >> 고려가요는 고려시대 구전되다가 조선조에 이르러 문자로 정착된다.

19 고려가요의 일반적인 운율 요소가 아닌 것은?

① 고정된 종장 형식을 갖는다.   ② 대체로 3, 3, 2조이다.
③ 후렴구가 있다.   ④ 3음보이다.

ADVICE >> 고정된 종장 형식을 갖는 갈래는 시조와 가사이다. 모두 3, 5, 4, 3의 글자수로 고정되며, 후기 파괴되는 파격형이 출현하기도 한다.

20 「한림별곡」에서 사용된 제재가 아닌 것은?

① 술   ② 서적
③ 그네   ④ 달

ADVICE ≫ 「한림별곡」은 귀족들의 향락적 삶을 그린 작품으로 '문인, 서적, 서도, 술, 꽃, 음악, 누각, 추천'을 소재로 하고 있다.

21 경기체가에 대한 설명으로 적절하지 않은 것은?

① '경 긔 엇더ᄒ니잇고'의 반복에서 갈래명이 만들어졌다.
② 대체로 단순한 사물의 나열과 그에 대한 평을 주로 한다.
③ 평민들의 소박한 삶을 주제로 한다.
④ 조선 시대에 악장의 형식에 영향을 주기도 하였다.

ADVICE ≫ 경기체가는 귀족문학으로 향락적인 삶의 모습을 주제로 한다.

22 악장의 형식이 아닌 것은?

① 경기체가체   ② 한시체
③ 시조체   ④ 고려가요체

ADVICE ≫ 시조체는 나타나지 않는다.

23 다음 중 조선 전기 시조에 대한 설명으로 적절하지 않은 것은?

① 4음보, 3장 6구체이다.
② 단시조 몇 수가 결합하여 연시조가 되기도 한다.
③ 대체로 양반이 창작하였다.
④ 주제의식은 경기체가와 유사하다.

ADVICE ≫ 주제의식은 대체로 유교적 규범이나 자연친화 사상을 바탕으로 한다.

ANSWER 20.④ 21.③ 22.③ 23.④

24 시조에 대한 설명으로 적절하지 않은 것은?

① 주로 3음보의 운율을 가진다.
② 형성 초기에는 사대부들에 의해 창작 되었다.
③ 3장 6구체의 형식이며 기원을 「정읍사」로 추정하고 있다.
④ 가사의 형성과정과 관련이 있다.

ADVICE 》 시조는 주로 4음보의 운율을 가진다.

25 다음 사설시조의 중심소재는 무엇인가?

> 댁들에 동난지이 사오. 져 쟝스야, 네 황후 긔 무서시라 웨는다, 사쟈.
> 外骨內肉(외골내육), 兩目(양목)이 上天(상천), 前行後行(전행후행), 小(소)아리 八足(팔족)
> 大(대)아리 二足(이족), 淸醬(청장) 아스슥 한 동난지이 사오.
> 쟝스야, 하 거복이 웨지 말고 게젓이라 하렴은.

① 시집살이의 어려움　　　　　② 전원생활
③ 남녀의 이별　　　　　　　　④ 평민들의 상거래 장면

ADVICE 》 이 작품은 게젓을 거래하는 장면을 통해 현학적인 지식인들을 풍자하고 있다.

26 다음 작품의 주제는 무엇인가?

> 首陽山(수양산) 바라보며 夷齊(이제)를 恨(한)ㅎ노라.
> 주려 주글진들 採薇(채미)도 ㅎ는것가.
> 비록애 푸새엣 거신들 긔 뉘 싸헤 낫드니.

① 忠　　　　　　　　　　　② 親
③ 孝　　　　　　　　　　　④ 友

ADVICE 》 이 작품은 단종에 대한 변함없는 절개를 노래한 작품이다.

ANSWER　24.①　25.④　26.①

27 사설시조에서 주로 나타나는 미의식은 무엇인가?

① 우아미 ② 숭고미

③ 비장미 ④ 골계미

ADVICE ≫ 사설시조는 주로 평민들의 소박한 삶속에서 느끼는 다양한 감정을 해학적으로 표현하여 골계미를 자아낸다.

28 조선 전기 시조의 특징이 아닌 것은?

① 주로 양반 계층의 관념적 이상을 주제로 한다.
② 비교적 짧은 길이로 단가(短歌)로 불리기도 했다.
③ 중장의 길이가 무한정 늘어났다.
④ 4음보의 율격을 가진다.

ADVICE ≫ 중장의 길이가 무한정 늘어난 것은 임진왜란 이후 사설시조가 등장하면서부터이다.

29 다음 중 사설시조에 대한 설명으로 적절하지 않은 것은?

① 중장의 길이가 무한정 길어진 시조이다.
② 주로 평민들이 창작하였다.
③ 유교적 이념을 바탕으로 민중을 훈계하려 하였다.
④ 일상어와, 직설적 표현이 두드러진다.

ADVICE ≫ 사설시조는 민중들의 삶을 바탕으로 하므로 유교적 이념과는 거리가 멀다.

30 조선 후기 가사에 대한 설명으로 알맞지 않은 것은?

① 종장형이 파괴된 작품들이 다수 나타난다.
② 평민의식이 반영되어 길이가 증가한다.
③ 전문가객에 의해 불리어졌다.
④ 운문의 형식적 제한으로 인해 조선 말에 소멸한다.

ADVICE ≫ 전문가객에 의해 불린 갈래는 시조이다.

Aɴsᴡᴇʀ   27.④ 28.③ 29.③ 30.③

31 다음에서 화자를 방해하는 부정적 의미를 내포하는 시어는?

> 원앙금(鴛鴦錦) 버혀 노코 오싁션(五色線) 플텨 내여, 금자히 견화이셔 님의 옷 지어 내니,
> 슈품(手品)은 코니와 졔도(制度)도 코출시고. 산호슈(珊瑚樹) 지게 우희 빅옥함(白玉函)의
> 다마 두고, 님의게 보내오려 님 겨신 티 브라보니, 산(山)인가 구룸인가 머흐도 머흘시고.

① 오싁션(五色線)　　　　② 산호슈(珊瑚樹)
③ 빅옥함(白玉函)　　　　④ 산(山)

ADVICE ≫ ④ 산(山)은 님과 화자를 가로막고 있는 존재로 부정적 의미를 내포하는 시어이다.

1   「정읍사」의 의의를 간단히 서술하시오.

2   연대와 작가가 알려진 가장 오래된 시가는 무엇인가?

3   다음에 설명하는 향가를 쓰시오.

> • 신라 진평왕 때 지어진 4구체 향가이다.
> • 현전하는 가장 오래된 향가로, 향가 중 유일한 동요(童謠)이다.

4   다음 설명에 해당하는 작품을 쓰시오.

> 이 작품은 신라시대 월명사에 의해 창작된 향가로, 종교를 통해 인간적 비극을 극복하려는 주제를 담고 있다. 또한 뛰어난 비유를 사용하여 향가 문학의 백미로 꼽히기도 한다.

Answer

1. 「정읍사」는 현전하는 유일한 백제가요로 시조 형식과 망부석 모티브의 원형이다.
2. 황조가
3. 서동요
4. 제망매가

5 다음 설명에 해당하는 작품 갈래는 무엇인가?

> • 고려 중기 이후 새롭게 성장한 지식인들에 의해 창작되었다.
> • 대체로 3음보의 형식을 가지며, 후렴처럼 '~경(景)긔 엇더ᄒ니잇고'가 반복된다.
> • 주로 작자층의 학문적 기개와 향락적 삶을 표현한다.

6 시조의 종장형에서 나타나는 기본적인 음수율은?

7 조선시대 궁중악으로 사용된 음악의 갈래는?

8 「누항사」의 주제를 시대적 상황과 관련하여 쓰시오.

9 정철의 문학을 '동방의 이소(離騷)'라 평한 사람은?

Answer

5. 경기체가
6. 3, 5, 4, 3
7. 악장
8. 몰락한 양반 계층의 현실(경제)적 어려움
9. 김만중

고전산문

CHAPTER 03

1　국문소설의 형성과 전개

(1) 조선 후기의 소설

① **군담소설** : 주인공이 전쟁이나 군담을 통해 영웅적 활약을 하는 구조의 소설이다. 양란 이후 오랑캐에 대한 정신적 승리와, 몰락한 양반의 신분 회복의 의지 등을 반영하고 있다. 역사적 사실을 바탕으로 하는 역사군담과, 개인의 활약상이 강조된 허구군담이 있다. 주요 작품으로는 「유충렬전」, 「소대성전」, 「조웅전」과 여성을 주인공으로 한 「박씨전」 등이 있다.

② **애정소설** : 남녀 간의 사랑을 다룬 소설로 유일하게 비극적 결말을 갖는 「운영전」이나 「채봉감별곡」 등이 있다.

③ **가정소설** : 가정 내의 문제를 다룬 소설로 주로 처첩 간의 갈등이나 계모의 학대를 다룬다. 주요 작품으로　김만중이 지은 「사씨남정기」나, 「장화홍련전」, 「콩쥐팥쥐전」 등이 있다.

④ **풍자소설** : 우화적 수법이나, 우의적 설정을 통해 현실을 풍자하는 류의 소설이다. 주요 작품으로 「이춘풍전」이나 「서대주전」 등이 있다.

> **POINT UP**　**박지원의 소설** … 조선후기 실학자로 지배계층의 허위의식과 바람직한 인간상을 주제로 한 소설을 썼다. 자유분방한 문체와 1인칭 시점의 시작, 현실적 소재와 일대기적 구성에서 벗어나 사건중심 전개 등 이전의 소설문학의 일반적 특징에서 벗어나 근대소설로의 전환점이 되기도 하였다.
>
> ※ 주요작품
>
> | 제목 | 주제 | 특징 |
> | --- | --- | --- |
> | 「양반전」 | 양반의 허례허식과 횡포 비판 | • 실학사상을 바탕
• 조선후기 사회상의 반영
• '돈'에 대한 양면적 인식
• 상인, 평민부자 등 새로운 계층의 등장
• 전자적 작가 시점과 설명중심 전개에서 벗어남
• 현실적 문제와 본격적 인간의 탐구 |
> | 「허생전」 | 양반의 무능과 지배층의 허식 비판 | |
> | 「민옹전」 | 양반의 무위도식과 미신의 비판 | |
> | 「예덕선생전」 | 바람직한 인간형의 제시와 양반의 무위도식 비판 | |
> | 「호질」 | 도학자의 위선 풍자 | |

(2) **주요 작품**

① **구운몽**

(전략) 생각을 이리하고 저리하여 밤이 이미 깊었더니, 문득 눈앞에 팔선녀 섰거늘, 놀라 고쳐보니 이미 간 곳이 없더라. 성진이 마음에 뉘우쳐 생각하되,

'부처 공부에 유로 뜻을 바르게 함이 으뜸 행실이라. 내 출가한 지 십 년에 일찍이 반점(半點) 어기고 구차한 마음을 먹지 아니하였더니 이제 이렇듯이 **염려를 그릇하면 어찌 나의 전정(前程)에 해롭지 아니하리요?**"

향로에 전단(旃檀)을 다시 피우고, 의연히 포단(蒲團)에 앉아 정신을 가다듬어 염주를 고르며 일천 부처를 염하더니, 홀연 창 밖에서 동재(童子 ㅣ) 부르되,

"사형(師兄)은 잠들었느냐? 사뷔(師父 ㅣ) 부르시나이다."

성진이 놀라 생각하되,

'깊은 밤에 나를 부르니 반드시 연괴(緣故) 있도다.'

동자와 한가지로 방장(方丈)에 나아가니 대새(大師 ㅣ)모든 제자를 모으고 등촉을 낮같이 켜고 소리하여 꾸짖되,

"성진아, 네 죄를 아느냐?"

성진이 나려 꿇어 가로되,

"소재(小子 ㅣ) 사부를 섬긴지 십 년에 일찍 한 말도 불순(不順)히 한 적이 없으니, 진실로 어리고 아득하여 지은 죄를 알지 못하나이다."

대새(大師 ㅣ) 이르되,

"중의 공부 세 가지 행실이 있으니 몸과 말씀과 뜻이라. 네 용궁에 가 술을 취하고, 석교에서 여자를 만나 언어를 수작(酬酌)하고 꽃을 던져 희롱한 후에 돌아와, 오히려 미색(美色)을 권련(眷戀)하여 세상 부귀를 흠모하고 불가의 적막함을 염(厭)히 여기니, 이는 세 가지 행실을 일시에 무너 버림이라."

성진이 고두(叩頭)하고 울며 가로되,

"스승님아, 성진이 진실로 죄 있거니와 주계(酒戒)를 파(破)하기는 주인이 괴로이 권하기에 마지못함이요, 선녀로 더불어 언어를 수작하기는 길을 빎을 말미암음이니, 각별 부정(不淨)한 말을 한 배 없고, 선방에 돌아온 후에 일시에 마음을 잡지 못하나, 마침내 스스로 뉘우쳐 뜻을 바르게 하였으니, 제재(弟子 ㅣ) 죄 있거든 사부(師父 ㅣ) 달초(撻楚)하실 뿐이지 어이 차마 내치려 하시나이까? 사부 우러르기를 부모같이 하니 성진이 십이 세에 부모를 버리고 스승님을 좇아 머리를 깎으니, 연화도량(蓮花道場)이 곧 성진의 집이니 나를 어디로 가라 하시나이까?"

대새(大師 ㅣ) 이르되,

"네 스스로 가고저 할새 가라 함이니 네 만일 있고저 하면 뉘 능히 가라 하리오? 네 또 이르되, '어디로 가리요?'하니, 너의 가고저 하는 곳이 너의 갈 곳이라."

성진이 사자(使者)를 따라 가는데 문득 큰 바람이 일어 공중에 떠 천지를 분간치 못하였다. 한 곳에 다다라 바람이 그치자 정신을 수습하여 눈을 떠 보니 비로소 땅에 서 있었다.

한 곳에 이르니 푸른 산이 사면으로 둘러있고 푸른 물이 잔잔한 곳에 마을이 있었다. 사자가 성진을 기다리게 하고 마을로 들어간 후,

성진이 한참 들으니 서너 명의 여인이 서로 말하기를,

"양 처사(梁處士) 부인이 오십이 넘은 후에 태기가 있어 임신한 지 오래인데 지금 해산치 못하니 이상하다."

하더라. 성진이 저를 이르는 말 같으니 심중(心中)에 분명히 양 처사의 자식이 되어 날 줄 알고 홀연히 생각하되,

'내 이미 인세(人世)에 환도하게 하였으니 이에 와도 분명히 정신만 왔을 것이니 육신은 분명히 연화봉에서 소화(燒火)하는도다. 내 나이 젊어 제자를 데리지 못하였으니 어느 사람이 나의 사리를 거두리요.'

한참 후에 사자가 성진의 손을 잡고 말하였다.

"이 땅은 곧 당나라 회남도(淮南道) 수주(秀州) 고을이요, 이 집은 양 처사의 집이다. 처사는 너의 부친이요, 부인 유씨는 네 모친이다. 네 전생의 연분으로 이 집 자식이 되었으니 너는 네 때를 잃지 말고 급히 들어가라."

성진이 들어가며 보니 처사는 갈건(葛巾)을 쓰고 학창의를 입고 화로에서 약을 달이고 있었다. 부인이 이제 막 신음하자, 사자가 성진을 재촉하여 뒤에서 밀쳤다. 성진이 땅에 엎어지니 정신이 아득하여 천지가 뒤집어지는 듯하였다. 급히 소리쳐 말하였다.

"나 살려! 나 살려!"

그러나 소리가 목구멍 속에 있어 능히 말을 이루지 못하고 어린아이의 울음소리만 나왔다. 부인이 이에 아기를 낳으니 남자였다.

성진이 다만 오히려 연화봉에서 놀던 마음이 역력하더니 점점 자라 부모를 알아본 후로 전생 일을 아득히 생각지 못하였다.

양 처사가 아들을 낳은 후에 매우 사랑하여 말하였다.

"이 아이의 골격이 맑고 빼어나니 천상의 신선이 귀양 왔다."하고, 이름을 소유라 하고, 자는 천리라 하였다. 양생이 십여 세에 이르러 얼굴이 옥 같고 눈이 샛별 같아 풍채가 준수하고 지혜가 무궁하니 실로 대인군자였다.

하루는 처사가 부인에게 말하였다.

"나는 세속 사람이 아니요, 봉래산 선관(仙官)으로서 부인과 전생연분이 있어 내려왔는데, 이제 아들을 낳았으니 나는 봉래산으로 가거니와 부인은 말년에 영화를 보시고 부귀를 누리시오."

하고, 학을 타고 공중으로 올라갔다. (후략)

① **갈래** : 국문 소설, 한문 소설, 염정(艶情) 소설, 몽자류(夢字類) 소설, 영웅(英雄) 소설
② **성격** : 불교적(주제), 도교적(배경), 유교적(꿈속의 사건)
③ **배경** : 중국 당나라 남악 형산의 연화봉(현실), 중국 일대(꿈)
④ **구성** : 현실(선계)과 꿈(인간계)이 교차하는 환몽(幻夢) 구조
⑤ **주제** : 인생 무상
⑥ **작가소개** : 김만중(金萬重, 1637~1692) 숙종때의 문신(文臣). 호는 서포(西浦). 작품으로는 「구운몽」, 「사씨남정기」, 문집에는 「서포집(西浦集)」, 「서포만필(西浦漫筆)」이 전한다.
⑦ **해설** : 이 작품은 조신몽의 영향을 받아 창작된 몽유록계 소설의 효시이다. 천상세계와 지상세계의 이원대립과 현실과 꿈의 교차를 통해 인물의 갈등이 전개되고 이 과정에 세속적 욕망의 덧없음을 전달한다.
이 작품의 특징은 꿈속의 공간과 사건이 더 현실에 가깝게 그려진다는 점과, 영웅서사의 전형적 구조를 갖추고 있다는 점이다. 한편, '구운몽'은 환몽의 전환 과정이나 남녀의 만남 과정을 매우 실감나게 그리며, 인물 개개의 개성이 잘 표현되어 있다.
⑧ **구운몽의 구성**

현실	꿈	현실
성진과 팔선녀 불도에 회의 인간세상으로 추방	소유와 8낭자 부귀공명과 남녀정욕 실현 세속적 욕망의 덧없음	성진과 팔선녀 불도에 정진

⑨ **줄거리** : 중국 당나라 때 남악 형산 연화봉에 서역으로부터 불교를 전하러 온 육관대사가 법당을 짓고 불법을 베풀었는데, 동정호의 용왕도 이에 참석하여, 성진을 용왕에게 사례하러 보낸다. 술이 취하여 돌아오던 성진은 팔선녀의 미모에 도취되어 불문의 적막함에 회의를 느끼고 속세의 부귀와 공명을 원하다가 육관대사에 의해 팔선녀와 함께 인간세상으로 추방된다. 성진은 회남 수주현에 사는 양처사의 아들로, 아버지 없이 자란 양소유는 15세에 과거를 보러 경사로 가던 중 채봉을 만나 서로 마음이 맞아 자기들끼리 혼약한다. 그때 구사량이 난을 일으켜 양소유는 남전산으로 피신하였는데, 그곳에서 도사를 만나 음률을 배운다. 이듬해 다시 과거를 보러 서울로 올라가던 양소유는 기생 계섬월과 인연을 맺는다. 경사에 당도한 양소유는 여관(女冠)으로 가장하고 정사도의 딸 경패를 만나는 데 성공한다. 과거에 급제한 양소유는 정사도의 사위로 정해졌는데, 정경패는 양소유가 자신에게 준 모욕을 갚는다는 명목으로 시비 가춘운으로 하여금 선녀처럼 꾸며 양소유를 유혹하여 두 사람이 인연을 맺도록 한다. 이때 하북의 세 왕이 역모하려 하니 양소유가 절도사로 나가 이들을 다스린다. 돌아오는 길에 계섬월을 만나 운우(雲雨)의 정을 나누었는데, 이튿날 보니 하북의 명기 적경홍이었다. 이때 진채봉은 서울로 잡혀와 궁녀가 되었는데, 진채봉과 양소유의 관계를 알게 된 황제는 누이인 난양공주는 후에 진채봉과 형제지의를 맺는다. 양소유는 어느 날 밤에 난양공주의 퉁소소리에 화답한 것이 인연이 되어 부마로 간택되지만, 양소유는 정경패와의 혼약을 이유로 이를 물리치다가 옥에 갇힌다. 그때 토번왕이 쳐들어 와서 양소유가 대원수가 되어 출전한다. 진중에서 토번왕이 보낸 여자 자객 심요연과 인연을 맺게 되고, 심요연은 자신의 사부에게 돌아가면서 후일을 기약한다. 양소유는 백룡담에서 용왕의 딸인 백릉파를 도와주고 그녀와 또 인연을 맺는다. 토번왕을 물리치고 돌아온 양소유는 위국공에 봉하여지고, 영양공주 난양공주와 혼인하고, 진궁녀와 또 만나 동침하는 가운데 진채봉임을 확인하게 된다. 양소유는 고향으로 노모를 찾아가 경사로 모시고 오다가 낙양에 들러 계섬월과 적경홍을 데리고 오니, 심요연과 백릉파도 찾아와 기다리고 있었다. 그 뒤 양소유는 2처6첩을 거느리고 일가 화락한 가운데 부귀공명을 누리며 살아간다. 생일을 맞아 종남산에 올라가 가무를 즐기던 양소유는 역대 영웅들의 황폐한 무덤을 보고 문득 인생의 무상함

을 느끼고 비회에 잠긴다. 이에 불도를 닦아 영생을 구하자고 할 때, 호승이 찾아와 문답하는
가운데 꿈에서 깨어나 육관대사의 앞에 있음을 알게 된다. 본래의 성진으로 돌아와 전죄를 뉘우
치고 대사의 가르침을 구한다. 성진과 팔선녀는 본성을 깨우치고 적멸(寂滅)의 대도를 얻어 극
락세계로 돌아간다.

※ 제목의 의미
  • 구(九) : 인물(성진과 팔선녀)
  • 운(雲) : 주제(인생무상)
  • 몽(夢) : 구조(환몽구조)

※ 구운몽의 창작 동기
  유복자로 태어난 김만중이 자주 유배지로 귀향가게 되어 어머니를 위로하기 위해 썼다고 알려져 있다.
  또한 한국인은 한국어로 작품을 써야 한다는 자주적 문학관이 바탕에 딸려 있다.

※ 조신몽은 삶의 고통을 겪으며 인생무상을 깨닫는데 반해 이 작품은 부귀영화를 누리는 삶조차 죽음
  앞에서는 덧없음을 말하고 있다.

※ 양반소설 : 양반의 이상이 그려진 소설로, 이 소설처럼 조선시대 양반들이 추구하는 부귀공명의 욕망을
  현실에서 실현하는 유형의 소설이나, 충이나 효와 같이 유교적 관념을 주제로 하는 소설 등을 말한다.

※ 인물
  • 양소유 : 성진의 후신
  • 정경패 : 제1부인, 정사도의 딸
  • 이소화 : 제2부인, 황제의 여동생
  • 진채봉 : 제1첩, 진어사의 딸
  • 가춘운 : 제2첩, 정경패의 몸종
  • 계섬월 : 제3첩, 낙양의 기생
  • 적경홍 : 제4첩, 낙양의 기생
  • 심요연 : 제5첩, 토번의 자객
  • 백능파 : 제6첩, 용왕의 딸

*염려를 그릇하면 : 불도에 회의를 품고 속세에 대한 관심을 가진 일
*성진이 사자(使者)를~ : 여기서부터 꿈속의 사건이 전개된다.
*성진 : 참된 깨달음(주제)
*소유 : 속세에서 놀다(욕망의 덧없음)

② 박씨전

(전략) 차설(且說) 울대 군중(軍中)에 영(令)하여 일시에 불을 지르니, 화약이 터지는 소리 산천이
무너지는 듯하고 불이 사면으로 일어나며 화광이 충천(衝天)하니, 부인이 계화를 명하여 부적(符
籍)을 던지고, 좌수에 홍화선(紅花扇)을 들고, 우수에 백화선(白花扇)을 들고, 오색실을 매어 화염
(火焰)중에 던지니 문득 피화당(避禍堂)으로조차 대풍이 일어나며 도리어 호진(胡陣) 중으로 불길
이 돌치며 호병(胡兵)이 화광(火光) 중에 들어 천지를 분변(分辨)치 못하며 불에 타 죽는 자가 부지
기수(不知其數)라. 울대 대경(大驚)하여 급히 퇴진(退陣)하며 앙천 탄식(仰天歎息)하여 가로되,
"기병(起兵)하여 조선에 나온 후 병불혈인(兵不血人)하고 방포 일성(放砲一聲)에 조선을 도모(圖謀)
하고 이곳에 와 여자를 만나 불쌍한 동생을 죽이고 무슨 면목으로 임금과 귀비(貴妃)를 뵈오리오."
통곡함을 마지아니하거늘, 제장(諸將)이 호언(好言)으로 권위(絕慰)하며 의논 왈,

“아무리 하여도 그 여자에 복수할 수는 없사오니 퇴군(退軍)하느니만 같지 못하다.”

하고, 왕비와 세자·대군과 장안 물색(長安物色)을 거두어 행군하니, 백성의 울음소리 산천이 움직이더라. 차시 박 부인이 계화로 하여금 적진을 대하여 크게 외쳐 왈,

“무지한 오랑캐 놈아. 내 말을 들으라. 너의 왕은 우리를 모르고 너 같은 구상유취(口尙乳臭)를 보내어 조선을 침노하니 국운이 불행하여 패망(敗亡)은 당하였거니와 무슨 연고로 아국 인물을 거두어 가려 하느냐. 만일 왕비를 뫼셔 갈 뜻을 두면 너희 들을 함몰(陷沒)할 것이니 신명을 돌아보라.”

하거늘, 호장(胡將)이 차언(此言)을 듣고 소왈(笑曰),

“너의 말이 가장 녹록(碌碌)하도다. 우리 이미 조선 왕의 항서(降書)를 받았으니 데려가기와 아니 데려가기는 우리 장중(掌中)에 달렸으니 그런 말은 구차(苟且)이 말라.”

하며 능욕(凌辱)이 무수하거늘 계화가 일러 왈,

“너희 등이 일향(一向) 마음을 고치지 아니하나 나의 재주를 구경하라.”

하고, 언파(言罷)에 무슨 진언(眞言)을 외오더니, 문득 공중으로 두 줄 무지개 일어나며 우박이 담아붓듯이 오며 순식간에 급한 비와 설풍(雪風)이 내리고 얼음이 얼어 호진장졸(胡陣將卒)이며 말굽이 얼음에 붙어 떨어지지 아니하여 촌보(寸步)를 운동치 못 할지라, 호장이 그제야 깨달아 가로되,

“당초에 귀비 분부하시되 ‘조선에 신인(神人)이 있을 것이니 부디 우의정 이시백의 후원을 범치 말라.’ 하시거늘, 우리 일찍 깨닫지 못하고 또한 일시지분(一時之憤)을 생각하여 귀비의 부탁을 잊고 이곳에 와서 도리어 앙화(殃禍)를 받아 십만 대병을 다 죽일 뿐이라. 골대도 무죄히 죽고 무슨 면목으로 귀비를 뵈오리요. 우리 여차(如此)한 일을 당하였으니 부인에게 비느니만 같지 못하다.”

하고, 호장 등이 갑주(甲冑)를 벗어 안장에 걸고 손을 묶어 팔문진(八門陣) 앞에 나아가 복지청죄(伏地請罪)하여 가로되,

“소장(小將)이 천하에 **횡행**(橫行)하고 조선까지 나왔으되 무릎을 한 번 꾼바 없더니 부인 장하(帳下)에 무릎을 꿇어 비나이다.”

하며 머리 조아려 애걸(哀乞)하고 또 빌어 가로되,

“왕비는 아니 뫼셔 가리이다. 소장 등으로 길을 열어 돌아가게 하옵소서.”

하고 무수히 애걸하거늘 부인이 그제야 주렴(珠簾)을 걷고 나오며 대질 왈(大叱曰),

“너희 등을 씨도 없이 함몰하자 하였더니, 내 인명을 살해(殺害)함을 좋아 아니하기로 십분 용서하나니 네 말대로 왕비는 뫼셔 가지 말며 너희 등이 부득이 세자·대군을 뫼셔 간다 하니 그도 또한 천의(天意)를 따라 거역(拒逆)지 못하거니와 부디 조심하여 뫼셔 가라. 나는 앉아서 아는 일이 있으니 불연즉 내 신장(神將)과 갑병(甲兵)을 모아 너희 등을 다 죽이고 나도 북경(北京)에 들어가 국왕을 사로잡아 **설분**(雪憤)하고 무죄한 백성을 남기지 아니리니 내 말을 거역치 말고 명심하라.” (후략)

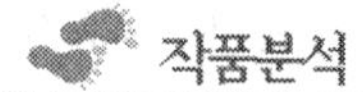 작품분석 

   ① **갈래** : 역사소설, 군담소설, 여걸소설, 영웅 소설
   ② **성격** : 영웅적, 전기적, 역사적
   ③ **배경** : 조선후기 병자호란
   ④ **주제** : 박씨 부인의 영웅적 활약상

⑤ 특징
• 변신 모티프
• 역사적 사실을 바탕으로 함
• 여성을 주인공으로 한 여성 영웅 소설

⑥ 구조

구분	전반부	후반부
박씨	추녀	미녀
사건	가정	국가
갈등	가족	청나라
해소	미녀로 변신	청군을 물리침

⑦ 해설 : 이 작품은 병자호란을 시대적 배경으로 하고 있다. 임진왜란의 상처가 채 가시기도 전에 지배층과 민중 모두에게 큰 고통을 준 치욕적 사건으로 인해 이민족에 대한 적개심이 극에 다다르게 되었다. 그로 인해 현실적인 패배와 고통을 상상 속에서 복수하고자 하는 민중들의 심리적 욕구를 표현한 작품이다.

또한 이 작품의 특이한 점은 여성인 박씨를 주인공으로 하고, 박씨가 초인간적인 능력을 가진 비범한 인물인 데 비하여 남성인 시백은 평범한 인물로 표현하여, 여성의 능력과 지혜로써 무력한 남성 사회를 비판하고 있다.

이 소설에서 주목할 만한 것은 변신(變身) 모티브이다. 박씨가 전생에 죄를 지어 추한 외모를 갖고 태어나지만, 피화당(避禍堂)에서 미녀로 탈바꿈하는 것은 권선징악(勸善懲惡)적 요소를 보이고, 아울러 비범한 능력을 얻게 되는 계기가 된다. 이로 인해 가족의 구성원으로 인정받고 나아가 국가적 위기를 구원한다는 측면에서 여성 역시 당당한 사회의 주장하게 되는 것이다. 결국 변신(變身) 모티브는 여성의 고난과 성취 모티브의 연장선에서 보아야 하며 피화당(避禍堂) 통과의례(通過儀禮)의 공간이기도 하다.

⑧ 줄거리 : 명나라 숭정연간 한양에 살고 있는 이득춘이 아들을 얻었는데 사람됨이 총명하고 비범하였다. 어느 날 박처사가 찾아와 자기 딸과의 혼인을 청한다. 이득춘은 정해진 날짜에 시백을 데리고 금강산으로 가서 박처사의 딸 박씨와 혼인시킨다. 시백은 첫날밤에 박씨가 박색임을 알고 실망하여 그날 이후로는 박씨를 돌보지 않는다. 이에 박씨는 시아버지에게 후원에다 피화당(避禍堂)을 지어 달라고 청하여 그곳에 홀로 거처한다.

박씨는 이득춘이 급히 입어야 할 조복을 하룻밤 사이에 짓는 재주와, 비루먹은 말을 싸게 사서 잘 길러 중국 사신에게 비싼 값에 팔아 재산을 늘리는 영특함을 보인다. 또 박씨는 시백이 과거를 보러 갈 때 신기한 연적을 주어 그로 하여금 장원급제하도록 한다. 시집온 지 삼년이 된 어느 날 박씨는 친정에 다녀오고 박처사는 이득춘의 집에 가서 도술로써 딸의 허물을 벗겨주니, 박씨는 미인으로 변한다. 이에 시백을 비롯한 모든 가족들이 박씨를 사랑하게 된다.

이 때 호왕(胡王)이 조선을 침공하기 앞서 임경업과 시백을 죽이려고 기룡대라는 여자를 첩자로 보내 시백에게 접근하게 한다. 박씨는 이것을 알고 기룡대의 정체를 밝히고 쫓아버린다. 두 장군의 암살에 실패한 호왕은 용골대 형제에게 10만 대군을 주어 조선을 치게 한다. 천기를 보고 이를 안 박씨는 시백을 통하여 왕에게 방비를 하도록 청하나 김자점(金自點)의 반대로 받아들여지지 않는다.

마침내 호병의 침공으로 사직이 위태로워지자 왕은 남한산성으로 피난하지만 결국 항복하겠다는 글을 보낸다. 많은 사람이 잡혀 죽었으나 오직 박씨의 피화당에 모인 부녀자들만은 무사하였다. 이를 안 적장 용홀대(龍忽大)가 피화당에 침입하자 박씨는 그를 죽이고, 복수하러 온 그의 동생 용골대도 크게 혼을 내준다. 용골대는 인질들을 데리고 퇴군하다가 의주에서 임경업에게 또 한 번 대패한다. 왕은 박씨의 말을 듣지 않은 것을 후회하고서 박씨를 충렬부인에 봉한다.

※ 이 작품은 역사 군담 소설로 주인공인 박씨를 제외하고 대부분 실제 인물들이 등장한다.

※ 변신모티브의 기능
 • 사건의 전환점
 • 가정 내 갈등의 해소
 • 통과의례의 과정
 • 권선징악적 요소

*횡행 : 마음대로 다니다.
*왕비는 아니~ : 역사적 사실로, 실제 박씨가 구해낸 것은 아니다. 박씨의 영웅적 행위로 인해 마치
 왕비를 구해낸 것처럼 꾸며진 것이다.
*설분(雪憤) : 분을 풀다

2 판소리계 소설의 현실인식

(1) 판소리와 판소리계 소설

① **정의** : 판소리계 소설이란 연행 현장에서 불리 판소리 사설을 바탕으로 형성되었거나 판소리적
성격이 강한 고전 소설을 일컫는다.

② **판소리계 소설의 성립**

  ㉠ 판소리계 소설은 판소리 사설이 기록물로 정착되면서 형성되기 시작했다.

  ㉡ 판소리 사설의 기록은 연행의 현장에서 창으로 사용하기 위해 곡조나 장단을 함께 표기하여
  만든 창본과 곡조나 장단 표기 없이 일반적인 독서물의 형태를 띠는 필사본이 있다.

  ㉢ 판소리계 소설은 독서물의 형태를 띠는 필사본으로 기록된 서책이 유통되면서 파생된 것으로
  추정된다.

③ 「관우희」에 따르면 당시에 불리던 판소리 작품으로 춘향가(春香歌), 심청가(沈淸歌), 수궁가(水
宮歌), 흥보가(興甫歌), 적벽가(赤壁歌), 변강쇠타령, 옹고집타령(壅固執打令), 배비장타령(裵裨
將打令), 강릉매화타령(江陵梅花打令), 장끼타령, 무숙이타령, 가짜신선타령 등 총 12작품의 판
소리가 소개되어 있는데 이 중 춘향가, 심청가, 수궁가, 흥보가, 적벽가 등은 창과 소설본이 동시
에 전해지고 있으나, 변강쇠타령, 옹고집타령, 배비장타령, 강릉매화타령, 장끼타령, 무숙이타
령 등은 소설본만 전한다.

(2) 주요 작품

① 배비장전

(전략) 가만가만 자취 없이 들어가서 문 앞에 서서 손가락에 침을 발라 문구멍을 뚫고 한 눈으로 안을 들여다본 배비장은 정신이 아찔하였다. 등불 밑에 앉은 여인의 태도, 천상의 선녀를 보는 듯하였기 때문이다. 그런데 그 선녀가 피우는 담배 연기가 문구멍으로 풍겨왔다. 배비장은 담뱃내를 맡고 저도 모르게 재채기를 하였다. 그러자 여인은 놀랐는지 문을 활짝 열어젖히면서 소리쳤다.

"도둑이야!"

배비장은 겁에 질려 몸을 부들부들 떨면서 겨우 말하였다.

"문안드리오."

"범을 그리려다 강아지를 그린 그림이로군. 아마도 뉘 집 미친개가 길을 잘못 들어왔나 보다."

여인은 배비장의 꼴을 보다가 이렇게 말하고는 나무 조각으로 배비장을 한 번 쳤다. 그러자 배비장이 말하였다.

"나 개 아니오."

"그러면 뭐냐?"

"배가요."

계집은 배비장의 꼴을 보고 웃고 내려와 손목을 잡고 방으로 들어가서,

"이 밤에 웬일이오?"

들어가 정담을 나눈 뒤에 불을 막 끄고 나니, 방자놈이 고함을 친다.

"불 켜놓고 문 열어라."

여인이 깜짝 놀라는 체하고 몸을 떨며 당황해할 때 방자놈의 지어낸 언성이 다시 떨어졌다.

"요기롭고 고얀 년, 내 몸 하나 옴짝하면 문 앞의 신 네 짝이 떠날 날이 없으니 어느 놈과 미쳐서 또 두런거리고 있느냐? 이 연놈을 한 주먹에 뼈를 부수어 박살내리라."

배비장은 혼비백산하여 허둥거렸으나 외문 집이 되어 도망할 수도 없었다. 할 수 없이 알몸으로 이불을 쓰고 여자에게 물었다.

"그게 본 남편이오? 성품이 어떻소?"

"성품이 매우 표독합니다. 미련하기로는 **도척**이요, 기운은 항우요, 술을 좋아하고 화가 나면 백주에도 칼을 뽑아 피 보기를 예사로 합니다."

계집의 말을 들은 배비장은 애걸복걸하면서 여인에게 매달렸다.

"낭자, 나를 제발 살려 주게."

계집은 언제 장만해 두었던지 커다란 자루를 꺼내 가지고 와서는 아구리를 벌리면서 말하였다.

"이리 들어가시오."

배비장은 이상하게 여기고 겁에 질려서 덜덜 떨리는 음성으로 물었다.

"거기엔 왜 들어가라는 거야?"

"들어가면 살 도리가 있으니 어서 들어가시오."

계집은 배비장을 자루에 담은 후에 자루 끈을 모아 상투에 감아 매고 등잔 뒤 방구석에 세워 놓고 불을 켰다

이 때 방자놈이 문을 왈칵 열고 성큼 들어서며 사면을 둘러보았다.

"저 방구석에 세워놓은 것은 무엇이냐?"

"그건 알아서 뭣 하시겠어요?"

계집의 대답이 간드러지다.

"이 년아, 내가 묻는 데 대답을 할 것이지 무슨 반문이냐? 이 년 주리방망이 맛을 보고 싶으냐! 맛을 보고 싶다면 보여 주마."

계집의 음성이 더욱 간사해진다.

"거문고에 새 줄을 달아 세워 놓은 것입니다."

그러자 방자놈은 수그러지는 체하고 수그러진 음성으로,

"음! 거문고라면 좀 타 보자."

하고는 대꼬챙이로 배부른 등을 탁탁 쳤다. 그러니 배비장은 참을 길이 없었다. 그러나 꿈틀거릴 수는 없는 일이다. 배비장은 아픔을 꾹 참고 대꼬챙이로 때릴 때마다 자루 속에서,

"둥덩 둥덩"

하고 소리를 냈다.

"음! 그 놈의 거문고 소리가 매우 웅장하구나. 대현을 쳤으니 이제 소현을 쳐 봐야겠군."

이번은 코를 탁 쳤다.

"둥덩 둥덩"

"음! 그 놈의 거문고가 이상하다. 아래를 쳐도 위에서 소리가 나고 위를 쳐도 위에서 소리가 나니 말이다. 이 어떻게 된 놈의 거문고냐?"

계집의 대답이었다.

"이건 특수한 거문고라서 그렇답니다."

"그러냐? 술 한 잔 날 권하고 줄을 골라라. 오늘 밤 놀아 보자. 내 소피 보고 들어오마."

방자는 문 밖으로 나와서 가만히 귀를 기울이고 엿들었다.

자루 속에서 배비장의 말소리가 들려왔다.

"여보, 그 자가 거문고를 내 볼 것 같으니 다른 데로 나를 옮겨 주오."

"이곳으로 어서 들어가시오."

계집은 윗목에 놓인 피나무 궤를 열고 말하였다.

궤 속으로 들어간 배비장은 몸을 웅송그리고 앉아서 생각하니 한심스러웠다. 그러나 그것이 모두 자기가 믿고 데리고 있는 방자의 계교라는 것을 어찌 알 것인가.

계집이 궤문을 닫고 쇠를 덜커덕 채우니 이제는 함정에 든 범이요, 독 안에 든 쥐였다. 배비장은 숨이 가빠져 왔다.

이 때 나갔던 사내가 다시 들어오면서 말하는 소리가 들려왔다.

"아까 눈이 저절로 감겨 잠깐 꿈을 꾸니 백발노인이 나를 불러, 네 집에 거문고와 피나무 궤가 있느냐고 묻기에 그렇다고 대답했다. 그랬더니 액신이 붙어서 장난을 하므로 패가망신할 징조라 했다. 저 궤를 불태워 버려라. 어서 짚 한 단을 가지고 가서 불을 놓아라!"

배비장은 탄식하였다.

"이젠 화장인가. 이 일을 어찌한단 말이냐. 뛰쳐나가지도 못하고."

이 때 계집이 악을 썼다.

"조상 적부터 전해 내려온 기물로 업귀신이 들어 있는 업궤인데 그것을 불사르라니 안 될 말이오."

"이 년아, 나는 너하고 못 살겠다. 나는 업궤를 가지고 나가겠다."

사내가 궤를 덜컥 어깨에 걸머지고 밖으로 나가려 하자 계집이 붙들고 늘어졌다.

"임자가 업궤를 가져가고 나는 망하란 말이오? 이 궤는 못 놓겠소."

"그렇다면 한 토막씩 나누어 갖자."

사내는 커다란 톱을 가지고 와서 궤짝 위에 올려놓고 말하였다.

"자 어서 톱을 마주 잡고 당기자."

배비장은 더 참지 못하고 겁결에 소리를 질렀다.

"여보소. 미련도 하오. 하룻밤을 자도 만리성을 쌓는다 하지 않소? 그 계집에게 궤를 다 주구려. 토막을 내면 못 쓰게 되고 말지 않소?"

그러자 사내는 톱을 내던지며 말하였다.

"아뿔싸! 이놈의 업귀신이 도생하여 인사가 되었으니 불침으로 찌르자."

불에 단 송곳이 배비장의 왼편 눈으로 내려왔다. 일이 이 지경에 이르고 보니 궤 속의 배비장은 비장한 결심을 하고서 악이라도 한 번 써 보지 않을 수 없었다.

"여보, 아무리 무식하기로서니 눈의 소중함을 모른단 말이오?"

"에그! 궤신이 저 상할 줄 미리 알고 애걸하니 정상이 가엾구나. 그 몸 상하지 않도록 궤를 져다가 물에다 던져 버려라."

사내는 질방을 걸어 궤짝을 지고 밖으로 나가는 것이었다. 그리고 얼마쯤 가는데 어디서 한 사람이 앞으로 나서며 물었다.

"그게 뭐냐?"

"업궤요."

"그 궤를 내게 팔아라."

"그러시오."

사내는 궤짝을 져다가 사또가 있는 동헌 마당에 놓고 물에 던지는 듯이 말하며 궤 틈으로 물을 붓고 흔들었다.

"궤 속 귀신 너는 들어라! 이 파도에 띄울 테니 천리길을 떠나거라."

배비장은 생각하였다.

‘어허 궤가 벌써 물에 떴나 보구나. 이젠 죽었구나.’

그런데 얼마 후에 들으니 어기어차! 어기어차! 하는 소리가 들려왔다. 물론 사령들이 지어서 하는 배 젓는 소리였다.

배비장은 소리를 질렀다.

“거기 가는 배는 어디로 가는 배란 말이오?”

“제주 배요.”

“어렵지만 이 궤를 실어다가 죽을 사람 살려 주오.”

“궤 속에서 나는 그 소리가 이상하다. 우리 배에 부정 탈라! 상앗대로 떠밀자.”

“난 사람이니 부디 살려 주오.”

“어디 사는 사람이냐?”

“제주사오.”

“제주라는 곳이 미색의 땅이라, 분명 유부녀 통간 갔다가 그 지경이 되었구나.”

“예, 옳소이다.”

“우리 배엔 부정이 탈까 못 올리겠고 궤문이나 열어 줄 테니 헤엄을 쳐서 가거라. 그런데 이 물은 짠물이니 눈에 들어가면 눈이 멀 테니 눈을 감고 가라.”

사공이 쇠를 덜커덕 열어놓자, 배비장은 알몸으로 쑥 나와서 두 눈을 잔뜩 감고 이를 악물고 와락 두 손을 짚으면서 허우적거렸다.

한참을 이 모양으로 헤엄쳐 가다가 동헌 댓돌에다가 대가리를 부딪치니 배비장은 두 눈에서 불이 번쩍 나서 두 눈을 번쩍 떴다. 자세히 살펴보니 동헌에 사또가 앉고 전후좌우에 관속들과 기생, 노비들이 늘어서서 웃음을 참느라고 두 손으로 입을 막고 있는 것이었다.

사또가 웃으면서 물었다.

“자네, 그 꼴이 웬일인고?”

배비장은 어이가 없어 고개를 푹 수그렸다. (후략)

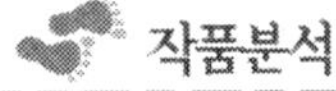 작품분석 

① **갈래** : 풍자소설
② **근원설화** : 발치설화, 미궤설화, 배비장 타령의 사설
③ **성격** : 풍자적, 희극적
④ **주제** : 지배층의 위선 풍자
⑤ **해설** : 이 작품은 「배비장 타령」의 사설이 소설로 정착한 판소리계 소설이다. 그 외에 다양한 화소를 바탕으로 해학적이고 풍자적인 성격을 가지며, 민중들의 욕망을 드러내고 있다. 작품에 등장하는 배비장은 중간 계층으로써 조선 후기 권력의 한 부분 계층이다. 결국 이 작품은 양반이 아닌 또 다른 지배층을 평민의 입장에서 풍자 비판하는 유형의 소설이다.
　　배비장은 애랑과 방자의 꾐에 빠져 여러 가지 곤혹을 당하게 되는데 이는 해학과 풍자의 절정이다. 이러한 비장의 위선과 호색성은 비단 배비장뿐 아니라 정비장도 마찬가지여서 비장 계급의 공통된 성격이라 할 수 있다.

비장의 이중성 가운데서도 서민성이 귀족성보다 강한 인상을 풍기는 것은 그들이 중간계층으로서 서민층에 영합하려고 하였기 때문이다.

비장의 호색성은 곧 대중적 관심사이기도 한데, 이러한 애정문제를 적나라하게 묘사함으로써 인간적인 면에서 서민층과 통한다.

방자가 등장하는 작품은 대개 풍자적이고, 해학적이며, 또한 구성이 희곡적이다. 방자가 지배계급의 위선적인 부패를 폭로하고 비판함으로써 오랫동안 억압되었던 서민들의 울분이 일시에 폭발하는 쾌감을 불러일으킨다. 조선 후기의 풍자문학은 방자 없이는 작중인물을 구성할 수 없을 만큼 서민들의 숙원을 대변하는 중요한 임무를 지녔기 때문이다.

⑥ **줄거리** : 제주 목사로 부임하게 된 한양의 김경(金卿)은 배 비장에게 예방의 소임을 맡긴다. 이에 서울을 떠나게 된 배 비장은 어머니와 부인 앞에서 여자를 가까이하지 않겠다는 맹세를 한다. 이후, 기생들과의 술자리를 멀리 하고 홀로 깨끗한 체하는 배 비장을 유혹하기 위해서 목사의 지시로 방자와 애랑이 계교를 꾸민다. 어느 날 녹림간 수포동에 억지로 놀러 간 배 비장은 애랑이 목욕하는 모습을 보고는, 배가 아프다며 일행을 먼저 보내고 방자와 실랑이를 벌이며 애랑을 훔쳐보고 음식 대접도 받는다. 그 뒤 애랑을 못 잊어 병이 난 배 비장은 방자를 시켜 편지를 보내고, 밤에 그녀의 처소로 몰래 오라는 답신을 받는다. 배 비장은 방자가 지정하는 개가죽 두루마기에 노벙거지를 쓰고 애랑의 집을 찾아간다. 배 비장은 애랑의 집 담구멍을 간신히 통과하여 애랑을 만나는데 방자가 애랑의 서방 행세를 하며 들이닥친다. 애랑은 겁을 주며 배 비장을 준비된 자루 속에 들어가게 한다. 서방인 척 들어온 방자가 자루가 수상하다며 두들기자 배 비장은 거문고 소리를 낸다. 방자가 술을 사러 간다고 틈을 내준 사이에 배 비장은 피나무 궤에 들어가서 몸을 숨긴다. 방자는 배 비장이 숨어 들어가 있는 피나무 궤를 불을 질러 버리겠다고 위협을 하다가, 다시 톱으로 켜는 흉내를 하면서 궤 속에 든 배 비장의 혼내 준다. 배 비장이 든 피나무 궤는 목사와 육방관속 및 군노배가 지켜보는 가운데 동헌으로 운반되고, 바다 위에 던져진 줄 안 배 비장이 궤 속에서 도움을 청하자, 뱃사공으로 가장한 사령들이 궤문을 열어 준다. 배 비장은 알몸으로 허우적거리며 동헌 대청에 머리를 부딪쳐 온갖 망신을 당한다.

※ **방자형 인물** : 고전소설에 등장하는 하인인 방자는 인물의 이름이 아니라, 잔심부름을 하는 하인의 호칭이다. 방자는 천민 계층의 대변자로 지배층의 허위의식을 폭로하고, 대체적으로 평민층인 독자의 공감을 유도하여, 궁극적으로 주제의식을 드러내는 인물형이다.

※ **애랑** : 개방적 사고를 가진 인물형으로 배비장의 허위의식을 폭로하는 인물이다.

※ **판소리계 소설**
숙종 때부터 시조나 가사의 가창이 유행하자 가인(歌人)들에 의해 다양한 창곡의 가창이 시도되었고, 나아가 직업적인 광대들의 참여로 오락적인 요소가 가미되어 새로운 형식으로 대두된 것이 판소리이다. 판소리계 소설이란, 순조 무렵 널리 불리던 판소리가 사설이 분리되어 한글 소설로 정리되어 정착된 것을 이른다.
- 춘향가 ⇒ 춘향전
- 심청가 ⇒ 심청전
- 박타령(흥보가) ⇒ 흥부전
- 수궁가 ⇒ 토끼전(별주부전)
- 배비장 타령 ⇒ 배비장가
- 옹고집 타령 ⇒ 옹고집전

*도척 : 춘추전국시대 악행을 저지른 도둑의 우두머리

*미궤설화(米櫃設話) - 쌀궤 이야기

경차관이 경주에 부임하여 기생들을 가까이 하지 않았다. 이에 촌장이 기녀를 보고 경차관을 능히 속이면 큰상을 주겠다 하자, 한 기녀가 자진하였다. 어린 기녀는 차관이 묵고 있는 객사의 소동과 짜고, 날마다 저녁이면 객사로 소동을 불러내어 이야기하곤 돌아갔다. 차관은 소동이 없는 사이에 찾아온 기녀를 불러들여 고백하며 같이 자자고 하자, 기녀는 차관을 꾀어 자기의 집으로 오라고 해서 옷을 벗고 같이 자려 하였다. 그때 문 밖에서 남자의 소리가 나고, 기녀는 전 남편이라 하면서 성격이 사나우니 빨리 피신하라고 하였다. 차관은 벌거벗은 채 궤 속에 들어가 숨고, 그 남자가 들어와 궤를 두고 다투다 관가에 호소하기로 하고, 그 궤를 지고 관가로 가니 날이 새었다. 재판에서 판관은 궤를 톱으로 썰어서 반씩 나누어 가지라 하고, 사람을 시켜 궤를 썰게 하였다. 차관이 궤 속에서 톱소리를 듣고,

"사람 살리라"

고 소리를 질렀다. 이에 궤를 열어 보니 차관이었다 한다.

*발치설화(拔齒說話) - 이빨을 뽑는 이야기

계림촌에 한 기녀가 있어 아름답고 아름다웠다. 장안에서 온 한 소년이 그녀를 몹시 사랑하였다. 그러다가 소년이 장안으로 올라가게 되었다. 기녀와 작별에 임하여 소년은 이를 빼어서 주었다. 그리고 서울로 돌아와서 괴롭게 지내는데, 그 기녀가 다른 남자와 지낸다는 것이다. 크게 화난 소년은 창두를 시켜 이(齒)를 찾아오게 하였다.

이에 그 기녀는 박장대소하고 한 포대를 던지면서,

"이것은 내가 지금까지 남자들의 이를 뽑아 모은 것이라"

하였다.

② 춘향전

춘향이는 저절로 설움 겨워 맞으면서 우는데,

"일편단심 굳은 마음 일부종사(一夫從事) 뜻이오니, 일개 형벌 치읍신들 일 년이 다 못 가서 일각인들 변하리까?"

이때, 남원부 한량이며 남녀노소 없이 구경할 제, 좌우의 한량들이,

"모질구나 모질구나. 우리 골 원님이 모질구나. 저런 형벌이 왜 있으며, 저런 매질이 왜 있을까? 집장사령놈 눈 익혀 두어라. 삼문(三門) 밖 나오면 급살(急煞)을 주리라."

보고 듣는 사람이야 누가 아니 낙루(落淚)하랴. 둘째 나타 딱 붙이니,

"이부절(二夫節)을 아옵는데, 불경이부(不更二夫) 이내 마음 이 매 맞고 죽어도 이 도령은 못 잊겠소."

셋째 낱을 딱 붙이니,

"삼종지례(三從之禮) 지중한 법 삼강오륜(三綱五倫) 알았으니, 삼치형문(三治刑問) 정배(定配)를 갈지라도 삼청동 우리 낭군 이 도령은 못 잊겠소."

넷째 낱을 딱 붙이니,

"사대부 사또님은 사민공사(四民公事) 살피잖고 위력공사(威力公事) 힘을 쓰니, 사십팔방 남원 백성 원망함을 모르시오. 사지(四肢)를 가르대도 사생동거(死生同居) 우리 낭군 사생간에 못 잊겠소."

다섯 낱채 딱 붙이니,

"오륜윤기(五倫倫氣) 그치잖고 부부유별(夫婦有別) 오행(五行)으로 맺은 연분 올올이 찢어낸들 오매불망(寤寐不忘) 우리 낭군 온전히 생각나네. 오동추야(梧桐秋夜) 밝은 달은 임 계신 데 보련마는, 오늘이나 편지 올까 내일이나 기별올까. 무죄한 이내 몸이 오사할 일 없사오니, 오결죄수(誤決罪囚) 마옵소서. 애고애고 내 신세야."

여섯 낱채 딱 붙이니,

"육육은 삼십육으로 낱낱이 고찰하여 육만 번 죽인대도 육천 마디 어린 사랑 맺힌 마음 변할 수 전혀 없소."

일곱 낱을 딱 붙이니,

"칠거지악(七去之惡) 범하였소? 칠거지악 아니어든 칠개 형문 웬일이오. 칠척검 드는 칼로 동동이 장글러서 이제 바삐 죽여 주오. 치라 하는 저 형방아, 칠 때 고찰 마소. 칠보홍안(七寶紅顔) 나 죽겠네."

여덟째 낱 딱 붙이니,

"팔자 좋은 춘향 몸이 팔도 방백 수령 중에 제일 명관 만났구나. 팔도 방백 수령님네 치민(治民)하려 내려왔지 악형(惡刑)하려 내려왔소?"

아홉 낱 채 딱 붙이니,

"구곡간장(九曲肝腸) 구부 썩어 이내 눈물 구년지수(九年之水) 되겠구나. 구고(九皐) 청산(靑山) 장송(長松) 베어 청강선(淸江船) 무어 타고 한양성중 급히 가서 구중궁궐 성상(聖上) 전에 구구원정 주달(奏達)하고 구정(九鼎) 뜰에 물러나와 삼청동을 찾아가서 우리 사랑 반겨 만나 굽이굽이 맺힌 마음 저근 듯 풀련마는."

열째 낱을 딱 붙이니,

"십생구사(十生九死)할 지라도 팔십 년 정한 뜻을 십만 번 죽인대도 가망없고 무가내(無可奈)지, 십육세 어린 춘향 장하원귀(杖下冤鬼) 가련하오."

열 치고는 짐작할 줄 알았더니, 열다섯 째 딱 붙이니,

"십오야(十五夜) 밝은 달은 띠구름에 묻혀 있고, 서울 계신 우리 낭군 삼청동에 묻혔으니, 달아 달아 보느냐, 임 계신 곳 나는 어이 못 보는고?"

스물 치고 짐작할까 여겼더니, 스물다섯 딱 붙이니,

"이십오현탄야월(二十五絃彈夜月)에 불승청원(不勝淸怨) 저 기러기 너 가는데 어드메냐? 가는 길에 한양성 찾아들어 삼청동 우리 님께 내 말 부디 전해 다오. 나의 형상 자세 보고 부디부디 잊지 마라."

옥 같은 춘향 몸에 솟느니 유혈이요 흐르느니 눈물이라. 피 눈물 한데 흘러 무릉도원(武陵桃源)

홍류수(紅流水)라. 춘향이 점점 포악하는 말이

"소녀를 이리 말고 살지능지하여 아주 박살 죽여 주면 사후(死後) 원조라는 새가 되어 초혼조 함께 울어 적막강산 달 밝은 밤에 우리 이 도련님 잠든 후 파몽이나 하여지다."

말 못하고 기절하니 엎졌던 통인 고개 들어 눈물 씻고 매질하던 저 사령도 눈물 씻고 돌아서며

"사람의 자식은 못 하겠네."

좌우에 구경하는 사람과 거행하는 관속들이 눈물 씻고 돌아서며

"춘향이 매 맞는 거동 사람 자식은 못 보겠다. 모질도다 모질도다 춘향 정절이 모질도다. **출천열녀로다.**"

남녀노소 없이 서로 낙루하며 돌아설 때 사또인들 좋을 리가 있으랴.

"네 이년 관정에 발악하고 맞으니 좋은 게 무엇이냐. 일 후에 또 그런 거역관장할까."

반생반사(半生半死) 저 춘향이 점점 포악하는 말이

"여보 사또 들으시오. 일념호한 부지생사 어이 그리 모르시오. 계집의 곡한 마음 오유월 서리 치네. 혼비중천 다니다가 우리 성군(聖君) 좌정하(坐定下)에 이 원정을 아뢰오면 사또인들 무사할까. 덕분에 죽여 주오."

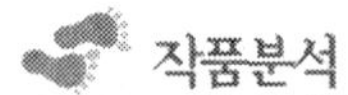 작품분석 

① **성격** : 평민적, 해학적, 풍자적
② **시점** : 전지적 작가 시점
③ **구성** : 발단 – 전개 – 위기 – 절정 – 결말의 5단 구성
④ **주제** : 신분(계급)을 초월한 사랑
⑤ **근원 설화** : 열녀 설화, 암행어사 설화, 신원 설화, 염정 설화
⑥ **형성** : 구전설화 – 판소리 소설 「춘향가」 – 고전소설 「춘향전」 – 신소설 「옥중화」
⑦ **갈래** : 판소리계 소설, 염정소설
⑧ **개관** : 작자, 연대 미상인 이 작품은 염정 설화와 암행어사 설화 등을 바탕으로 판소리로 불리다 소설로 정착된 판소리계 소설이다. 이 작품은 이본이 120여 종이나 될 만큼 오랜 기간 동안 독자들로부터 많은 사랑을 받아왔다. 이 작품은 서사 구조의 탁월성과 개방적이고 생산적인 성격 때문에, 다양한 상황에 변용될 수 있는 탄력성을 지닐 수 있게 되었고, 각 시대마다 새롭게 창조될 수 있었다. 또한 이 작품은 현실과 소망, 시와 산문, 상층 언어와 하층 언어, 몰락과 상승, 슬픔과 기쁨, 헤어짐과 만남, 약자와 강자 등의 다양한 양극적 갈등요소들을 함께 갖추고 있다. 이 작품은 다양한 갈등을 동적인 구조로 흡수함으로써 모든 계층으로부터 사랑을 받을 수 있었던 것이다.
이 작품에서 주목할 만한 공간으로 '옥'을 들 수 있다. 옥은 헤어졌던 '이몽룡'과의 재회의 장소이다. 우리 고전 문학에서 흔히 보이는 여성의 시련 모티브의 한 형태로서 형상화되어 있지만, 특히 이 작품에서 두드러지게 부각되는 것은 그 공간적 성격이 당시 민중들이 보편적인 연민과 동정을 얻어내는 공간이라는 점에서 단순한 개인적의미를 넘어선 공간이다. 즉 '옥'은 당시대의 사회적 모순에 대한 저항인 동시에 '춘향'에게 주어진 시련의 극복 공간으로서 새로운 성취의 과정을 겪는 통과 제의적(通過祭儀的) 공간으로 선택된 곳이다.
⑨ **줄거리** : 숙종 초 전라도 남원에 퇴기 월매는 성참판과의 사이에서 춘향이를 낳는다. 어느 봄날 남원부사의 아들 이몽룡은 방자를 데리고 광한루에 올라 우연히 춘향을 발견하고 한눈에 반한다. 방자와 향단이의 도움으로 이들은 만나게 되고 서로 연정을 갖게 된다. 그 후 이몽룡은 춘

향과 백년가약을 맺고자 월매에게 자신의 결심을 밝히고 결국 두 사람의 혼약을 수락한다. 어느 날 이부사가 내직으로 전출하게 되어 이도령은 춘향에게 후일을 약속하고 서울로 떠나며, 춘향은 이도령에게서 기쁜 소식이 오기를 학수고대하며 지낸다. 이때 새로 부임한 신관 사또 변학도는 춘향을 발견하고 수청을 강요한다. 춘향은 수청을 거절하여 변학도는 크게 노하지만, 춘향은 죽기를 결심하고 마음을 바꾸지 않는다.

서울로 올라간 이도령은 장원급제하여 암행어사가 된 그는 전라도로 내려온다. 도중에 농부로부터 춘향이 봉변을 당하고 있다는 이야기를 듣는다. 걸인복색을 하고 춘향의 집으로 가서 월매를 만나지만, 월매는 딸을 구해줄 이몽룡이 걸인 행색으로 나타나자 실망하여 크게 낙담한다. 그날 밤 이몽룡은 옥중으로 춘향을 찾아가지만 춘향은 이몽룡을 알아보지 못한다. 변학도의 생일날 이몽룡은 연회에 걸인의 행색을 하고 참석하여 시를 지어 탐관오리의 학정을 비판한다. 이어서 어사또가 출도하여 탐관오리 변학도를 봉고파직하고 춘향을 구한다. 춘향은 수절로 정렬부인으로 봉해져 삼남이녀를 두고 행복하게 산다.

※ 언어의 이중적 사용 : 춘향전은 평민 중심의 대중 소설이지만, 점차 향유층이 확대되면서 양반 언어인 한자어나, 고사의 인용이 두드러지게 나타난다.

※ 여성의 시련 모티브
　• 단군신화 곰 – 굴 – 옥녀
　• 심청전 심청(가난) – 인당수 – 왕비
　• 박씨전 박씨(추녀) – 피화당 – 미녀

*일편단심 굳은~ : 음의 유사성을 이용한 언어유희
*모질구나 모질구나~ : 반복과 변형을 통한 운율의 형성이 보인다. 춘향전은 판소리 사설이 소설화되는 과정에서 판소리투의 운율이 고스란히 남겨지게 된다.
*팔자 좋은 춘향~ : 반어법
*출천 열녀로다 : 이 작품의 표면적 주제이다. 그러나 이 작품은 당시 평민들의 보편적 욕망인 신분 상승의 의지를 이면적 주제로 제시하고 있다.

3　소설 외의 산문문학

(1) 패관문학

① 민간의 가담항설(街談巷說)을 수집하여 작가의 창의적 변용을 통해 정착된 문학이다.

② 한문학의 발달과 함께 융성하였다.

③ 설화와 소설을 잇는 과도기적 역할을 담당하였다.

④ 주요 작품집으로 이인로의 「파한집(破閑集)」, 최자의 「보한집(補閑集)」, 이규보의 「백운소설(白雲小說)」, 이제현의 「역옹패설(櫟翁稗說)」 등이 있다.

(2) 가전체

① 사물을 인격화하여 깨달음을 주려는 우화적 수법을 사용한다.

② 순수 개인의 창작물로 소설 창작의 바탕이 되었다.

③ 사물에 대한 지식을 바탕으로 하며, 당시 지식인들의 사회비판적 욕망을 대리하기도 하였다.

④ 주요작품

제목	지은이	소재	주제
「국순전(麴醇傳)」	임춘	술	향락에 빠진 임금과 간신 풍자
「공방전(孔方傳)」	임춘	돈	돈의 폐해 비판
「국선생전(麴先生傳)」	이규보	술	군자의 처신 경계, 위국충절
「청강사자현부전(淸江使者玄夫傳)」	이규보	거북	안분지족의 처세와 절개
「죽부인전(竹夫人傳)」	이곡	대나무	사대부의 절개
「저생전(楮生傳)」	이첨	종이	올바른 정치를 권유
「정시자전(丁侍者傳)」	석식영암	지팡이	지도층의 겸허

(3) 수필과 언해

① 고전 수필은 특별한 갈래적 형식 없이 패관이나 개인 문집에 수록되어 전한다. 주요 작품으로 서거정의 「동문선」, 성현의 「용재총화」 등이 있다.

② 훈민정음 창제 이후 경전이나 운서, 문학서 등이 번역되어 문화의 발전에 크게 기여하였다. 불경을 번역한 「석보상절」, 「월인석보」와 경서를 번역한 「내훈」, 「삼강행실도」, 「소학언해」, 「효경언해」 그리고 시집인 「분류두공부시언해」 등이 있다. 특히 언해는 당시 국어 연구의 귀중한 자료가 되고 있다.

출제예상문제

📖 **객관식**

1 고전 소설의 발전과정에 관련된 내용으로 적절하지 않은 것은?

① 설화를 바탕으로 생겨났다.
② 임진왜란 이후 평민의식의 발달 과정에서 크게 번성하였다.
③ 세밀한 묘사로 시대상을 사실적으로 그린다.
④ 판소리가 사설이 분리되어 소설이 되기도 하였다.

ADVICE ≫ 주로 지배층에 대한 비판적 주제를 다룬 작가는 박지원이며, 김만중은 양반의 보편적 관념을 이상화하는 내용의 소설을 주로 창작하였다.

2 다음 중 김만중에 대한 설명으로 적절하지 않은 것은?

① 한글로 소설을 창작했다.
② 우리 민족의 자주적 문학관을 제시했다.
③ 주로 지배층에 대한 비판적 주제를 다루었다.
④ 대표작으로 「구운몽」, 「사씨남정기」 등이 있다.

ADVICE ≫ 김만중은 양반의 이상을 실현하는 양반소설을 주로 창작하였으며, 대체적으로 대중성을 갖는 작품이 많다.

ANSWER 1.③ 2.③

3 고전 소설의 일반적 특징으로 알맞지 않은 것은?

① 권선징악적 주제를 제시한다.

② 개성적이고, 입체적인 인물이 등장한다.

③ 인간의 보편적 욕망을 긍정한다.

④ 행복한 결말을 맺는다.

ADVICE ≫ 고전 소설의 인물은 집단의 성격을 대표할 만큼 고정화된 전형적인 인물과, 성격이 변하지 않는 평면적 인물이다.

4 「박씨전」의 의의로 알맞은 것은?

① 병자호란 이후 타락한 윤리성을 풍자한다.

② 여성의 활약상을 서술하여 남성 중심 사회를 비판한다.

③ 불교적 깨달음을 통해 인생을 되돌아보게 한다.

④ 처첩 간의 갈등을 통해 가정의 중요성을 일깨운다.

ADVICE ≫ 「박씨전」은 여성 영웅의 활약상을 통해 병자호란 패배의 책임을 져야할 남성 중심 사회의 지배층을 강하게 비판하고 있다.

5 다음 중 판소리계 소설이 아닌 것은?

① 「홍길동전」 　　　　② 「춘향전」

③ 「심청전」 　　　　④ 「배비장전」

ADVICE ≫ 「홍길동전」은 허균이 지은 한글 소설이다

6 다음 중 판소리계 소설의 특징이 아닌 것은?

① 산문체와 운문체가 혼재되어 있다.
② 언어 사용의 이중성을 보인다.
③ 대체로 권선징악의 주제를 갖는다.
④ 평범한 인물들이 겪는 현실적 삶을 소재로 한다.

ADVICE 〉〉 판소리계 소설뿐 아니라, 고전 소설은 일반적으로 재자가인형(양반계층) 인물을 주인공으로 하며, 전기적 사건을 다룬다.

7 다음 중 「배비장전」에서 방자의 역할로 적절하지 않은 것은?

① 사건을 분석하고 논평한다.　　　② 사건을 연결한다.
③ 해학적 분위기를 형성한다.　　　④ 지배층의 허위를 폭로한다.

ADVICE 〉〉 사건을 분석하고 논평하는 것은 서술자의 기능이다.

1 「구운몽」의 제목과 관련하여 그 의미를 간단히 쓰시오.

2 「박씨전」에서 가장 두드러지는 모티브는 무엇인가?

3 다음의 빈칸에 들어갈 알맞은 단어를 쓰시오.

> 박씨 – 피화당 – 미녀, 영웅적 활약
> 춘향 – (　　　) – 이몽룡과의 사랑, 정경부인

4 판소리계 소설을 세 작품 이상 쓰시오.

5 술을 의인화하여 교훈을 전달하는 가전체 작품을 두 편 쓰시오.

Answer
1. • 구(九) : 등장인물 – 성진과 팔선녀
   • 운(雲) : 주제 – 인생무상
   • 몽(夢) : 구조 – 환몽구조
2. 변신모티브
3. 옥
4. 「춘향전」, 「심청전」, 「흥부전」, 「배비장전」 등
5. 「국순전」, 「국선생전」

한문학

CHAPTER 04

1 한국 한문학의 이해

(1) 한문학의 정의

선조들이 사용한 한자로 우리 민족의 정서와 감정을 담아 창작한 문학으로 크게 한문한시와 한문산문으로 나눈다.

(2) 한문학의 기원과 발전

한자는 중세 동아시아의 보편적 문자로서, 중세 문화권에서 한자를 사용한 다양한 한문학을 발전시켜 왔다. 비록 중국만큼 양적으로 풍부하진 않아도 질적으로 중국문학에 비하여 부족함이 없다. 한국적 소재와 정서를 담으며, 한국문화가 가지는 독창성을 반영하고 있다.

(3) 한문학의 분류

① 산문(散文)

    ㉠ **운문체(韻文體)** : 사부(詞賦), 잠명(箴銘), 애제(哀祭), 송찬(頌讚) 등 자체적으로 운율을 가지는 문장. 주로 음악이나 송(訟)과 관련이 있다.

    ㉡ **의론체(議論體)** : 논변(論辯), 주의(奏議), 서발(序跋), 증서(贈序) 등 자신의 의견을 밝히거나 설명하려는 글

    ㉢ **서사체(敍事體)** : 전장(傳狀), 비지(碑誌) 등과 같이 인물의 행적, 사건의 나열과 같은 특징을 가진다.

② 한문, 한시

    ㉠ **근체시** : 당 나라 때 규칙에 맞게 지어진 시이며, 일반적으로 중국 한시의 형태는 근체시를 의미한다.

        ⓐ **절구** : 시 한편이 4구이며 대체적으로 2구와 4구 마지막 글자에 운자가 놓인다. 오언절구와 칠언절구가 있으며, 각각 행의 글자수가 5자와 7자이다.

ⓑ 율시(律時) : 시 한편이 8구이며 대체적으로 짝수구 마지막 글자에 운자가 놓인다. 오언율시와 칠언율시가 있으며, 각각 행의 글자 수가 5자와 7자이다.

ⓒ 근체시의 규칙

• 평측 : 한시에 쓰이는 모든 글자들의 높낮이를 지정해 주는 규칙이다. 중국의 모든 글자 4성조로 되어 있는데 사성 중 평성을 제외한 것은 측성이라 하며, 평측은 평성과 측성의 소리의 음악성을 이용한 것이다.

• 기승전결의 법칙

-起 : 시적 상황이 제시되고 시상이 일어난다.

-承 : 시상이 전개되고 정서가 나타난다.

-轉 : 고조된 정서가 뒤집히고 반전된다.

-結 : 시상 전체를 마무리하면서 주제를 구체화한다.

• 대구 : 형태상 의미상 유사한 두 개의 구를 나열하여 짝을 이루게 하는 표현의 방법

• 압운 : 압운은 짝수 구절의 맨 마지막 글자는 30개의 소리에 들어가는 평성을 쓴다는 규칙으로 평성 30운은 다음과 같다.

東, 冬, 江, 支, 微, 魚,
虞, 齊, 桂, 灰, 眞, 文,
元, 寒, 刪, 先, 蕭, 肴,
豪, 歌, 麻, 陽, 庚, 靑,
烝, 尤, 侵, 覃, 鹽, 咸.

글자는 다르나 같은 30운 중에 들어가는 같은 글자로 내용을 연결해야 하며, 절구는 2, 4구절(혹은 1구 포함) 마지막 글자에 평성운을 넣어야 하며, 율시는 1, 2, 4, 6, 8구에 마지막글자는 반드시 평성 운을 넣어야 한다.

ⓛ 고체시 : 당 나라 때 만들어진 규칙을 따르지 않은 시 전체를 지칭하지만, 그 이전에 창작되었거나 근체시 형식에 맞지 않는 시 모두를 고체시라 일컫는다.

ⓐ 시경 : 공자가 정리한 민요와 궁중노래책이다. 1구 4자로 이루어져 있으며, 주로 북쪽에서 널리 불러졌다. 표현의 방법은 크게 흥(興), 비(比), 부(賦)가 있다.

• 흥(興) : 앞부분에서 사물을 통해 흥을 일으키고, 뒤에서 화자가 말하려고 하는 시흥을 읊조리는 형식으로 일종의 선경후정과 유사한 방식이다.

• 비(比) : 일종의 비교법, 혹은 비유법이다.

• 부(賦) : 사실을 있는 그대로 표현하는 형식

ⓑ 초사(楚辭) : 주로 남방에서 성행하던 시체로 특별한 형식에 구애받지 않으나, 1구 6언 혹은 7언으로 되어 있는 경우가 많다.

ⓒ 악부시 : 악부는 한 무제 때 만들어진 행정 관청의 명칭이나, 당시 악부에 종사하던 사람들이 지어 부르던 민요형식의 노래가 가사가 남아 시의 형식이 되었다.

(1) 한문 한시의 전개

① **한시의 초기 모습** : 한자는 기원전 2세기경 들어왔을 것이라 추정되나, 한시를 본격적으로 창작하고 향유한 것은 이보다 늦을 것으로 추정한다. 최초의 한시형태는 고대 가요를 번역한 4언 4구의 작품들로 「공무도하가」, 「황조가」, 「구지가」 등이 있다. 고구려는 한자의 도입이 빨랐을 것으로 추정할 수 있지만, 초기 작품은 고대가요를 번역한 4구체 시가 외에는 전하지 않는다. 현재 전하는 고구려 작품은 을지문덕의 「여수장우중문시」, 정법사의 「영고석(오언팔구)」 등이 있다.

② **신라 말기의 한시** : 한시는 신라 말에 대체적으로 만당(晚唐)기에 중국에서 한시를 직접 배운 유학생들의 작품이 많아서 만당풍의 작품이 창작된다. 그러나 성당(盛唐)기의 품격 있는 시풍을 넘어 육조(六朝)풍의 화려한 작품들에 관심을 갖는 경우도 많았다. 이 시기의 작품은 대체로 곱고 아름다운 시풍이 유행하였다.
   ㉠ 칠언율시가 다수 창작되며, 오언시에 비해 특히 명작들이 많다.
   ㉡ 회고적인 작품이 주를 이루며 감상적이다.
   ㉢ 문장을 크게 떨치게 되며, 중국에 널리 알려지게 된다.
   ㉣ 주요 작가로는 왕거인, 고원유, 설요, 최치원, 김운경 등 대부분 유학생들이다.

③ **고려시대의 한시** : 대체로 통일신라의 전례를 계승하여 신라풍의 작품이 계속 지배적이었다. 고려 초기 실시된 과거제도의 영향으로 문풍을 크게 떨치게 되었다. 이후 소식(蘇軾)으로 대표되는 송나라 시학의 도입으로 일대 전환기를 맞이하게 된다.
   ㉠ 고려 중기까지를 대표한 작가는 정지상, 박인량, 김부식 등이 있다. 신라 말기의 시풍을 어느 정도 유지하면서도, 완려(婉麗)한 시풍을 보여준 작품들이 많다.
   ㉡ 이후의 시인으로는 임춘, 이규보, 이인로, 진화, 김극기, 이제현 등이 있다. 특히 이 시기에는 예술적 이론을 바탕으로 창작하는 문제가 대두되면서 시단에 큰 변화를 가져왔다. 중국시의 형식적 틀을 한국시에 도입하는 문제 등의 한국시의 과제에 대한 고민이 이루어진다. 이러한 인식은 고려후기 성리학의 도입과 함께 나타난 학문과 문학의 관계에 대한 재정립과 더불어 한국 한시의 전개에 있어 가장 중요한 변화이기도 하다.

④ **조선시대의 한시**
   ㉠ 조선 전기에는 성리학의 도입과 함께 사상유교(도)를 전달하는 수단으로써의 문학관이 지배하게 된다. 달리 말하면 문학이 자체로서의 목적의식보다는 수단으로써 작용하는 문학의 효용성을 중시하게 된다. 하지만 이런 가치관이 문학의 작품성 자체에 영향을 미친것은 아니어서 질적 저하를 가져온 것은 아니다. 초기 성리학의 영향과 전시대 송시학의 영향권에서 크게 벗어나지 못해 다소 경직된 분위기의 시단에서 김시습, 서거정 등이 출연하면서 개성적이고

도 다양한 조선왕조의 시단이 형성되기 시작하였다. 이후 조선의 안정과 더불어 풍요로운 목릉성세(穆陵盛世)의 시대적 분위기로 인해 박순, 이달 등에 의해, 새롭게 조명받기 시작한 당풍(唐風)이 크게 일어났으며, 허난설헌 같은 여류시인이 등장하기도 하였다.

ⓒ 조선 후기의 한시 : 임진왜란과 병자호란으로 인한 국난은 시단에도 큰 영향을 미치게 되었다. 또한 당쟁 등으로 인해 시창작은 크게 위축되었으며, 주로 정치참여에 거리를 둔 사대부 시인들에 의해 조선시의 참모습을 찾으려는 진시(眞詩)운동이 일어나기 시작하였다. 이러한 시대적 분위기와 더불어 실학적 사상의 유입으로 자유로운 기풍의 시가 창작되는데 전자는 이광려, 정두경 후자는 박지원 정약용 등의 작가가 있다. 또한 이시기에는 위항시인과 중인시인도 등장하여 수준 높은 작품들이 다수 창작되었다. 구한말에 이르러서는 정통 한시가 쇠퇴하고 민요풍의 한시가 창작되기도 하였다.

(2) 한문 문장의 전개

① 고려까지의 문장 : 한자의 도입 초기에는 향찰이나 이두와 같이 변형된 문장의 형태를 가지다가 이후 도입된 변려문에 의해 최초의 한문체가 나타나기 시작한다. 즉 우리나라 최초의 한문체는 모두 변려문체였으며, 문장의 역사는 고려 때 정식으로 시작되었다. 이후 김부식에 이르러 변려문의 한계를 넘어서고 이제현이 이르러 고문장이 완전히 정착되었다.

② 조선 시대의 문장

㉠ 조선 전기의 고문 : 정주학의 도입으로 형성된 고문의 전통이 고루하고 낡아 문제가 되었다. 이에 장유, 이식 등은 당송고문의 전범을 통해 고문을 완숙된 경지로 끌어 올렸다.

ⓒ 조선 후기의 문장 : 조선 후기 박지원에 이르러 자유로운 문체를 통한 일대 문장의 혁신이 이루어진다. 그는 풍부한 내용과 다양한 표현, 자유로운 묘사 등을 선보이며 고문의 틀에서 벗어났다. 이는 옛 법도에 맞게 하되 새로운 것을 창조하려는(法古而知變, 創新而能典) 그의 의식을 바탕으로 하고 있다. 이후 문도합일을 주장한 김매순, 고문을 정리한 이건창 황현 등이 구한말의 문장가로 활약하다가 고문은 개화에 밀려 쇠퇴하게 된다.

(1) 신라시대

① 추야우중(秋夜雨中)

秋風惟**苦吟**(추풍유고음)

가을 바람에 괴로이 읊조리니

世路少**知音**(세로소지음)

세상 길에 나를 알아주는 줄 벗 하나 없는데

窓外三更雨(창외삼경우)

깊은 밤 창 밖엔　비만 내리는데

燈前**萬里心**(등전만리심)

등불 앞 내 마음 만리를 달리네

 작품분석

　① **갈래** : 오언 절구
　② **성격** : 고백적, 서정적
　③ **표현** : 대구, 추상의 구체화
　④ **주제** : 향수, 뜻을 펴지 못하는 지식인의 고뇌
　⑤ **출전** : 「동문선」
　⑥ **작가** : 최치원 신라 말 문인, 자는 고운, 해운, 해부, 홍운 등 호는 고운, 유선 등
　⑦ **해설** : 이 작품은 당나라 유학시절에 쓰인 시로, 당시 화자가 가진 내적 고뇌와 향수가 가을밤
　　비 내리는 배경과 잘 어우러져 있다. 당나라에서 외국인이라는 위치로 인해 크게 중용되지 못하
　　는 현실로 인한 좌절감과, 그로 인해 커지는 향수의 마음을 잘 담은 작가의 대표작이기도 하다.
　　그러나 한편 이 작품을 신라로 귀국해서 쓴 시로 해석하기도 한다. 사실 최치원이 신라로 귀국
　　해서 자신의 정치적 이상을 실현할 수 있을 만큼, 신라 조정에 의해 파격적인 인사조치로 정치
　　현장에 뛰어들게 된다. 하지만 6두품인 자신의 신분과　당시 신라의 쇠락해가는 분위기로 인해
　　개혁의 한계에 직면하게 되는데 이때의 심정을 노래한 것으로 해석하기도 한다.

　　※ 지음(知音) : 중국 춘추시대 거문고의 명수 백아(伯牙)와 그의 친구 종자기(鍾子期)와의 고사(故事)에서
　　　비롯된 말이다.

*고음(苦吟) : 시적 상황, 내적 갈등이 드러난다.

*지음(知音) : 나를 알아주는 벗, 이 작품에서는 자신을 등용해줄 수 있는 인물로 해석할 수 있다.

*삼경(三更) : 밤 11시~1시

*만리심(萬里心) : 고향을 그리는 마음

② 등윤주자화사(登潤州慈和寺)

登臨**暫隔**路岐塵(등임잠격로기진)

절에 올라 속세 먼지 잠시 떠났다만

吟想興亡恨益新(음상흥망한익신)

흥망을 생각하니 한은 더욱 새롭구나

畫角聲中**朝暮**浪(화각성중조모랑)

뿔나팔 소리에 아침 저녁 물결 일고

靑山影裏古今人(청산영리고금인)

청산의 그림자에 고금의 사람 있네

霜摧玉樹花無主(상최옥수화무주)

옥 같은 나무 서리가 꺽고 꽃도 주인 없는데

風暖金陸草自春 (풍원금릉초자춘)

금릉 땅엔 봄바람 불어 풀만 홀로 봄을 맞네

賴有**謝家**餘景在(뇌유사가여경재)

사씨 집안 옛 풍광 그마저 남아 있어

長敎詩客爽精神(장교시객상정신)

시인에게 길이길이 회고의 정 젖게 하네

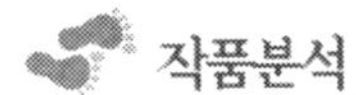 작품분석 

① **갈래** : 칠언 율시
② **성격** : 고백적, 서정적
③ **구성** : 기승전결
    ㉠ 기 : 자화사에서 느끼는 시인의 생각이 중심을 이룬다.
    ㉡ 승 : 국가의 흥망의 잔재
    ㉢ 전 : 세월의 무상함과 국가의 흥망
    ㉣ 결 : 인생의 무상감
④ **주제** : 인생무상, 맥수지탄(麥秀之嘆)
⑤ **출전** : 「동문선」
⑥ **작가** : 최치원 신라 말 문인, 자는 고운, 해운, 해부, 홍운 등 호는 고운, 유선 등
⑦ **해설** : 이 작품은 「추야우중」과 더불어 작가의 대표작이다. 중국에서 지은 시로 당시 중국에서
    도 유명했던 작품으로 신라의 한시 수준을 중국에 알린 작품으로 평가받는다. 전체적으로 역사
    의 무상감을 주제로 하여 인간 역사의 허무감을 형상화하며, 특히 전 부분에서는 인간과 자연의
    대조를 통해 주제를 강화하고 있다. 또한 이 작품은 인간과 역사의 무상감으로 정서가 마무리되
    지 않고, 인생이나 역사는 짧지만 예술(名文)은 후대인에게 시정(詩情)을 불러일으켜 전승된다
    는 결구를 통해 자신의 삶을 독자들에게 암시하기도 한다.

※ **율시의 특징**
    • 8개의 구(句) 구조. 기, 승, 전, 결로 나눌 때는 2구씩 묶여 나눈다.
    • 승, 전 구는 대구로 짝지어진다.

(2) 고려시대

① 송인(送人)

雨歇長堤草色多(우헐장제초색다)

비 개인 긴 강둑에 풀빛만 푸르니

送君南浦動悲歌(송군남포동비가)

남포에서 임 보내니 슬픈 노래 울리네

大同江水何時盡(대동강수하시진)

대동강 흐르는 물 어느 때나 다할까

別淚年年**添綠波**(별루년년첨록파)

이별 눈물 해마다 물결 위에 더 보태니

 작품분석 

① **갈래** : 칠언 절구
② **성격** : 송별시, 서정적
③ **표현** : 대조법, 도치법, 과장법
④ **어조** : 애상적
⑤ **운율** : 압운(아) 多, 歌, 波
⑥ **주제** : 이별의 슬픔
⑦ **작가** : 정지상(鄭知常 ?-1135) 고려 시대의 문인. 호는 남호(南湖). 묘청의 난으로 김부식에게 참살되었다.
⑧ **해설** : 대동강 푸른 물결에 이별의 정한을 담아 노래한 이 시는 우리나라 한시 가운데 이별의 노래로 가장 뛰어난 작품으로 손꼽힌다. '물'이라는 원형적 상징을 이용하여 이별의 정한을 노래한 작품으로, 고전문학에서 널리 사용된 수법이다. 이를 통해 한국적 여인상이라는 문학적 전통을 계승하고 있다고 평가한다. 또한 이 시는 어려운 표현이나 고사를 전혀 사용하지 않으면서도, 빼어난 예술성을 갖는 작품으로 알려져 있다.
⑨ **시구 해설**
　㉠ 긴 : 이별의 거리감
　㉡ 강둑에 풀빛만 푸르니 : 자연의 영원한 순환질서를 통해 인간사와 대비된다.
　㉢ 남포에서 임 보내니 슬픈 노래 울리네 : 시적 상황과 화자의 정서

ⓔ 대동강 흐르는 물 어느 때나 다할까, 이별 눈물 해마다 물결 위에 더 보태니 : 과장법, 도치법

※ 이 작품의 원제는 대동강(大同江)이지만, 송인(送人) 혹은 송우인(送友人)이라고도 한다. 특히 송인(送人)이라는 제목으로 널리 알려져 있다. 정작 '송인(送人)'이라는 작품은 이 작품에 비해 덜 알려져 있다.

※ 소재적 관련성
  • 공무도하가(물)
  • 서경별곡(대동강)

※ 전통적 정서의 계승
공무도하가, 가시리, 황진이의 시조, 진달래꽃 등에서 보이는 자기희생적이고 체념이지만, 미래지향적인 한국적 여인상의 형상화하고 있다.

> *첨록파(添綠波): 푸른 물결에 더하다. 원래 '첨작파(添作波)'로 된 것을 후대 이제현이 고친 것이다.

② 산에서 사노라니(山居)

春去化猶在(춘거화유재)

봄 갔어도 꽃은 외려 그대로 남고

天晴谷自陰(천청곡자음)

날 개어도 골짜기라 홀로 그늘져

杜鵑啼白晝(두견제백주)

정녕 대낮인데 두견새 울어대니

始覺卜居深(시각복거심)

비로소 알겠네 내 사는 곳 깊은 줄

 작품분석 

① 갈래 : 오언 절구
② 표현 : 대구
③ 주제 : 세상과 단절된 삶
④ 작가 : 이인로(李仁老) 자 미수(眉叟). 호 쌍명재(雙明齋). 초명 득옥(得玉). 시문(詩文)뿐만 아니라 글씨에도 능해 초서(草書)·예서(隸書)가 특출하였다. 저서에 「은대집(銀臺集)」, 「파한집(破閑集)」 등이 있다.
⑤ 해설 : 이 작품은 초여름 새 울음소리를 들으며 깊은 산 속에서 살아가는 시인의 담담한 서정을 잘 그려낸 그의 대표작이다. 대조와 대구를 통해 깊은 산의 한가로움과 정취를 잘 살렸으며, 화자는 깊은 산에 은거하는 삶을 통해 세상과의 단절감을 드러내고 있다. 소박하지만 자연스럽고, 유유자적한 삶을 그리지만 무신정권기 불우한 지식인의 도피의식이 숨겨져 있는 작품으로 볼 수 있다. 또한 그 자신의 문학적 능력에도 불구하고 세상에 쓰이지 못한 이상과 현실의 괴리감을 드러낸 작품으로 볼 수 있다.

> *제백주 : 밤에만 우는 두견이 낮에 운다는 것은 그만큼 산이 깊다는 것이며, 이를 통해 세상과의 단절감을 나타낸다.

③ 감회(感懷)

枕肱茅店夜三更(침굉모점야삼경)
팔 베고 누운 객점 밤은 삼경 깊었는데
矯首金臺路幾程(교수금대로기정)
머리 돌워 금대 보니 남은 길 몇 리인가.
苦節頗同彈鋏客(고절파동탄협객)
굳은 절개야 자못 칼을 치던 풍환(馮驩)이 같지만
芳年己過棄繻生(방연기과기유생)
지낸 세월 종군(終軍)이 나이 아니네
窮通有命悲親老(궁통유명비친노)
궁한 팔자는 분수이지만 늙은 양친만 애처롭고
緩急非才愧主明(완급비재괴주명)
나랏일 할 재주 못되니 임금님께도 부끄럽네
畢竟行藏誰與問(필경행장수여문)
평생의 내 처신을 누구에게 물을 건가
滿窓霜月獨鍾情(만창상월독종정)
정 깊은 가을달만 창가에 가득하네

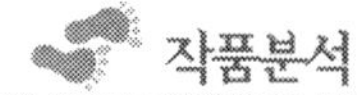 작품분석 

① 갈래 : 7언 율구
② 표현 : 대구, 설의법
③ 주제 : 지나온 삶의 반성과 회한
④ 작가 : 이제현(李齊賢, 1287~1367). 고려 공민왕 때의 문인, 학자. 호는 익재(益齋). 저서로 「익제난고(益齋亂藁)」, 「역옹패설」등이 있다.
⑤ 해설 : 이 작품은 길을 떠나는 도중 머문 주막에서 문득 자신의 과거를 돌아보고 삶의 반성과 회한을 읊은 노래이다. 재주와 절개를 갖고 살았지만, 별다른 성과를 이루지 못한 자신의 삶을 달빛과 더불어 반성하며 위로하고 있다.
이제현은 당대 최고의 문사로 충선왕의 총애를 받으며, 관직생활을 하게 된다. 원과의 교류를 통해 당시 고려의 학문과 문학을 널리 알렸으며, 정치적으로 원과의 관계를 중재하는 역할을 하기도 하였다. 이렇듯 화려한 정치활동을 한 그이지만, 말년에 부원세력과 신돈의 등장으로 인해 더 이상 자신의 뜻을 펼칠 수 없음을 깨닫고 은퇴하게 된다. 이 시기 고려는 국가적 혼란이 더욱 커지는 시기였기에 그의 고뇌가 더욱 커져 은둔생활을 하며 생을 마감하게 된다.

④ 부벽루에 올라서서(浮壁樓)

昨過永明寺(작과영명사)

어저께 영명사를 찾아왔다가

暫登浮碧樓(잠등부벽루)

잠깐 동안 부벽루에 올랐네

城空月一片(성공월일편)

성은 빈 채 한조각 달만 떠 있고

石老雲千秋(석로운천추)

조천석엔 천년 구름 흘렀네

麟馬去不返(인마거불반)

기린마 가버린 후 돌아오지 않으니

天孫何處遊(천손하처유)

천손은 어느 곳네 노닐고 계신가

長嘯倚風磴(장소의풍등)

돌계단에 기대어 길게 읊노라니

山靑江自流(산청강자류)

청산도 푸르고 강물도 저절로 흐르네

 작품분석 

① 갈래 : 오언 율시
② 표현 : 대구, 인간과 자연의 대조
③ 주제 : 역상의 무상감
④ 작가 : 이색(李穡) 고려 후기의 문신·학자·문인. 본관은 한산(韓山). 자는 영숙(穎叔), 호는 목은(牧隱). 포은(圃隱)정몽주(鄭夢周), 야은(冶隱)길재(吉再)와 함께 삼은(三隱)의 한 사람이다.
⑤ 구성
　　㉠ 기 : 부벽루에 오름
　　㉡ 승 : 인간과 자연의 대조
　　㉢ 전 : 고구려와 동명성왕 회고
　　㉣ 결 : 역사의 무상감

⑥ 시구 해설

조천석엔 천년 구름 흘렀네 : 시간의 흐름을 시각적으로 드러내어, 역사의 무상감을 드러낸다.
기린마 가버린 후 돌아오지 않으니, 천손은 어느 곳에 노닐고 계신가 : 동명성왕을 회고하며 고
구려의 흥망을 떠올린다. 작가는 이러한 시상전개를 통해 쇠락해진 고려의 국운이 다시금 회복
하기를 소망하고 있다.
청산도 푸르고 강물도 저절로 흐르네 : 자연의 영원한 순환성을 그리며, 이와 대비되는 인간 역
사의 유한성과 화자의 쓸쓸한 심정을 표현한다.

⑦ 해설 : 이색의 유고집인 목은집(牧隱集)에 수록되어 전한다. 고려 말엽의 문신 이색이 고구려의
옛 유적지인 평양성을 지나면서 느낀 감회를 회고적 어조로 노래한 서정시이다. 찬란한 역사를
지닌 옛 성터의 퇴락한 모습을 통해 인간 역사의 유한함과 무상감을 자연과 대비시켜 감각적으
로 형상화한 작품이다. 이 작품은 고구려의 역사와 동명성왕을 소재로 하여 회고하는 형식이라
고 할 때 단순히 역사 속으로 사라져간 왕조에 대한 정서를 노래한 것이라기보다는 원나라의
침입 후 약해진 고려의 국운을 안타까워하며 회복되기를 소망하는 한편 고구려의 웅활한 기상
을 떠올리며 현재를 반성하려는 작가의 역사의식이 반영된 시로 볼 수 있다. 다른 한편으로 작
가는 시속에서 쇠락해가는 고려의 현실을 인식하는 데에만 그치고 어떠한 의지나 노력이 엿보
이지 않는 다는 점에서 고려 말 지식인의 무기력함으로도 해석할 수도 있다.

※ 이러한 작가의 무기력한 태도는 시조에서도 형상화되어 있다.
백설이 잦아진 골에 구름이 험하구나
반가운 매화는 어느 곳에 피었는가
석양에 홀로 서 있어 갈 곳 몰라 하노라

*부벽루 : 평양 모란봉에 있는 누각
*조천석 : 기린굴 남쪽의 동굴
*기린마 : 동명성왕이 타고 하늘로 올라갔다는 말
*천손 : 여기서는 동명성왕을 가리킴

(3) 조선시대

① 홀로 앉아서(獨坐)

獨坐無來客 (독좌무래객)
홀로 앉아 찾아오는 손도 없는데
空庭雨氣昏 (공정우기혼)
빈 뜰엔 빗기운만 어둑하구나.
魚搖荷葉動 (어요하엽동)
물고기가 흔드는지 연잎 움직이고
鵲踏樹梢翻 (작답수초번)
까치가 디뎠나 나뭇가지 휘청이네
琴潤絃猶響 (금윤현유향)
늘어진 거문고지만 소리 있고

爐寒火尙存 (로한화상존)

차가운 화로지만 불씨 아직 남아 있네

泥途妨出入 (니도방출입)

진흙길이 문간 출입 방해가 되니

終日可關門 (종일가관문)

문이야 종일 걸어둔들 어떠리

 작품분석 

① 갈래 : 오언 율시
② 성격 : 은둔적,
③ 주제 : 은일지사의 삶
④ 작가 : 서거정 본관 달성(達成), 자 강중(剛中), 호 사가정(四佳亭), 시호 문충(文忠)이다. 문장과 글씨에 능하여 「경국대전(經國大典)」「동국통감(東國通鑑)」「동국여지승람(東國輿地勝覽)」편찬에 참여. 저서에「동문선(東文選)」등이 있다.
⑤ 해설 : 서거정은 조선 전기를 대표하는 학자이자, 문인이다. 또한 별다른 우여곡절 없이 안온(安穩)한 삶을 살았던 인물이다, 이런 이유로 그의 시는 화려함과 풍부한 내용뿐이라는 비판을 받기도 하였다.
이 시는 그러한 작가의 삶과는 조금 다른 내용을 담고 있다. 우선 은일하는 삶속에서 움직이는 '연잎'이나, '나뭇가지'를 통해 현실의 변화를 갈망하는 그의 심정을 담고, '거문고'와 화로'를 통해 세상에 드러나지 않은 인재를 표현하며, '진흙길'과 '문'을 닫아 건 삶을 통해 혼탁한 세상 속에 도피하려는 화장의 정서를 그려내고 있다. 즉 화자는 이 시를 통해 혼탁한 세상살이로 인해 은둔할 수밖에 없는 자신의 처지를 그리고, 자신이 세상을 경륜할 인재임을 은연중에 나타내는 작품으로 볼 수 있다.

*빗기운 : 쓸쓸한 분위기
*연잎, 나뭇가지 : 조용한 가운데의 움직임으로 화자의 권태로움을 강조
*진흙길 : 세상살이

② 복령사(福靈寺)

伽藍却是新羅舊(가람각시신라구)

이 절집이 옛 신라적 그대로요

千佛皆從西竺來(천불개종서축래)

천개의 불상 모두 서축에서 왔다는데

終古神人迷大隗(종고신인미대외)

옛적 신인도 도를 찾다 잃은 산길에

至今福地似天台(지금복지사천태)

지금 복된 이 터 그 천태산 같구나.

春陰欲雨鳥相語(춘음욕우조상어)

비 머금은 봄 그늘에 새들은 지저귀고

老樹無情風自哀(노수무정풍자애)

늙은 나무 정이 없어 바람에 홀로 슬프니

萬事不堪供一笑(만사불감공일소)

세상만사 웃음에다 못붙일게 뭐 있을까

靑山閱世只浮埃(청산열세지부애)

청산도 세상살이에 먼지 위에 절로 뜬 걸

 작품분석 

① 갈래 : 칠언 율시
② 성격 : 인생무상
③ 주제 : 은일지사의 삶
④ 작가 : 박은 조선 중기의 문인, 26세에 요절
⑤ 해설 : 이 작품은 불교적 이미지와 도교적 이미지를 결합하여 인생무상을 노래한 작품이다. 시상의 전개와 구조의 일관성 등 매우 세련된 작품으로 문학적으로 완숙한 경지를 엿볼 수 있지만, 감상적이고 무기력한 한계를 지닌 작품이기도 하다. 불교적 소재를 통해 시상을 이끌어내는 기 부분과 도교적 이미지를 결합하여 승으로 발전시키고, 전 부분에서 시상을 뒤집어 화자로 대입된 '늙은 나무'의 슬픔을 환기시킨다. 결국 이러한 시상의 전개가 결 부분에 이르러 인생무상이라는 주제를 형상화하게 된다.

*가람 : 절
*서축 : 서축, 인도지방 불교의 발상지
*천태산 : 신선세계
*열세(閱世) : 세상살이를 직접 겪음

③ 충주석(忠州石)

忠州美石如琉璃(충주미석여유리)

충주의 돌 아름답기가 유리와 같아

千人劚出萬牛移(천인촉출만우이)

뭇사람 쪼개내다 바리바리 옮기네

爲問移石向何處(위문이석향하처)

어디로 옮기는 돌이냐고 물어보니

去作勢家神道碑(거작세가신도비)

세도가댁 신도비로 만들거라네

神道之碑誰所銘(신도지비수소명)

신도비의 비명은 누가 짓는지

筆力倔强文法奇(필력굴강문법기)

필력도 힘차고 문장도 기교롭네

皆言此公在世日(개언차공재세일)

글에 쓴 건 죄다 대감의 생일전일로

天姿學業超等夷(천자학업초등이)

인품과 학식이 벗들을 넘었다네

事君忠且直(사군충차직)

임금을 섬김엔 충성과 강직이요

居家孝且慈(거가효차자)

집안을 다스림엔 효성과 자애라

門前絕賄賂(문전절회뢰)

문 앞에 끊은 건 뇌물 실은 발길이요

庫裏無財資(고이무재자)

창고에 없게 한 건 행여 쌓인 재물이라

言能爲世法(언능위세법)

말을 하면 세상의 법도가 되고

行足爲人師(행족위인사)

행동하면 세인의 사표가 되어

平生進退間(평생진퇴간)

나아가고 물러난 평생의 처신

無一不合宜(무일불합의)

모두 다 마땅함에 부합된다네

所以垂顯刻(소이수현각)

이 때문에 드러나게 새겨두어서

永永無磷緇(영영무린치)

영원히 닳지도 때묻지도 않게 한다네

此語信不信(차어신불신)

이 말을 믿든 믿지 못하든

他人知不知(타인지부지)

남이야 알든 알지 못하든

遂令忠州山上石(수령충주산상석)

어쨌든 충주산 꼭대기 돌은

日銷月鑠今無遺(일소월락금무유)

때마다 떠내려가 남은 게 없네

天生頑物幸無口(천생완물행무구)

본디 미련맞아 입이 없길 다행이지
使石有口應有辭(사석유구응유사)
돌에도 입 있다면 응당 할 말 있을테니

 작품분석 

① 갈래 : 오언과 칠언의 잡언체 고시
② 성격 : 풍자적,
③ 주제 : 세도가의 횡포 풍자
④ 작가 : 권필, 조선 중기 선조 때의 시인. 「석주집」과 한문소설 「주생전」, 「위경천전」이 전해지고 있다.
⑤ 해설 : 이 작품은 백거이(白居易)의 신악부(新樂府)인 「청석(靑石)」에 영향을 받아, 당시 사대부들이 마구 비석을 세우고 문장가들이 아첨하는 글을 지어주는 세태를 풍자한 것이다.
이 작품은 전고를 사용하지 않고 평이한 시어만을 사용하여 객관 사실을 기술함으로써 세태를 풍자한 특징이 있다. 「충주석」은 조선 중기의 사대부들이 충주에서 아름다운 돌을 가져다 신도비를 만드는 습속이 있었음을 알려주는 귀중한 자료이기도 하다.
「충주석」은 경제(經濟)의 실제 공적이 없으면서 허명만 숭상하는 권귀(權貴)들을 비판한 내용이다. 1~5구에서는 우선 충주석을 빗돌로 다듬어 실어 나르는 상황을 묘사하고 6구에서 세태에 아부하는 문장가들을 비판하였다. 9~18구에서 오언구를 이용하여 신도비문의 상투어를 예시하며, 19~24구에서 그 비문의 허구성을 신랄하게 비판하였다.

※ 이 작품은 고시체로 형식이 비교적 자유롭다.

*충주석 : 충주의 돌
*굴강(屈强) : 의지가 굳어 남에게 굽히지 아니하다.
*회뢰 : 뇌물
*나아가고 물러난 ~ 부합된다네 : 권문세가들이 신도비에 새긴 내용은 반어적 표현이다. 작가는 이러한 내용을 통해 권문세가들을 조롱하고 있다.
*완물(頑物) : 무딘 물건, 이 작품에서는 돌을 가리킨다.
*신도비 : 죽은 이의 사적을 기리는 비(碑)

④ 시골집에서(田舍)

片白田間間(편백전간수)
논 사이엔 희뜩희뜩 물이 비치고
針魚匿馬蹄(침어닉마제)
말발굽에 패인 자리 작은 고기 숨었네
蜻蜓還邁邁(청정환매매)
잠자리떼 되려 잠시도 가만 못 있고
鴻雁亦棲棲(홍안역서서)
기러기떼 바쁜지 또한 허둥거리네

岐路心**猶豫**(기로심유예)

인생의 갈림길마다 마음은 주저되고

幽憂醉**似泥**(유우취사니)

깊은 시름에 취해 몸도 말을 안 듣네

瓜牛廬畔夕(과우려반석)

게딱지만한 집 앞에서 맞이하는 저녁

人在月弦西(인재월현서)

초승달은 지도록 사람만 우두커니

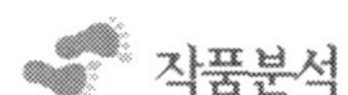 작품분석 

① **갈래** : 5언 율시
② **성격** : 위항문학
③ **주제** : 농촌의 한가한 풍경
④ **작가** : 박제가, 영조 때 문인이자 실학자, 박지원 밑에서 실학 공부. 저서로는 「북학의」가 있다.
⑤ **해설** : 이 작품은 위항문학으로 분류하는데 조선후기 평범한 사람들이 사는 농촌의 한가로운 풍경을 사실적으로 묘사한 것이 특징이다. 이 작품의 전 부분에는 조선후기 서자로 태어난 실학자였던 작가의 삶의 고뇌가 잘 묻어있는데, 이 시대의 위항문학들이 자신의 뜻을 펴지 못하는 불우한 삶과 평민들의 삶이 대치되어 지식인으로서의 현실과 이상의 괴리감을 드러내는 작품들이 다수 창작되었다.

*청정(蜻蜓) : 잠자리
*유예(猶豫) : 머뭇거리다. 주저하다.
*사니(似泥) : 진흙탕
*과우려(瓜牛廬) : 오이만한 농가, 초라한 집

4 서사한시의 주요 작품 세계

(1) 서사한시

고려시대 몽고 집권기에 정치·사회적 상황으로 인한 민족의식이 고취되면서 이규보의 「동명왕편」, 이승휴의 「제왕운기」 등과 같은 민족사를 주제로 한 서사한시가 창작되었다.

(2) 주요 작품

① 「동명왕편」

懷日生先蒙(회일생선몽)　　　　　　　해를 품고 주몽을 낳았으니

是歲歲在癸(시세세재계)	이 해가 계해년이었다.
骨表諒最奇(골표량최기)	골상이 참으로 기이하고
啼聲亦甚偉(제성역심위)	우는 소리 또한 심히 컸다.
初生卵如升(초생란여승)	처음에 되만한 알을 낳으니
觀者皆驚悸(관자개경계)	보는 사람이 깜짝 놀랐다.
王以爲不祥(왕이위불상)	왕이 상서롭지 못하다 하여
比豈人之類(차기인지류)	이것이 어찌 사람과 같은 종인가 하고
置之馬牧中(치지마목중)	마구간 속에 두었더니
群馬皆不履(군마개불리)	말들이 모두 밟지 않고
葉之深山中(엽지심산중)	깊은 산 속에 버렸더니
百獸皆擁衛(백수개옹위)	온갖 짐승이 모두 옹위하였다.

 작품분석 

① **갈래** : 고려 후기의 문신이자 학자인 이규보가 쓴 고구려 동명왕(東明王)에 관한 장편 서사시이다.
② **형식** : 오언 장편 282구(句) 운문체의 한시로 총 1410자에 이른다.
③ **특징** : 표현이 섬세하고 화려하다.
④ **구성**
　ㄱ 서장 : 동명왕 탄생 이전의 계보
　ㄴ 본장 : 동명왕의 탄생과 고구려의 건국
　ㄷ 종장 : 유리왕의 경력과 작가의 느낌
⑤ **줄거리** : 해동의 해모수는 천제(天帝)의 아들로서, 100명 여인을 거느리고 하늘로부터 내려왔
　다. 사냥을 갔다가 하백(河伯)의 딸인 유화를 만난 해모수는 하백에게 유화와의 결혼을 간청하
　고 하백은 해모수의 신통력을 시험한 뒤에 그에게 신비한 능력이 있음을 알고 술을 권하였다.
　하백은 해모수가 술이 취하자 유화와 함께 가죽 가마에 넣어 하늘로 보냈는데 중간에 수링 깬
　해모수가 놀라 유화의 비녀로 가죽 가마를 찢고 혼자 하늘로 올라가 버렸다. 하백은 유화를 꾸
　짖으며 태백산 물속에 버렸는데 고기잡이에게 발견되어 북부여의 금와왕(金蛙王)에 의하여 구
　출되고 뒤에 해모수와 관계하여 주몽(朱蒙)을 낳는다.
　알에서 나온 주몽은 골격과 생김새가 특출나고 재주가 뛰어났으며, 훗날 부여를 떠나 남쪽 비류
　국을 정복하여 고구려를 세우고 동명왕이 되었다.
⑥ **의의** : 중국 중심의 역사의식에서 벗어나 우리 민족의 우월성 고취시키고 고려가 고구려를 계승
　하고 있다는 것을 보여주는 작품이라 할 수 있다.
⑦ **출처** : 「동국이상국집(東國李相國集)」 제3권

(1) 조선 전기의 소설 문학

① 고려 중기 이후 패관문학과 가전의 발전과, 송나라 이후 전래된 중국소설의 영향을 받아 한문
소설이 창작되었다.

② 김시습의 「금오신화」가 최초의 한글소설집으로 중국의 「전등신화」의 영향을 받아 창작되었다.

③ 몽유록계의 「원생몽유록」과 최초의 한글 소설인 「홍길동전」이 창작되었다. 특히 「홍길동전」은 후기
영웅 군담소설의 모범이 되어 양란 이후 다양한 군담소설이 창작되는 바탕이 되었다.

POINT UP　**금오신화**

제목	주제	금오신화의 특징
이생규장전	이생이 최씨녀를 만나 결혼하지만, 홍건적의 난으로 헤어지고 귀신이 된 최씨 여인과 만나 다시 사랑을 나누는 이야기이다.	• 비현실적 사건 • 재자가인형, 비극적 인물
만복사저포기	남원에 양생이 부처님과 저포놀이 내기를 해서 이기고, 여러 해 전 왜구에게 죽은 처녀의 환신을 만나 사랑을 한다.	• 현실에서 좌절하는 지식인
용궁부연록	한생이 꿈속에서 용왕의 초대를 받고 가서 시를 지으며 놀았다는 내용	• 절개를 지키다 죽음을 맞이함
남염부주지	경주의 박생은 꿈속에서 염라대왕과 더불어 귀신, 생사(生死)의 문제를 토론하고 돌아온다는 이야기이다.	• 불교적 가치관 반영
취유부벽정기	홍생이 평양으로 장사를 갔다가 부벽루에서 놀던 중, 선녀가 된 기씨 여인을 만나 아름다운 사랑하게 된다.	

(2) 주요 작품

① 만복사저포기

전라도 남원에 양생(梁生)이란 사람이 있었다. 일찍이 어버이를 여의고, 아직 장가를 들지 못하고
홀로 만복사(萬福寺) 동쪽 방 한 칸에서 외로이 살아가고 있었다. 그 절간 방 앞에 배나무 한 그루
가 서 있었는데, 때마침 봄을 맞아 꽃이 활짝 피어 온 뜰 안이 은세계를 이루었다. 그는 달밤이면
배나무 밑을 거닐면서 시를 읊조렸다.

한 그루 배꽃나무 쓸쓸한 마음 벗해 주나
달 밝은 밤을 외로이 저버리니 가련하도다.
청춘의 나이에 홀로 누운 호젓한 창가에

어디선가 어여쁜 이가 퉁소를 부는구나.
비취(翡翠)새는 외로이 날아 짝을 짓지 못하고
원앙새는 짝 잃고 맑은 강물에 멱 감는데.
어느 집에 언약 있나 바둑돌 두드리고
밤 등불에 점치고는 시름겨워 창에 기대노라.

양생이 시를 읊고 나니, 문득 공중(空中)으로부터 소리가 있어 말하되, **"그대가 참말로 고운 배필(配匹)을 만나고자 할진댄 그 무엇 근심할 것 있으랴."** 이 소리를 듣고 양생은 크게 기뻐하였다.

그 이튿날은 곧 삼월 스무나흘이었다. 그 고을에서는 해마다 이 날을 맞게 되면 총각처녀들이 반드시 만복사를 찾아 등불을 켜고 저마다 소원을 비는 풍습이 있었다. 이 날 양생은 저녁 예불(禮佛)이 끝나기를 기다려서 법당으로 들어가 자기 소매 속에 깊숙이 간직해 가지고 갔던 저포를 내어, 부처님 앞에 던지기에 앞서 스스로 바라는 바를 사뢰었다.

"오늘 제가 부처님을 모시옵고 저포놀이를 해 볼까 합니다. 만약 소생(小生)이 진다면 법연(法筵)을 베풀어 부처님께 보답해야 할 것이오며, 그렇지 아니하여 만일 부처님께서 지신다면 반드시 아름다운 여인을 소생의 배필로 점지하여 주시옵기 간절히 바라옵니다."

이렇게 축원을 한 다음 문득 저포를 던지었더니 과연 양생이 승리하였으므로, 곧 그는 부처님 앞에 꿇어 엎으려 사뢰되, "인연은 이미 정하여졌사오니, 소생을 속이지 마시기 바라옵니다." 하고, 양생은 불탁(佛卓) 밑에 숨어서 동정을 살피고 있었다.

얼마 후, 아름다운 아가씨가 들어왔다. 그녀는 열대여섯 밖에 되지 않았는데, 두 가닥으로 땋은 머리를 깨끗이 단장하고 태도가 아름다운 것은 하늘에서 내려온 선녀와 같았다. 가만히 바라보니 그 아름답고 고운 모습은 이루 형용하기 어려웠다. 흰 손으로 등잔에 기름을 따라서 등불을 켜고, 향로에 향을 피운 뒤에 세 번 절하고 꿇어 엎드려 슬피 탄식하여 말하되, "인생이 박명하기 어찌 이와 같을 수가 있사오리까." 하고 품속에 간직하였던 축원문(祝願文)을 꺼내어 부처님 탁자 앞에 바쳤다.

아무 고을 아무 동리에 사옵는 소녀는 외람됨을 무릅쓰고 부처님 앞에 사뢰옵니다. **이즈음 변방이 허물어져 왜구들이 쳐들어와 싸움이 쉴 날 없사와 봉홧불이 해마다 그칠 날이 없사옵니다. 그리하여 건물이 파괴되고 백성을 노략하므로, 친척과 종들이 동서 사방으로 피난하여 유리걸식(流離乞食)하였나이다.** 수양버들과 흡사한 가냘픈 소녀의 몸이오라. 먼 길에 피난이 여의치 않아 깊은 방 안에 들어 엎디어 금석 같은 굳센 정절을 더럽힘이 없었건만, 야속하온 우리 부모, 이 여식의 수절하옴이 그르지 않다 하여 **궁벽한 곳에** 옮겨 두어 **초야에 묻혀** 사옴이 하마 속절없이 삼 년이나 되온지라. 달 밝은 가을밤과 꽃 피는 봄 아침에 고단한 영혼 어이 위무(慰撫)할 길 있사오리까. 흐르는 흰 구름과 쉼없는 물결 소리 들으며 무료한 세월을 보내옵나니, 그윽이 **깊은 골짜기**에서 평생의 박명 박행(薄命薄幸)함을 탄식하오며, 홀로 공규(空閨)를 지키어 기막힌 밤을 보내오니. 임 그리운 이내 정이 채란(彩鸞)의 외로운 춤을 홀로 슬퍼하였삽더니, 세월이 흐르고 흘러 서러운 혼백은 맘

둘 곳 없사옵고, 기나긴 여름날과 겨울밤에는 간담이 찢어지고 창자마다 끊어질 듯하옵니다. 어지신 부처님이시여, 자비와 연민함을 베푸시옵소서. 인간의 한평생이 이미 정해져 있사옵고 선악(善惡)의 업보(業報) 또한 피할 길 없사오니, 바라옵건대 하루바삐 꽃다운 인연을 맺도록 배필(配匹)을 정하여 주시옵소서.

여인이 빌기를 마치고 나서 여러 번 흐느껴 울었다. 양생은 불좌 틈으로 여인의 얼굴을 보고 마음을 걷잡을 수가 없었으므로, 갑자기 뛰쳐나가 말하였다. "조금 전에 글을 올린 것은 무슨 일 때문이신지요?"

그는 여인이 부처님께 올린 글을 보고 얼굴에 기쁨이 흘러넘치며 말하였다. "아가씨는 어떤 사람이기에 혼자서 여기까지 왔습니까?" 여인이 대답하였다.

"저도 또한 사람입니다. 대체 무슨 의심이라도 나시는지요? 당신께서는 다만 좋은 배필을 구하시면 그뿐, 굳이 성명을 알아 무엇하시겠습니까?"

이때 만복사는 이미 퇴락(頹落)하여 스님들은 한쪽 구석진 방에 머물고 있었다. 법당 앞에는 행랑만이 쓸쓸하게 남아 있고, 행랑이 끝난 곳에 아주 좁은 판자방이 있었다. 양생이 여인의 손을 잡고 판자방으로 들어가자, 여인도 어려워하지 않고 들어왔다. 서로 즐거움을 나누었는데, 보통 사람과 한 가지였다. 이윽고 밤이 깊어 달이 동산에 떠오르자 창살에 그림자가 비쳤다.

술을 다 마시고 나서 서로 헤어질 때가 되었다. 그녀는 **은잔** 하나를 꺼내어 양생에게 주면서 말했다. "내일 제 부모님께서 저를 위하여 보련사(寶蓮寺)에서 음식을 베푸실 것입니다. 당신이 저를 진정으로 버리지 않으신다면 도중에 기다렸다가 함께 부모님을 뵙는 것이 어떻습니까?" 양생은 대답했다.

"예, 그렇게 하겠소." 하고는 양생은 이튿날 그녀의 말대로 은잔을 가지고 보련사로 가는 길가에서 기다렸다. 과연 어떤 귀족 한 분이 딸의 대상(大祥)을 치르려고 수레와 말이 길에 잇달리게 보련사를 향하여 가는 것이었다. 그러다가 길가에서 한 서생이 은그릇을 들고 서 있는 것을 보고는, 하인이 주인에게 말하였다. "아가씨 장례 때에 무덤 속에 묻은 그릇을 벌써 어떤 사람이 훔쳐 가졌습니다." 주인이 말하였다. "그게 무슨 말이냐?" 하인이 말하였다.

"저 서생이 가지고 있는 은그릇을 보고 한 말씀입니다." 주인이 마침내 탔던 말을 멈추고 양생에게 그릇을 얻게 된 사연을 물었다. 양생이 전날 약속한 그 대로 대답하였더니, 여인의 부모가 놀라며 의아스럽게 여기다가 한참 뒤에 말하였다. "내 슬하에는 오직 딸 하나가 있었는데, 왜구의 난리를 만나 싸움판에서 죽었다네. (중략) 자네가 정말 그 약속대로 하려거든, 내 딸 자식을 기다리고 있다가 같이 오게나, 놀라지는 말게나."

간곡한 당부를 하고는 주인은 먼저 보련사로 가는 것이었다.

양생은 혼자 서서 그녀를 기다렸다. 과연 약속했던 시간이 되자 그녀는 시녀를 데리고 도착하였다. 두 사람은 서로 만나 반갑게 손을 잡고 절로 향하였다.

그녀는 먼저 절 문을 지나 법당에 올라 부처님께 예를 드리고는 곧 흰 휘장 안으로 들어갔다. 그러나 그녀의 친척들과 승려들 중 그녀를 본 사람은 하나도 없었고, 다만 양생이 그 뒤를 따를 뿐이었다.

이윽고 사람들이 그녀의 영혼을 전송하였다. 혼은 문 밖으로 나갔는지 얼굴은 보이지 않고 슬픈 소리만이 은은히 들려왔다.

저승길이 바쁘도다 이별이란 웬일이오
비나이다 님이시여 저버리진 마옵소서
애달퍼라, 어머니여! 슬프도다, 아버지여!
나의 신세 어이할꼬 고운 님을 여의도다
아득한 구천 밑에 원한만이 맺히리라.

얼마 있지 않아 남은 소리는 가늘어져서 종말(終末)에는 분별할 수 없게 되었다. 그녀의 부모는 그제야 그동안 있었던 일이 사실임을 알았고, 양생도 그녀가 확실히 양계(陽界)의 사람이 아님을 알자, 더욱더 감상을 이기지 못하고 그녀의 부모와 함께 머리를 맞대고 통곡할 뿐이었다.

장례를 치른 뒤 양생은 결국 슬픔을 견디지 못하고, 가산과 농토를 모두 팔아 저녁마다 제(齋)를 드렸는데, 하루는 그녀가 공중에서 그를 불러 말했다.

"당신의 은덕으로 저는 이미 다른 나라의 남자의 몸으로 태어나게 되었습니다. 유명(幽明)의 한계는 더욱더 멀어졌사오나, 당신의 두터운 은정(恩情)에 깊이 감사를 드리옵니다. 당신은 다시 길을 깨끗이 닦아 저와 같이 속세의 누(累)를 초탈(超脫)하시옵소서."

양생은 그 뒤로 다시 장가를 들지 않고 지리산(智異山)에 들어가 약초를 캐고 살았다 하나, 그 뒤로는 어찌 되었는지 소식을 아는 이가 하나도 없다고 한다.

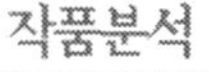 작품분석 

① **갈래** : 한문 소설, 전기(傳奇)소설, 명혼(冥婚)소설
② **성격** : 전기적(傳奇的), 환상적(幻想的), 낭만적
③ **주제** : 죽음을 초월한 사랑
④ **작가** : 김시습(1435~1493) 조선 초기의 문인. 생육신(生六臣)의 한 사람, 호는 매월당. 대표작으로 「금오신화」「매월당집」이 있다.
⑤ **해설** : 김시습이 지은 고전 소설로 중국의 「전등신화」의 영향을 받아 창작된 최초의 한문 소설집인 「금오신화」에 수록되어 있으며, 시애(屍愛), 인귀교환(人鬼交驩) 모티브 등을 바탕으로 하여 삶과 죽음을 초월한 사랑이라는 주제를 형상화하고 있다. 작가가 단종에 대한 유교적 충의를 실현하고자 은둔하며 지은 작품으로 절개를 지키다 죽은 '여인'을 통해 작가의 절개를 대리하고 있으며, 양생의 불우한 삶은 자신의 뜻을 펼치지 못한 작가를 반영한다고 볼 수 있다.
⑥ **줄거리** : 전라도 남원에 사는 총각 양생(梁生)은 일찍 부모를 여의고 외로이 지내며 배필이 없음을 슬퍼하던 중 부처와 저포놀이를 하여 아름다운 처녀를 얻게 된다. 여인은 왜구의 난에 부모를 이별하고 정절을 지켜 3년간 구석진 곳에 묻혀서 배필을 구하던 터였다. 둘을 인연을 맺고 사랑을 나누다가 다시 만날 것을 약속하고 헤어진다. 양생은 약속한 장소에서 기다리다가 딸의 대상을 치르러 가는 양반집 행차를 만나 자기와 사랑을 나눈 여인이 3년 전에 죽은 그 집 딸의 환신임을 알게 된다. 여자는 저승의 명을 거역할 수 없다며 사라지고 양생은 홀로 귀가했는데, 어느 날 밤 여인의 말소리가 들리기를, 자신은 타국에서 남자로 태어났으니 당신도 불도를 닦아 윤회에서 나라고 한다. 양생은 여자를 그리워하며 지리산으로 들어가 약초를 캐며 지냈는데, 그 마친 바를 알 수 없다고 했다

※ 삽입시의 기능

*그대가 참말로~ : 전기적 성격

*이즈음 변방이~ : 여인의 기구한 삶

*궁벽한 곳, 초야에 묻혀, 깊은 골짜기 : 여인이 죽어 묻혀있음을 암시한다.

*은잔 : 애정의 증표

*양생은 그 뒤로~ : 설화적 결말 – 결말이 특정 사건을 마무리 짓지 않고 끝맺는 방식으로 미완의 열린 결말 구조이다.

② 양반전

양반(兩班)이란, 사족(士族)을 높여서 일컫는 말이다.

정선군에 한 양반이 살았다. 이 양반은 어질고 글 읽기를 좋아하여 매양 군수가 새로 부임하면 으레 몸소 그 집을 찾아와서 인사를 드렸다. 그런데 이 양반은 집이 가난하여 해마다 고을의 환자(還子)를 타다 먹은 것이 쌓여서 천 석이 되었다.

강원도 감사가 군읍을 순시하다가 정선에 들러 환곡의 장부를 열람하고 크게 노여워하여

"어떤 놈의 양반이 이처럼 군량을 축냈단 말이냐?"

하고, 곧 명해서 그 양반을 잡아 가두게 했다. 군수는 그 양반이 가난해서 갚을 힘이 없는 것을 딱하게 여기고 차마 가두지 못했지만 무슨 도리도 없었다. **양반 역시 밤낮 울기만 하고 해결할 방도를 찾지 못했다.** 그 꼬락서니를 본 그의 **아내**는 기가 막혀서,

"여보, 당신은 한평생 글 읽기만 부질없이 좋아했군요. 이런 정도의 환자 갚기에도 아무런 효과가 없구먼요. 에이구 양반, 이런 양반이야말로 **한 푼어치** 값도 못 되는구료."

하고 혀를 끌끌 찼다.

때마침 그 동네에 살고 있는 **부자** 하나가 이 소문을 듣자 곧 가족끼리 비밀회의를 열었다. 그는 말했다.

"도대체 '양반'이란 아무리 가난해도 그 위치는 늘 높고도 영광스럽건만 우리들이사 남부럽지 않는 부자이지만 갈수록 천하게만 굴어야지 않아. 길을 다닐 때엔 말 한 번 거들거리고 타 보질 못할 뿐더러, 양반만 보면 저절로 기가 푸욱 죽어서 굽실거리며 엉금엉금 기어가서 뜰 밑에서 절하고 코가 땅에 닿도록 질질 끌며 무릎으로 기다시피 하여, 우리네는 줄곧 이런 창피를 입고 있지 않았어. 이젠 저 양반이 마침 가난한 탓으로 환자를 갚을 길이 없어서 몹시 곤란한 모양이라니 그 형편이 실로 그 양반의 자리를 더 지닐 수 없을 것이야. 이 기회에 내 그것을 사서 가지는 게 어떨까."

하고 부자는 곧 양반의 집을 찾아서 그에게 의견을 말하고 대신 환자 갚기를 청하였다. 양반은 크게 기뻐하여 서슴지 않고 승낙하였다. 이에 부자는 줄곧 그 천 섬의 환자를 관가에 바쳤다.

군수는 양반이 환곡을 모두 갚은 것을 놀랍게 생각했다. 군수가 몸소 찾아가서 양반을 위로하고 또 환자를 갚게 된 사정을 물어보려고 했다. 그런데 뜻밖에 양반이 벙거지를 쓰고 짧은 잠방이를

입고 길에 엎드려 '소인(小人)'이라 자칭하며 감히 쳐다보지도 못하고 있었다.

군수가 깜짝 놀라 내려가서 부축하면서

"귀하는 어찌 이다지 스스로 낮추어 욕되게 하시는가요?"

하고 말했다. 양반은 더욱 황공하여 머리를 땅에 조아리고 엎드려 아뢴다.

"황송하오이다. 소인이 감히 욕됨을 자청하는 것이 아니오라, 이미 제 양반을 팔아서 환곡을 갚았습지요. 동리의 부자 사람이 양반이 올습니다. 소인이 이제 다시 어떻게 전의 양반을 모칭(冒稱)해서 양반행세를 하겠습니까?"

군수는 감탄해서 말했다.

"군자로구나 부자여! 양반이로구나 부자여! 부자이서도 인색하지 않으니 의로운 일이요, 남의 어려움을 도와주니 어진 일이요, 비천한 것을 싫어하고 존귀한 것을 사모하니 지혜로운 일이다. 이야말로 진짜 양반이로구나 그러나 사사로 팔고 사고서 **증서**를 해 두지 않으면 송사(訟事)의 꼬투리가 될 수 있다. 내가 너와 약속을 해서 군민으로 증인을 삼고 증서를 만들어 미덥게 하되 본관이 마땅히 거기에 서명할 것이다."

그리고 군수는 관부(官府)로 돌아가서 고을 안의 사족(士族) 및 농공상(農工商)들을 모두 불러 관정(官庭)에 모았다. 부자는 향소(鄕所)의 오른쪽에 서고 양반은 공형(公兄)의 아래에 섰다.

그리고 증서를 만들었다.

건륭 10년 9월

위에 명문은 양반을 팔아서 환곡을 갚은 것으로 그 값은 천 석이다. 오직 이 양반은 여러 가지로 일컬어지나니, 글을 읽으면 가리켜 사(士)라 하고, 정치에 나아가면 대부(大夫)가 되고, 덕이 있으면 군자(君子)이다. 무반(武班)은 서쪽에 늘어서고 문반(文班)은 동쪽에 늘어서는데, 이것이 '양반'이니 너 좋을 대로 따를 것이다.

야비한 일을 딱 끊고 옛것을 본받고 뜻을 고상하게 할 것이며, 늘 오경만 되면 일어나 황(黃)에다 불을 댕겨 등잔을 켜고 눈을 가만히 코끝을 보고 발꿈치를 궁둥이에 모으고 앉아 동래(東來)박의 (博議)를 **얼음 위에 박 밀 듯** 왼다. 주림을 참고 추위를 견뎌 입으로 설궁(說窮)을 하지 아니하되 고치탄뇌(叩齒彈腦)를 하며 입안에서 침을 가늘게 내뿜어 연진(嚥津)을 한다. 소맷자락으로 모자를 쓸어서 먼지를 털어 물결무늬가 생겨나게 하고, 세수할 때 주먹을 비비지 말고, 양치를 해서 입내를 내지 말고, 소리를 길게 뽑아서 여종을 부르며, 걸음을 느릿느릿 옮겨 신발을 땅에 그은다. 그리고 고문진보(古文眞寶)·당시품휘(唐詩品彙)를 깨알같이 베껴 쓰되 한 줄에 백 자를 쓰며, 손에 돈을 만지지 말고, 쌀값을 묻지 말고, 더워도 버선을 벗지 말고, 밥을 먹을 때 맨상투로 밥상에 앉지 말고, 국을 먼저 훌쩍 떠먹지 말고, 무엇을 후루루 마시지 말고, 젓가락으로 방아를 찧지 말고, 생파를 먹지 말고, 막걸리를 들이켠 다음 수염을 죽 빨지 말고, 담배를 피울 때 볼에 우물이 파이게 하지 말고, 화난다고 처를 두들기지 말고, 성내서 그릇을 내던지지 말고, 아이들에게 주먹질을 말고, 노복(奴僕)들을 야단쳐 죽이지 말고, 마소를 꾸짖되 그 판 주인까지 욕하지 말고, 아파도 무당을 부르지 말고, 제사 지낼 때 중을 청해다 제(齋)를 드리지 말고, 추워도 화로에 불을 쬐지 말고,

말할 때 이 사이로 침을 흘리지 말고, 소 잡는 일을 말고, 돈을 가지고 노름 말 것이다.

이와 같은 품행이 양반에 어긋남이 있으면, 이 증서를 가지고 관에 나와 변정할 것이다.

성주 정선군수 화압(花押). 좌수 별감 증서

이에 통인이 탁탁 도장을 찍어 그 소리가 엄고 소리와 마주치매 북두성이 종으로, 삼성(參星)이 횡으로 찍혀졌다.

부자는 호장(戶長)이 증서를 읽는 것을 쭉 듣고 한참 멍하니 있다가

"양반이라는 게 이뿐입니까? 나는 양반이 신선 같다고 들었는데 정말 이렇다면 너무 재미가 없는걸요. 원하옵건대 무어 이익이 있도록 문서를 바꾸어 주옵소서."

그래서 문서를 다시 작성했다.

"하늘이 백성을 낳을 때 넷으로 구분했다. 사민(四民) 가운데 가장 높은 것이 사(士)이니, 이것이 곧 양반이다. 야반의 이익은 막대하니 농사도 안 짓고 장사도 않고 약간 문사(文史)를 섭렵해 가지고 크게는 문과(文科) 급제요, 작게는 진사(進士)가 되는 것이다. 문과의 홍패(紅牌)는 길이 두 자 남짓한 것이지만 백물이 구비되어 있어 그야말로 돈 자루인 것이다. 진사가 나이 서른에 처음 관직에 나가더라도 오히려 이름 있는 음관(蔭官)이 되고, 잘 되면 남행(南行)으로 큰 고을을 맡게 되어, 귀밑이 일산(日傘)의 바람에 희어지고, 배가 요령 소리에 커지며, 방에는 기생이 귀고리로 치장하고, 뜰에 곡식으로 학(鶴)을 기른다. **궁한 양반이 시골에 묻혀 있어도 무단(武斷)을 하여 이웃의 소를 끌어다 먼저 자기 땅을 갈고, 마을의 일꾼을 잡아다 자기 논의 김을 맨들 누가 감히 나를 괄시하랴. 너희들 코에 잿물을 들이붓고 머리끄덩이를 희희 돌리고 수염을 낚아채더라도 누가 감히 원망하지 못할 것이다.**"

부자는 증서를 중지시키고 혀를 내두르며

"그만 두시오, 그만 두어. 맹랑하구먼. 나를 장차 **도둑놈**으로 만들 작정인가."

하고 머리를 흔들며 가 버렸다.

부자는 다시 양반 말을 입에 올리지 않았다.

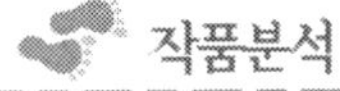 

작품분석

① 갈래 : 한문 소설, 단편 소설, 풍자 소설
② 성격 : 풍자적, 고발적, 비판적
③ 배경 : 시대적 – 18세기, 공간적 – 정선군, 사상적 – 실학사상
④ 주제 : 양반의 허례허식과 횡포 풍자
⑤ 작가 : 박지원(1737 ~ 1805) 문인, 실학자, 호는 연암.
⑥ 해설 : 박지원의 소설은 조선 후기 소설사의 한 획을 그은 일대 사건이었다. 먼저 형식적인 측면에서 전지적 작가시점을 벗어나 1인칭 시점이 시작 되고, 이전의 일대기적 구성이 아닌 사건 중심의 전개 그리고 사실적 소재를 통해 현실적인 사건을 전개한다는 점이다. 또한 주제적인 측면에서 고전소설이 갖는 일반적 주제인 권선징악(勸善懲惡)이 아닌 현실의 비판과 풍자를 통해 새로운 세상을 지향한다는 점이다. 이로 인해 박지원의 소설은 고전소설이 갖는 한계를 뛰어 넘어 근대소설의 시작점으로 평가할 수 있다. 조선 후기 소외된 실학자였던 박지원은 권력의 중심부가 아닌 외부에서 지배층을 좀더 냉정하게 바라볼 수 있었고, 당시 변화한 사회상과,

새롭게 등장한 계층을 통해 근대적 가치관을 정립시키고 있다. 이 작품은 양반 매매사건을 통해 허례허식으로 인해 양반 계층이 가진 경제적 무능과 지배층으로서의 횡포를 익살스럽지만 날카롭게 그려내고 있다.
⑦ **줄거리** : 옛날 강원도 정선(旌善) 땅에 한 가난한 양반이 있었는데, 그는 어질고 정직하며 책 읽기를 좋아하나 경제적으로 무능하였다. 관가에서 쌀을 빌려 먹으며 살아가는 처지였는데, 그 환자(還子)가 어느덧 천여 석이나 되어 갚을 길이 없자 이웃 부자에게 양반을 매매하게 된다. 군수가 중재하여 양반문서를 만들어 주었는데, 첫 문서에서는 양반으로서 지켜야 될 온갖 형식적인 허례허식만을 적어 부자의 불만을 사고, 두 번째 작성한 문서에서는 양반이 가진 권력으로 부리는 횡포를 당연시하는 내용이었다. 부자는 결국 양반은 도둑과 다를 바 없다며 양반이 되기를 포기하게 된다.

※ 양반의 이중적인 성격
　• 긍정적 : 어짊
　• 부정적 : 경제적 무능력

*양반 역시 울기만~ : 양반의 무능
*아내 : 작가의식을 대변
*한 푼어치 : 양반의 무능을 직접적으로 **표현**
*부자 : 조선 후기 새로운 계층으로 역시 이중적 성격을 가진다.
　긍정적 : 정직
　부정적 : 끝없이 이익을 추구한다.
*군수 : 사건의 중재자
*증서 : 조선후기 신분 매매가 있었음을 보여준다.
*제1 증서 : 양반의 허례허식 풍자
*얼음 위에 박 밀듯 : 쉽게, 익숙하게
*제2증서 : 양반의 횡포를 풍자
*궁한 양반이~ : 양반의 횡포 풍자
*도둑놈 : 양반의 횡포를 직접적으로 비판

③ 운영전

(전략) 밤은 벌써 깊어졌고 뭇 손님들은 크게 취하였습니다. 제가 벽을 헐어 구멍을 내어서 들여다보았더니, 진사도 또한 그 뜻을 알고서 구석을 향하여 앉더군요. 제가 **봉서**(封書)를 구멍으로 던져 주었더니, 진사가 주워 가지고 집으로 돌아가서 뜯어보고는 슬픔을 스스로 이기지 못하며 차마 손에서 놓지를 못하였습니다. 생각하고 그리워하는 마음은 옛날보다도 더하였으며, 능히 스스로 몸을 가누지 못하는 것 같았습니다. 바로 답서를 닦아 가지고 부치고자 하나 **청조**(靑鳥)가 없어 홀로 근심하고 탄식할 뿐이었어요.

　하루는 동문 밖에 사는 한 무녀가 **영이**(靈異)함으로써 명성을 얻고 대군의 궁에 드나들면서 매우 사랑과 신용을 받고 있다는 소문을 듣고 진사가 그 집을 찾아갔답니다. 그 무녀는 나이가 아직 서른도 못 되는 얼굴이 예쁜 여자로서 일찍 과부가 되고는 음녀(淫女)로 자처하고 있었는데, 진사님이 옴을 보고는 주찬을 성대히 갖추고서 대접하므로 진사는 잔을 잡았으나 마시지는 아니하고 말하

기를,

"오늘 바쁘고 급한 일이 있으니 내일 다시 오겠소."

했답니다. 다음 날 또 가니 또한 그렇게 하므로 진사는 감히 입을 열지 못하고 또 말하기를,

"내일 또 오겠소."

했답니다.

무녀는 진사의 얼굴이 속된 티를 벗어난 것을 보고 마음속으로 기뻐하였답니다. 그러나 연일 진사가 왔다가 말 한 번 하지 않으므로 나 어린 선비로 반드시 부끄러워 말을 하지 않는 것이니, 내가 먼저 정으로써 돋우어 붙들어 놓고 밤을 새우면서 같이 자리라 마음먹었답니다. 다음 날 목욕하여 짙은 화장을 하고 화려한 옷을 입고 꽃 같은 담요와 옥 같은 자리를 깔아 놓고 작은 계집종으로 하여금 문 밖에 앉아서 망을 보게 하였답니다. 진사가 또 와서 그 얼굴과 옷의 화려함과 베풀어 놓은 것의 아름다움을 보고 마음속으로 이상하게 여겼더니 무녀가,

"오늘 저녁은 어떠한 저녁이관데 이같이 훌륭한 분을 뵈옵게 되었을까?"

하였으나, 진사는 뜻이 없었기 때문에 그 말에는 대답을 하지 아니하고 초연히 즐거워하지 않고 있으니, 무녀가 또 말하더랍니다.

"과부의 집에 젊은 남자가 어찌 왕래하기를 꺼리지 아니하는지요."

"점이 신통하다던데, 어찌 내가 찾아오는 뜻을 알지 못하시오?"

하니, 무녀가 즉시 영전에 나아가 앉아서 신에게 절을 하고는, 방울을 흔들고 점대롱을 어루만지면서 온몸을 추운 듯이 떨며 한참 몸을 움직이다가 입을 열어 말하더랍니다.

"당신은 정말 가련합니다. 불안한 방법으로써 그 뜻을 이루기 어려운 계교를 성취시키고자 하니, 다만 그 뜻을 이루지 못할 뿐만 아니라 삼 년이 못 가서 황천의 사람이 되겠습니다."

그래서 진사가 울면서 사례하고는,

"당신이 비록 말하지 아니해도 나는 다 알고 있소. 하오나 마음속에 맺힌 한은 백 가지 약으로도 풀 수 없으니, 만일 당신으로 말미암아 다행히 편지를 전하게 된다면 죽어도 또한 영광이겠소."

하자 무녀가,

"비천한 무녀로서 비록 **신사**(神祀)로 인해 때로 혹 드나들지만, 부르시는 일이 없으면 감히 들어가질 못합니다. 그러하오나 진사님을 위해 한번 가보겠습니다."

하더랍니다. 진사가 품속에서 한 봉서를 내어 주면서 말씀했답니다.

"조심하오. 잘못 전하고서 화의 기틀을 만드는 일이 없도록 하여 주오."

무녀가 편지를 가지고 궁문을 들어가니, 궁 안 사람들이 모두 그 옴을 괴이히 여기기에, 그 무녀는 **권사**(權詐)로써 대답하고는 틈을 엿보아 들을 사람이 없는 곳으로 저를 끌고 가서 편지를 주더이다. 제가 방으로 들어와서 뜯어보니 그 편지의 사연은 이러했습니다.

"한 번 눈으로 인연을 맺은 후부터 마음은 들뜨고 넋이 나가 능히 마음을 진정하지 못하고 매양 성 저쪽을 향하여 몇 번이나 애를 태웠는지요. 이전에 벽 사이로 전해 주신 편지로 해서 잊을 수 없는 옥음(玉音)을 공경히 받아들고 펴기를 다하지 못하여 가슴이 메이고, 읽기를 반도 못하여 눈

물이 떨어져 글자를 적시기에 능히 다 보지를 못하였으니 장차 어찌하오리까. 이러한 후로부터 누워도 능히 자지를 못하고, 음식은 목을 내려가지 않고 병은 골수에 사무쳐 온갖 약이 효험이 없으니 저승이 보이는 것 같습니다. 오직 소원은 조용히 죽음을 따를 뿐이오니, 하느님께서 불쌍히 여겨 주시고 신께서 도와 주시와 혹 생전에 한 번이라도 이 원한을 풀어 주게 하신다면 마땅히 몸을 부수고 뼈를 갈아서라도 천지신명의 영전에 제를 지내겠습니다. 편지를 쓰다 서러워서 목이 메니, 다시 무슨 말씀을 하오리까. 예를 갖추지 못하고 삼가 쓰나이다.”

사연 끝에는 칠언사운(七言四韻) 한 수가 적혀 있었는데, 그 시는 이러했지요.

누각은 깊고 깊어 저녁 문 닫혔는데

나무 그늘 구름 그림자 모두 다 희미하여라.

낙화는 물에 떠서 개천으로 흘러가고

어린 제비는 흙을 물고 처마 끝을 찾아가네.

베개에 기대도 이루지 못함은 **호접몽**(胡蝶夢)이요.

눈을 돌려 남쪽 하늘 보니 외기러기도 날지 않네.

임의 얼굴 눈앞에 있는데 어이 그리 말 없는가.

푸른 숲 꾀꼬리의 울음 들으니 눈물이 옷깃을 적시누나.

저는 보기를 마치자 소리가 끊기고 기가 막혀서 입으로는 능히 말을 할 수 없었고, 눈물이 다하자 피가 눈물을 이었습니다. 병풍 뒤에 몸을 숨기고서 오직 사람이 알까 봐 두려워했어요. (후략)

 작품분석 

① **갈래** : 고전소설, 염정소설, 몽유소설
② **사상** : 신선 사상, 불교 사상, 무교 사상
③ **주제** : 남녀 간의 비극적 사랑
④ **작가** : 미상
⑤ **특징**
  • 고전소설로는 드물게 회상적 서술이 나타난다.
  • 궁중이라는 특수한 환경을 배경으로 한다.
  • 고전 소설 중 유일한 비극이다.
  • 권선징악(勸善懲惡)의 교훈성 주제의식이 없다.
⑥ **인물**
  • 운영 : 궁녀라는 구속된 삶을 살지만, 자유로운 사랑을 추구하는 인물,
  • 김진사 : 진실된 사랑을 하는 인물로 운영의 자결을 따라 같이 죽는 순수한 인물
  • 안평대군 : 호탕하고 품위 있는 인물이지만, 그 이면은 위선적인 인물
  • 유영 : 운영과 김진사의 사랑을 전달하는 서술자의 기능을 하는 인물.
⑦ **해설** : 이 작품은 남녀 간의 비극적 사랑을 주제로 하는 유일한 고전소설이다. 또한 몽유록계 구조를 갖지만 현실에서 환상적 사건을 겪는다는 점도 주목할 만하다. 이러한 형식적 특징 외에 자유연애를 바탕으로 하는 애정관과 궁녀라는 특수한 신분을 가진 여인과의 사랑을 그린다든지 하는 점은 이 소설이 매우 독특한 가치를 갖게 한다.
  운영은 가장 본능적인 사랑마저도 할 수 없는 구속된 삶을 살아가는 여인이다. 이 작품이 궁녀를 주인공으로 하는 비극은 결국 당대를 살아가는 민중들의 삶의 단면을 보여주고, 억압된 삶

에 대한 저항을 통해 작가는 자유의 중요성과 인간의 해방을 말하고 싶은 것이다.
⑧ 줄거리 : 임진왜란 직후 유영이 안평 대군의 옛집인 수성궁에 들어가 술을 마시고 잠이 들었다. 밤중에 잠에서 깨어나 안평대군의 궁녀였던 운영과 김진사를 만나 술을 마시며 그들의 이야기를 듣게 된다. 운영은 안평 대군을 찾아온 김진사에게 반하고, 편지로 주고받는다. 운영은 궁 밖으로 빨래하러 나가는 틈을 이용하여 김진사를 만나 회포를 푼다. 이후, 운영은 밤마다 궁궐 담을 넘어 들어오는 김진사와 사랑을 나눈다. 안평 대군이 이 사실을 알고 크게 노하여 궁녀들을 문죄하고, 운영은 자책감 때문에 자결한다. 김진사는 절에 가서 운영의 명복을 비는 재를 올린 다음, 슬픔과 그리움으로 병을 얻어 죽는다. 김진사와 운영은 슬픔을 억제하지 못하면서 자신들의 사랑을 세상 사람들에게 전해달라고 당부한다. 유영이 다시 취중에 졸다가 깨어 보니 김진사와 운영의 일을 기록한 책만 남아 있었다.

※ 고전소설의 주제의식으로 권선징악(勸善懲惡)은 엄밀하게 말해 주제의식이라기 보다는 흥미 위주의 대중소설에 가장 쉽게 접근할 수 있는 소재적 측면이 강하다. 그래서 실제 많은 고전 소설들은 이면적 주제가 당대의 사회적 의미를 가지는 주제인 경우가 많다.

*봉서(封書) : 편지
*청조(靑鳥) : 사자 또는 편지
*영이(靈異) : 신령스럽고 기이함
*당신은 정말~ : 진사와 운영의 비극적 사랑 암시
*신사(神祀) : 천신에게 지내는 제사
*권사(權詐) : 권모와 사기
*호접몽(胡蝶夢) : 인생의 덧없음
*염정소설 : 애정소설
*회상적 서술 : 액자식 구성으로 보기도 한다.

④ 최척전

(전략) **옥영은 즉시 조선과 일본 두 나라의 옷을 짓고, 매일 아들과 며느리에게 두 나라 말을 가르쳐 익히게 했다.** 그리고 날마다 행사와 관련하여 몽선에게 주의를 주며 말했다.

"항해가 잘되고 잘못되고는 오로지 돛대와 노에 달려 있으니, 돛대는 촘촘히 기워야 하고 노는 견고해야 한다. 또 없어서는 안 될 것이 **지남석**이다. 항해할 날짜는 내가 정할 것이니 나의 뜻을 어기지 않도록 해라."

몽선이 근심에 어린 채 물러나 사사로이 **홍도**를 꾸짖으며 말했다.

"어머님께서 목숨을 돌보지 않으시고 만 번 죽을 계획을 세우시어, 험난한 바다를 건너 조선으로 돌아가려고 하시네. 그런데 당신은 그 일을 찬성할 뿐 아니라 어머님과 번갈아 가며 나를 위협하기까지 하니, 어찌 차마 못할 일을 이렇듯 심하게 하오? 우리 아버님께서는 이미 돌아가셨는데 어머니마저 어느 곳에다 묻으려 하는 거요?"홍도가 말했다.

"어머님께서는 지성으로 이 큰 계획을 세우셨습니다. 진실로 말로써는 막을 수가 없습니다. 혹 돌이키기 어려운 후회를 할까 염려스럽기도 하지만, 지금은 어머님 계획을 순순히 따르는 것보다 좋은 것이 없을 듯합니다. 제 개인적인 마음이야 어찌 말로 다 할 수 있겠습니까? 태어난 지 겨우 몇 개월 만에 아버지께서는 다른 나라에서 전사하시어, 이역 땅에 **뼈**를 드러내 놓은 채 잡초에 뒤엉켜 있습니다. 어머니께서도 제가 몇 살밖에 안 되었을 때 눈을 들어 웃으시더니 등을 보이시고 말았습니다. 그래서 저는 이 세상에 살 마음이 없었습니다. 근래 길거리에서 들으니, 싸움에서 패배한 군졸들 가운데 조선으로 달아나서 떠도는 사람들이 많다고 합니다. 자식된 마음으로 요행(僥倖)을 바라지 않을 수가 없습니다. 만약 낭군의 힘에 의지하여 조선에 당도해서 한 번이라도 전쟁터를 바라보고 **아버님의 혼백**을 모아 술잔을 올린다면, 외롭게 떠도는 넋이나마 위로할 수 있을 듯합니다. 그러면 저의 끝없는 원통함이 옅어져 아침에 가서 저녁에 죽더라도 실로 달게 여기겠습니다."

홍도는 말을 마치자 흐느껴 울었다. 몽석은 이윽고 어머니와 아내가 똑같이 일을 결행(決行)하기로 확실하게 마음을 정해서 이를 꺾거나 바꿀 수 없다는 것을 알게 되었다. 그래서 떠날 준비를 단단히 하고, 경신년 2월 초하루에 닻을 올려 출항키로 했다. 출발할 날짜가 결정되자, 옥영이 아들에게 말했다.

"조선은 동북쪽에 있기 때문에 반드시 남서풍을 기다려야만 한다. 너는 모름지기 앉아서 노를 단단히 잡고 오직 나의 지시만을 따르도록 해라."

드디어 깃대에 깃발을 달고 자석(磁石)을 뱃전에다 설치하였다. 배 안을 점검해 보니 모든 것이 다 잘 갖추어져 있었다. 돌고래가 물을 뿜고 바다 상어가 파도를 일으켰으며, 바람이 공중에서 일어나더니 깃발이 북쪽을 향해 펄럭였다. 세 사람이 힘을 다해 돛을 올리자, 배가 밤낮없이 파도를 가로지르며 질주하였다. 벽력같은 화살이 풍랑 속으로 들어가고 번개가 날 듯이 순식간에 내주에 올랐다. 얼마 뒤 푸른 망망대해(茫茫大海)에 떠 있는 섬들이 나타나더니 눈을 놀리는 순간 사라져 갔다.

하루는 중국인 배를 만나게 되었는데, 그들이 물었다.

"어느 지방의 배이며, 어디로 가느냐?"

옥영이 응답하여 말했다.

"나는 항주(杭州) 사람인데 차를 사기 위해 산동으로 가는 중입니다."

또 며칠 뒤에는 일본인 배를 만나게 되었다. 옥영은 즉시 아들, 며느리와 함께 일본인 옷으로 갈아입고 기다렸다. 일본인 배가 다가와서 물었다.

"너희들은 어느 지방 사람이며, 어디에서 오는 중이냐?"

옥영이 일본어로 대답하였다.

"고기를 잡으러 바다로 들어왔다가 풍랑을 만나 표류하게 되었습니다. 배와 노가 깨지고 부러져 항주에서 배를 사서 돌아가는 중입니다."

일본 사람이 말했다.

"고생을 많이 했군요! 고생을 많이 했군요! 여기서 일본까지는 얼마 안 되니 남쪽으로 가십시오."

이날 남풍이 심하게 불었다. 해가 이윽고 서쪽 바다 속으로 들어가자, 흰 이무기는 풍랑을 일으키고 푸른 파도는 하늘이 놀라 정도로 치솟아 올랐다. 구름과 안개가 사방에 가득 끼어 지척도 분간하기 어려웠으며, 노는 부러지고 돛은 찢어져 어디로 가야 할 지 알 수가 없었다. 몽선 부부는 깜짝 놀라서 뱃바닥에 엎드리더니 이내 뱃멀미를 하였다. 옥영은 의연하게 홀로 앉아 하늘을 우러르며 말없이 기도하였다. 밤이 되면서 풍랑이 잦아들더니 배가 흘러서 조그만 섬에 이르렀다.

배를 수리하기 위해 며칠 머물러 있는데, 홀연히 바다 가운데서 배 한 척이 점차 다가왔다. 옥영은 몽선에게 배 안에 있는 장비(裝備)를 주머니에 담아서 바위 동굴에 숨기게 하였다. 잠시 후에 뱃사람들이 시끄럽게 떠들면서 내려왔다. 말소리는 조선말이나 일본말은 아니었으며, 대략 중국말과 흡사했다. 그들은 창이나 칼 등 무기는 갖고 있지 않았으나, 흰 몽둥이로 때리고 위협하면서 화물(貨物)을 내놓으라고 요구하였다. 이에 옥영이 중국말로 대답했다.

"나는 중국 사람으로 고기를 잡기 위해 바다에 나왔다가 표류하여 이곳에 정박하게 된 것입니다. 그래서 본래부터 화물은 있지도 않습니다."

옥영이 눈물을 흘리면서 살아서 돌아가게 해달라고 애걸하였다. 그러자 그들은 죽이지는 않고 옥영이 타고 왔던 배를 빼앗아 자기들 배의 후미에 묶고 가버렸다. 그들이 떠난 뒤 옥영이 몽선 부부에게 말했다.

"이들은 필시 해적들일 것이다. 내가 들으니 해적들의 섬이 조선과 중국의 사이에 있는데, 수시로 출몰하여 재물을 약탈하되 사람은 죽이지 않는다고 하더구나. 이들이 그 놈들임이 분명하다. 내가 아들의 말을 듣지 않고 억지로 떠났다가 하늘이 돕지 않아 이런 낭패를 당하게 되었구나. 이미 배와 노를 잃어버렸으니 다시 무엇을 할 수 있겠느냐? 어두운 하늘과 드넓은 바다를 날아서 건너갈 수도 없고 죽엽(竹葉)이나 마른 떼 등 몸을 실어 띄울 것도 없으니, 오로지 죽기만을 기다릴 수밖에 없구나. 나야 이미 죽은 목숨과 다름이 없기 때문에 상관이 없지만, 너희 부부가 어질지 못한 이 어미 때문에 죽게 된 것이 가련키만 하구나."

말을 마친 옥영이 아들 내외와 함께 슬프게 우니, 그 소리가 매우 처절하였다. 바닷가에 맺힌 한이 파도를 타고 겹겹이 밀려옴에 바다는 오므라들어 펴지지 않는 듯하였으며, 산귀신(山鬼神)은 얼굴을 찡그리고 신음하였다. 옥영이 해안으로 올라가 바다에 투신하려고 하자, 아들과 며느리가 함께 만류하여 물속에 빠질 수가 없었다. 옥영은 몽선을 돌아보며 말했다.

"너는 내가 죽는 것을 말리지 마라. 더 이상 무엇을 기다릴 수 있겠느냐? 주머니에 남은 식량은 겨우 3일 먹을 것밖에 안 된다. 앉아서 주머니가 비기를 기다리며 살아남은들 무엇을 할 수 있겠느냐?"

몽선이 말했다.

"식량이 다 떨어진 뒤에 죽더라도 늦지 않습니다. 그 사이에 만약 살 길이 생긴다면 장차 얼마나 후회할 일이겠습니까?"

몽선은 마침내 어머니를 부축해 언덕에서 내려와 겨우 바위 동굴에 엎드려 쉬게 되었다. 한참 후 잠에서 깨어난 옥영이 아들과 며느리에게 말했다.

"기운이 빠지고 몸이 피곤하여 문득 정신없이 잠이 들었는데, 꿈에 장육금불께서 또 좋은 징조를 아뢰니 참 이상하구나."

세 사람은 서로 마주 보고 기뻐하면서 말없이 기도를 올렸다. 며칠 후 멀리 바다 가운데서 돛단배가 둥둥 떠오는 것이 보였다. 이에 몽선이 놀라서 말했다.

"예전에 보지 못했던 배가 바다 가운데서 다가오고 있는데, 매우 걱정이 됩니다."

옥영이 머리를 들고 보더니 기뻐하며 말했다.

"너는 겁내지 마라. 우리는 이제 살았다. 저것은 조선인의 배다. 기다려보면 당연히 알게 될 것이다."

옥영 등은 버드나무를 불태워 연기를 내고 언덕으로 올라가 옷을 흔들었다. 그리고 모두 조선의 옷으로 갈아입은 후 바위 위에 늘어서 있었다. 조선 사람들이 배를 멈추고 물었다.

"당신들은 어떤 사람들인데 이런 외딴 섬에 와 있소?"

옥영이 대답했다.

"우리는 경성(京城)의 양반인데, 나주(羅州)로 내려가다가 갑자기 풍파를 만나 배는 뒤집히고 사람들은 다 물에 빠져 죽었습니다. 오직 우리 세 사람만이 돛대 자리를 끌어안고 표류하다가 이곳에 이르렀습니다."

뱃사람들이 불쌍하게 여겨 세 사람을 태우고 귀항(歸航)하면서 말했다.

"이 배는 통영(統營)으로 음식물을 싣고 가는 배입니다. 관가(官家)의 일정이 정해져 있어 한양(漢陽)으로 돌아갈 수가 없습니다."

순천에 이르자 배를 다리에 정박시켜 놓고 세 사람을 내려 주었다. 이때가 경신년(庚申年) 4월이었다. 옥영 일행은 5, 6일을 걸어서 남원에 도착하였다. 옥영은 마음속으로 집이 온통 난리 중에 함몰되었을 것이기에 단지 옛 집터만을 찾아가려고 생각하였다. 감회에 젖어 두루 돌아보며 먼저 만복사를 향해 갔다. 금교 옆에 이르러 앉아서 바라보니, 성곽(城郭)이 완연하였으며 시골의 집들도 예전과 다름이 없었다. 옥영은 몽선을 돌아보고 손가락으로 한 곳을 가리키며 말했다.

"저기가 너의 아버지 집이었는데, 지금은 누구의 집이 되었는지 모르겠구나. 모두 가서 하룻밤 머물러 자면서 옛날 일이나 돌이켜 보자꾸나."

옥영 일행이 곧 일어나 그 집 문 앞으로 나아가 보니, 최척과 그의 아버지가 수양버들 아래 앉아 있었다. 시아버지와 며느리, 남편과 아내, 아버지와 아들, 형제가 놀라서 서로 부둥켜안고 통곡을 하였다. 진위경도 와서 자기 딸과 상봉을 하였으며, 심씨는 허둥지둥 달려 나와 딸 옥영을 끌어안고 통곡하다가 기절하고 말았다. 모두들 꿈이요, 세상에 진짜로 벌어진 일이 아닌 듯이 슬픔과 기쁨을 억누르지 못하였다. 이 광경을 보기 위해 사방의 이웃들이 구름처럼 몰려들었는데, 그들은 처음에는 기괴한 놀이를 한다고 생각했다. 그러다가 지금까지 겪었던 옥영과 홍도의 이야기를 자세히 듣고는 모두들 놀라며 축하하고, 서로들 말을 전해 이 소문이 사방으로 퍼졌다.

옥영이 최척에게 말했다.

"우리가 오늘 이처럼 만난 것은 실로 장육금불께서 은연중에 은혜를 베푸셨기 때문입니다. 우리가 어떻게 그 은혜에 보답하지 않을 수 있겠습니까?"

이에 최척과 옥영은 두 아들과 두 며느리를 이끌고 성대하게 제물을 갖추어 만복사로 가서 성의를 다해 재를 올렸다.

이후로 최척과 옥영은 위로는 아버님과 장모님을 잘 받들고, 아래로는 자식과 며느리들을 잘 보살 피며 서문(西門) 밖 옛 집에서 살았다. 진유경도 홍도에게 의탁하여 최척의 집에 함께 살면서 동고 동락(同苦同樂)하였다.

남원부윤이 이 이야기를 상소(上疏)로 올리자, 조정(朝廷)에서는 최척에게 특별히 정헌대부를 가자 (加資)하고, 그의 아내 옥영을 정렬부인에 봉하였다. 2년 후인 신유년(辛酉年)에 몽석과 몽선 두 형제가 모두 무과(武科)에 급제하였다. 후에 몽석은 관직(官職)이 호남병마절도사에 이르렀으며, 몽선은 해남현감이 되었다. 이때까지 최척 부부는 모두 살아서 아들들의 영광스러운 봉양을 많이 받았으니, **참으로 희한한 일이로다**!

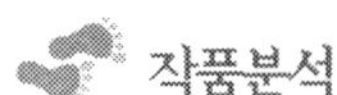 작품분석

① **연대** : 1621년(광해군 13)
② **갈래** : 전 소설, 군담 소설, 영웅 소설
③ **주제** : 전쟁으로 인한 가족의 이별과 재회
④ **작자** : 조위한(趙緯韓)
⑤ **특징**
  • 유몽인의 「어우야담」에 수록된 「홍도」를 소설화 한 것으로 추측
  • 조선, 명, 왜 삼국에서 벌어지는 사건이 전개된다.
  • 적강 모티브와 군담이 결합한 전형적인 영웅소설의 요소를 가진다.
  • 비교적 사실적으로 임란 직후 조선의 현실에 접근하고 있다.
⑥ **해설** : 1621년(광해군 13) 조위한(趙緯韓)이 지은 고전소설이다.
  창작동기에 대해서는 작자가 남원에 있을 때, 작품의 주인공 최척이 찾아와 자신의 기구한 운명 을 말하며, 그 사실이 없어지지 않도록 전말을 기록하여 달라는 부탁을 받고 기술한다고 하여 가탁법(假托法)을 쓰고 있다. 이는 소설이 조선의 현실을 드러냄으로써 가해질 세상의 비난을 피하기 위한 방법이다.
  이 작품은 영웅 군담 소설임에도 불구하고 영웅의 무용담이나 활약상보다, 전쟁으로 인해 이별 한 가족의 재회과정을 중심으로 그리고 있다. 이러한 이별과 재회의 과정이 동아시아 국가들의 관계와 맞물려 전개되면서 당시의 현실과 민중들에게 가해진 운명 등을 사실적으로 그려냈다는 데 그 가치가 있다. 또한 주인공인 최척과 더불어 옥영 또한 적극적으로 운명을 개척해 나가는 인물로 형상화되는데 이는 이후 여성을 주인공으로 하는 여성영웅소설에 영향을 미치게 된다.
⑦ **줄거리** : 남원에 사는 최척이 정상사의 집으로 공부하러 다녔다. 어느 날, 옥영이 창틈으로 최척 을 엿보고 그에게 마음이 끌려 구애(求愛)의 시를 써서 보냈다. 최척은 춘생을 통해 옥영의 이 야기를 듣고 그녀를 사랑하게 되고, 옥영은 그들의 사랑을 반대하는 어머니를 설득하여 마침내 둘은 약혼을 하게 된다.
  결혼을 기다리던 중에 왜적의 침입을 막기 위해 남원 지역에 의병이 일어났고 최척도 여기에 참전하게 되었다. 혼인 날짜가 지나도록 최척이 돌아오지 않으므로 옥영의 어머니는 부자의 아 들인 양생을 사위로 맞으려 한다. 그러나 옥영은 최척이 돌아올 때를 기다려, 두 사람은 드디어 혼인을 하고 행복한 나날을 보낸다. 이 때 맏아들 몽석이 태어난다.
  정유재란으로 남원이 함락되면서, 옥영은 왜병의 포로가 되었고 최척은 흩어진 가족을 찾아 헤 매다가 명나라 장수 여유문과 형제의 의를 맺고 중국으로 건너가 살게 되었는데, 자신을 매부로 삼으려는 여유문의 요구를 단호하게 거절했다. 한편 일본에 잡혀간 옥영은 계속 남자로 행세하 면서 불심이 깊은 왜인을 만나 우여곡절 끝에 상선을 타고 다니면서 장삿일을 돕게 된다.
  여러 해가 지나 여유문이 죽자 최척은 항주의 친구 송우와 함께 상선을 타고 안남에 갔다가,

아내 옥영을 우연히 만나게 된다. 이들은 중국 항주에 정착하여 둘째 아들 몽선을 낳아 기르며 십수 년 간 행복한 생활을 누린다. 몽선이 장성하게 되자 홍도라는 중국 여인과 혼인을 시킨다. 홍도는 임진왜란 때 조선에 출전했다가 실종된 진위경의 딸이었다.

이듬해 호족이 침입하여 최척은 아내와 아들을 이별하고 명나라 군사로 출전하였다가 청군의 포로가 된다. 그는 포로수용소에서 명나라의 청병으로 강홍립을 따라 조선에서 출전했다가 역시 청군의 포로가 된 맏아들 몽석을 극적으로 만나게 된다. 부자는 함께 수용소를 탈출하여 고향으로 향한다. 한편 옥영은 주도면밀한 계획을 세워 몽선, 홍도와 더불어 천신만고 끝에 고국으로 돌아와 일가가 다시 해후하여 단란한 삶을 누리게 된다.

※ 소설 내에서 일본인은 상인으로 중국인은 해적으로 나타나는데, 당시 중국은 명과 청의 교체기로 불안한 정세였다. 이로 인해 소설 내에서도 이러한 시대상을 반영하여 인물들을 등장시키고 있다.

※ 군담 소설의 창작 배경
임진왜란과 병자호란으로 인해 상처받은 민중들의 자존심 회복의지와 지배층의 무능에 대한 비난이 결합하여, 영웅적 인물의 활약상을 통해 이민족에 대한 정신적인 승리를 구하게 되었다. 또한 이 과정에서 몰락한 양반 계층은 구질서를 회복하여 부활을 꿈꾸게 된다. 하지만 이 작품은 이러한 시대적 요구와 다르게 전란으로 인한 민중의 고통을 사실적으로 그렸다는 점에서 또 다른 의의가 있다.

※ 최척전의 우연적 사건
• 중국 항주의 친구와 상선을 타고 안남에 간 최척과, 왜병의 포로가 된 옥영이 안남에서 만남
• 명군으로 참전한 최적과 조선군으로 참전한 몽석이 청나라 포로가 되어 만남

※ 군담 소설의 갈래
• 역사 군담 : 실제 역사적 사건을 바탕으로 하며, 실제 인물을 등장시켜 역사적 사건을 재현한다. 실제 실패한 전쟁을 돌이켜 승리함으로써 민족적 자존심을 회복시켜 주었다.
• 창작 군담 : 허구적 인물과 사건을 통해 개인의 활약상을 주로 전개 한다. 이러한 유형은 전란으로 인한 민족 전체의 고통보다 몰락한 양반 계층의 신분 회복의지가 강하게 나타나는데, 고난과 영웅적 활약을 통해 성취하는 주인공을 통해 양난(兩難)이후 변화된 사회상에 적응할 수 없었던 몰락양반의 현실을 보여주기도 한다.

*옥영은 즉시~ : 옥영의 현명하고 치밀한 성격을 보여준다.

*지남석 : 나침반

*홍도 : 몽선의 처로 중국 여인이다. 당시의 관습으로 양반이 외국 여인과의 결혼하는 것은 매우 이례적인 일이다.

*아버님의 혼백 : 홍도는 조선에 출병한 명나라 장군의 딸이다.

*참으로 희한한 일이로다 : 실제 사건을 전하는 투로 말하는 가탁법(假托法).

6 기타 산문문학

(1) 한문 문장의 실제

① 溫達傳(온달전)

溫達 高句麗平原王時人也 容貌龍鍾可笑 中心則 睟然

(온달 고구려평원왕시인야 용모용종가소 중심즉 수연)

온달은 고구려 평원왕 때의 사람이다. 용모가 못생겨 우스꽝스러웠으나 마음은 순수하였다.

家甚貧 常乞食以養母 破衫弊履 往來於市井間 時人目之爲愚溫達

(가심빈 상걸식이양모 파삼폐리 왕래어시정간 시인목지위우온달)

집이 매우 가난하여 항상 밥을 빌어 어머니를 봉양하였다. 떨어진 옷과 헤진 신으로 거리를 왕래하니 그때 사람들이 그를 가르켜 '바보온달' 라고 불렀다.

平原王少女兒好啼 王戲曰 汝常啼眶我耳 長必不得爲士大夫妻 當歸之愚溫達 王每言之

(평원왕소여아호제 왕희왈 여상제괄아이 장필불득위사대부처 당귀지우온달 왕매언지)

평원왕의 딸이 울기를 잘하여, 평원왕이 희롱하여 말하기를·네가 울어 내 귀를 시끄럽게 하니, 커서는 반드시 사대부의 아내는 되지 못할 것이고, 마땅히 바보온달에게 시집보내야겠다고 하였다.

及女年二八 欲下嫁於 上部高氏 公主對曰 大王常語 汝必爲溫達之婦 今何故改前言乎

(급여년이팔 욕하가어 상부고씨 공주대왈 대왕상어 여필위온달지부 금하고개전언호)

딸이 16세가 되어 고씨에게 시집보내려 하자 공주가 맞서 말하기를 공주께서 늘 말씀하시기를, 너는 반드시 온달의 아내가 될 것이다 하셨는데, 지금 어찌 전언을 고치십니까?

匹夫猶不 欲食言 況至尊乎 故曰王者無戲言 今大王之命謬矣 妾不敢祗承

(필부유불 욕식언 황지존호 고왈왕자무희언 금대왕지명류의 첩불감지승)

필부도 오히려 실언을 하지 않거늘 하물며 지존이겠습니까? 그러므로 왕은 희롱의 말을 하지 않는다고 하였습니다. 지금 대왕의 명령은 잘못되었습니다.

王怒曰 汝不從我教 則固不得爲吾女也 安用同居 宜從汝所適矣

(왕노왈 여불종아교 즉고불득위오여야 안용동거 의종여소적의)

왕이 노하여 말하기를, 네가 나의 가르침을 따르지 않으니 진실로 내 딸이 될 수 없다. 어찌 함께 살 수 있으리오? 마땅히 네가 가고 싶은 데로 가라.

於是 公主以寶釧數十枚 繫肘後 出宮獨行 路遇一人 問溫達之家 乃行至其家

(어시 공주이보천수십매 계주후 출궁독행 노우일인 문온달지가 내행지기가)

이에 공주는 값비싼 가락지 수십 개를 팔꿈치에 매달고 궁을 나와 홀로 가다가, 길에서 한 사람을 만나 온달의 집을 물어서 그 집에 이르렀다.

見盲老母 近前拜 問其子所在 老母對曰 吾子貧且陋 非貴人之所可近 今聞子之臭 芬馥異常 接子之手 柔滑如綿 必天下之貴人也 因誰之佾以至於此乎 惟我息不忍饑 取楡皮於山林 久而未還

(견맹노모 근전배 문기자소재 노모대왈 오자빈차루 비귀인지소가근 금문자지취 분복이상 접자지
수 유활여면 필천하지귀인야 인수지주이지어차호 유아식불인기 취유피어산림 구이미환)

눈먼 노모를 보고 그 앞에 가까이 가서 절하고 그 아들이 있는 곳을 물으니, 노모는 대답하기를
내 아들은 가난하고도 누추하여 귀인이 가까이 할 바가 못 됩니다. 지금 그대의 냄새를 맡으니 향
기가 남다르고, 손을 만져보니 부드럽기가 마치 솜과 같습니다. 반드시 귀한 사람일 텐데 누구에게
속아서 이곳에 왔습니까? 내 아들은 배고픔을 참지 못해 느릅나무 껍질을 벗기러 간지 오래 되었는
데 아직 돌아오지 않았습니다.

公主出行 至山下 見溫達負楡皮而來 公主與之言懷 溫達悖然曰 此非幼女子所宜行 必非人也 狐鬼也
勿迫我也 遂行不顧

(공주출행 지산하 견온달부유피이래 공주여지언회 온달폐연왈 차비유여자소의행 필비인야 호귀야
물박아야 수행불고)

공주가 그를 찾아 산 밑에 이르렀을 때, 느릅나무 껍질을 지고 오는 온달을 만났다. 공주가 그에게
마음 속의 생각을 말하자, 온달은 발끈 성을 냈다. 이곳은 어린 여자가 다니는 곳이 아니니 너는
틀림없이 사람이 아니고 귀신일 것이다. 가까이 오지 말라

主獨歸 宿柴門下 明朝更入 與母子備言之

(공주독귀 숙시문하 명조갱입 여모자비언지)

溫達依違未決 其母曰 吾息至陋 不足爲貴人匹 吾家之寠 固不宜貴人居

(온달의위미결 기모왈 오식지루 불족위귀인필 오가지구 고불의귀인거)

공주는 혼자 뒤따라와서 사립문 밑에서 자고, 이튿날 아침에 다시 들어가서 온달과 온달의 어머니
에게 그간의 사정을 자세히 말했다. 온달을 머뭇거리며 결정을 내리지 못했으나, 어머니가 말렸다.
내 아들은 몹시 누추하여 귀한 분의 배필이 될 수 없으며, 우리 집은 몹시 가난하여 귀한 분이 거처
할 곳이 못 됩니다.

公主對曰 古人言 一斗粟猶可舂 一尺布猶可縫 則苟爲同心 何必富貴然後可共乎

(공주대왈 고인언 일두속유가용 일척포유가봉 즉구위동심 하필부귀연후가공호)

공주는 이렇게 말했다. 옛 사람의 말에 한 말의 곡식만 있어도 방아를 찧을 수 있고, 한 자의 베만
있어도 바느질을 할 수 있다고 했으니, 마음만 맞으면 되지 부귀한 뒤에라야 함께 살 수 있겠습니까?

乃賣金釧 買得田宅奴婢牛馬器物 資用完具

(내매금천 매득전택노비우마기물 자용완구)

공주는 금팔찌를 팔아서 밭과 집, 노비, 말과 소, 각종 그릇을 사들여 일상생활의 용구를 모두 갖추
었다.

初買馬 公主語溫達曰 愼勿買市人馬 須擇國馬病瘦而見放者 而侯換之 溫達如其言

(초매마 공주어온달왈 신물매시인마 수택국마병수이견방자 이후환지 온달여기언)

절대로 시정 사람이 파는 말은 사지 말고, 임금이 타던 말 가운데 병들고 여위어 내 버린 것을 가려
사 오십시오. 온달은 그 말대로 하였다.

公主養飼其勤 馬日肥且壯

(공주양사기근 마일비차장)

공주는 부지런히 말을 길렀으므로 말은 날로 살찌고 건강해졌다.

高句麗常以春三月三日 會獵樂浪之丘 以所獲猪鹿 祭天及山川神 至其日王出獵 君臣及五部兵士皆從

(고구려상이춘삼월삼일 회렵락랑지구 이소획저녹 제천급산천신 지기일왕출렵 군신급오부병사개종)

고구려에서는 항상 3월 3일이면 낙랑의 언덕에 모여 사냥을 하고, 그 날 잡은 멧돼지와 사슴으로 하늘과 산천의 신에게 제사 지냈다. 그 날이 되어 왕이 사냥하러 나가자, 여러 신하와 5부의 군사들이 모두 따라 나섰다.

於是 溫達以所養之馬隨行 其馳騁常在前 所獲亦多 他無若者 王召來問姓名 驚且異之

(어시 온달이소양지마수행 기치빙상재전 소획역다 타무약자 왕소래문성명 경차이지)

이때에 온달도 그 동안 기르던 말을 타고 따라갔다. 그는 항상 남보다 빨리 달렸고, 짐승도 많이 잡았으므로, 따를 자가 없었다. 왕이 그를 불러서 이름을 들어 알고 놀라며 특별히 칭찬을 하였다.

時後周武帝出師伐遼東 王領軍逆戰於拜山之野 溫達爲先鋒 疾鬪斬數十餘級 諸軍乘勝奮擊大克

(시후주무제출사벌요동 왕령군역전어배산지야 온달위선봉 질투참수십여급 제군승승분격대극)

그 때, 후주의 무제(武帝)가 군사를 일으켜 요동으로 쳐들어 왔으므로, 왕은 군사를 거느리고 배산(拜山) 들에서 맞아 싸웠다. 온달이 선봉이 되어 날쌔게 싸워 적군 수십 명을 베어 죽이니, 여러 군사들이 이 기세를 타고 분격(奮擊)하여 크게 이겼다.

及論功 無不以溫達爲第一 王嘉歎之日 是吾女壻也 備禮迎之 賜爵爲大兄 由此寵榮尤渥 威權日盛

(급논공 무불이온달위제일 왕가탄지왈 시오여서야 비례영지 사작위대형 유차총영우악 위권일성)

전쟁에서 세운 공을 논함에 모두 온달을 제일이라 했다. 왕은 가상히 여겨 감탄하여 말하기를, 이 사람은 내 사위다. 예를 갖추어 그를 맞아들이고 벼슬을 주어 대형(大兄)으로 삼았다. 이로부터 왕의 총애가 더욱 깊어지고 위엄과 권세가 날로 성하였다.

及陽岡王卽位 溫達奏日 惟新羅 割我漢北之地 爲郡縣 百姓痛恨 未嘗忘父母之國 願大王不以愚不 肖 授之以兵 一往必還吾地 王許焉

(급양강왕즉위 온달주왈 유신라 할아한북지지 위군현 백성통한 미상망부모지국 원대왕불이우불초수지이병 일왕필환오지 왕허언)

양강왕이 왕위에 오르자 온달이 아뢰기를, 신라가 우리 한강 북쪽 땅을 빼앗아 군현(郡縣)을 삼으니, 백성들이 원통하게 여기며 늘 부모의 나라를 잊지 않고 있습니다. 대왕께서 저를 못났다고 여기지 않으시고 군사를 내 주신다면, 한 번 나가 싸워서 반드시 우리의 땅을 되찾겠다고 하니, 왕이 이를 허락하였다.

臨行誓日 鷄立峴-竹嶺已西不歸於我 則不返也 遂行 與羅軍戰於阿旦城之下 爲流失所中 路而死

(임행서왈 계립현-죽령이서불귀어아 즉불반야 수행 여라군전어아단성지하 위류실소중 노이사)

떠날 때 온달은 맹세하기를, 계립현(鷄立峴)과 죽령(竹嶺)의 서쪽 땅을 되찾지 못한다면 돌아오지 않겠다고 하였다. 그런데 온달은 신라 군사와 아단성(峨旦城) 밑에서 싸우다가 신라군의 화살에 맞아 중도에서 죽었다.

欲葬 柩不肯動 公主來撫棺曰 死生決矣 於乎歸矣 遂擧而 大王聞之悲慟
(욕장 구불긍동 공주래무관왈 사생결의 어호귀의 수거이 대왕문지비통)

장사를 지내려 하니 영구가 움직이지 않았다. 공주가 와서 온달의 관을 어루만지며 말하였다. 죽고 사는 것은 이미 결정되었으니, 마음 놓고 돌아가소서. 그러자 드디어 관이 움직여 장사를 지낼 수 있었다. 대왕이 이 소식을 듣고 매우 슬퍼하였다.

 작품분석 

① 갈래 : 설화, 전(傳)
② 성격 : 영웅적, 전기적
③ 문체 : 번역체, 설화체
④ 주제 : 평강공주의 주체적 삶과 온달의 영웅적 활약
⑤ 작가 : 김부식
⑥ 해설 : 이 작품의 주제의식은 여성의 주체적인 삶이다. 여기에서 온달의 영웅적 활약과 아버지의 사후 인정으로 실현된다는 점에서 일정 부분 한계를 지니지만, 기존 질서에 대한 저항과 근대적 민중의식을 바탕으로 하는 여성의 자각 등을 엿볼 수 있다.
　　또한 온달전은 신분상승형 설화이다. 고구려왕의 명령을 거부한 딸이 자신의 위치로 복귀하는 과정이나, 미천한 신분의 온달이 여인의 조력으로 신분을 상승해 나가는 과정을 그리는데, 이것은 민중과 귀족의 거리가 가까워지며 당시 사회 구성원들의 공동체 의식을 강화하게끔 하기도 한다.
　　이 작품은 실존했던 인물의 역사적 실화를 바탕으로 한다는 점에서 역사설화로 볼 수 있다.

※ 온달은 실존 인물로 이 작품은 역사설화이다.

※ 이 작품은 신분 상승 모티브를 바탕으로 하는데, 유사한 형태의 작품으로 「춘향전」을 들 수 있다. 이 작품이 남자의 영웅적 활약과 신분상이라는 점에서 「춘향전」과 다르다.

※ 이 작품은 왕의 명령에 이은 공주의 저항과 왕의 분노, 그리고 공주를 대리하는 온달의 성취 그리고 왕의 수용으로 이어지는 전개과정을 갖는다.

※ 공주의 출가에서 온달과의 혼인은 여성에게 주어진 시련과 극복의 과정이다.

*공주가 맞서 : 여성의 주체적 삶을 의미한다.
*공주는 이렇게~ : 여성의 가정 내의 역할과 생산력을 강조하는 표현으로 근대적 페미니즘 사고이다.
*절대로~ : 공주의 비범성
*이 때에 온달도~ : 온달의 영웅적 능력과 활약
*떠날 때 온달은~ : 불행한 사건을 암시
*장사를 지내려 하니~ : 전기성(傳奇性)

출제예상문제

 **객관식**

1 다음 작품의 압운으로 올바른 것은?

> 秋風惟苦吟(추풍유고음)
>
> 가을 바람에 괴로이 읊조리니
>
> 世路少知音(세로소지음)
>
> 세상 길에 나를 알아주는 줄 벗 하나 없는데
>
> 窓外三更雨(창외삼경우)
>
> 깊은 밤 창 밖엔 비만 내리는데
>
> 燈前萬里心(등전만리심)
>
> 등불 앞 내 마음 만리를 달리네.

① 雨, 音 　　　　　　　　② 雨, 心

③ 音, 雨, 心 　　　　　　④ 吟, 音, 心

ADVICE ≫ 이 작품의 吟, 音, 心,(ㅁ)이다. 보통 짝수구 맨 끝 글자가 압운이 되는 경우가 많으나 첫 구의 끝 글자가 포함되기도 한다.

2 다음 작품에 대한 설명으로 적절한 것은?

> 雨歇長堤草色多(우헐장제초색다)
>
> 送君南浦動悲歌(송군남포동비가)
>
> 大同江水何時盡(대동강수하시진)
>
> 別淚年年添綠波(별루년년첨록파)

ANSWER   1.④ 2.③

① 5언 절구이다.

② 압운은 多, 盡이다.

③ 주제는 이별의 정한이다.

④ 조선 초기 김시습의 작품이다.

ADVICE 》 7언 절구이며, 압운은 1, 3, 4구 끝 글자인 多, 歌, 波로 고려 중기 정지상의 작품이다.

※ 다음 작품을 읽고 물음에 답하시오. 【3~4】

昨過永明寺(작과영명사)
暫登浮碧樓(잠등부벽루)
城空月一片(성공월일편)
石老雲千秋(석로운천추)
麟馬去不返(인마거불반)
天孫何處遊(천손하처유)
長嘯倚風磴(장소의풍등)
山靑江自流(산청강자류)

3 이 작품의 주제와 관련된 한자성어를 고르시오.

① 맥수지탄(麥秀之嘆)　　② 학수고대(鶴首苦待)

③ 망양지탄(亡羊之歎)　　④ 절치부심(切齒腐心)

ADVICE 》 이 작품의 주제는 역사의 무상감이다

4 다음 소재 중 성격이 가장 이질적인 것은?

① 영명사(永明寺)　　② 부벽루(浮碧樓)

③ 천손(天孫)　　④ 청강(淸江)

ADVICE 》 청강(淸江)은 영원한 자연의 순환질서를 의미하지만, 나머지는 인간 역사와 관련된다.

ANSWER　3.①　4.④

5 다음에 설명하고 있는 작품은?

> • 우리나라 최초의 건국서사시이다.
> • 고려시대 문인인 이규보가 지었다.

① 단군신화 ② 동명왕편
③ 제왕운기 ④ 용비어천가

ADVICE >> ② 「동명왕편」은 고려 후기 문신인 이규보가 지은 고구려 건국서사시로, 우리나라 최초의 건국서사시이다.

6 다음 중 「금오신화」에 대한 설명으로 적절하지 않은 것은?

① 최초의 한글 소설집이다.
② 현재 총 5편이 수록되어 전한다.
③ 불교적 가치관과 유고적 가치관이 담겨있다.
④ 주로 불우한 인물을 주인공으로 한다.

ADVICE >> 「금오신화」는 최초의 한문 소설집이다.

7 다음 중 「금오신화」에 수록된 작품은?

① 「만복사저포기」 ② 「홍길동전」
③ 「허생전」 ④ 「구운몽」

ADVICE >> 고전 소설은 세밀한 묘사보다 설명 중심이며, 일반적으로 전기(傳奇)적 성격을 가진다.

8 다음의 설명에 가장 적절한 인물은?

> • 실학사상을 바탕으로 한다.
> • 고문을 따르지 않고 개성적인 문체로 글을 썼다.
> • 「연암집」, 「열하일기」 등의 저서가 있다.
> • 「허생전」, 「호질」, 「양반전」 등의 작품을 저술했다.

① 김만중   ② 김시습
③ 박지원   ④ 허균

ADVICE 》 박지원은 조선 후기 실학을 바탕으로 지배층의 허위와 무능을 폭로한 소설을 창작하였다.

9 다음 중 「금오신화」에 수록된 작품의 특징이 아닌 것은?

① 불우한 지식인이 주인공이다.
② 현실에서 뜻을 이루지 못한다.
③ 인물의 영웅적 활약상이 두드러진다.
④ 환상적인 사건이 등장한다.

ADVICE 》 주인공은 대체로 나약한 지식인(선비나 승려)이다.

10 양반전에 대한 설명으로 적절하지 않은 것은?

① 전형적 인물이 등장하는 일대기 소설이다.
② 조선 후기 변화하는 시대상을 반영한다.
③ 「연암집」에 수록되어 있다.
④ 지배층의 무능과 허위의식을 풍자한다.

ADVICE 》 박지원의 소설은 대체로 일대기적 구성이 아닌, 사건 중심 구성이다.

11 다음의 설명에 가장 적절한 작품은?

> - 임진왜란, 병자호란을 배경으로 하는 군담소설이다.
> - 뛰어난 영웅의 활약상이 없다.
> - 민중의 고난스런 삶이 사실적으로 그려져 있다.

① 「구운몽」   ② 「박씨전」

③ 「임경업전」   ④ 「최척전」

ADVICE 》 「최척전」은 임진 · 병자 양란 동안 민중들의 삶을 사실적으로 묘사하고 있다.

12 다음 중 「양반전」에서 군수가 작성한 두 문서의 내용이 올바르게 짝지어진 것은?

① 양반의 허례허식 – 횡포   ② 양반의 횡포 – 무능

③ 양반의 무위도식 – 허례허식   ④ 양반의 무능 – 무위도식

ADVICE 》 첫 번째 증서가 양반의 허례허식을 담고 있다면, 두 번째 증서는 양반의 횡포가 잘 나타난다.

13 다음 중 「운영전」에 등장하는 인물이 아닌 것은?

① 안평대군   ② 운영

③ 유영   ④ 장화

ADVICE 》 장화는 「장화홍련전」에 등장하는 주인공의 이름이다.

14 「운영전」의 특징으로 알맞지 않은 것은?

① 실제 인물이 등장한다.   ② 행복한 결말을 맞이한다.

③ 환몽 구조를 가지고 있다.   ④ 회상을 통해 사건을 전달한다.

ADVICE 》 「운영전」은 고전소설 중 유일한 비극이다.

15 다음 중 「운영전」과 「춘향전」의 공통점으로 알맞은 것은?

① 행복한 결말을 맞이한다.

② 자유연애사상을 가지고 있다.

③ 평민들의 신분 상승의 의지를 반영한다.

④ 환몽구조이다.

ADVICE >> 자유연애사상을 가지고 있다.

1 다음은 을지문덕의 여수장우중문시(與隋將于仲文詩)이다. 운자를 쓰시오.

> 神策究天文(신책구천문)
> 妙算窮地理(묘산궁지리)
> 戰勝功旣高(전승공기고)
> 知足願云止(지족원운지)

2 「온달전」의 주제를 간략하게 쓰시오.

3 우리나라 한시 중 대표적인 작품으로 정지상이 지은 이별시의 제목을 쓰시오.

4 한문학 중 산문의 세 가지 분류를 쓰시오.

5 다음에 설명하고 있는 작품을 쓰시오.

> 박지원의 한문소설로 양반의 허위의식과 유학자의 이중적인 도덕적 잣대를 풍자적으로 비판하는 작품이다.

Answer
1. 理(리), 止(지)
2. 여성의 주체적인 삶과 온달의 영웅적 활약상
3. 송인(送人)
4. 운문체, 의론체, 서사체
5. 호질

구비문학

CHAPTER 05

1 설화의 특징과 갈래

(1) 설화의 특징

① **서사성** : 일정한 이야기 구조를 가진 사건이 전개된다.

② **허구성** : 사실에 바탕을 두기도 하지만 말하는 사람의 의도에 따라 허구적 내용이 가미되어 새롭게 구성된다.

③ **교훈성** : 설화의 내용 및 등장인물을 통해 삶의 지혜를 깨닫고 교훈을 얻는다.

④ **민중성** : 한 나라의 민족적 사상과 민중의 생활을 담고 있다.

⑤ **흥미성** : 듣는 이로 하여금 재미를 느낄 수 있게 할 만한 소재와 내용으로 구성된다.

⑥ **구전성** : 입에서 입으로 구전된다.

⑦ **집단성** : 개인 작가에 의지하기 보다는 많은 사람들에 의해 집단적으로 창작, 변형된다.

(2) 설화의 갈래

구분	신화	전설	민담
전승자의 태도	신성함	진실함	흥미로움
시간 및 장소	태초의 신성한 장소	구체적 시간 및 장사	뚜렷한 시간, 장소 없음
증거물	포괄적	개별적	보편적
주인공과 그 행위	신적 존재의 초능력 발휘	비범한 인물의 비극적 결말	일상적 인물의 운명 개척
미적범주	숭고미	비장미	희극적, 낙천적
전승범위	민족적	지역적	세계적

(3) 주요 작품

① 조신몽

옛날, 신라 시대에 세규사란 절이 있어 그 절의 장원(莊園)이 명주 날리군에 있었다. 본사(本寺)에서는 중 조신을 그 절의 관리인으로 파견했다. 조신은 날리군의 그 장원에 와 있으면서 태수 김흔의 딸을 좋아하여 깊이 매혹되어 버렸다. 그는 누차 낙산사의 관음보살 앞에 나아가 그녀와의 결합을 남몰래 빌었다. 이러기를 수년 간, 그 사이 김흔의 딸은 이미 시집을 가 버리고 말았다. 조신은 관음보살 앞으로 갔다. 관음보살이 자기의 비원(悲願)을 성취시켜 주지 않음을 원망하여 그는 슬피 울었다. 날이 저물 무렵 그의 사념은 지칠 대로 지쳐 있었다. 그는 깜빡 풋잠이 들어 꿈을 꾸었다. 그 김씨 처녀가 반가운 얼굴로 문을 들어섰다. 함빡 웃으면서 조신에게 말했다.

"저는 대사님의 모습을 어렴풋이 알고부터는 마음 속 깊이 사모해 왔었지요. 잠시도 대사님을 잊은 적이 없었어요. 부모님의 명령에 따라 마지못해 시집을 갔었지만, 죽어서도 대사님과 한 무덤에 묻힐 반려가 되고 싶어 지금 이렇게 왔어요."

조신은 기뻐 어쩔 줄을 몰라 하고, 그녀와 함께 고향으로 돌아갔다.

그녀와 40여 년간 살면서 자녀 다섯을 두었다. 집은 단지 네 벽뿐인데 조식(粗食)도 제대로 할 수 없었다. 마침내 낙탁(落拓)하여 식구들을 데리고 사방으로 떠돌아다니며 얻어먹고 지냈다. 이같이 10년 동안 초야를 두루 헤매니 갈가리 찢어진 옷은 몸뚱이도 가리지 못했다. 때마침 명주 해현령(蟹縣嶺)을 지날 때 15세 된 큰 아이가 갑자기 굶어 죽으매 통곡하며 길가에 묻었다. 남은 제 식구를 이끌고 그들 내외는 욱곡현(지금의 우현)에 이르러 길가에 묘옥을 짓고 살았다. 그들 부부는 병들었으며 게다가 굶주려서 일어나지 못하였다. 10살 난 계집아이가 밥을 얻으러 다니다가 마을 개에게 물려 아프다고 소리 지르며 앞에 와서 눕자 부모도 목이 메어 눈물을 줄줄이 흘렸다. 부인이 눈물을 씻으며 갑자기 말했다.

"내가 처음 그대를 만났을 때는 얼굴도 아름답고 나이도 젊었으며 입은 옷도 깨끗했었습니다. 한 가지 맛있는 음식도 그대와 나누어 먹었고 옷 한 가지도 그대와 나누어 입어 집을 나온 지 50년 동안 정은 깊어졌고, 사랑도 굳게 얽혔으니 참으로 두터운 인연이라 하겠습니다. 그러나 근년에 와서는 몸이 쇠약하여 병이 해가 갈수록 깊어지고 굶주림과 추위가 날로 더욱 심해지니 남의 집 곁방살이나 변변찮은 음식조차도 빌어 얻을 수가 없게 되었으며 문전마다 걸식하는 부끄러움은 산더미보다 무겁습니다. 아이들이 추위에 떨고 굶주려도 미처 돌봐 주지 못하는데 어느 틈에 부부의 정을 즐길 수가 있겠습니까? 붉은 얼굴과 어여쁜 웃음도 풀잎에 **이슬**이요, 지란(芝蘭) 같은 약속도 바람에 흔들리는 **버들가지**입니다. 당신은 내가 있어 더 누가 되고, 나는 당신이 있어 더욱 근심이 됩니다. 가만히 지난날의 기뻤던 일을 생각에 보니 그것이 바로 근심의 발단이었습니다. 그대와 내가 어찌해서 이런 지경에 이르렀습니까? 여러 마리의 새가 함께 굶어 죽는 것보다 차라리 짝 잃은 난새가 거울을 향하여 짝을 부르는 것만은 못할 것입니다. **추우면 버리고 더우면 따르는 것**은 인정에 차마 할 수 없는 일이지만 행하고 그치는 것은 사람 마음대로 할 수 없는 것이고 **헤어지고**

만나는 것도 운수가 따르는 것입니다. 청컨대 부디 헤어집시다."

조신이 이 말을 듣고 크게 기뻐하여 각각 아이 둘씩 나누어 떠나려 하면서 여자가 말하기를, "나는 고향으로 가겠으니 당신은 남쪽으로 가십시오." 했다. 그들은 사십여 년의 세월을 살았다. 그런데 자식만이 다섯이나 생겼을 뿐 집안은 휑뎅그렁하여 남은 것이라곤 없었다. 나물죽마저도 넉넉하지 못했다. 드디어 실의에 찬 몰골들로 잡고 끌고 하여 먹고 살기 위해 사방을 헤매 다녔다. 이렇게 십 년 간 초야를 두루 유랑했다. 너덜너덜 해어진 옷은 몸을 가리지 못했다. 명주 해현 고개를 지나다가 열다섯 살 난 큰 아이가 굶어 죽었다. 통곡을 하며 시체를 거두어 길에다 묻었다. 서로 잡았던 손을 마악 놓고 돌아서서 길을 나서려 할 때, 조신은 꿈에서 깨어났다. 희미한 등불은 으스름한 불그림자를 너울거리고, 밤은 이윽히 깊어가고 있는 참이었다. 이튿날 아침에 보니 **머리털이 하얗게 세어 있었다.** 조신은 멍청히 넋이 나간 듯, 인간 세상에의 뜻이라곤 전혀 없었다. 이미 인간의 그 고된 생애에의 염증이 느껴짐이 마치 실제로 백 년의 고생을 모조리 겪기라도 한 듯했다. 탐욕의 마음은 얼음이 녹아 버리듯 말끔히 가시었다. 조신은 관음보살의 성스러운 모습을 부끄러이 우러르며 참회를 금하지 못했다. 해현으로 가서 꿈속에서 굶어 죽은 큰 아이를 묻었던 자리를 파 보았더니 **돌미륵**이 나왔다. 깨끗이 씻어서 그 부근의 절에다 봉안하고, 조신은 서울로 돌아가 절 관리의 임무를 벗었다. 그리고 사재(私財)를 들여서 **정토사**를 세우고 부지런히 선행을 쌓더니, 나중에는 그 종적을 알 수 없었다.

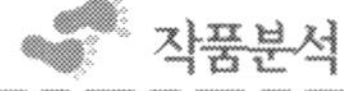 ## 작품분석 

① **작자** : 미상
② **종류** : 설화(사찰 연기 설화)
③ **성격** : 불교적
④ **주제** : 인생무상(人生無常). 세속적 욕망의 덧없음
⑤ **의의**
  - 환몽구조를 가지는 몽자류 소설의 근원이 되었다.
  - 김만중의 '구운몽'과 이광수의 '꿈'에 영향을 주었다.
  - 꿈을 통해 비현실적 세계를 서술하고 있다.
⑥ **출전** : 「삼국유사」
⑦ **해설** : 인생의 욕망과 어리석은 집착은 한 순간의 꿈이라는 불교적 깨달음을 '현실 → 꿈 → 현실'이라는 환몽의 형식으로 보여 준 전기(傳奇)이다. 꿈을 소재로 한 최초의 소설이며, 일관된 주제와 잘 짜인 구성 등을 근거로 하여 단편소설로 봐야 한다는 견해도 있다.

※ **김흔의 딸** : 세속적 욕망으로 갈등의 근본적 원인이다.

※ **꿈** : 세속적 욕망의 일시적 해소 공간, 환몽구조임을 보여준다.

② 화왕계

붉은 얼굴에 옥 같은 이와 신선하고 탐스러운 감색 나들이옷을 입고 아장거리는 무희(舞姬)처럼 얌전하게 **화왕**에게 아뢰었다.

"이 몸은 백설의 모래사장을 밟고, 거울같이 맑은 바다를 바라보며 자라났습니다. 봄비가 내릴 때는 목욕하여 몸의 먼지를 씻었고, 상쾌하고 맑은 바람 속에 유유자적하면서 지냈습니다. 이름은 장미라 합니다. 임금님의 높으신 덕을 듣고, 꽃다운 침소에 그윽한 향기를 더하여 모시고자 찾아왔습니다. 임금님께서 이 몸을 받아 주실는지요?"

이 때 **베옷**을 입고, 허리에는 가죽띠를 두르고, 손에는 지팡이, 머리는 흰 백발을 한 장부 하나가 둔중한 걸음으로 나와 공손히 허리를 굽히며 말했다.

"이 몸은 서울 밖 한길 옆에 사는 **백두옹**(白頭翁)입니다. 아래로는 창망한 들판을 내려다보고, 위로는 우뚝 솟은 산 경치에 의지하고 있습니다. 가만히 보옵건대, 좌우에서 보살피는 신하는 고량(膏粱)과 향기로운 차와 술로 수라상을 받들어 임금님의 식성을 흡족하게 하고, 정신을 맑게 해 드리고 있사옵니다. 또 고리짝에 저장해 둔 양약(良藥)으로 임금님의 기운을 돕고, **금석**(金石)**의 극약**(劇藥)으로써 임금님의 몸에 있는 독을 제거해 줄 것입니다. 그래서 이르기를, '비록 사마(絲麻)가 있어도 군자 된 자는 **관괴**(管蒯)라고 해서 버리는 일이 없고, **부족에 대비하지 않음이 없다.**'고 하였습니다. 임금님께서도 이러한 뜻을 가지고 계신지 모르겠습니다."

한 신하가 화왕께 아뢰었다.

"두 사람이 왔는데, 임금님께서는 누구를 취하고 누구를 버리시겠습니까?"

화왕께서는 이렇게 대답하였다.

"장부의 말도 도리가 있기는 하나, 그러나 가인을 얻기 어려우니 이를 어찌할꼬?"

그러자 장부가 앞으로 나와 말하였다.

"제가 온 것은 임금님의 총명이 모든 사리를 잘 판단한다고 들었기 때문입니다. 그러나 지금 뵈오니 그렇지 않으십니다. 무릇 임금 된 자로서 간사하고 아첨하는 자를 가까이 하지 않고, 정직한 자를 멀리하지 않는 이는 드뭅니다. 그래서 맹자(孟子)는 불우한 가운데 일생을 마쳤고, **풍당**은 낭관(郎官)으로 파묻혀 머리가 백발이 되었습니다. 예로부터 이러하오니 저인들 어찌하겠습니까?"

화왕은 마침내 다음의 말을 되풀이하였다.

"내가 잘못했다. 잘못했다."

① 연대 : 신라 신문왕
② 갈래 : 설화
③ 성격 : 우화적, 의인체 설화
④ 문체 : 역어체, 설화체
⑤ 주제 : 올바른 인재등용에 대한 경계
⑥ 의의
 • 우리나라 최초의 창작 설화
 • 고려시대 가전체에 영향을 끼침
⑦ 작자 : 설총(신라 신문왕 때의 학자로 원효 대사의 아들)
⑧ 해설 : '화왕계'는 신기한 이야기를 하라는 신문왕의 명을 받고 설총이 들려 준 이야기로, 우리
 나라 최초의 창작 설화이다. 화왕(모란)이 아첨하는 미인(장미)과 충간(忠諫)하기 위하여 베옷
 에 가죽 띠를 두른 차림으로 찾아온 백두옹(할미꽃) 두 사람을 두고 누구를 택할까 망설이는
 것을 보고 백두옹이 화왕에게 간언(諫言)하였다는 내용이다. 역사적 교훈을 꽃에 비겨서 상기시
 키는 의인 설화로서 고려시대 가전체에 영향을 미친다.

*화왕 : 모란

*베옷 : 벼슬하지 않은 선비

*백두옹 : 할미꽃

*금석(金石)의 극약(劇藥) : 임금의 실정을 지적하는 신하의 충간(忠諫)

*관괴(菅蒯) : 띠풀

*부족에 대비하지 않음이 없다. : 유비무환, 간언하는 어진 신하가 필요하다.

*풍당 : 한나라 때의 신하

*우화 : 사물을 의인화하여 교훈을 전달하거나, 인간 세상을 풍자하는 형식

2 민요의 특징과 갈래

(1) 민요의 특징

① 민요는 민중들 사이에서 저절로 생겨나서 전해지는 노래로 구전(口傳)된다.

② 민요는 원래 특정 지역에서, 일정한 생활상의 기능과 더불어 전승되다가 조선 후기부터 전문적
 가창꾼에 의해 널리 전파되고, 고정된 의미와 기능에서 벗어나 노래 자체로 기능하게 되었다.

③ 조선 후기에는 평민중심의 문화가 크게 발전하면서 다양한 갈래의 민속극의 발전과 더불어 민요 또한
 적극적으로 변모하게 되며, 구한말과 일제강점기를 거치며 폭넓게 창작된다.

(2) 민요의 종류

① 노동요(勞動謠)

　　㉠ 우리나라 민요 가운데 가장 널리 분포되어 있는 것으로, 일을 하면서 노래하는 노동요다.

　　㉡ 일하는 환경이나 일하는 방법 등에 따라 다양하게 구성된다.

　　㉢ 예 : '모 심는 소리', '김매는 소리', '노 젓는 소리' 등

② 유희요(遊戲謠)

　　㉠ 놀이의 흥취를 돋우기 위해 부르는 노래이다.

　　㉡ 예 : '강강술래소리' 등

　　③ 의식요(儀式謠)

　　㉠ 세시풍속 의례와 같은 집단의식이나 장례 등 통과의례에 맞춰 부르는 노래이다.

　　㉡ 예 : '상여소리', '달구소리'

(3) 주요 작품

① 시집살이요

형님 온다 형님 온다 보고저즌 형님 온다.

형님 마중 누가 갈까 형님 동생 내가 가지.

형님 형님 사촌 형님 시집살이 어뗍데까?

이애 이애 그 말 마라 **시집살이 개집살이**.

앞밭에는 당추 심고 뒷밭에는 고추 심어,

고추 당추 맵다 해도 시집살이 더 맵더라.

둥글둥글 수박 식기(食器) 밥 담기도 어렵더라.

도리도리 도리 소반(小盤) 수저 놓기 더 어렵더라.

오 리(五里) 물을 길어다가 십 리(十里) 방아 찧어다가,

아홉 솥에 불을 때고 열두 방에 자리 걷고,

외나무 다리 어렵대야 시아버니같이 어려우랴?

나뭇잎이 푸르대야 시어머니보다 더 푸르랴?

시아버니 호랑새요 시어머니 꾸중새요,

동세 하나 **할림새요** 시누 하나 **뾰족새**요,

시아지비 **뾰중새**요 남편 하나 미련새요,

자식 하난 우는 새요 나 하나만 썩는 샐세.

귀먹어서 삼년이요 눈 어두워 삼년이요

말 못해서 삼년이요 석 삼년을 살고 나니,

배꽃 같던 요내 얼굴 호박꽃이 다 되었네.
삼단 같던 요내 머리 **비사리**춤이 다 되었네.
백옥 같던 요내 손길 오리발이 다 되었네.
열새 무명 반물치마 눈물 씻기 다 젖었네.
두 폭 붙이 행주치마 콧물 받기 다 젖었네.
울었던가 말았던가 베개 머리 **소**(沼) 이겼네.
그것도 소(沼)이라고 **거위 한 쌍 오리 한 쌍**
쌍쌍이 때 들어오네.

 작품분석 

① **시대** : 미상, 경상북도 경산(慶山) 일대
② **갈래** : 민요, 부요(婦謠)
③ **표현** : 대화체 구성, 대구와 대조, 반복과 열거, 언어유희
④ **제재** : 시집살이
⑤ **운율** : 4·4조, 4음보 연속체
⑥ **주제** : 시집살이의 한(恨)과 체념
⑦ **작가** : 미상
⑧ **의의**
　• 전근대 사회 여성의 한(恨)을 절실하게 표현한 전형적 부요(婦謠)
　• 다양하고 적절한 언어 표현
⑨ **작품 감상의 초점** : 사촌 자매간의 대화 형태로 되어 있는 이 노래의 핵심은 전근대적 시집살이의 어려움이다. 옛 여성들의 모습이 소박하고도 간결한 언어로 압축되어 있다. 시아버지 앞의 어려움을 외나무다리 건너는 일에, 시어머니의 서슬 퍼런 모습을 나뭇잎에 견주는 구절은 특히 선명한 시적 형성력을 보여 준다. 길쌈하는 일은 단조로운 동작으로 오래 계속하는 것이기 때문에 이 작품처럼 길이가 길면서 여성들 자신의 생활 체험을 담은 노래들이 많이 불리었다. 비록 괴로움이 많은 생활일지라도 그것을 가슴 속에 쌓아 두기만 하기보다는 이와 같은 노래를 통해 공통의 체험으로 나누고 깊은 공감의 영역을 마련하는 데서 민요의 진솔함과 슬기를 엿볼 수 있다.

※ 부요와 내방가사 : 부요가 주로 평민 여성의 구체적인 생활체험을 이야기 한다면, 내방가사는 주로 양반 여인들이 지는 삶의 고독과 한을 노래한다.

*시집살이 개집살이 : 음의 유사성을 이용한 언어유희

*할림새 : 남의 허물을 일러바치다

*뾰족새 : 성을 잘 내는 사람

*뾰중새 : 무뚝뚝해서 다가가기 힘든 사람

*비사리 : 싸리나무의 껍질, 매우 거칠다

*거위 한 쌍 오리 한 쌍 : 자식들, 혹은 남편과 자신

*소(沼) : 연못

② 아리랑타령

이씨의 사촌이 되지 말고
민씨의 팔촌이 되려무나.
아리랑 아리랑 아라리요
아리랑 배 띄여라 노다 가세.

남산 밑에다 장춘단을 짓고
군악대 장단에 받들어총만 한다.
아리랑 아리랑 아라리요
아리랑 배 띄여라 노다 가세.

아리랑 고개다 정거장 짓고
전기차 오기만 기다린다.
아리랑 아리랑 아라리요
아리랑 배 띄여라 노다 가세.

문전의 옥토는 어찌 되고
쪽박의 신세가 웬 말인가.
아리랑 아리랑 아라리요
아리랑 배 띄여라 노다 가세.

밭은 헐려서 신작로 되고
집은 헐려서 정거장 되네
아리랑 아리랑 아라리요
아리랑 배 띄여라 노다 가세.

작품분석

① **갈래** : 서정민요, 구전민요, 선후창요
② **운율** : 3음보
③ **성격** : 풍자적, 비판적
④ **표현** : 대구법, 대유법
⑤ **구성** : 전 4연의 분절체, 각 연 후렴구로 마무리
⑥ **주제** : 세도정치와, 민생과 유리된 근대화 비판
⑦ **해설** : 이전 시대의 민요는 개인적인 정서나, 농경 사회에서의 공동체적 화합을 목적으로 불렀지만, 조선 후기 민중의식의 각성으로 인해 적극적으로 자신들의 생각을 드러내는 데 기여하게 된다. 이러한 발전은 민중들의 피폐해진 삶의 원인이 사회적임을 인식하고 적극적인 저항이나 비판을 담은 민요를 창작하는 바탕이 되어 다양한 내용의 민요를 출현하게 하였다. 이 작품의 시대적 배경은 구한말 민씨의 세도정치와 근대화이다. 그러나 그 근대화의 이면에는 일제의 수탈이 내재되어 있고, 결국 외세로 인해 민중의 삶이 파괴되어 가는 과정을 그리고 있다.

※ 이 작품의 후렴구와 본사의 내용은 연관성이 없다. 이는 구전되어 적층되는 과정에서 나타나는 특징으로 기존의 틀에서 자유롭게 가사를 붙이는 민요의 기본적인 성격이다.

3 무가의 특징과 주요 서사무가

(1) 무가의 특징

① **주술성** : 굿을 통해 인간의 능력을 뛰어넘는 초자연적인 힘을 빌려 길흉화복을 점치는 것으로 무가의 본질적 특징이다.

② **신성성** : 무가는 무당이 신을 향해 부르는 노래로, 이를 듣고 신이 무당에게 신비로운 힘을 주어 공수를 내리는 것으로 신성성을 가진다.

③ **오락성** : 무의는 대중에게 하나의 구경거리로 흥미와 호기심을 자아낸다.

④ **전승의 제한성** : 부르는 사람(무당)과 장소(의례)가 매우 제한적이다.

⑤ **율문성** : 3 · 4 조 4 · 4 조로 율문이 정확하고, 4음보격의 율문으로 되어 있다.

(2) 무가의 종류

① **서정무가** : 서정성이 짙게 나타나는 무가

② **서사무가** : 서사적 구조를 가진 무가
  ㉠ 특정한 주인공이 있고 일련의 사건을 갖추고 있을 것이 요구된다.
  ㉡ 대개 무속신의 내력을 이야기하므로 무속신의 신화라고 할 수 있다.

③ **희곡무가** : 특정대목의 사설을 연극처럼 전개

④ **교술무가** : 서정, 서사, 희곡무가를 제외한 단편적인 무가
  ㉠ 규모가 작고, 설명, 묘사 등을 주로 한다.
  ㉡ 청배(신을 부름)하는 내용으로 신격의 호칭, 제장과 제일, 노정기 등이 포함된다.
  ㉢ 무의를 베풀게 된 연유와 축원
  ㉣ 공수 : 신이 무당을 통해 인간에게 자신의 의사를 전달하는 것

(3) 주요 작품

① 세경 본풀이

웃녁힌 김진국이 살고	윗녘에는 김진국이 살고
알녁힌 조진국이 살고	아랫녘에는 조진국이 살고
열다슷 시오세에	열다섯 십오 세에
천상배필 무으로	천상배필을 삼고
근삼십이 건당ᄒ여도	근 삼십 가까이 되도록
일신 서리 웃어	일신에 자식이 없어
기는 종도 아옵	기는 종도 아홉
나는 종도 아옵	나는 종도 아홉
고대광실 높은 집에	고대광실 높은 집에
남산북답 싸인 밧에	남산북답 쌓인 밭에
유기제물도 ᄀ득ᄒ고	유기 제물도 가득하고
곡속눌에 삼수제기 울란	곡식덤불에 환삼덩굴 올라서
하근게 하서도	모든 게 많아도
서리가 웃언	자식이 없어
호호 근심 ᄒ는구나	근심 하는 구나.
ᄒ를날은 김진국이	하루는 김진국이
서천고장밧다 들어가고	서천 꽃밭에 들어가
고장 귀경을 가고 보난	꽃구경을 가고 보니
가막새도 알을 치고	까마귀도 알을 낳고
반대목에 송애나고	나무 등걸에도 새싹이 나고
구시월에 털어진	구시월에 떨어진
만물 푸싶새가	모든 풀잎이
이삼월에 프릿프릿	이삼월에 파릇파릇
회수가 나고	다시 새싹이 나고
가막새가 알을 지연	까마귀가 알을 까서
개버레를 주워단 주난	작은 벌레를 주니
아울아울 맡안 먹언	오물오물 받아먹어
고장귀경을 ᄆ찬	꽃구경을 마치고
김진국이 돌아오는듸	김진국이 돌아오는데
오단 보난	오다 보니
비스리초막이 **걸바시가**	허름한 초막에 거지가

앉아두서　　　　　　　　　　　　　앉아서
아흐새끼 흐나 놓안　　　　　　　어린 아이 하나 낳고
놀리멍　　　　　　　　　　　　　　놀리면서
조반 진지 굶고　　　　　　　　　아침밥도 굶고
해가 지여가도　　　　　　　　　　해가 지어도
배 고픈 중을 몰라지고　　　　　배고픈 줄도 모르고
해지는 중을 몰라온다.　　　　　해지는 줄도 모른다. (하략)

 작품분석 

① 갈래 : 무가
② 운율 : 4음보
③ 성격 : 신화적
④ 주제 : 자청비의 고난과 극복
⑤ 인물
　• 자청비 : 김진국과 조진국의 딸로 고난을 극복하고 생산과 양육의 여신이 된다. (중세경)
　• 문도령 : 태양신으로 남성신을 상징한다. (상세경)
　• 정수남 : 자청비 집안의 머슴으로 갈등하는 인물이지만, 자청비가 환생시켜 목축의 신이 된다.
　　(하세경)
⑥ 해설 : 세경 본풀이는 제주도 지방에서 전래되는 무가이다. 지상의 자청비와 천상의 문 도령이
　우여곡절 끝에 부부가 되어 세경이라는 농경신(農耕神)이 된다는 내용이다. 이 무가에는 천상과
　지상의 결합요소, 여성의 시련과 극복 모티브, 그리고 농경신과 목축신의 이야기가 담겨 있다.
　남성 중심적 사고가 지배하는 이야기 구조이지만, 제주도 여인의 강인함과 생명성을 엿볼 수
　있는 무가이다.
⑦ 줄거리 : 옛날 김진국 대감과 조진국 부인이 불공을 드려 딸을 얻었는데, 자청하여 낳은 자식이
　라 하여 ‘자청비'라 했다. 자청비는 빨래하러 갔다가 옥황 문곡성의 아들 문 도령을 만난다. 자청
　비는 남장을 하고 문 도령과 함께 서당에 가 한 방에 거처하며 공부를 한다. 3년 뒤 옥황의 명령
　으로 문 도령이 서수왕 아기와 혼인을 하기 위해 하늘로 돌아가게 되자, 자청비는 자신이 여자
　인 것을 고백하고 문 도령과 혼인을 약속한다. 자청비는 약속한 기한이 지나도 돌아오지 않는
　문 도령을 기다리다 자청비를 사모하던 하인 정수남의 꾐에 빠져 욕을 당할 위기에 처한다. 기
　지를 써서 정수남을 죽이지만 이 때문에 집에서 쫓겨난다. 자청비는 기지를 써서 서천꽃밭 황세
　공간의 사위가 되고 죽은 사람을 살리는 꽃으로 정수남을 되살려 집으로 돌아온다. 그러나 집안
　망칠 여자라고 다시 쫓겨나 베를 짜는 주모 할미의 수양딸이 된다. 마침 주모 할미가 문 도령이
　서수왕 아기에게 장가갈 때 입을 옷을 만드는 일을 계기로 문 도령이 자청비를 찾아오지만, 오
　해로 인해 문 도령과 헤어지고 주모 할미에게서도 쫓겨난다. 자청비는 스님의 옷차림을 하고
　떠돌다 선녀들을 만나 하늘로 올라가 문 도령과 재회하게 된다. 문 도령의 어머니가 내 준, 불
　위에 칼날이 선 다리를 맨발로 건너는 시험을 통과한 뒤 문 도령과 혼인한다. 자청비는 자신이
　전에 약혼한 황세공간의 딸을 위해 문 도령을 그녀에게 장가들게 한다. 궁궐 안 사람들이 자청
　비를 납치하기 위해 문 도령을 죽이자 환생 꽃으로 살려낸다. 그리고 서천꽃밭 꽃으로 천자국의
　변란을 평정한다. 자청비는 천자국에서 오곡 씨를 받아 인간 세상으로 내려와 중세경이 된다.
　문 도령은 상세경이 되고, 정수남은 하세경이 된다.

※ 이 작품은 영웅 서사 구조로 「바리데기」와 이야기 구조가 유사하다.

4 판소리의 특징과 구성 요소

(1) 판소리의 발생

① 넓게 보아 민속극의 한 갈래이며, 1인 창자가 음악에 맞춰 노래와 몸짓을 통해 이야기를 전개하는 구비서사극이다. '판소리'는 '판'과 '소리'의 합성어지만, '판'의 의미는 '상황 · 장면'과 '여러 사람이 모인 곳'으로 보거나, 이와 다른 또 하나의 견해는 '판'을 '악조(樂調)'라는 의미로 보는 것이다.

② 송만재(宋晚載)의 「관우희(觀優戲)」와 정노식(鄭魯湜)의 「조선창극사(朝鮮唱劇史)」에 판소리 열두 마당이 전해진다. 「관우희」에는 「춘향가」·「심청가」·「흥보가」·「수궁가」·「적벽가」·「가루지기 타령(변강쇠타령)」·「배비장타령」·「장끼타령」·「옹고집타령」·「강릉매화타령」·「왈자타령」· 「가짜신선타령」이, 「조선창극사(朝鮮唱劇史)」에는 「관우희(觀優戲)」와 같되, 「왈자타령」을 「무 숙(武淑)이타령」이라 하였고 「가짜신선타령」 대신에 「숙영낭자전」을 들고 있다.

③ 판소리 열두마당은 조선 후기에 하나씩 사라져 조선 말기에 활동하던 명창을 마지막으로 「춘향가」· 「심청가」·「흥보가」·「수궁가」·「적벽가」 다섯 마당만 남고 나머지는 모두 전승이 끊어졌다.

④ 판소리 사설은 여러 근원설화들의 결합을 통해 하나로 통합하는 과정에서 탄생하였으며, 사설만 분리되어 고전소설로 개작되기도 하였다.

⑤ 판소리는 일반적인 민속극과 달리 19세기 이후 양반계층에 향유되면서 민중적 세계관과 의식이 다소 약화되었지만, 예술적 세련미가 더해졌다.

(2) 판소리의 특징

① **구비성** : 입에서 입으로 전해지는 구비 전승의 성격이 강하다.

② **현장성** : 관객을 앞에 두고 공연이 이루어진다.

③ **창작성** : 구연하는 사람에 따라 다양하게 변화한다.

④ **해학성 · 풍자성** : 현실을 해학과 풍자를 통해 비판한다.

(3) 판소리의 구성 요소

① 창 : 창자가 노래를 부르는 행위

② 발림(너름새) : 소리를 하면서 감정 표현을 극대화하기 곁들이는 몸짓.

③ 아니리 : 소리와 소리사이에 삽입하는 대화 또는 설명체의 말

④ 추임새 : 북을 치는 고수와 청중이 소리의 구절 끝에 '얼씨구', '좋다' 같은 조흥사(助興詞)와 감탄
사를 넣어주는 것

5 　민속극

(1) 민속극

① 민속극은 농경의례, 장례의식 등 각종 원시종교의식에서 시작되었다고 보는데, 그 기원에 관해서
는 농경의식설(農耕儀式說), 산대희설(山臺戲說), 기악설(伎樂說), 절충설(折衷說) 등이 있다.

② 유득공(柳得恭)은 「경도잡기(京都雜記)」에서 한국의 연극을 산희(山戲)와 야희(野戲)로 나누어
설명하였다. 산희는 사자, 호랑이, 만석(曼碩) 같은 것을 만들어 춤을 추는 것으로 지금의 꼭두각
시, 인형극이 여기에 속한다. 야희는 당녀(唐女)와 소매(小梅)로 각각 분장하고 춤을 추는 것으로
지금의 가면극이다.

③ 조선 후기 민속극은 상업의 발달로 인해 민중들의 문화적 욕구를 충족시켜주는 전문 집단에 의해
발전하게 되었다. 민속극은 민중의 언어와 삶이 생생히 드러나 있다. 해학과 넉살을 바탕으로
양반 계층을 비판하고 조롱하는 것은 조선 후기 서민의식의 성장을 바탕으로 하고 있다.

④ 민속극은 놀이와 축제를 통해 계층 간 갈등을 중재하고 나아가 민중들의 욕구를 대리 실현시킴으
로써, 사회적 불만을 제거하는 기능을 하게 되었다.

⑤ 민속극의 갈래는 탈춤, 가면극, 판소리에서 넓게 보아 농악, 굿, 난장 등을 모두 포함한다. 주요
작품으로 양주 별산대놀이, 봉산탈춤, 통영 오광대 꼭두각시놀음, 만석중놀이 등이 전해지고 있다.

(2) 민속극과 서양극의 비교

구분	민속극	무대극
무대	없다.	있다.
관중의 참여	가능	불가능
배경	현실과 극중 배경이 일치	불일치
인물	1인 다역이며, 장마다 역할이 다르다	대체로 1인 1역
전개	우연적, 독립적	필연적, 유기적

6　속담의 특징과 유형

(1) 속담의 특징

① **표현의 간결성** : 속담은 그 형식이 단순하고 표현이 간결하다.

② **비유적 표현** : 하나의 비유적 표현을 통해 보편적 관념을 구현한다.

③ **관용적 표현** : 다른 문장성분들을 보충해야 하는 관용어와 달리 속담 그 자체로 상황을 함축하여 관용적으로 표현할 수 있다.

④ **사회성** : 구비문학적 특징의 하나로 공동에 의해 창작되고 유지된다.

⑤ **변화성** : 입에서 입으로 전해지면서 생성되고 변화하며 사멸되기도 한다.

⑥ **도덕성·교훈성** : 속담에는 민중의 경험과 철학이 담겨 있어 가르침이 된다.

⑦ **향토적·통속적** : 속담은 지방에 따라 그 성향을 반영하기도 하며, 누구나 쉽게 이해할 수 있는 통속적 표현이 많다.

(2) 속담의 유형

속담의 의미구조는 주로 좌우대칭을 이루는 2단 구조를 보인다. 의미구조가 나타나는 양상에 따라 구분하면 대표적으로 다음과 같은 유형으로 나눌 수 있다.

① A+zero형 : 간단한 단어나 구절, 단문형

　　예 중의 빗, 그림의 떡, 개 고양이 보듯

② A+B형 : 문맥 속에서 의미를 구현

　　예 옷은 새 옷이 좋고 사람은 옛 사람이 좋다.
　　　윗물이 맑아야 아랫물이 맑다.

③ A+A형 : 의미의 중요성면에서 대동소이

　　예 귀에 걸면 귀걸이 코에 걸면 코걸이

④ A'+A형 : A에 역점(도치 시 의미 반감)

　　예 자식 추기 반미친놈 계집 추기 온미친놈

7　수수께끼의 특징과 유형

(1) 수수께끼의 특징

① 쌍방성 : 수수께끼는 주고받는 것으로 화자와 청자가 함께 참여한다.

② 표현의 간결성 : 묘사가 극히 단순하고 간결하다.

③ 비유성 : 속담이 비유적 표현을 통해 특수한 것을 일반화한다면, 수수께끼는 일반적인 것을 특수화한다.

④ 고의적 오도성(誤導性) : 화자는 청자가 수수께끼의 답을 쉽게 알 수 없도록 의도적으로 애매한 용어들을 사용한다.

⑤ 오락성 : 구연에 참여하는 화자와 청자에게 즐거움을 준다.

(2) 수수께끼의 유형

① 단문형(單文型)

　　예 엉덩이에 뿔 난 것은? (솥뚜껑)

② 혼문형(混文型)

　　예 눈을 감으면 보이고 눈을 뜨면 안 보이는 것은? (꿈)

③ 설화형(說話型)

　　예 향기 없는 모란꽃은? (선덕여왕)

출제예상문제

객관식

1 다음 중 설화의 특징이 아닌 것은?

① 서사성　　　　　　　　　② 허구성
③ 특수성　　　　　　　　　④ 구전성

ADVICE 》 **설화의 특징**
　㉠ **서사성**: 일정한 이야기 구조를 가진 사건이 전개된다.
　㉡ **허구성**: 사실에 바탕을 두기도 하지만 말하는 사람의 의도에 따라 허구적 내용이 가미되어 새롭게 구성된다.
　㉢ **교훈성**: 설화의 내용 및 등장인물을 통해 삶의 지혜를 깨닫고 교훈을 얻는다.
　㉣ **민중성**: 한 나라의 민족적 사상과 민중의 생활을 담고 있다.
　㉤ **흥미성**: 듣는 이로 하여금 재미를 느낄 수 있게 할 만한 소재와 내용으로 구성된다.
　㉥ **구전성**: 입에서 입으로 구전된다.
　㉦ **집단성**: 개인 작가에 의지하기 보다는 많은 사람들에 의해 집단적으로 창작, 변형된다.

2 다음에 설명하고 있는 것은 무엇인가?

> 민족의 노래로 향토적 색깔을 담고 있다. 입에서 입으로 구비전승되며 민중들의 생활 속에서 발달하였다.

① 향가　　　　　　　　　② 민요
③ 시조　　　　　　　　　④ 잡가

ADVICE 》 제시문은 민요에 대한 설명이다.

ANSWER　1.③　2.②

3 다음 중 무가의 특징으로 볼 수 없는 것은?

① 신성성   ② 주술성

③ 전승의 개방성   ④ 오락성

ADVICE ≫ ③ 무가는 부르는 사람(무당)과 장소(의례)가 매우 제한적이다.

4 다음 중 「화왕계」의 성격을 가장 잘 나타낸 것은?

① 영웅문학   ② 우화문학

③ 서민문학   ④ 규방문학

ADVICE ≫ 「화왕계」는 꽃을 의인화하여 인간사를 풍자하고 교훈을 주려는 우화문학의 효시이며 최초의 창작설화이다.

5 다음은 「조신몽」에 대한 설명이다. 적절한 것을 고르시오.

> ㉠ 불교적 인생관을 담고 있다.
> ㉡ 왕족을 주인공으로 귀족적 삶을 묘사한다.
> ㉢ 작가가 알려진 최초의 설화이다.
> ㉣ 몽유록계 문학의 효시이다.

① ㉠㉡   ② ㉡㉢

③ ㉠㉣   ④ ㉡㉣

ADVICE ≫ 불교적 공사상을 주제로 하며, 환몽구조를 가진 설화로 후기 몽유록계 소설 창작에 영향을 미쳤다.

6 다음 중 「조신몽」의 주제와 관련된 한자성어는?

① 어부지리

② 일장춘몽

③ 오비이락   ④ 맥수지탄

ADVICE >> 「조신몽」은 인생무상을 주제로 하는 설화로 일장춘몽(一場春夢), 남가일몽(南柯一夢) 등의 한
자성어와 관련되어 있다.

7 다음 중 노동요로 볼 수 없는 것은?

① 모 심는 소리

② 김매는 소리

③ 노 젓는 소리

④ 강강술래 소리

ADVICE >> 노동요는 일을 하면서 부르는 노래이다.
④ 강강술래 소리는 놀이의 흥취를 돋우기 위해 부르는 유희요이다.

8 조선 후기 민요의 특징으로 알맞은 것은?

① 집단서사 중심으로 발전하였다.

② 운율이 파괴되고 길이가 증가하였다.

③ 사회적 현실을 바탕으로 창작된 작품이 많다.

④ 개인이 창작하여 기록된 문학이다.

ADVICE >> 조선 후기 민요는 민중의식의 각성으로 인해 현실 풍자와 비판의식이 담긴 작품이 다수 창작
되었다.

9 다음 중 무가에 대한 설명으로 적절하지 않은 것은?

① 지역적 특성을 가지며 구전된다.

② 신화적 요소를 바탕으로 한다.

③ 대체적으로 영웅담이 개입되어 있다.

④ 교훈 전달의 주제의식을 가지고 있다.

ADVICE 》 ④ 무가는 교훈성보다 신성성을 주제로 한다.

10 판소리에 대한 설명으로 옳지 않은 것은?

① 평민은 물론 양반도 향유하였다.

② 조선 전기에 형성되었다.

③ 구비문학의 성격을 가진다.

④ 판소리계 소설에 영향을 주었다.

ADVICE 》 ② 판소리는 조선 후기에 형성되어 널리 유행하였다.

11 봉산탈춤과 같은 민속극에서 주로 추구하는 아름다움은?

① 자연미

② 비장미

③ 숭고미

④ 해학미

ADVICE 》 ④ 봉산탈춤과 같은 민속극에서는 해학과 풍자를 통한 사회 비판을 추구한다.

12 다음 중 그 의미가 가장 다른 속담은?

① 돼지에 진주

② 개 발에 편자

③ 개 귀에 방울

④ 삼밭에 쑥대

ADVICE >> ①②③은 모두 격에 맞지 않음을 의미하는 속담이다.

④ 쑥이 삼밭에 섞여 자라면 삼대처럼 곧아진다는 뜻으로, 좋은 환경에서 자라면 좋은 영향을 받게 됨을 비유적으로 이르는 속담이다.

1   꽃에 인격을 부여하여 군왕의 올바른 도리를 풍자한 신라의 설화는?

2   설화의 세 가지 종류는 무엇인가?

3   「조신몽」의 문학사적 의의를 간단히 쓰시오.

4   판소리에서 가락을 붙이지 않고 이야기하듯이 내용을 엮어나가는 것을 무엇이라 하는가?

5   다음 빈칸에 들어갈 단어를 순서대로 쓰시오.

(   ) 놈의 몫은 있어도 (   ) 놈의 몫은 없다.

Answer
1. 화왕계
2. 신화, 전설, 민담
3. 환몽구조를 가진 몽자류 소설의 효시이다.
4. 아니리
5. 나간, 자는

한 권으로 단박에 합격하기 **독학사**

현대문학

01 현대문학의 이해

02 현대시

03 현대소설

04 현대수필

05 현대희곡

현대문학의 이해

1 현대문학의 범위

(1) 문학이란, 가치 있는 체험을 언어를 통해 표현한 예술의 한 갈래이다.

① 문학은 언어 예술이다.

② 문학은 개인의 가치 있는 경험을 함축적으로 표현한다.

③ 문학이 추구하는 세계는 허구(虛構)와 개연성(蓋然性)의 세계이다. 즉 현실에서 발생 가능한 사실성을 가진 이야기이다.

④ 문학의 작품은 모든 요소들이 유기적으로 결합된 구조물이다.

(2) 문학의 기원

① **모방 본능설(模倣本能說)** : 인간이 가진 모방의 본능 때문에 문학이 생겼다는 설로, 아리스토텔레스가 「시학」에서 주장하였다.

② **유희 본능설(遊戲本能設)** : 인간은 유희 본능을 가지고 있는데 여기에서 문학이 발생하였다는 설로, 칸트, 스펜서 등이 주장하였다.

③ **흡인 본능설(吸引本能設)** : 인간은 남의 관심을 끌고 싶어 하는 흡인 본능이 있고 여기서 문학이 발생하였다는 설로, 다윈 등의 진화론자 등이 주장하였다.

④ **자기표현 본능설(自己表現本能設)** : 자기를 표현하고 싶어 하는 인간의 본능에서 문학이 발생하였다는 설로, 허드슨가 주장하였다.

⑤ **발라드 댄스설(ballad dance)** : 문학은 음악, 무용, 문학이 미분화된 원시 종합 예술에서 분화, 발전하였다는 설로, 몰톤이 주장하였다.

(3) 문학의 기능

① **교시적 기능(敎示的機能)** : 문학은 독자들에게 교훈을 주고 인생의 진실을 보여 주어 삶의 의미를 깨닫게 한다는 입장이다. 이것은 문학의 공리적(公利的) 효용성을 중시한다. 공자, 아리스토텔레스가 주창하고, 고전주의 문학자, 계몽주의자들에 의해 계승되었다.

② **쾌락적 기능(快樂的機能)** : 문학은 독자에게 정신적 즐거움이나 미적 쾌감을 준다는 입장으로, 모든 예술의 직접적 목적은 쾌락이며, 쾌락은 정서적 자극을 통해 얻을 수 있다고 주장한다. 아리스토텔레스가 「시학(詩學)」에서 심리적 정화를 의미하는 '카타르시스'란 용어를 사용함에서 비롯되었다.

③ **종합적 기능(절충설)** : 문학은 쾌락을 통해 인생의 참된 의미를 가르쳐야 한다는 것으로, 문학의 쾌락적 기능을 수단으로 하여 교훈을 전달하고자 한다.

(4) 문학 감상의 관점

① **외재적 관점**

　㉠ **표현론(表現論)** : 문학을 작가의 체험과 사상의 반영물로 보아, 작가의 의도 사상 등을 통해 작품을 평가하려는 관점이다.

　　ⓐ 작가의 성장환경, 가계, 학력, 교우관계, 취미, 사상, 병력, 심리적 상태 등에 대해 전기적(傳記的)으로 연구한다.

　　ⓑ 작가가 표현하고자 의도한 것과 다르게 해석할 수 있다.

　㉡ **반영론(反映論)** : 문학은 현실의 모방 내지 반영이라는 관점으로, 작품에 나타난 현실과 실제의 현실이 맺고 있는 관련성에 주목하여 작품을 해석한다.

　　ⓐ 아리스토텔레스의 '모방론'에서 비롯되었다.

　　ⓑ 실제로 인간은 현실 세계에서 살아가고 있으므로, 작품은 인간의 현실적 삶을 내용으로 삼고 있다고 할 수 있다.

　㉢ **효용론(效容論)** : 향유하는 독자에 초점을 맞추어 독자의 역할을 부각시킴으로써, 독자가 받은 미적 쾌락이나 교훈 등을 바탕으로 평가하는 관점이다.

　　ⓐ 능동적 참여자로서의 독자의 역할을 강조하여 의미를 새롭게 해석 변화시킬 수 있다.

　　ⓑ 작품의 가치를 독자에게 어떤 효과를 어느 정도 주었느냐에 따라 평가하려는 관점이다.

　　ⓒ 독자의 감동이 무엇이며, 그것이 구체적으로 작품의 어떤 면에서 발생하는지를 검토한다.

　　ⓓ 독자가 문학 감상의 주체가 되며, 일반 독자들도 쉽게 할 수 있는 관점이다.

　　ⓔ 독자의 주관적 해석에 좌우되는 문제가 있다.

② **내재적 관점(절대주의적 관점)** : 작품의 내적 구조를 분석함으로써 문학 작품의 올바른 이해에 도달할 수 있으며, 문학을 감상하는 데는 언어 표현의 방식과 작품의 내적 짜임새가 중요한 대상이 된다.

 ㉠ 작품의 언어적 구조를 중시하여 언어가 지니는 특징에 주목한다.

 ㉡ 작품을 완전하게 하나의 유기적 존재로 파악한다. 예를 들면 시에 있어서 시어의 배열, 행과 행, 연과 전체 작품의 상관관계, 운율, 이미지와 의미와의 관계 등을 분석한다.

 ㉢ 언어 자체의 표현이 중시되는 시의 분석에 효과적이다.

 ㉣ 작품에 대한 해석의 폭을 좁아지며, 궁극적으로는 사회성이나 역사성을 고려하지 못한다.

(5) 문학연구의 방법

① **역사주의적 방법** : 문학 작품은 그 자체만으로는 완전히 이해될 수 없고, 그 형성 배경이 되는 작자와 사회 환경 등을 중시해야 한다는 입장이다. 주로 언어의 역사성 검토하고, 작자의 생애나 시대적 상황을 연구하여 문학과의 연관성을 탐구한다. 이러한 연구 방법은 문학과 사회를 연관시켜 검토함으로써 객관성을 얻을 수 있고, 역사적인 흐름과 결부된 문학의 연속성을 탐구할 수 있다. 그러나 작품 외적인 요소에 치중하므로, 작품 자체의 미적 가치를 무시하는 경향이 있다.

② **심리주의적 방법** : 이 방법은 프로이드의 정신 분석학의 이론을 도입하여 문학 작품을 해석하는 방법으로, 심리주의적 이론에 의해 작중 인물의 성격을 분석하거나, 이를 확장하여 작자의 창작 심리나 독자에 대한 심리적 영향까지도 분석하여 그 안에 숨겨진 의미를 찾으려 한다. 문학은 작가의 정신의 투영물이므로, 작가의 경험이나 정신세계와 작품을 긴밀히 연결시키려는 시도에서 출발한다. 이러한 방법은 작품 뒤에 잠재된 인간성을 보여주는 장점이 있으나, 작품을 지나치게 인간 심리와의 필연성만을 강조하여 작품 자체의 미적 가치를 간과하며, 단편화시켜 진정한 감상을 이끌어내기 어렵게 한다.

③ **신화 비평적 방법** : 이 방법은 현대 문학 속에서 신화의 자취를 찾아 재구성하려는 방법이다. 인간은 원시적인 삶의 유형이 다양한 형태로 내면화되어 있는데 이러한 내면화된 경험을 인간 본래의 원형으로 파악하여 작가에 의해 어떻게 재현되는가를 탐구한다. 결국 문학을 포함한 모든 예술 행위, 나아가 인간의 모은 사고와 행동이 원시적 세계관으로부터 나온 신화관과 관련있다고 파악하는 방법이다. 이러한 방법은 문학자체의 독창적인 성격을 간과하는 문제를 갖기도 한다.

2 현대문학의 갈래와 개념

(1) 언어양식에 따른 분류

① 운문문학 : 운율을 가진 언어로 표현되며, 음악성을 중시한다.

② 산문문학 : 운율을 갖지 않은 언어로, 이야기 전달을 목적으로 한다.

(2) 전승 방식에 따른 분류

① 구비문학 : 구전되어 전하는 문학으로, 민중성과 적층성을 가진다.

② 기록문학 : 문자로 정착되어 전승되는 문학으로 창작성과, 작가성이 두드러진다.

(3) 국문학의 갈래(4분법)

① 서정 : 민요, 향가, 시조, 현대시 등

② 서사 : 서사 무가, 판소리, 설화, 소설

③ 극 : 민속극, 희곡, 시나리오

④ 교술 : 가사, 경기체가, 악장, 가전체, 일기문, 기행문

3 한국 현대문학의 흐름

(1) 1910년대 문학

① 시

  ㉠ 근대적 잡지인 「소년」, 「청춘」, 「태서문예신보」 등의 간행으로 서구의 근대적 자유시가 소개되었다.

  ㉡ 계몽 의식으로부터의 탈피하여 다양한 주제의식을 가지며, 관습적 운율에서 벗어난 새로운 형식을 모색하였다.

  ㉢ 서구의 상징주의 시의 번역과 시 이론을 소개하여, 개성적 내면 탐구와 사물에 대한 감각적 태도를 표현하게 되었다.

  ㉣ 대표작 : 김억 「봄은 간다」, 주요한 「불놀이」, 황석우 「벽모의 묘」 등

② 소설

　　㉠ 전기적 소재에서 벗어나 현실적 소재를 다루고 문체적인 측면에서도 운문적인 문체에서 구어체를 문체로 취하기 시작했다.

　　㉡ 설명과 개입 중심에서 묘사를 통한 이야기를 전개하며, 우연적인 전개에서 필연적인 플롯이 다양하게 나타났다.

　　㉢ 대표작 : 이광수의 「어린 희생」, 「소년의 비애」, 현상윤의 「한의 일생」, 「핍박」, 이광수의 「무정」(1917)은 최초의 현대적 장편소설이다.

③ 희곡

　　㉠ 일본의 신파극을 모방한 신파극이 등장하면서 기존의 창극이 가진 노래와 연기의 판소리극이 사실적인 전개와, 현대적인 연극의 모태를 만들어 되었다.

　　㉡ 한국적인 정서에 맞게 변형되는 과정에서 지나치게 과장되거나 감성적이었으며, 현실의식을 반영하지 못하여 신파극은 쇠퇴하게 된다.

　　㉢ 대표작 : 조중환의 「병자삼인」, 윤백남의 「운명」, 이광수의 「규한」 등

④ 주요 신문 및 잡지

　　㉠ 「매일신보」 : 「대한매일신보」를 매수하여 발행한 신문

　　㉡ 「붉은 저고리」, 「새별」, 「아이들 보이」 : 최남선이 주재한 어린이 계몽잡지

　　㉢ 「청춘」 : 최남선 주재의 월간 종합지

　　㉣ 「학지광」 : 최팔용, 현상윤 등이 주관한 동경 유학생회 기관지

　　㉤ 「유심」 : 한용운이 주재한 불교 계몽과 근대적 교리 해석을 위한 잡지

　　㉥ 「태서문예신보」 : 장두철, 순 국문 문예 주간지로 서구 문단의 동향과 시론의 도입 및 번역시 소개

(2) 1920년대 문학

① **시문학의 흐름** : 3 · 1 운동의 실패로 인해 낭만적, 퇴폐적 상징시의 유행하였다. 본격적인 경향시의 등장으로 사회주의 사상의 시들이 나타났으며, 전통 계승의 시와 시조 부흥 운동의 전개하였다. 이 두 진영사이에서는 문학의 본래적 기능과 현실적 기능 사이에서 논쟁을 벌이게 된다.

　　㉠ 낭만주의 시

　　　　ⓐ 3 · 1 운동의 실패와 서구 상징주의 시의 영향으로 세기말적 퇴폐주의의 만연되었고, 지식인들의 절망감과 좌절의식이 표출되었다.

　　　　ⓑ **경향** : 퇴폐적, 유미적, 허무적, 감상적 경향과 자연으로의 도피 및 동양적 체념과 무상감의 표출되었다. 주로 산문투의 서술적 문체와 영탄적 어조가 나타나 격정적인 정서를 주로 하였다.

ⓒ 대표시인 및 대표작 : 이상화 「나의 침실로」, 「빼앗긴 들에도 봄은 오는가」, 박영희 「월광으로 짠 병실」, 홍사용 「나는 왕이로소이다」 등

ⓛ 경향파 시

ⓐ 지식인들의 일본 유학을 통한 사회주의 사상의 유입되고, 일제 식민 통치에 대응하려는 민족주의적인 사회단체들의 결성되었으며, 계급주의 문학 단체인 카프(KAPF)가 결성되어 본격적인 사회주의 문학 이론의 도입되었다.

ⓑ 경향 : 식민통치에 대한 울분으로부터 당대의 현실에 대한 인식과 저항 의식으로 확대되었다. 또한 무산계급의 현실을 부각시키거나, 사회주의적 저항을 촉구하는 사회주의 사상의 주입과 선전을 목적으로 한 사회주의 계열의 작품들이 등장하기 시작한다. 이러한 작품들은 선전, 선동적인 구호나 개념적인 표현이 주를 이루었고, 형식적으로 산문투의 문체 및 인물과 사건 전개의 요소를 도입하여 서사시들이 창작되었다.

ⓒ 대표 시인 및 대표작 : 임화의 「우리 오빠와 화로」, 김기진의 「한 개의 불빛」 등

ⓒ 민족주의 시

ⓐ 배경 : 1920년대 중반 최남선, 주요한, 이은상 등을 중심으로 한 '국민문학파'의 대두되어 전통적 가치관과, 문학적 유산을 계승하고자 하였다. 특히 이들은 시조와 민요에 대한 관심이 컸고, 아울러 조선사 연구를 주도하기도 하였다.

ⓑ 경향 : 문학 창작에 있어서 민족주의 이념의 구현하여, 모국어에 대한 애정과 찬양의 태도를 보였다. 또한 문학과 역사의 연대를 통해 문예 부흥 운동과 민족주의를 전파하려 하였다.

ⓒ 시조 : 주로 민족 정서의 회복을 위한 향토적인 시어를 사용하고, 연시조나 운율의 변조를 통해 현대 시조로서의 가능성을 보여주기도 하였다. 주로 님(민족)에 대한 애정과 조국 예찬하거나 역사를 회고 등의 주제를 담았다. 대표적으로 최남선의 「백팔번뇌」, 이은상의 「노산 시조집」, 이병기의 「가람 시조집」 등이 있다.

ⓓ 민요적 서정시 : 민요라는 전통적 갈래에 민중적 정서와 향토적 정조의 표현하였다. 주로 일상적이고 평이한 우리말 구사하여 민족 현실에 대한 자각을 전통적인 시에 담아 형상화하려는 태도를 지녔다. 대표적인 시인으로 김동환, 주요한, 김소월, 한용운 등이 있다.

② 소설

㉠ 특징 : 근대적 소설 문체로 발전하였다. 주로 1인칭 시점이 다수 창작되었으며, 시제가 분명하게 제시되며 회상을 통한 역순행적 구성이 전면적으로 드러났다. 또한 진정한 의미의 언문일치가 나타나기도 하였다. 이 시기에는 개화기의 계몽주의 문학관을 버리고, 문학의 독자성을 인정하여 인간과 현실의 있는 모습을 그대로 그려내는 사실주의적 작품과, 사회에 의한 인간 운명의 비극성을 주로 하는 자연주의 계열들의 작품들이 창작되었다. 고전 소설의 단순한 사건전개와 일관된 주제의식에서 벗어나, 치밀한 구성과 객관적 묘사 그리고 설명적인 주제의 제시보다는 인상적인 결말 처리를 통해 주제를 드러내는 기법상의 변화들이 두드러지게 나타

났다. 1925년 KAPF 결성을 계기로 계급주의적 투쟁의식을 강조하며, 민족적 현실에 대한 비판과 저항이 소설에 반영되었다.

ⓛ **경향** : 개인적 자아의 각성을 통한 사회와 현실의 재인식하고, 그를 바탕으로 식민지 궁핍 체험을 소설화하기도 하였다. 그러나 살인과 방화 등 극단적인 결말 처리로 궁극적인 문제의 해결방법을 제시하지는 못하였다. 또한 사회주의 소설에서는 계급의 극단적 대립을 주로 하는 노동 소설이 등장하기도 하였다.

ⓒ **대표작 및 특징**

    ⓐ **김동인** : 순수문학 주장하였다. 하지만 그의 소설은 사회와 현실의 이면을 신랄하게 보여주며 현대 단편 소설이란 무엇인가에 대한 답을 제시해 주었다. 「감자」, 「배따라기」 「광화사」 등

    ⓑ **염상섭** : 식민지시대 지식인의 고뇌와 일상적인 삶을 다루었다. 특히 사회주의에 대한 우호적 시각을 담은 작품을 창작하기도 하였다. 「표본실의 청개구리」, 「만세전」, 「두 파산」, 「삼대」 등

    ⓒ **현진건** : 객관적이고 사실적인 묘사를 주로 하여 도시 빈민의 비참한 삶을 주제로 하는 작품을 다수 창작하였다. 「빈처」, 「운수좋은날」, 「불」 등

    ⓓ **나도향** : 주로 자연주의 계열의 작품을 창작하였다. 그의 작품은 낭만적 감상주의 경향을 보이며 식민지 현실의 암울한 농촌을 잘 그려내었다. 「물레방아」, 「벙어리 삼룡이」, 「뽕」 등

    ⓔ **최서해** : 극빈했던 자신의 체험을 바탕으로 한 하층민의 절망적인 삶을 주제로 다루었다. 특히 그의 작품은 빈궁문학이라 평하기도 한다. 「탈출기」, 「홍염」 등

③ **1920년대 문단의 변화**

ⓐ 신파극에서 벗어나 본격적인 근대극이 시도되었다. 이러한 변화는 주로 '극예술 협회'와 '토월회'가 중심이 되었다.

ⓛ 계급사상을 강조한 프로문학계와 문학의 자율성을 강조한 민족주의 계열의 내용과 형식 논쟁이 있었으나, 계급주의 문학은 현실에 대한 냉정한 인식과 수용으로 시의 영역을 넓히게 되었다. 하지만, 시적 언어의 표현에서는 거칠고 관념적인 언어를 사용함으로써 문학의 본래적 기능이 약화되는 단점이 있었다.

ⓒ 이 시기에는 다양한 민족 신문의 발간과 동인지가 유행하였는데, 서구의 다양한 문예사조를 소개하여 민족 문학의 다양한 발전을 가져오는 계기가 되고, 또한 민족주의적 사상을 고취시키는 역할을 하기도 하였다.

제목	특징	주요 동인
「창조」(1919)	최초의 순 문예 동인지	김동인, 주요한, 전영택
「폐허」(1920)	퇴폐주의적, 상징주의적	염상섭, 오상순, 황석우, 김억
「개벽」(1920)	계급주의적	박영희, 김기진
「장미촌」(1921)	시 전문 동인지	박종화, 변영로, 황석우, 노자영
「백조」(1922)	낭만주의적 경향의 문예지	현진건, 나도향, 이상화, 박종화
「조선문단」(1924)	민족주의, 반계급주의	이광수, 방인근
「영대」(1924)	다양한 문학 발표	김소월, 주요한, 김억, 전영택, 이광수
「해외문학」(1927)	외국 문학 소개에 치중함	김진섭, 김광섭, 정인섭, 이하윤
「문예공론」(1929)	민족주의와 사회주의의 절충	양주동

(3) 1930년대~해방이전의 문학

① 시

㉠ 특징 : 이 시기에는 프로진영과 순수문학 진영의 논쟁이후 프로문학이 일제의 탄압으로 인해 급격하게 위축되고 순수 서정시문단을 주도하게 되었다. 또한 서구 모더니즘의 영향을 받은 주지시가 등장하고 이에 반대하는 생명파의 시 역시 태동하였다. 또한 지식인의 현실인식과 자기반성을 통한 참회의 시들이 나타나고, 본격적으로 저항시가 창작되는 바탕이 되기도 하였다.

㉡ 시문학파 시 : 1920년대 중반 이후 프로문학과 민족주의 문학의 대립으로 인한 이념적 문학 풍토에 반발하여 문학의 순수성을 중시하는 순수문학 운동이 전개되기 시작하였다. 특히 박용철, 김영랑의 주도로 「시문학」, 「문예월간」, 「문학」등의 순수시 잡지가 간행되고, 구인회 및 해외문학파와 같은 순수 문학 동인이 결성되었다.

　ⓐ 특징
　　• 시어의 조탁과 시의 음악성 중시하였다.
　　• 자율적인 존재로서 시의 본질 탐구하고 시의 순수성을 강조하였다.

　ⓑ 대표 시인 및 작품 경향
　　• 김영랑 : 투명한 감성의 세계를 아름다운 언어와 운율로 표현. 「모란이 피기까지는」, 「오월」 등
　　• 박용철 : 감상적인 운율로 젊은이의 절망감을 노래. 「떠나가는 배」, 「싸늘한 이마」 등
　　• 정지용 : 향토적 시어와 이미지를 통한 주지적 시를 창작 「유리창」, 「향수」, 「바다」 등

㉢ 전원파 시 : 1930년대 후반 일제의 가혹한 탄압으로 인해 현실에서 도피하려는 의식을 보였다. 자연친화적 사상을 바탕으로 하여 서구적 시상에서 탈피하여 전통적 세계관을 중시하였다.

　ⓐ 특징
　　• 이상향으로서의 전원생활에 대한 동경과 안빈낙도의 세계관을 표현하였다.

- 서경적 묘사를 바탕으로 자연 친화적이며 관조적인 태도를 통해 현실에 대한 만족감을 노래하였다.
ⓑ **대표 시인 및 경향**
- 신석정 : 목가적 시풍으로 이상향에의 동경 노래. 「슬픈 구도」, 「그 먼 나라를 알으십니까」 등
- 김동명 : 낭만적인 어조로 전원적 정서와 민족적 비애 노래. 「파초」, 「내 마음은」 등
- 김상용 : 전원생활을 바탕으로 하는 동양적인 관조의 세계 노래. 「남으로 창을 내겠소」, 「마음의 조각」 등

ⓔ 모더니즘 시 : 1920년대 감상적 낭만주의와 같은 전근대적인 경향에서 벗어나 도시적이고 현대적인 시의 면모를 확립하고자 하는 의도에서 출발하여 서구의 현대적인 문예사조인 초현실주의, 다다이즘, 입체파, 미래파, 이미지즘 등이 본격적으로 수용되어 다양한 형태의 시가 창작되었다.
ⓐ **특징** : 구체적 이미지에 의한 즉물적(卽物的)이고 지성적인 시 강조하며, 현대 도시 문명에 대한 인식과 비판적 감수성이 드러난다. 객관적이고 과학적인 시학에 의거하며, 전통과 관습에 대한 거부와 언어에 대한 실험 의식 및 내면 심리를 탐구하려 하였다.
ⓑ **대표 시인 및 경향**
- 김기림 : 감각적 시어로 현대문명을 현상적으로 관찰함. 「바다와 나비」 등
- 이상 : 관습에서 벗어난 초현실주의적 실험의식으로 창작 「오감도」, 「거울」 등
- 김광균 : 회화적 이미지를 통해 도시적 서정을 우울하게 그려냄 「와사등」, 「외인촌」, 「추일서정」, 「설야」 등

ⓜ 생명파 시 : 모더니즘 시의 서구 지향적 태도와 이미지 위주의 시에 대한 반발로 나타났으며, 1930년대 후반 일제의 탄압으로 인한 문학 전반의 침체에 대한 극복노력으로 「시인부락」, 「자오선」, 「생리」 등의 동인지를 중심으로 활동하였다.
ⓐ **특징**
- 삶의 고뇌와 본질적 생명의 탐구
- 토속적인 소재와 전통적인 가치 인식
- 철학적 사색을 바탕으로 시의 주제를 확대
ⓑ **대표 시인 및 작품 경향**
- 서정주 : 원시적 생명성과 전통적 정서를 통한 인간의 성찰. 「화사」, 「자화상」, 「국화 옆에서」, 「동천」, 「귀촉도」 등
- 유치환 : 삶의 허무와 본원적 생명에 대한 철학적 탐구. 「깃발」, 「일월」, 「생명의 서」, 「바위」 등

ⓗ **청록파 시** : 물질문명과 근대화에 대한 거부의 태도를 보이며, 일제 말 군국주의 통치에 따른 문학적 탄압에 대한 현실 도피적이며, 자연 친화적인 시를 주로 창작하였다. 이러한 경향은 모더니즘 시의 급격하게 퇴조하고 목가풍의 전원시들이 그에 대한 대립적 경향으로 나타나게 되었다. 특히 「문장」지를 통해 순수 서정을 지향하는 시인들의 대거 등단하게 된다.

ⓐ **특징**

- 자연을 소재로 한 자연 친화적인 태도의 작품이 주로 창작되었다.
- 향토적이고 전통적인 정서를 주로 그려내었다.
- 해방 이후 이념의 갈등에 대립한 전통적 서정시의 흐름 주도하게 되었다.

ⓑ **대표 시인 및 작품 경향**

- 박목월 : 민요적 율조에 의한 향토적 정서의 표현. 「산도화」, 「나그네」, 「이별가」 등
- 박두진 : 이상향으로서 생명력 넘치는 자연과 인간의 교감 표현. 「도봉」, 「묘지송」, 「향현」, 「해」 등
- 조지훈 : 고전적 감각을 바탕으로 전통에 대한 향수를 노래함. 「고풍의상」, 「승무」, 「봉황수」 등

ⓢ **저항시** : 일제의 가혹한 탄압으로 인해 일제에 대한 저항의지를 드러낸 시를 말한다. 당시 지식인들의 철저한 자기반성과 미래에 대한 신념을 바탕으로 선구자적인 자기희생과 의지를 담은 시의 영역을 만들어 냈다. 이러한 창작 태도는 20년대 이념적 논쟁 이후 독립에 대한 열망과 민족주의적인 사상을 바탕으로 하여, 하나의 목적으로 지식인들의 신념을 통합시킨 결과로 볼 수 있다.

ⓐ **대표 시인 및 작품 경향**

- 이육사 : 남성적 어조로 지사적 기개와 강인한 대결 의지를 노래함. 「광야」, 「절정」, 「청포도」, 「교목」 등
- 윤동주 : 기독교적 자기 성찰을 통한 순교자적 의지를 노래함. 「서시」, 「자화상」, 「참회록」, 「또 다른 고향」, 「쉽게 씌어진 시」 등
- 심훈 : 격정적 언어와 어조를 통해 해방의 열망을 노래함. 「그 날이 오면」 등

ⓞ **전통적 삶에의 향수** : 1930년대 중반 카프의 해산으로 사회주의 이념을 담은 시가 퇴조하면서 나타난 하나의 경향으로 전통적인 민중들의 삶을 민중적 정서를 그려내고자 하는 시들이 나타나게 되었다.

ⓐ **대표 시인 및 경향**

- 백석 : 민속적 소재와 서사적 구조로 향토적 정서와 공동체 의식을 노래함. 「산중음」, 「남신의주 유동 박시봉방」, 「여우난 곬족」 등
- 이용악 : 일제하 만주 유이민 생활 현실과 감정을 체험적이고 사실적으로 표현. 「낡은 집」, 「오랑캐꽃」 등

② 소설

　　㉠ **특징과 전개** : 이 시기에는 20년대에 마련된 소설의 토대를 바탕으로 단편 뿐 아니라, 많은 장편소설들이 창작되었다. 이러한 작품들 대부분이 일제하 현실의 인식을 바탕으로 하는 작품들이며, 대체로 지식인의 고뇌와 좌절, 피폐한 농촌의 현실 등을 풍자적이고, 비판적인 시각으로 표현하였다. 모더니즘의 영향을 받아 도시적 현대인의 삶을 무기력하고 우울하게 그려낸 작품들도 나타나고 있다. 시문학과 마찬가지로 일제의 가혹한 탄압으로 인해 민족주의적 시각을 바탕으로 한 역사소설이나, 현실을 도치하려는 경향의 순수소설 등도 창작되었는데 특히 전통적 가치관이나, 인간 원형의 문제를 탐구하는 소설들도 창작 되었다.

　　㉡ **대표작가 및 대표작**

　　　• 채만식 : 일제하 사회현실을 풍자. 사회주의에 우호적 「태평천하」, 「탁류」, 「치숙」 등
　　　• 이효석 : 서정적이고 감각적인 묘사를 통해 순수 문학으로서의 예술성을 획득. 「메밀꽃 필 무렵」, 「분녀」 등
　　　• 김유정 : 농촌의 현실을 향토적이고, 해학적으로 그림. 「동백꽃」, 「봄봄」, 「만무방」, 「산골 나그네」, 「소나기」등
　　　• 이상 : 의식의 흐름을 통해 현대인의 무기력한 삶을 묘사. 「날개」, 「종생기」, 「봉별기」 등
　　　• 김동리 : 토속적이고 전통적인 가치관을 바탕으로 한국적 전통을 그려냄. 「무녀도」「황토기」, 「바위」, 「역마」, 「까치소리」 등
　　　• 이무영 : 사실적으로 농촌현실의 문제를 제기. 「제1과 제1장」, 「흙의 노예」 등
　　　• 황순원 : 휴머니즘을 바탕으로 하는 인간 생명의 본질 탐구. 「카인의 후예」, 「독 짓는 늙은이」, 「목넘이 마을의 개」 등

③ 기타 문학의 흐름

　　㉠ **극문학** : 극예술 연구회를 중심으로 본격적 현대극과 시나리오의 창작가 창작 되었다. 주로 사실주의적인 희곡이 창작, 공연되었으며 유성 영화가 도입되면서 저항적 주제의 시나리오 작품이 쓰이고 상영되었다.

　　㉡ **수필** : 해외문학파를 중심으로 근대적 수필의 본격화되었다. 이 시기에 서구의 근대 수필 이론이 도입되고, 이양하, 김진섭 등 전문 수필가가 등장하게 되었다.

　　㉢ **1930년대 주요 잡지**

제목	특징	주요 동인
「시문학」(1930)	언어의 기교, 순수성 중시	박용철
「삼사문학」(1934)	초현실주의적 경향	신백수, 이시우
「시인부락」(1936)	시전문지. 창작시 및 외국의 시와 경향 소개	서정주
「자오선」(1937)	시전문지. 다양한 경향	서정주
「문장」(1939)	월간 종합 문예지. 많은 신인이 등단	김연만

(4) 해방 직후의 문학

① **시** : 8 · 15 해방의 감격을 격정적으로 표현하며, 시대적 소명의식을 바탕으로 새로운 조국 건설의 희망을 노래하는 작품들이 창작되었다. 또한 이념적 갈등이 심화되어 순수문학과 이념문학이 극단적으로 대립하기도 하였다. 프로 문학에 대한 반감으로 순수 문학 진영에서는 인생에 대한 관조와 전통 정서의 추구하는 내용의 순수시 운동이 전개되기도 하였지만, 곧이어 터진 전쟁과 분단으로 인해 전쟁의 체험을 바탕으로 하는 비극성과 절망감을 드러내기도 하였다.

   ㉠ **좌익 진영의 시**

      ⓐ 사회주의적인 강렬한 투쟁의식과 선전 · 선동의 정치성 짙은 작품이 주를 이루었다.

      ⓑ 적극적 현실 참여를 강조하며, 혁명적 낭만주의나 진보적 리얼리즘 경향의 문학이 대두되었다.

      ⓒ 대표작가 : 오장환 「병든 서울」, 임화 「찬가」, 이용악 「오랑캐꽃」 등

   ㉡ **우익 진영의 시**

      ⓐ 순수 서정시 계열의 작품 및 민족의 전통적 가치관을 노래했다.

      ⓑ 인생에 대한 관조와 전통 정서의 탐구로 집약되는 순수 서정시의 성격은 분단 이후 사회주의 계열의 작품이 사라지고 시단의 주도적 흐름을 되었다.

      ⓒ 대표작가 : 김상옥 「초적」, 유치환 「생명의 서」, 신석정 「슬픈 목가」 등

② **소설** : 이 시기 소설은 식민지 체험을 바탕으로 한 반성과 해방 공간을 형상화하며, 새로운 조국의 건설을 위한 바람직한 사회상을 탐구하거나, 일제강점기부터 이어온 순수문학적 사조가 지속되었다.

   ㉠ 일제강점기를 반성하고 그 체험을 바탕으로 해방이후 조국의 바람직한 사회상을 탐구. 채만식 「논 이야기」, 김동인 「반역자」, 염상섭 「두파산」 등

   ㉡ 해방 직후의 지식인의 삶의 방향을 묻거나, 귀향 의식을 묘사함. 김동리 「혈거부족」, 이무영 「굉장 소전」 등

   ㉢ 순수 문학적 입장에서 보편적인 인간의 삶을 다룬 순수 소설과 민족적 자부심의 회복을 위한 역사소설의 창작 염상섭 「임종」, 박종화 「홍경래」 등

(5) 전후문학(1950년대 문학)

① **시** : 전쟁으로 인한 문화적 불모성이 심하였다. 그러나 역사와 현실, 개인과 사회, 시대와 공간 사이에 대한 새로운 인식이 모색되었다.

   ㉠ **특징**

      ⓐ 전쟁 체험과 전후의 사회 인식을 바탕으로 한 시적 소재의 영역 확산

      ⓑ 현실 참여적인 주지시와 전통 지향적인 순수시의 대립

ⓒ 실존주의의 영향에 따른, 존재에 대한 형이상학적 통찰 및 휴머니즘의 회복 강조

ⓓ 풍자와 역설의 기법과 현실에 대한 지적 인식을 통한 비판 정신의 첨예화

ⓛ **전쟁 체험의 시** : 동족상잔의 비극적 체험을 시인의 내면적 인식으로 수용하여, 시대에 대한 적극적인 대응 방식을 모색하였다. 또한 전쟁이라는 비극적 상황에의 절망적 인식을 개인적 비극에 국한시키지 않고 민족적 차원으로 확대시켜 민족적 보편성 획득하였다. 대표작으로 신석정의 「산의 서곡」, 유치환의 「보병과 더불어」, 구상의 「초토의 시」 등이 있다.

ⓒ **모더니즘 시** : 「후반기」 동인을 중심으로 1930년대 모더니즘 시의 방법과 정신을 계승 · 발전시켜, 현대 도시 문명의 의식적 단면을 감각적 이미지와 실험적 형태를 통해 표현하였다. 또한 모더니즘을 바탕으로 하는 전후 허무주의적 시도 창작되었다. 대표작으로 김경린의 「국제 열차는 타자기처럼」, 조향의 「바다의 층계」, 박인환의 「목마와 숙녀」 등이 있다.

ⓡ **지적인 내면 탐구하는 관념시** : 사회 현상에 비판적으로 대응하려는 주지적 성향과 형이상학적인 존재 인식을 통해, 전후의 허무 의식으로부터 벗어나 새로운 질서를 회복하려는 내면적 의지를 표현기도 하였다. 대표작으로 송욱의 「하여지향」, 김춘수의 「꽃을 위한 서시」, 김수영의 「공자의 생활난」 등이 있다.

ⓜ **전통적 서정시** : 전쟁으로 인한 인간성 상실을 반성하고, 삶의 본질에 대한 사색과 소생의 의지를 안정된 언어로 표현하였다. 또한 일제강점기 이후 순수시의 경향이 이어져 전통적인 정서와 한의 가락이 결합되어 우아하면서도 정적인 깊이를 지닌 순수 서정을 표현한 작품들이 창작되었다. 대표작으로 박남수의 「새」, 정한모의 「가을에」, 박재삼의 「울음의 타는 가을 강」, 박용래의 「저녁눈」 등이 있다.

② **소설** : 소설문학은 특히 이 시기에 많은 작품들이 창작되는데, 대체로 전쟁 중의 사건이나, 전쟁 이후 세대들의 고뇌와 무기력함, 그리고 전후 사회에 대한 다양한 인식과 치유의 방법을 제시하는 작품들이 등장하였다. 이러한 유형의 작품을 특히 전후 소설이라 칭하기도 한다.

ⓐ 전후 사회와 현실에 대한 다양한 인식으로 새로운 인간상을 제시.

　　예 황순원의 「카인의 후예」, 장용학의 「요한시집」 등

ⓛ 개인과 사회의 갈등 문제를 다루면서 소외된 삶의 문제, 삶의 내부에 자리한 부조리한 현실 인식하고 다양한 해결방안을 모색하였다.

　　예 김성한의 「바비도」, 선우휘의 「불꽃」 등

ⓒ 인간의 본질적인 삶의 문제와, 원시적인 본능을 서정적으로 다루었다.

　　예 오영수의 「갯마을」, 강신재의 「절벽」 등

ⓡ 인간의 본질 문제, 인간 존재의 해명 등을 다룬 작품들이 서구의 실존주의 사상에 영향을 받아 다수 등장 하였다.

　　예 김성한의 「오분간」 등

③ 기타 문학 동향

　　㉠ 희곡, 시나리오 : 전후 문학의 성격을 띤 것과 현실 참여적인 성격의 희곡이 중심이고, 기타 개인과 사회의 갈등, 문명 비판을 다루었다.

　　　　예 유치진의 「나도 인간이 되련다」, 차범석의 「불모지」 등

　　㉡ 수필 : 본격적인 수필작가들이 등장하여 예술성을 확보하였다.

　　　　예 조지훈의 「지조론」, 마해송의 「사회와 인생」, 이희승의 「벙어리 냉가슴」 등

(6) 1960년대 문학

① 시 : 이 시기에는 정치적 격동기를 겪으며 자유와 평등의 가치 지향과 시대정신의 형성되었다. 또한 경제적 근대화에 따른 표면적인 안정과, 그로 인한 민주적 시민 의식의 성숙되었다. 그로 인해 다양한 문학적 모색들이 시도되고 신춘문예가 활성화되었으며, 시동인지가 다량 발간되면서 시의 대중화가 이루어졌다. 시의 주된 내용은 50년대의 전후 문학적 성격을 계승하여 전후 세대들의 역사적 성찰과, 근대화로 인한 사회 구조적 모순을 다루며 현대인의 삶의 문제를 진지하게 고민하기도 하였다. 또한 서정주의데 대한 집착으로 순수시의 본질적 영역이 탐구되기도 하였다.

　　㉠ 시민 의식의 각성과 사회 현실의 모순 비판, 현실참여의 시

　　　　예 박두진의 「우리는 아직 깃발을 내린 것이 아니다」, 김수영의 「푸른 하늘을」, 「폭포」, 「풀」 등

　　㉡ 분단의 비극과 민중적 역사 의식의 형상화

　　　　예 박봉우의 「휴전선」, 신동엽의 「껍데기는 가라」, 「금강」 등

　　㉢ 순수 서정시

　　　　ⓐ 인간에 대한 긍정적 인식을 바탕으로 인간 내면의 순수성을 그림

　　　　　　예 정한모의 「가을에」, 「아가의 방」, 조병화의 「의자」, 김남조의 「너를 위하여」 등

　　　　ⓑ 전통적이고 고전적인 서정적 정서를 바탕으로, 자연친화적이고 토속적 소재와 관조 내지 명상의 태도를 보임.

　　　　　　예 이동주의 「혼야」, 「강강술래」, 박재삼의 「춘향이 마음」 등

　　㉣ 현대 시조 : 당대의 자유시에 나타난 언어 실험의 난해성과 현실 참여적 태도의 구호성, 지나친 지적 태도에 의한 서정성의 약화 현상에 대한 반성으로 시조 전문지의 간행 및 시조시인 배출되었다. 시조 고유의 미감을 잃지 않은 채 새로운 서정의 개발로 전통의 현대적 계승을 실현하려 했으며, 시조 고유의 리듬을 파괴하고 자유시와의 경계를 허물어 새로운 형식을 시도하기도 하였다.

　　　　ⓐ 김상옥 : 고전적 기품과 향토적 정조 및 엇시조 가락 구사. 「사향」, 「봉선화」 등

　　　　ⓑ 이호우 : 서경적 관찰과 묘사에 의한 감각적 시풍과 구별배행의 형태. 「개화」, 「살구꽃 피는 마을」 등

　　　　ⓒ 이영도 : 섬세한 여성적 감수성을 바탕으로 현실적 관심을 표현함. 「낙화」, 「진달래」 등

② 소설 : 이 시기의 소설은 전후 상황으로 인해 성숙된 지식인의 치열한 고뇌를 세련된 감수성으로 담아 문학적으로 높은 성취를 이루게 된다. 단순히 50년대의 냉전적 사고에서 벗어나 분단현실에 대한 객관적인 인식이 이루어지며, 산업화로 인해 파괴되어 가는 농촌현실과 전통적 가치에 대한 문제에도 관심을 보였다.

　㉠ 전쟁으로 인한 피해와 전쟁의 비극성을 증언함으로써, 비참한 인간의 삶과 민족의 비극 조명
　　　예 오상원의 「황선지대」, 황순원의 「나무들 비탈에 서다」, 하근찬의 「수난 이대」 등
　㉡ 4 · 19와 5 · 16으로 드러나 사회 모순과 부조리한 현실, 서민층의 비참한 삶의 모습 등을 사실적으로 묘사하고, 비판적 시각으로 고발하였다.
　　　예 김정한의 「모래톱 이야기」, 손창섭의 「부부」, 이호철의 「판문점」, 「소시민」 등
　㉢ 1930년대의 야사적, 복고적 특성이 많았던 역사 소설에서 탈피하여, 진지한 문제의식을 가지고 우리 민족의 근대사를 추적함.
　　　예 안수길의 「북간도」, 김정한의 「수라도」, 서기원의 「혁명」, 하근찬의 「족제비」, 「일본도」 등
　㉣ 현대적 기교주의 경향
　　　ⓐ 관념소설의 등장
　　　　　예 최인훈의 「가면고」, 「회색인」 등
　　　ⓑ 감수성의 혁명
　　　　　예 김승옥의 「생명연습」, 「무진기행」 등
　　　ⓒ 지식인의 치열한 고뇌
　　　　　예 이청준의 「퇴원」 등
　　　ⓓ 도시적 감각과 인간 소외의 현장
　　　　　예 최인호의 「타인의 방」 등
　　　ⓔ 분단의 현실 및 어두운 정치 내면 등 정치적인 문제를 다각도로 조명
　　　　　예 최인훈의 「광장」, 선우휘의 「아버지」, 박연희의 「침묵」 등

(7) 1970년대 이후 문학

① 시 : 이 시기에는 군사독재의 장기화로 인해 억압적인 현실을 인식하고 이에 대해 비판적 반성을 주로 하는 문학이 등장하였다. 이는 전후세대들의 본격적인 성장으로 인해 청년 엘리트 계층이 문화의 전면에 나서 산업화와 비민주적인 정권에 대한 절망의 고통스럽고 의지적인 언어로 형상화하였다. 반면에 이전 시대부터 계승되어온 순수문학은 더욱더 지적이고 내면화된 서정성을 담으며 발전해 나갔다.

　㉠ 사실주의적 참여시
　　　ⓐ 민중의 현실적 삶과 애정
　　　　　예 조태일의 「국토」, 신경림의 「농무」 등

ⓑ 사회적 현실 비판

　　ⓔ 김지하의 「타는 목마름으로」, 「오적」 등

ⓒ 산업화로 인해 소외된 사람들에 대한 관심

　　ⓔ 정호승의 「맹인 부부 가수」, 김창완 「인동 일기」 등

ⓛ 모더니즘 시

ⓐ 지성과 서정의 자아탐구

　　ⓔ 황동규의 「기항지」, 오세영의 「그릇」 등

ⓑ 세련된 현대적 언어의 구사

　　ⓔ 김영태의 「첼로」, 이승훈의 「어휘」 등

ⓒ 실험적 상상력의 확대

　　ⓔ 정현종의 「사물의 꿈」 등

② 소설 : 시대적 갈등과 혼란을 고뇌하는 지식인의 시선으로 비판하고, 또한 시대와 대결하여 극복하려는 의지적 인간형을 형상화하였다. 또한 이전시기와 달라진 것은 사회적 연대를 중시하여, 공동체적 의식이 확산되고 민중문학의 새로운 지평을 만들어 넓혀갔다.

ⓖ 산업화오 인한 농촌의 궁핍한 삶과 농민의 고통을 형상화하였다.

　　ⓔ 송기숙의 「자랏골의 비가」, 이문구의 「관촌수필」 등

ⓛ 도시 노동자의 뿌리 뽑힌 삶을 우울하게 그렸다.

　　ⓔ 황석영의 「객지」, 「삼포 가는 길」, 윤흥길의 「아홉 켤레 구두로 남은 사내」, 조세희의 「난장이가 쏘아올린 작은 공」 등

ⓒ 사회전반의 혼란, 자기 소외의 심화 현상을 비판적이면서도 인간에 대한 애정이 담긴 시선으로 그려냈다.

　　ⓔ 최일남의 「노란 봉투」, 박완서의 「지렁이 울음 소리」, 최인호의 「별들의 고향」 등

ⓡ 전쟁의 민족사적 의미를 객관적으로 탐구하고 분단 현실을 새롭게 조명하였다.

　　ⓔ 박완서의 「나목」, 「엄마의 말뚝」, 윤흥길의 「장마」, 김원일의 「노을」 등

ⓜ 민중의 삶에 근거한 민족사를 재인식하여 민중을 주인공으로 하는 대하 역사소설을 썼다.

　　ⓔ 박경리의 「토지」, 황석영의 「장길산」 등

출제예상문제

객관식

1 다음 중 교술 갈래가 아닌 것은?

① 가사　　　　　　　　　　② 수필
③ 일기문　　　　　　　　　④ 시가

ADVICE ≫ 시가는 서정 문학이다.

2 다음은 문학의 기원에 대한 설명이다. 빈칸에 들어갈 알맞은 것은?

> (　　　　)은 아리스토텔레스가 「시학」에서 주장한 것으로 문학은 인간이 가진 모방의 본능에서 비롯되었다는 내용이다.

① 모방 본능설　　　　　　② 흡인 본능설
③ 자기표현 본능설　　　　④ 유희 본능설

ADVICE ≫ ② 인간이 가진 남의 관심을 끌고 싶어 하는 흡인 본능에서 문학이 발생하였다는 설로 서원 등의 진화론자가 주장하였다.
③ 자기를 표현하고 싶어 하는 인간의 본능에서 문학이 발생하였다는 설로 허드슨이 주장하였다.
④ 인간이 가진 유희 본능에서 문학이 발생하였다는 설로 칸트, 스펜서 등이 주장하였다.

Aɴsᴡᴇʀ　1.④　2.①

3 다음 중 생명파의 특징으로 가장 거리가 먼 것은?

① 삶의 고뇌와 본질적 생명의 탐구
② 토속적인 소재와 전통적인 가치 인식
③ 철학적 사색을 바탕으로 주제를 확대
④ 자연 친화적 태도의 작품을 주로 창작

ADVICE 〉〉 ④ 청록파에 대한 설명이다.

4 다음 중 1920년대에 발간된 잡지가 아닌 것은?

① 폐허 ② 개벽
③ 자오선 ④ 장미촌

ADVICE 〉〉 ① 창조(1920) ② 개벽(1920) ③ 자오선(1937) ④ 장미촌(1921)

5 문학의 4대 장르에 해당하지 않는 것은?

① 시 ② 소설
③ 희곡 ④ 평론

ADVICE 〉〉 문학의 4대 장르는 시, 소설, 수필, 희곡, 수필이다. 평론은 5대 장르에 포함된다.

6 다음 중 문학의 쾌락적 기능과 관련된 진술은?

① 문학은 독자들에게 교훈을 주어야 한다.
② 문학은 독자에게 정신적 즐거움이나 미적 쾌감을 준다.
③ 문학은 쾌락을 통해 인생의 의미를 가르쳐야 한다.
④ 문학은 공리적 효용성을 갖춰야 한다.

ADVICE 〉〉 ①④ 교시적 기능 ③ 종합적 기능

7 다음 중 문학 감상의 외재적 관점이 아닌 것은?

① 반영론　　　　　　　　　② 표현론
③ 효용론　　　　　　　　　④ 절대론

ADVICE ›› ④ 절대론은 내재적 관점이다.

8 다음은 무엇에 대한 설명인가?

> 작품의 내적 구조를 분석함으로써 문학 작품의 올바른 이해에 도달할 수 있으며, 문학을 감상하는 데 언어 표현의 방식과 작품의 내적 짜임새가 중요한 대상이 된다.

① 반영론적 관점　　　　　　② 절대주의적 관점
③ 효용론적 관점　　　　　　④ 역사주의적 관점

ADVICE ›› 제시된 설명은 작품 자체에 대한 분석을 중요시하는 절대주의적 관점이다.

1 다음에 설명하는 문학의 기능은?

> 문학은 독자들에게 교훈을 주고 인생의 진실을 보여 주어 삶의 의미를 깨닫게 해야 한다.

2 언어를 수단으로 하여 우주와 인간을 재현하려는 산물이 문학이라고 보는 관점은?

3 다음 빈칸에 알맞은 단어을 쓰시오.

	(ⓐ) 반영론 ↕	
작가 표현론 ↔	TEXT 절대론적 관점 ↔	독자 (ⓑ)

Answer
1. 교시적 기능
2. 모방 본능설
3. ⓐ 현실(시대), ⓑ 효용론

현대시

1 현대시의 이해

시란 인간의 정서를 함축적이고 운율이 있는 언어를 통해 그려내는 문학의 한 갈래이다.

(1) 시의 종류

① 운율과 형식에 따른 분류

    ㉠ 정형시(定型詩) : 외재율을 가진 시

    ㉡ 자유시(自由詩) : 형식적 제약 없이 자유롭게 쓴 시

    ㉢ 산문시(散文詩) : 시적 내용을 산문으로 표현하여 행과 연의 구별이 없다.

② 장르에 따른 분류

    ㉠ 서정시(敍情詩) : 개인의 정서를 표현한 시

    ㉡ 서사시(敍事詩) : 서사적 줄거리를 가지며 인물의 행위를 그려낸 시

    ㉢ 극시(劇詩) : 희곡의 형식을 취한 시

③ 태도에 따른 분류

    ㉠ 서정시(敍情詩) : 화자의 정서를 그려내는 시

    ㉡ 서사시(敍事詩) : 다른 사람의 이야기를 전달하는 방식의 시

    ㉢ 교훈시(敎訓詩) : 독자에게 무엇을 가르치고 설득하려는 시

    ㉣ 극시(劇詩) : 인물 사이의 대화 형식으로 된 시

④ 문예 사조(文藝思潮)에 따른 분류

    ㉠ 낭만주의 시 : 인간의 자유로운 상상과 환상적 정서를 중시하는 시

    ㉡ 상징주의 시 : 감각을 통해 신비의 세계를 더듬고 영상과 언어의 음악으로 시적인 암시를 표현하는 시

    ㉢ 주지주의 시 : 감정의 표현과 전달을 이미지와 지성으로 객관화 하려는 시

    ㉣ 초현실주의적 시 : 기존의 가치관으로부터 벗어나 인간의 무의식의 세계를 표현한 시

(2) 시의 구성 요소

① **운율** : 시에서 느껴지는 말의 가락. 시의 의미와 어우러져 시의 전체적인 분위기를 형성한다.

  ㉠ **외형률** : 전통적으로 사용된 운율로, 크게 음위율, 음성률, 음수율, 음보율이 있다.

    ⓐ **음수율(音數律)** : 음절의 수가 단위로 되어 그것이 규칙적으로 반복될 때 이루어지는 율격이다. 우리 시의 음수율은 3음절·4음절이 기본 단위가 된 3·4조, 4·4조가 많다.

      예 나 보기가 역겨워 (7)

        가실 때에는 (5)

    ⓑ **음보율(音步律)** : 소리의 일정한 길이가 반복되어 형성되는 율격이다. 역동성이 강조된 3음보와 정적인 느낌의 4음보가 있다.

      예 살어리 / 살어리 / 랏다

    ⓒ **음위율(音位律)** : 일정한 위치에 비슷한 음을 반복함으로써 얻어지는 율격이다.

      예 두운(첫소리) 얄리 얄리 얄랑셩

        각운(끝소리) 진달래꽃 : 매연 '~우리다'의 반복

        요운(가운데 소리)은 우리시에는 보이지 않는다.

    ⓓ **음성률(音聲律)** : 음의 강약, 고저, 장단 등이 단위를 이루어 규칙적으로 반복되는 것이다. 한시(漢詩), 영시(英詩)에 주로 쓰인다.

  ㉡ **내재율** : 작가가 특정 작품에서 만들어낸 운율로 정형화되었다기보다 개성적으로 사용된다.

    ⓐ **동음 반복** : 특정 음운이 반복하여 나타나는 것으로 어두(語頭) 반복, 모음 반복, 자음 반복 등이 있다.

      예 갈래 갈래 갈린 길 / 길이라도 ('ㄱ'의 반복)

    ⓑ **음수(音數) 반복**

      예 산 너머 남촌에는 / 누가 살길래 / 해마다 봄바람이 / 남으로 오네 //(7·5조)

    ⓒ **음보(音步)의 반복** : 한정된 수의 음절들이 모여 이루어진 음보의 규칙적 반복이다.

      예 강나루 건너서 / 밀밭 길을 / 구름에 달 가듯이 / 가는 나그네(2음보)

    ⓓ **의성어, 의태어의 사용**

      예 워어이 워어이 모두 불러 한자리 앉아

    ⓔ **통사적 구조** : 일정한 문장 구조가 반복되는 운율로, 주로 대구법이나 점층적 구조에서 나타난다.

      예 해야 솟아라 해야 솟아라

        말갛게 씻은 얼굴 고운 해야 솟아라(반복과 변형 aaba구조)

② **심상(이미지)** : 심상이란, 시를 읽을 때 마음속에 떠오르는 일종의 영상으로 감각을 통하여 형성되며, 정서를 구체화하여 보여주는 기능을 한다.

  ㉠ **시각** : 색채나 모양 등을 형성된다.

  ㉡ **미각** : 맛이나 맛을 보는 행위를 통해 형성된다.

   ⓒ **청각** : 구체적인 소리 등을 통해 나타나며, 특히 음성상징어를 활용하기도 한다.

   ⓔ **후각** : 냄새, 향기 등을 통해 형성된다.

   ⓜ **촉각** : 피부에 와 닿는 느낌을 통해 형성된다.

   ⓗ **공감각적 이미지** : 하나의 대상에 둘 이상의 이미지가 같이 나타나거나 전이된다.

     예 분수처럼 흩어지는 <u>푸른 종소리</u>(청각의 시각화)

③ **함축** : 시어에 내포된 다의적 의미를 말한다.

   ㉠ 시어는 함축성으로 인해 한 작품에서 사용된 하나의 시어가 서로 다른 의미로 해석되는 모호성을 가지고 있다.

     예 잎새에 이는 <u>바람</u>(내면적 양심이나 이상을 자극하는 사소한 것들)

      오늘 밤에도 별이 <u>바람</u>에 스치운다(외부적 시련, 일제)

   ㉡ 시어의 함축은 주된 정서나 주제 하에 문맥적으로 결정된다.

     예 <u>하늘</u>을 우러러 한 점 부끄럼 없기를

      여기에서 '하늘'은 이 작품 전체의 지배적 화자의 태도인 자아성찰과 관련된 성찰의 매개이다. 또한 '우러러'라는 시어를 통해 '하늘'은 높은 곳에 존재하는 신적 존재, 혹은 도덕적 이상이라는 함축적 의미를 갖는다.

   ㉢ 다양한 표현 방법을 통해 의미가 결정된다.

     예 그리고 나에게 주어진 <u>길</u>을 걸어가야겠다.(자신에게 주어진 운명, 독립의 길)

      '길'은 작품 전체적인 화자의 의지와 연결되어 상징화된다.

(3) 시의 화자(話者) : 서정적 자아, 시적 자아

화자란, 시 속에서 자신의 생각과 느낌을 나타내기 위해 일정한 성격을 부여하여 설정한 대상이다.

① 자아의 세계를 확대할 수 있게 해 주는 허구적 장치이다.

② 시의 통일성을 확보하여 일관성 있는 표현이 되게 한다.

③ 시적 상황을 묘사해 주며, 대상에 대한 정보를 제공해 준다.

(4) 시의 어조

어조란, 시적 자아에 의해 나타나는 고유한 말투로, 시의 전체적인 분위기를 형성해 주고 주제를 강화한다.

① **어조의 형성 방법**

   ㉠ **시어의 선택** : 특정한 시어의 선택

     예 사투리 : 향토성, 현장감 확보

      한자어 : 관념적 태도

ⓛ **문법적 활용** : 주로 종결형을 사용하여 드러내다.
　　예 명령형, 청유형 : 강한 의지나 소망
　　　　명사형 종결 : 여운의 효과

② **어조의 종류**

　ⓖ **청자의 유무**

　　ⓐ **독백체** : 화자의 내면세계와 직접 관련되어, 사색적이고 명상적인 성격을 지닌다. 자기 고백적이며, 의지나 기원의 태도를 드러내는데 효과적이다.

　　ⓑ **대화체** : 특정 대상을 내세워 대화하듯 말하며, 전달효과가 커진다.

　ⓛ **화자의 유형**

　　ⓐ **남성적** : 강인한 의지나 소망을 드러내는데 효과적이다.

　　ⓑ **여성적** : 기원적 정서나, 애상적 분위기를 형성한다.

　ⓒ **청자에 대한 화자의 태도** : 명령, 찬양, 의문, 청유 등

　ⓔ **화자의 정서 상태** : 격정적, 영탄적, 관조적, 애상적, 긍정적 등

　ⓜ **대상에 대한 태도** : 냉소적, 친화적, 비판적, 우호적, 풍자적, 해학적 관조적 등

(5) 시의 표현

① **비유** : 다른 사물에 빗대어 구체적인 연상을 일으키게 하는 표현 기법. 직유, 은유, 의인, 활유, 대유 등이 있다.
　예 태산 같은 기상(직유), 춤추는 파도(의인), 달의 숨소리(활유), 강산(자연, 대유) 등

② **상징** : 어느 감각적 대상이 다른 대상을 표시하거나, 본래의 고유한 의미에서 다른 의미를 제시할 때 쓰는 표현 방법이다.

　ⓖ **관습적 상징** : 오랫동안 쓰인 결과 굳어져서 누구나 알고 있는 상징
　　예 태극기 : 우리나라, 애국심

　ⓛ **원형적 상징** : 대상이 가진 속성이나, 기원 때문에 나타나는 상징
　　예 물 : 흘러가다 : 세월 시간
　　　　흘러내리다 : 눈물, 슬픔
　　　　육지를 가르다 : 이별 등

　ⓒ **창조적(창조적) 상징** : 작가에 의해 독창적으로 만들어져서 특정 작품에서만 나타나는 상징

　　POINT 🎯　**원형과 관습** : 모든 상징은 원형에서부터 비롯된다. 이후 시간이 흘러 상징이 전통화되면, 중간에 원형을 적용하는 단계가 되어 관습적 상징이 된다.
　　　　예 비둘기는 하얗다는 원형 때문에 순수, 평화의 상징이지만, 현재는 원형이 생략되어 사용된다.

③ **반어** : 표현된 것과 표현한 것이 상반되는 말하기의 방식이다.

> 예 나보기가 역겨워 가실 때에는 / 죽어도 아니 눈물 흘리우리다.

④ **역설** : 두 대상이 서로 모순된 표현으로, 표현 자체가 모순되거나, 상황이 모순되는 경우도 있다.

> 예 외로운 황홀한 심사
> 님은 갔지마는, 나는 님을 보내지 아니하였습니다.

⑤ **감정이입** : 대상에 화자의 감정을 투영하여, 객관화시키는 방법이다.

> 예 우러라 우러라 새여 자고 니러 우러라 새여
> 널라와 시름 한 나도 자고 니러 우니노라

⑥ **시적 허용** : 관습화된 형식을 벗어난 진술로, 문법에 어긋난 활용이나 도치법, 의도적인 행과 연의 배열 등이 있다.

⑦ **강조** : 평범하고 일상적인 것에서 벗어나, 의미나 이미지를 뚜렷하게 전달하고자 하는 표현의 방법이다. 강조법에는 과정, 반복, 점층, 억양, 연쇄, 영탄 등이 있다.

2 한국 현대시 주요 작품 이해

(1) 빼앗긴 들에도 봄은 오는가

지금은 남의 땅 – **빼앗긴 들**에도 봄은 오는가?

나는 온 몸에 햇살을 받고
푸른 **하늘** 푸른 **들**이 맞붙은 곳으로
가르마 같은 논길을 따라 꿈속을 가듯 걸어만 간다.

입술을 다문 하늘아 들아
내 맘에는 내 혼자 온 것 같지를 않구나.
네가 끌었느냐 누가 부르더냐 답답워라 말을 해다오.

바람은 내 귀에 속삭이며
한자욱도 섰지 마라 옷자락을 흔들고
종다리는 울타리 너머 아가씨같이 구름 뒤에서 반갑다 웃네.

고맙게 잘 자란 **보리밭**아
간밤 자정이 넘어 내리던 고운 비로
너는 삼단같은 머리털을 감았구나, 내 머리조차 가뿐하다.

혼자라도 가쁘게 나가자.

마른 논을 안고 도는 착한 도랑이 젖먹이 달래는 노래를 하고
제 혼자 어깨춤만 추고 가네.

나비 제비야 깝치지 마라, 맨드라미 들마꽃에도 인사를 해야지.
아주까리 기름 바른 이가 지심 매던 그 들이라 다 보고 싶다.

내 손에 호미를 쥐어다오.
살진 젖가슴과 같은 부드러운 이 **흙**을
발목이 시리도록 밟아도 보고 좋은 땀조차 흘리고 싶다.

강가에 나온 **아이**와 같이
짬도 모르고 끝도 없이 닫는 내 혼아
무엇을 찾느냐 어디로 가느냐, 웃어웁다, 답을 하려무나.

나는 온 몸에 풋내를 띠고
푸른 웃음 푸른 설움이 어우러진 사이로
다리를 절며 하루를 걷는다. 아마도 봄 신령이 지폈나 보다.

그러나 지금은 들을 **빼앗겨** 봄조차 **빼앗기겠네.**

 작품분석 

① 핵심정리
　　㉠ 성격 : 낭만적, 상징적, 저항적, 의지적
　　㉡ 표현
　　　• 시각적 심상, 의인법
　　　• 향토적 시어와 방언의 사용을 통한 한국적 정서 환기
　　　• 수미상관의 구성
　　㉢ 어조 : 감상적, 낭만적 어조, 자조적 어조의 교차
　　㉣ 구조 : 대칭적 구조
　　　• 1연 : 망국의 현실 인식
　　　• 2연~3연 : 봄을 맞이하는 답답함
　　　• 4연~8연 : 국토에 대한 애정과 삶에 대한 의욕
　　　• 9연~10연 : 절망적 현실에 대한 재인식
　　　• 11연 : 현실의 위기감 확인 및 회복의지
　　㉤ 주제 : 국권 상실의 아픔과 국권 회복에의 염원과 의구심
　　㉥ 작가 : 이상화. 1922년 문예지 「백조(白潮)」의 동인으로 활동
② 시구풀이
　　㉠ 빼앗긴 들에도 봄은 오는가 : 빼앗긴 조국의 현실을 인식, 국권괴복에 대한 의구심
　　㉡ 푸른 하늘, 푸른 들이 맞붙은 곳 : 푸른 생명이 넘치는 자유로운 세계
　　㉢ 입술을 다문 하늘아 들아 : 자유를 잃은 답답한 민족의 현실
　　㉣ 나비, 제비 : 변절자
　　㉤ 아주까리 ~ 다 보고 싶다 : 국토에 대한 강한 애정
　　㉥ 내 손에 호미를 쥐어다오, 좋은 땀조차 흘리고 싶다 : 조국현실에 대한 의지적 행위

ⓐ 무엇을 찾느냐 어디로 가느냐 웃어웁다 답을 하려무나 : 식민지 현실에 대한 자조적 비애
ⓞ 푸른 웃음 푸른 설움 : 봄이 찾아온 국토를 맞이하는 기쁨과 식민지 현실사이에서 느끼는 괴리감, 역설법
ⓩ 다리를 절며 : 이상과 현실의 부조화
ⓩ 그러나 지금은 들을 빼앗겨 봄조차 빼앗기겠네 : 조국 상실의 안타까움과 국권회복의 의지

③ 해설 : 1926년 「개벽(開闢)」지(誌) 6월호에 발표하였다. 일제에 대한 저항의식과 조국에 대한 애정을 향토적인 시어와 격정적인 어조로 노래하고 있다. 또한 대칭적 구조와 수미상관을 통해 안정감을 주며, 정서의 흐름을 일관되게 유지하며 매우 함축적으로 표현해 냈다. 또한 3음보와 4음보를 바탕으로 하여 전통시의 율격을 계승하고 1연과 11연을 제외한 중간 부분의 행 길이를 늘임으로서 호흡을 길게 하여 정서와 심리상태를 조응시키는 수법도 사용하고 있다. 봄을 맞이하는 계절적 배경에서 봄으로 상징하는 민족의 독립을 이루지 못한 현실을 들(국토)의 모습을 통해 묘사하고 있다. 나라를 잃은 민족현실 속에서 방황하고 자조하는 화자의 모습은 결국 국토에 대한 애정을 바탕으로 하는 지식인의 자각과정이 그려진다. 이를 바탕으로 결국 화자는 국권회복의 신념을 가지며 혼자라도 걸어가겠다는 의지적 행위를 보여준다. 이 작품은 작가의 초기 퇴폐적 낭만주의에서 벗어나 일제하의 민족적 울분과 저항을 노래한 작품이다.

※ 이 작품은 정서의 흐름상 대칭적 구조와 수미상관의 형식을 가진다. 시상의 전개는 인식(1연) – 절망(2~3연) – 희망((4~8연) – 절망(9~10연) – 의지(11연)의 흐름은 정서의 기 – 승 – 전 – 승 – 결의 구조로 4~8연을 기준으로 해서 대칭을 이룬다.

※ 수미상관은 1연과 끝연, 혹은 기와 결 부분을 동일하게 반복하는 수법이다. 반복을 통해 주제를 강화할 수 있으며, 형태적으로 안정감을 준다.

※ 나비와 제비는 전체의 흐름상 단순하게 향토적 이미지를 드러내는 소재로 보기도 한다.

※ 전통의 계승 요소
  • 음보율
  • 향토적 이미지
  • 기승전결 형식의 변형

*빼앗긴 들 : 국토, 대유법
*하늘, 들, 바람, 보리밭 : 인격화된 소재로 친밀감을 주며 향토적 이미지를 가진다.
*흙 : 생명성
*아이 : 민족의 현실을 의미한다. 아무것도 모르는 천진성과 강가라는 위험성을 둘 다 가지고 있다.
*낭만적 : 현실을 아름답게 그려내다.

(2) 유리창 1

유리(琉璃)에 차고 슬픈 것이 어른거린다.
열없이 붙어 서서 입김을 흐리우니
길들은 양 언 날개를 파다거린다.
지우고 보고 지우고 보아도
새까만 밤이 밀려나가고 밀려와 부딪히고
물 먹은 별이, 반짝, 보석처럼 박힌다
밤에 홀로 유리를 닦는 것은

외로운 황홀한 심사이어니
고운 폐혈관(肺血管)이 찢어진 채로
아아, 너는 산새처럼 날아 갔구나!

 **작품분석**

① **핵심정리**
  ㉠ **성격** : 주지적, 감각적(시각적 이미지 중시)
  ㉡ **표현**
   • 주지적 객관성을 시각적 이미지만으로 그려냄
   • 감정의 대위를 통한 감정의 절제
  ㉢ **구조**
   • 1~3행 : 유리창에 비친 아들의 영상
   • 4~6행 : 간절한 그리움과 슬픔
   • 7~10행 : 아들을 잃은 슬픔
  ㉣ **주제** : 아들을 잃은 슬픔
  ㉤ **작가** : 정지용. 참신한 이미지와 절제된 시어로 한국 현대시에 모더니즘적 시의 성숙에 기틀을 마련한 시인이다.

② **시구풀이**
  ㉠ 차고 슬픈 것 : '죽은 아이'의 이미지, 감정의 대위
  ㉡ 열없이(기운없이) : 자식의 죽음, 차가움의 이미지이며 또한 화자의 상태이기도 하다.
  ㉢ 언 날개를 파다거린다 : 유리창에 낀 서리로 죽은 아이의 모습으로 날개를 파닥거리는 것으로 작은 생명이 죽어가는 안쓰러움을 표현하는 슬픈 장면을 떠올린다.
  ㉣ 지우고 보고 지우고 보아도 : 유리를 통해 죽은 아이를 바라보려는 간절한 그리움의 행위
  ㉤ 물먹은 별 : 죽은 아이의 영상을 바라보는 화자의 눈에 어린 눈물
  ㉥ 외로운 황홀한 심사 : 자식을 외로움과, 유리를 닦으며 밤하늘의 별을 보며 자식을 떠올리면서 느끼는 황홀함이 교차하는 순간이다. 결국 역설적 표현을 통해 죽은 자식을 영상으로 볼 수밖에 없는 아버지의 한없는 슬픔이 엿보인다.
  ㉦ 고운 폐혈관이 찢어진 채로 : 죽음의 원인과 고통스러운 순간
  ㉧ 차고 슬픈 것, 언 날개, 보석, 산새 : 죽은 아이를 비유하는 표현

③ **해설** : 이 작품은 잃어버린 자식에 대한 그리움과 슬픔을 차갑고 슬픈 이미지로 그려 낸 작품이다. 시인이 29세 되던 1930년에 쓴 것으로, 자식을 잃은 젊은 아버지의 비통한 심경을 주제로 하고 있으면서도, 감정을 드러내지 않는 절제된 언어와 이미지를 통한 형상화로 객관화한 점이 특징이다. 밤에 유리창 앞에서 유리창 건너 보이는 밤하늘의 별을 보며 죽은 자식을 그리워하는데, 유리창 너머의 '밀려와 나가고 밀려와 부딪히는' 죽은 아이의 영상과 시인은 작가의 깊은 슬픔이 대비된다. 기운 없이 불어낸 입김 자국이 쉽게 사라지는 모습에서 인간 존재의 가벼움을 떠올릴 수 있으며, '산 새'로 그려지는 죽은 아이는 결국 안타까움과 허무감만을 시인에게 남긴다. 이 작품은 1920년대의 감상적 낭만주의 시와 사회주의 이념을 바탕으로 하는 프로 시의 한계를 넘어서 절제된 감정을 바탕으로 참신한 이미지들을 구사해 현대시의 새로운 국면을 개척하였다. 이 시는 감정을 엄격히 절제하면서 이미지를 통해 시를 그려내는 정지용의 초기 모더니즘 시의 특징을 잘 보여주는 작품이다.

※ **감정의 대위(對位)**
대위란 두 가지의 상대적인 소재나 상황 등을 결합시켜 구성하는 방법을 말한다. 이 시에서 시적 화자의 감정을 표현한 구절은 '차고 슬픈 것'과 '외로운 황홀한 심사' 두 군데뿐인데, 슬픔과 외로운 감정이 차가운 감각과 황홀한 심사와 어우러져서 표현되고 있다. 이처럼 대비되는 감각이나 정서를 슬픈 감정과 대위시킴으로써 감정을 절제한 것이 감정의 대위법이다.

(3) 바다와 나비

아무도 그에게 수심(水深)을 일러준 일이 없기에
흰 나비는 도무지 바다가 무섭지 않다.

청(靑)무우밭인가 해서 내려갔다가는
어린 날개가 물결에 절어서
공주처럼 지쳐서 돌아온다.

삼월(三月)달 바다가 꽃이 피지 않아서 서글픈
나비 허리에 새파란 초생달이 시리다.

 작품분석 

① **핵심정리**
  ㉠ **성격** : 감각적, 주지적
  ㉡ **표현**
    • 뚜렷한 시각적 이미지, 공감각적 이미지의 제시
    • 색채 대비를 통한 선명한 시각적 이미지 제시
    • 대조적 심상(바다와 나비의 대조
  ㉢ **구조** : 전 3연으로 이루어져 있으며, 2행으로 이루어진 1연과 3연에 비해 2연은 3행으로 길
      다. 형태로는 불균형이지만, 시적 전개로는 안정감을 준다.
    • 1연 : 바다의 무서움을 모르는 나비
    • 2연 : 바다로 날아가다 지쳐서 돌아온 나비
    • 3연 : 냉혹한 현실의 풍경
  ㉣ **주제** : 이상향에 대한 동경과 좌절
  ㉤ **작가** : 김기림. 시인·문학평론가. 아명은 인손(寅孫). 호는 편석촌(片石村). 함경북도 학성
      출생. 한국 모더니즘 시의 도입과 정립을 위해 노력
② **시구풀이**
  ㉠ **수심** : 화자가 지향하는 이상의 본질과 현실의 괴리
  ㉡ **흰 나비** : 순수하고 나약한 존재, 이 작품을 일제하 근대화에 대해 막연한 환상을 가진 지식인
      들이 겪게 되는 서구 문명으로 인한 좌절을 그려 냈다고 할 때 나비는 1920년대의 순수하지
      만, 무지한 낭만적 지식인들을 의미한다.
  ㉢ **바다** : 거칠고 냉혹한 현실 세계, 근대화, 서구 문명
  ㉣ **청무우밭** : 나비가 동경하는 이상향, 그러나 나비의 착각임을 곧 알 수 있게 한다.
  ㉤ **공주** : 나약하고 순수한 존재

ⓑ 삼월달 바다가 꽃이 피지 않아서 : 문명의 수용과정에서 겪는 과도기적 시련의 시기, 시 자체
적인 의미로는 바다에 죽음의 공간이라는 상징을 담겨있다.
ⓢ 새파란 초생달이 시리다 : 공감각적 심상(시각의 촉각화), 근대 문명 앞에서 겪는 좌절과 냉혹
한 현실
③ 해설 : 김기림은 한국 현대시에서 처음으로 주지주의 이론을 도입하고, 모더니즘의 이론적 바탕
을 마련했다. 또한 모더니즘 운동을 선언하여 그 이론에 입각한 문학창작을 시도하였다. 이 작
품은 그의 모더니즘 운동의 초기 대표작이라 할 수 있다. 이 작품은 1930년대 한국 지식인의
자화상이 보여주는데, 막연하게 동경하던 서구 문명에 의해 좌절하고 절망하는 순수하고 나약
한 작가 자신에 대한 연민의 감정을 드러냈다고도 볼 수 있다. 이 작품의 가장 큰 특징은 나비와
바다의 대립적 이미지이다. 거대하고 죽음의 이미지인 바다와, 작고 나약한 존재인 나비의 대립
을 통해 일제하 근대 문명 앞에 놓인 우리 민족, 그리고 당시를 살아가는 지식인들의 현실을
엿볼 수 있다. 또한 단정적 어조인 '–다'를 사용하여 대상이나 어조를 객관화하여, 시인의 가치
판단이나 해석 없이 현실을 있는 그대로 받아들일 수밖에 없음을 보여준다.

※ 1930년대 모더니즘의 특징
① 19세기적인 낭만주의와 사실주의 등 현실을 주관적으로 인식하는 문예사조에 반기를 들고 절대지
성을 중시하는 20세기 문학 운동
② 시각적 이미지 중시
③ 근대 문명에 대한 비판의식이 적극적으로 나타나지는 한계를 지닌다.

*'공주'는 동화적 이미지가 상징화된 것으로 전래 동화에서 관습적으로 사용된 수동적이고 나약한
성격이 시적으로도 사용된다.

(4) 성북동 비둘기

성북동 산에 번지가 새로 생기면서
본래 살던 성북동 **비둘기**만이 번지가 없어졌다.
새벽부터 돌 깨는 산울림에 떨다가
가슴에 금이 갔다.
그래도 성북동 비둘기는
하느님의 광장같은 새파란 아침 하늘에
성북동 주민에게 축복의 메시지나 전하듯
성북동 하늘을 한 바퀴 휘돈다.

성북동 메마른 골짜기에는
조용히 앉아 콩알 하나 찍어 먹을
널직한 마당은커녕 가는 데마다
채석장 포성이 메아리쳐서
피난하듯 지붕에 올라 앉아
아침 구공탄 굴뚝 연기에서 향수를 느끼다가
산 1번지 채석장에 도로 가서

금방 따낸 돌 온기에 입을 닦는다.

예전에는 사람을 성자처럼 보고
사람 가까이서
사람과 같이 사랑하고
사람과 같이 평화를 즐기던
사랑과 평화의 새 비둘기는
이제 산도 잃고 사람도 잃고
사랑과 평화의 사상까지
낳지 못하는 쫓기는 새가 되었다.

 작품분석

① 핵심 정리
　　㉠ 성격 : 비판적, 주지적, 상징적
　　㉡ 표현
　• 선명한 감각적 이미지 제시
　• 비둘기를 인격화하여 파괴적 문명을 비판
　• 우의적 수법을 사용
　　㉢ 구조
　• 1연 : 삶의 터전을 잃고 방황하는 비둘기
　• 2연 : 지향 없이 쫓기며 옛날을 회상하는 비둘기
　• 3연 : 소외되고 파괴된 자연에 대한 연민
　　㉣ 주제 : 자연에 대한 향수와 문명에 대한 비판
　　㉤ 작가 : 김광섭. 초기에는 관념적이고 지적인 창작활동을 하다가, 후기에는 문명 비판적인 시
　　　　들을 서정적으로 그려내었다.
② 시구풀이
　　㉠ 성북동 : 인간 문명이 확장되고 자연이 파괴되는 현실
　　㉡ 번지 : 1행의 번지는 인간의 터전이며, 2행의 번지는 비둘기의 터전으로 중의적 의미를 갖는
　　　　다. 대유법
　　㉢ 가슴에 금이 갔다 : 인간에 의해 파괴된 자연.
　　㉣ 돌 깨는 산울림, 채석장 포성 : 문명의 폭력성
　　㉤ 아침 구공탄 굴뚝 연기에서 향수를 느끼다가 : 자연과 공존하며 살았던 과거에의 그리움
　　㉥ 사랑과 평화 : 자연과 인간이 공존하며, 향유하던 원초적 감정
③ 해설 : 1960년대 산업화가 급격하게 추진되는 과정에서 인간과 자연이라는 존재는 서구 문명을
　　무조건 수용해야 한다는 논리 앞에 무시될 수밖에 없었다. 경제의 성장 앞에 놓인 인간은 인간
　　성의 상실과 소외, 그리고 자연이 파괴되는 현실을 목격하게 된다. 이처럼 왜곡되어 가는 1960
　　년대의 상황에서 우리가 상실하고 있는 것이 무엇이며, 산업화의 폭력이 우리에게 남긴 것이
　　무엇인가를 깊이 있게 반성해 볼 수 있는 기회를 주고 있다. 이 작품은 파괴되는 자연과 인간성
　　상실을 깊이 있게 관찰하고 단순하고 소박한 언어로 자유와 평화의 인간적 정서의 회복과　자연
　　과의 공존을 통해 자연과 인간이 함께 어우러져 살아야 함을 말하고 있다.

※ **시 창작의 동기**
　"나는 뇌출혈로 메디컬센터에 입원하여 오랜 혼수상태를 겪으면서 사경을 헤맸어요. 그 후 성북동 나의 집 마당에 자리를 펴고 앉았는데, 따스한 훈풍이 불고 꽃이 피어 있었어요. 뇌일혈이란 말을 듣고 내 시적 생명은 끝났다는 절망감을 안고 있었지요. 그 때, 하늘을 바라보다가 아침마다 하늘을 휘익 돌아 나는 비둘기 떼를 보게 되었어요. 〈성북동 비둘기〉의 착상은 거기에서였지요. 돌 깨는 소리가 채석장에서 울리면 놀라서 날아오르는 새들, 그러나 저것들이 우리에게 평화의 메시지를 전해 줄 것인가? 돌 깨는 산에서는 다이너마이트가 터지고 집들은 모두 시멘트로 지어서 마음 놓고 내릴 장소도 없는 저것들이란 데 생각이 머물었어요."

-「심상」, 1974. 8 -

※ **작품에서 상징하는 현대인**
- 산업화로 인해 내몰리는 소외된 민중들
- 인간의 본성을 잃고 소외되는 현대인
- 인간성을 상실하고 단절되는 현대인

※ **박남수의 「새」**
　'새'와 '포수'의 대립 구조를 통해 자연이 폭력적인 인간에 의해 파괴되는 현실을 그리는 반면, 「성북동 비둘기」에서는 현대 문명에 의해 자연과 인간 모두가 파괴되어 가는 현실을 그린다.

> *비둘기 : 성북동 비둘기는 인간에 의해 파괴되는 자연과　산업화로 인해 순수한 인간성을 상실해 가는 현대인을 의미한다. 중의적 표현이다.
>
> *우의적 수법 : 상황을 가정하거나, 빗대어 인간세상을 풍자하여 깨달음을 주는 수법

(5) 생명의 서(書)

나의 지식이 독한 회의(懷疑)를 구하지 못하고
내 또한 삶의 **애증(愛憎)**을 다 짐지지 못하여
병든 나무처럼 생명이 부대낄 때
저 머나먼 아라비아의 사막으로 나는 가자.

거기는 한 번 뜬 백일(白日)이 불사신같이 작열(灼熱)하고
일체가 모래 속에 사멸한 영겁(永劫)의 허적(虛寂)에
오직 알라의 신(神)만이
밤마다 고민하고 방황하는 열사(熱沙)의 끝.

그 열렬(烈烈)한 고독 가운데
옷자락을 나부끼고 호올로 서면
운명처럼 반드시 나와 대면(對面)케 될지니
하여 나란, 나의 생명이란
그 원시의 본연(本然)한 자태를 다시 배우지 못하거든
차라리 나는 어느 **사구(沙丘)**에 회한없는 백골을 쪼이리라.

① 핵심정리
  ㉠ 성격 : 상징적, 의지적, 남성적, 관념적
  ㉡ 표현
   • 단호하고도 직설적인 말투
   • 극한 상황을 설정하여 문제를 해결
   • 관념적 시어와 어려운 한자어의 사용
  ㉢ 구조
   • 1연 : 생명에 대한 회의
   • 2연 : 생명 본질 탐구를 위한 극한 고독
   • 3연 : 본연의 자아 추구를 위한 대결 의지
  ㉣ 주제 : 진정한 생명에의 의지
  ㉤ 작가 : 유치환
② 중요시어 및 시구풀이
  ㉠ 나의 지식이 독한 회의를 구하지 못하고 : 인간의 유한한 지식으로 삶의 본질에 대한 의문을 해결하지 못하고
  ㉡ 병든 나무 : 고뇌하는 시적 자아의 모습
  ㉢ 사막 : 극한적인인 시련의 장소이며, 삶의 본질을 탐구할 수 있는 장소로 역설적 의미를 갖는다. 사막은 인간이 생존하기 위한 기본적인 조건조차 결여된 공간으로, 가장 순수한 본질적 공간이라는 의미를 갖는다. 즉 시적 화자는 아무것도 존재하지 않는 공간에서 원시의 자아와 만나려는 것이다.
  ㉣ 일체가 모래 속에 사멸한 영겁의 허적에 : 절대 고독의 공간이며 상태
  ㉤ 열렬한 고독 : 시적자아의 실존만이 남겨진 상태, 그로 하여 자신의 내면을 좀 더 진지하게 성찰할 수 있게 한다.
  ㉥ 나 : '원시의 본연한 자태'이자 '나의 생명'으로 순수한 인간 본연의 자아로 시적 자아가 추구하는 본질적인 자아
  ㉦ 백골 : 본질적인 생명을 갈구하는 시적자아의 결의가 담겨 있는 소재이다.
③ 해설 : 이 시는 고민, 좌절, 절망의 끝에서 허무 의식을 떨치고 일어서려는 강인한 의지를 노래한 시이다. 시인은 삶의 가치에 대한 회의와 번민으로부터 스스로를 찾기 위한 대결의 공간으로 사막을 설정하고, 참된 자아를 찾기 위한 극한의 시련을 선택한다. 그럼에도 불구하고 참된 '나'를 발견하지 못한다면 차라리 죽음의 세계를 택하겠노라고 하는 비장한 의지가 담겨 있다. 이 시의 이미지가 주는 구도는 수직과 수평의 구도이다. 황막한 사막의, 끝 간 데 없는 지평선에서 불어오는 강풍을 홀로 맞고 서 있는 존재는 의지의 표상이며, 단독자로서 세계와 대결하고 있는 치열성을 보여 준다. 이런 맥락에서 볼 때, 1연의 '병든 나무'는 수직성의 강건한 의지를 지니지 못한 나약과 허무의 표상이다. 그러므로, 이 시는 병든 나무에서 꼿꼿한 구도자로 서려는 생명의 의지를 표명한 것이 된다. 3연으로 되어 있는 이 시는 '떠남 – 고행 – 성취, 대결'의 발전적 구성을 취하고 있다. 시인은 이 시에서 삶의 가치에 대한 회의와 번민으로부터 스스로를 구제하기 위한 대결의 공간으로 사막을 설정하였다. 1연에서는 지식과 감정이 불완전한 상태에서 본연의 나 찾아 나서고, 2연에서는 극한적 상황에서 고행과 시련을 겪으며, 3연에서는 본연의 생명을 발견하기 위해 그것과 대결한다. 그는 본연의 순수한, 그리고 원시적인 자아를 회복하지 못한다면 차라리 죽음을 선택하겠다는 철저한 자기의지를 드러내고 있다. 여기에는 문명을 살아가는 인간이라는 존재가 상실했던 본질적인 자아, 그리고 순수한 인간으로서의 존재를 회복하고자 했던 작가의 의식이 담겨 있다고 볼 수 있다.

※ 이 작품은 마치 여로형 소설의 구조와 유사하게 떠남과 회복의 시적 전개 과정을 갖는다. 즉 현실에서의 문제를 인식하고 그로 인해 떠남과 시련을 통해 진정한 자아를 찾아가는 과정을 그려낸다.

※ 이 시는 1938년 발표된 시로, 세속적인 가치에 회의를 느끼고 비장한 결의를 통해 생명을 회복하려는 시이다. 그래서 이 작품을 일제라는 민족수난기에 진정한 자아란 무엇인가에 대한 지식인의 혼란과 그 극복의 과정으로도 볼 수 있다.

*애증(愛憎) : 사랑과 증오, 가장 인간적인 감정으로 극복해야 할 자아의 모습이다.

*하여 : 시상의 전환

*사구(沙丘) : 모래 언덕

*추상적 어조 : 일반적으로 시는 구체적으로 정서를 형상화하여 전달하지만, 한자어를 사용하게 되면 정서의 구체적인 표현보다 추상적으로 전달하게 된다. 이 때 대체로 시는 관념적 성격을 갖게 된다.

(6) 와사등

차단-한 **등불**이 하나 비인 하늘에 걸려 있다.
내 호올로 어디를 가라는 슬픈 신호냐.

긴-여름 해 황망히 나래를 접고
늘어선 고층 창백한 묘석같이 황혼에 젖어
찬란한 야경 무성한 잡초인 양 헝크러진 채
사념의 벙어리 되어 입을 다물다.

피부의 바깥에 스미는 어둠
낯설은 거리의 아우성 소래
까닭도 없이 눈물겹고나

공허한 군중의 행렬에 섞이어
내 어디서 그리 무거운 비애를 지고 왔기에
길게 늘인 그림자 이다지 어두워

내 어디로 어떻게 가라는 슬픈 신호기
차단-한 등불이 하나 비인 하늘에 걸리어 있다.

① **핵심정리**
 ㉠ **성격** : 감각적, 주지적, 도시적, 회화적, 애상적
 ㉡ **표현**
  • 시각적 이미지 중시, 공감각적 이미지(시각화)
  • 수미상관 구성
  • 참신한 비유와 독창적인 이미지 창출
  • 우수와 고독의 정서
 ㉢ **구조**
  • 1연 : 현대 문명 속에서의 현대인의 방향 감각 상실
  • 2연 : 황혼녘의 도시의 모습
  • 3연 : 현대 도시인의 익명성
  • 4연 : 현대인의 고독
  • 5연 : 현대인의 방향 감각 상실
 ㉣ **주제** : 도시 문명에 대한 현대인의 절망과 비애
 ㉤ **작가** : 김광균. 한국 모더니즘 시운동을 선도한 시인으로 도시적 감수성을 세련된 감각으로 노래한 기교파를 대표하고 있다. 그는 지적이고 이지적이라기보다는 감성적이고 낭만적인 시인으로 고독과 슬픔 속에서 실존의 중요성을 확보하고 생의 의미를 긍정하고 있다.

② **중요시어 및 시구풀이**
 ㉠ **차단한** : 차디찬, 시적 허용
 ㉡ **내 호올로 어델 가라는 슬픈 신호** : 삭막한 도시 문명 속에서 갈 곳을 잃은 현대인들의 정신적 혼돈과 방황, 방향상실을 암시.
 ㉢ **긴 여름 해 황망히 나래를 접고** : 어둠이 찾아오는 것을 '날개 접는 새'에 비유한 감각적 표현.
 ㉣ **늘어선 고층 창백한 묘석같이 황혼에 젖어** : 도시에 늘어선 고층 건물을 묘석으로 파악한 것은 현대 도시 문명의 불모성에 대한 비판적인 인식에서 비롯된 것이다. 이러한 인식은 다시 황혼과 밤의 이미지와 연결되면서 우울하고 절망적인 분위기를 자아낸다.
 ㉤ **사념 벙어리되어 입을 다물다** : 어두운 도시를 바라보며 종말의식에 싸여 있는 시적자아의 답답한 심정
 ㉥ **피부의 바깥에 스미는 어둠** : 공감각적 심상(시각의 촉각화)의 감각적 표현
 ㉦ **까닭도 없이 눈물겹고나** : 현대인의 절망적인 존재인식

③ **해설** : 김광균은 김기림, 정지용과 더불어 30년대 모더니즘 시를 확산시키는데 큰 역할을 한 시인이다. 그의 시는 직접적으로는 김영랑으로 대표되는 시의 음악성에 대한 부정으로부터 출발한다. 그는 김기림의 말처럼 "소리조차 모양으로 번역하는 기이한 재주"를 가지고 회화적인 시를 즐겨 쓴 이미지즘(imagism) 계열의 시인으로 평가된다. 그는 도시적 소재를 바탕으로 공감각적 이미지나 강한 색채감, 이미지의 공간적 조형 등의 기법을 시에 차용(借用)했으며, 특히 사물의 한계를 넘어 관념이나 심리의 추상적 차원까지도 시각화하였다. 그의 시에는 기계 문명 속에서 현대인이 느끼는 고독감과 삶의 우수와 같은 소시민적 정서가 짙게 깃들어 있다.
이 시는 참신한 비유를 통한 독창적인 이미지를 창출해 보인 작품이다. 시각적 심상을 주축으로 한 이 시는, 그것을 촉각적 심상으로까지 전이시키면서 공감각적 심상을 보이고 있다. 「와사등」이란 제목은 '가스등'이라는 이국적(異國的) 정서를 환기시켜 주는 도시적 가공물로 일몰(日沒)과 밤으로 귀결되어 절망을 상징하며, 나아가서는 일제 치하라는 당시 상황과 밀접하게 관련되어 공허와 비애로 살아가는 당시대 사람들의 삶을 표상하고 있다. '내 호올로 어딜 가라는 슬픈 신호냐' 라고 외치며, 도시인의 정신적 위기를 통해 화자는 묘석과 잡초로 비유된 황량한 도시 문명을 신랄히 비판하기 시작하여, 마침내 '피부에 스미는 어둠'과 '거리의 아우성 소리'로

‘낯설고 눈물겨운’ 시대적 상황 때문에 그는 갈 곳을 잃고 ‘군중의 행렬에 섞이’게 된다. 그리하여 ‘무거운 비애를 지고’, ‘어두운 그림자 길게 늘이며’ 절망할 때, ‘비인 하늘에 걸린’, ‘차단한 등불 하나’가 그를 더욱 슬프게 하고 있다. 결국 이 작품은 현대의 화려한 물질문명이 가져다주는 무질서와 황량함 속에서 살아야 하는 현대 지성의 방황을 ‘와사등’을 소재로 그리고 있지만, 정작 김광균 자신도 이 작품의 시적 자아처럼 제 삶의 길을 찾지 못하고 어두운 시대 상황 속에서 그저 무기력한 지성으로 절망할 수밖에 없었던 것이다.

※ 이 작품은 1930년대 모더니즘의 대표작으로 평가된다. 현대 문명으로 인한 인간의 고독을 잘 표현하고 있지만, 그 실천적 극복의 모색이 없다는 점이 한계로 지적되고 있기도 하다.

※ 이 작품은 수미상관의 구성을 취하고 있다. 하지만 행의 순서를 바꾼 역대칭의 구조로 배치하여 시상을 정리하는 수법을 사용하고 있다.

※ 모더니즘은 기존의 권위와 관습을 거부하는 일련의 문화운동이지만, 한국의 모더니즘시는 주지시에 한정하기도 한다. 이 작품은 회화성을 중시한 반면 슬픔과 고독의 애상적인 정서를 드러내는 경우가 많아 회화적 서정시로 보기도 한다.

*와사등 : 가스등
*‘등불’은 밝음의 이미지로 주로 희망이나 긍정적인 지향점을 의미하지만, 이 작품에서는 차가움의 이미지를 그려 도시문명의 비인간성을 드러내는 소재로 활용하고 있다.

(7) 청노루

머언 산 청운사(靑雲寺)
낡은 기와집

산은 자하산(紫霞山)
봄눈 녹으면

느릅나무
속잎 피어나는 열 두 굽이를

청노루
맑은 눈에

도는
구름

① 핵심정리

  ㉠ 성격 : 관조적, 묘사적, 서경적

  ㉡ 표현

   • 의미를 배제한 채 이미지들만 제시함.

   • 대상과 화자 사이의 거리 유지(객관적 관조)

   • 간결한 표현(체언 종지법, 짧은 시행 배열) : 동양적인 여백의 미

   • 율격 : 1·2연의 3음보, 3연의 변조된 3음보, 4·5연의 2음보

   • 유음 'ㄹ'과 'ㄴ' : 아늑하고 부드러운 시적 분위기를 만들어냄

   • 시선의 이동(원→근)에 의한 시상 전개 방식

  ㉢ 구조

   • 1연 : 청운사

   • 2연 : 자하산

   • 3연 : 속잎 피어남

   • 4연 : 청노루

   • 5연 : 눈매에 감도는 구름

  ㉣ 주제 : 봄의 풍경과 정취

  ㉤ 작가 : 박목월. 인간의 운명이나 사물의 본성에 관한 깊은 통찰을 보이고 있으며, 향토적 서
    정성을 심화시켰으면서도, 애국적인 사상을 기저에 깔고 있으며, 민요조를 개성 있게 수용하
    여 재창조한 대시인으로 평가받고 있다.

② 중요시어 및 시구풀이

  ㉠ 청운사(靑雲寺), 자하산(紫霞山) : 속세와는 구별된 환상적이고 낭만적인 가공의 공간이다.

  ㉡ 낡은 기와집 : 고풍스러움과 신비감을 주는 동시에 고요하고 편안한 느낌을 가져온다.

  ㉢ 봄눈 녹으면, 속잎 피어나는 : 시간적 배경

  ㉣ 청노루 : 평화롭고 이상적 공간에 잘 어울리는 순진무구의 대상이며, 시적화자의 분신이다.

  ㉤ 도는 구름 : 극도로 압축된 형식을 보여주는 부분으로, 감정을 추스르고 화자의 내면적 감동
    을 명사로 종결지어 감동이 지속되는 효과를 가져온다.

③ 해설 : 박목월의 초기시 중에서 가장 잘 알려진 대표작으로서, 현실과 단절된 이상적 세계의 그
  윽한 평화와 아름다움을 노래한 것이다. 박목월의 초기시는 간결한 언어와 민요적 리듬 속에
  이상화된 전원 세계를 그린 것이 많다. 이 작품에서도 시인은 가능한 한 말을 절제하고 리듬을
  단순화하여 마치 여백이 많은 동양화를 그리듯이 작품을 구성했다. 이 그림 속에 있는 '청운사,
  자하산, 청노루'는 모두 상상적인 배경이요 사물들이다. 이들은 현실의 갈등으로부터 초탈한 이
  상향을 이룬다. 특히 '청노루 / 맑은 눈에 // 도는 / 구름'이라는 구절의 느릿한 호흡과 정서적 여
  백은 이 이상향이 현실의 갈등과 고통스러운 역사로부터 초탈한 평화의 공간임을 섬세하게 표
  현하고 있다.

④ 자작시 해설 : 박목월, 「보랏빛 소묘」 중에서

  이 작품을 쓸 무렵에 내가 희구한 것은 '핏발 한 가락 서리지 않은 맑은 눈'이었다. 나이 50이
  가까운 지금에는 나의 안정(眼睛)에도 안개가 서리고, 흐릿한 핏발이 물들어 있지만 젊을 때는
  그래도 핏발 한 가락 서리지 않은 눈으로 님을 그리워하고 자연을 사모했던 것이다. 또한 그런
  심정으로 젊음을 깨끗이 불사른 것인지 모르겠다. 어떻든 그 심정이 '청노루 맑은 눈에 도는 구름'
  을 그리게 하였다. 이 작품이 발표되자 '청노루'가 과연 존재하느냐 하는 의문을 가지는 분이
  있었다. 물론 푸른빛 노루는 없다. 노루라면 누르스름하고 꺼뭇한 털빛을 가진 동물이지만, 나
  는 그 누르스름하고 꺼뭇한, 다시 말하자면 동물적인 빛깔에 푸른빛을 주어서 정신화된 노루를
  상상했던 것이다. 참으로 오리목 속잎이 피는 계절이 되면 노루도 '서정적인 동물'이 될 것만

같았다. 또 청운사나 자하산이 어디 있느냐 하는 것도 문제가 되었다. 어느 해설서에 '경주 지방에 있는 산 이름'이라고 친절하게 설명한 것을 보았지만 이것은 해설자가 어림잡아 설명한 것에 불과하다. 기실은 이 세상에 존재하지 않는 완전히 내가 창작한 산명이다. 나는 그 무렵에 나대로의 지도를 가졌다. 그 어둡고 불안한 일제 말기에 나는 푸근히 은신할 수 있는 어수룩한 천지가 그리웠다. 그러나 당시의 한국은 어디나 일본 치하의 불안하고 바라진 땅뿐이었다. 강원도를 혹은 태백산을 생각해 보았다. 그러나 어느 곳에도 내가 은신할 수 있는 한 치의 땅이 있을 것 같지 않았다. 그래서 나 혼자의 깊숙한 산과 냇물과 호수와 봉우리와 절이 있는 마음의 자연 지도를 그려보게 되었다. 마음의 지도 중에서 가장 높은 산이 태모산(胎母山), 태웅산(太熊山), 그 줄기를 받아 구강산(九江山), 자하산(紫霞山)이 있고, 자하산 골짜기를 흘러 잔잔한 호수를 이룬 것이 낙산호(洛山湖), 영랑호(永郎湖), 영랑호 맑은 물에 그림자를 잠근 봉우리가 방초봉(芳草峰), 그 곳에서 아득히 바라보이는 자하산의 보랏빛 아지랑이 속에 아른거리는 낡은 기와집이 청운사(靑雲寺)이다.

※ 박목월, 박두진, 조지훈의 공동시집인 「청록집」의 제목은 이 작품에서 딴 것이다.

※ 이 작품의 공간적 배경은 실제하는 공간이라기보다 마음속에 그려진 이상향이다.

※ 이 작품의 율격은 3음보의 변조와 2음보 형태로 나누어진 4음보이다. 이러한 음보율을 취한 것은 전통적 율격의 재창조라 볼 수 있다.

※ 청록파 시인들이 주로 자연을 소재로 하여 작품창작을 한 것은 일제말 극한적 시대환경에서 오는 절망감을 현실에서 극복할 수 없기 때문이었다. 어찌 보면 현실도피적인 태도일 수 있지만, 자연으로 설정된 이상향의 추구를 통해 국토에 대한 애정을 노래하기도 하였다.

*관조 : 정서나 의지와 같은 주관성을 배제하고 객관적 시각으로만 표현
*이 시에서의 '자연' : 실제의 자연이라기보다 상상 속에 존재하는 가공의 자연으로, 낭만적이고 환상적이고 동양적인 신비의 세계로 그려내고 있다. 절대의 순수, 절대의 고요, 절대의 평화가 있는 세계이다.

출제예상문제

 **객관식**

1 다음 중 시의 3요소가 아닌 것은?

① 운율　　　　　　　　　② 함축
③ 사건　　　　　　　　　④ 심상

ADVICE ≫ 사건은 소설의 요소이다.

2 다음 작품에서 나타나는 운율요소가 아닌 것은?

> 나 보기가 역겨워 / 가실 때에는
> 말없이 고이 보내 드리우리다
>
> 영변에 약산 / 진달래꽃
> 아름 따다 가실 길에 뿌리우리다
>
> 가시는 걸음 걸음 / 놓인 그 꽃을
> 사뿐히 즈려밟고 가시옵소서
>
> 나 보기가 역겨워 / 가실 때에는
> 죽어도 아니 눈물 흘리우리다

① 7, 5조　　　　　　　　② 4음보
③ 각운의 사용　　　　　　④ 단어의 반복

ADVICE ≫ 이 작품은 3음보의 운율을 가지고 있다.

ANSWER　1.③　2.②

3 다음 설명으로 가장 적절한 시인은?

> 1920년대 주로 한국인의 정서를 바탕으로 민요조의 운율을 사용하여 노래한 시인으로 대표작으로는 진달래꽃, 산유화, 못잊어 등이 있다.

① 박목월　　　　　　　　　　② 서정주
③ 김소월　　　　　　　　　　④ 김영랑

ADVICE ≫ 김소월은 여성적 어조로 한의 정서를 노래한 시인이다.

※ **다음 작품을 읽고 물음에 답하시오. 【4~6】**

> 유리(琉璃)에 차고 슬픈 것이 어른거린다.
> 열없이 붙어 서서 입김을 흐리우니
> 길들은 양 언 날개를 파다거린다.
> 지우고 보고 지우고 보아도
> 새까만 밤이 밀려나가고 밀려와 부딪히고
> 물 먹은 별이, 반짝, 보석처럼 박힌다
> 밤에 홀로 유리를 닦는 것은
> 외로운 황홀한 심사이어니
> 고운 폐혈관(肺血管)이 찢어진 채로
> 아아, 너는 산새처럼 날아갔구나!
>
> — 정지용, 「유리창」 —

4 다음 시에서 가장 두드러지는 이미지는?

① 시각　　　　　　　　　　② 후각
③ 촉각　　　　　　　　　　④ 청각

ADVICE ≫ 주지시의 가장 큰 특징은 회화적인 시각을 중시한다는 것이다.

5 화자의 슬픔과 허무감이 집약된 시어는?

① 차고 슬픈 것

② 날개

③ 보석

④ 산새

ADVICE ≫ 감탄사 '아아'와 '날아갔구나'의 영탄적 표현을 통해 허무감과 슬픔을 고조시키고 있다.

6 다음 중 정지용에 대한 설명으로 적절하지 않은 것은?

① 김영랑 등과 감께 시문학 동인으로 참여하였다.

② 문학의 순수성을 주장하며, 청록집을 발간하였다

③ 시각적 이미지를 중시하는 주지시 계열의 작품을 창작하였다.

④ 대표작으로 향수, 유리창 등이 있다.

ADVICE ≫ 정지용은 모더니즘적 경향을 가진 시인이다.

※ 다음 작품을 읽고 물음에 답하시오. 【7~8】

아무도 그에게 수심(水深)을 일러준 일이 없기에
흰 나비는 도무지 바다가 무섭지 않다.

청(靑)무우밭인가 해서 내려갔다가는
어린 날개가 물결에 절어서
공주처럼 지쳐서 돌아온다.

삼월(三月)달 바다가 꽃이 피지 않아서 서글픈
나비 허리에 새파란 초생달이 시리다.

– 김기림, 「바다와 나비」 –

7 이 작품의 주된 표현으로 적절한 것은?

① 전통적 운율의 계승

② 관념적 시어의 사용

③ 통사 구조의 반복을 통한 운율

④ 색채 이미지의 대조

ADVICE ≫ 이 작품은 '바다'와 '나비' 그리고 '청무우밭'의 색채 이미지가 대조되어있다.

ANSWER　5.④　6.②　7.④

8 다음 중 시어의 의미의 연결이 바르지 않은 것은?

① 바다 – 생명의 공간

② 나비 – 순수한 존재

③ 공주 – 나약한 존재

④ 청(靑)무우밭 – 이상향

ADVICE 》 '바다'는 죽음의 공간으로 '나비'에게 시련을 주는 공간이다.

9 작품의 작가와 경향을 짝지은 것으로 적절한 것은?

① 이상화 – 모더니즘

② 김기림 – 퇴폐적 낭만주의

③ 박목월 – 생명파

④ 김소월 – 초현실주의

ADVICE 》 ① 이상화 – 퇴폐적 낭만주의
　　　　　 ② 김기림 – 모더니즘
　　　　　 ④ 김소월 – 고전주의

10 성북동 비둘기에서 비둘기의 의미가 아닌 것은?

① 인간에 의해 파괴된 자연

② 순수를 잃어버린 현대인

③ 농경지를 잃고 유랑하는 유랑민

④ 도시의 개발로 소외된 도시 하층민

ADVICE 》 성북동 비둘기는 산업화로 인해 황폐해진 자연과 인간의 순수성을 상실해가는 과정을 그리며, 그로 인해 도시에서 밀려나가는 하층민을 의미한다.

11 김광섭의 작품 경향에 대한 설명으로 적절한 것은?

① 도시적 감수성을 바탕으로 하는 회화시

② 전통적 정서를 바탕으로 하는 고전시

③ 철학적 인식과 사유를 통한 관념시

④ 자연과 인간의 조화를 표현하는 순수시

ADVICE 》 감광균은 1930년대 도시적 감수성을 바탕으로 하는 회화시를 주로 발표하였다.

ANSWER　8.① 9.③ 10.③ 11.①

※ 다음 작품을 읽고 물음에 답하시오. 【12~13】

> 머언 산 청운사(靑雲寺)
> 낡은 기와집
>
> 산은 자하산(紫霞山)
> 봄눈 녹으면
>
> 느릅나무
> 속잎 피어나는 열 두 굽이를
>
> 청노루
> 맑은 눈에
>
> 도는
> 구름
>
> – 박목월, 「청노루」 –

12 다음 작품에 대한 설명으로 적절하지 않은 것은?

① 작가는 박목월이다.
② 운율은 2음보와 3음보의 변조이다.
③ 시상의 흐름은 근경에서 원경으로 이동한다.
④ 이른 봄의 풍경과 정취를 드러낸다.

ADVICE 》 이 작품의 시상 흐름은 산에서 절 그리고 청노루와 구름으로 집약된다.

13 이 작품이 수록된 시집은?

① 「청록집(靑鹿集)」　　　　② 「육사시집」
③ 「하늘과 바람과 별과 시」　　④ 「백록담(白鹿潭)」

ADVICE 》 이 작품의 제목으로 인해 생명파의 공동시집의 제목이 「청록집(靑鹿集)」으로 지어지게 되었다.

📖 주관식

1 형식상 내용상 유사한 두 개의 구를 나열하여 의미를 강조하는 표현의 방법은?

2 현대 모더니즘 이론을 도입하고 그에 맞춰 작품을 창작해야 한다고 주장한 시인은?

3 이상화의 「빼앗긴 들에도 봄은 오는가」에서 들과 봄의 의미를 쓰시오.

Answer

01. 대구

02. 김기림

03. 들 – 국토(조국)

    봄 – 독립

현대소설

1 현대소설의 이해

소설이란, 현실에서 있음직한 일을 바탕으로 작가가 상상하여 꾸며낸 이야기. 독자에게 감동을 주고, 인생의 진실을 표현하는 산문문학의 한 갈래이다.

(1) 소설의 특징

① **허구성(Fiction)** : 소설은 실재의 삶에서 소재를 취하지만 사실을 기록하는 것이 아니라, 현실을 바탕으로 하여 있음직한 일을 꾸며서 쓰는 것이다.

② **진실성** : 소설은 허구의 세계를 그리지만, 궁극적으로는 인생의 진실과 참모습을 추구하여 인생의 의미를 깨닫게 한다.

③ **산문성** : 주로 서술, 대화, 묘사에 의하여 기술되며 산문으로 기록된 대표적인 문학이다.

④ **서사성** : 소설은 인물, 사건, 배경 등을 갖추어 일정한 시간의 흐름에 따라 이야기를 전개 함.

(2) 소설의 인물

① **인물의 유형**
  ㉠ **작품 속에서의 역할에 따라**
    ⓐ **주동인물** : 작품에서 중심적 역할을 하는 소설의 주인공이며 대체로 긍정적 인물이다.
    ⓑ **반동인물** : 주동 인물과 갈등하는 인물이며, 대체로 부정적 인물로 설정된다.
  ㉡ **중요도에 따라**
    ⓐ **주요인물** : 주인공이나 그 만큼 중요한 역할을 하는 인물이다.
    ⓑ **주변인물** : 사건 전개를 도와주는 역할을 하는 인물이다.
  ㉢ **특성에 따라**
    ⓐ **전형적 인물** : 한 시대나 계층을 대표할 만큼 틀에 박힌 인물이다.
    ⓑ **개성적 인물** : 한 개인만의 독특한 성격을 지닌 인물로, 이전에 창조된 성격을 갖지 않고 한 작품만의 독자적인 성격을 갖는다.

② 성격의 변화 여부에 따라
　　ⓐ **평면적 인물** : 작품 속에서 한번 주어진 성격이 변하지 않는 인물이다.
　　ⓑ **입체적 인물** : 환경이나 사건의 진행에 따라 성격이 변하는 인물이다.

② **인물의 성격 제시 방법**
　㉠ **직접적 제시** : 서술자가 인물의 성격을 직접 설명해 주는 방법. 분석적인 말하기이다.
　㉡ **간접적 제시** : 등장인물의 대화나, 행동, 외양 등으로 성격을 묘사하며 보여주기 혹은 극적
　　제시 방법이라고도 한다.

③ **인물의 갈등**
　㉠ **내적 갈등** : 한 인물에게 일어나는 대립하는 둘 이상의 마음이 서로 충돌
　㉡ **외적 갈등** : 인물이나 반동 세력과의 대립으로 인해 나타난다.
　　ⓐ **인물과 인물(들) 사이의 갈등** : 소설 속에서 중심 역할을 하는 긍정적 인물과 그에 반대하
　　　는 부정적 인물 사이의 갈등
　　ⓑ **인물과 사회 사이의 갈등** : 인물이 살아가면서 겪는 사회 윤리나 제도, 혹은 관습과의 갈등
　　ⓒ **인물과 운명의 갈등** : 개인의 삶이 어쩔 수 없는 운명으로 인한 갈등이며, 대체로 인간은
　　　패배하며 그 과정에서 깨달음을 얻는다.

(3) 소설의 배경

배경(背景)이란, 행위나 사건이 일어난 시간과 장소를 가리킨다. 그러나 단순하게 '일어나는'이라는
의미보다, 사건 발생에 직간접적으로 계기를 만들어 주기도 한다.

(4) 소설의 구성

① **소설 구성의 3요소**
　㉠ **인물(人物)** : 소설에 등장하는 사람. 개성, 전형성, 보편성을 지녀야 한다.
　㉡ **사건(事件)** : 등장인물들의 벌이는 의미 있는 행동으로 갈등으로 나타난다.
　㉢ **배경(背景)** : 사건이 벌어지는 시간적 공간적 환경이다.

　　POINT UP **배경의 기능**
　　　㉠ 사실성, 생동감 확보해 준다.
　　　㉡ 작품의 전반적인 분위기를 형성한다.
　　　㉢ 작품의 의미나 주제를 형성하거나 암시한다.
　　　㉣ 인물의 심리와 사건의 전개에 대하여 암시하거나, 영향을 준다.

② **소설의 구성 단계**
　㉠ **발단** : 인물과 배경이 소개되고 사건의 실마리, 사건의 방향에 대한 암시
　㉡ **전개** : 사건이 점차 발전하는 단계, 갈등이 시작
　㉢ **위기** : 갈등이 고조되고 절정에 이르는 계기를 마련

ⓔ 절정 : 긴장과 갈등이 최고조에 이르고, 성격과 주제가 제시

ⓜ 결말 : 갈등이 해소되고, 인물의 운명이 결정

③ **구성의 유형**

㉠ **이야기의 수에 따라**

ⓐ **단일 구성** : 하나의 사건에 대한 이야기만으로 전개된다.

ⓑ **복합 구성** : 두 개 이상의 사건이 복잡하게 얽혀 전개된다.

ⓒ **피카레스크식 구성** : 서로 다른 각각의 이야기들이 동일한 주제 아래 전개되는 옴니버스식 구성이다.

㉡ **사건의 진행에 따라**

ⓐ **평면적 구성** : 시간의 흐름에 따라 사건이 전개(순행)

ⓑ **입체적 구성** : 사건이 시간의 순서에 따라 진행되지 않고 '현재-과거-미래'. 또는 '과거-미래-현재' 등으로 전개되는 구성(역순행)

(5) 소설의 시점

시점이란, 소설 속의 인물이 성격이나 행위 등을 어떤 위치에서, 어떤 태도로 관점에서 바라보고 이야기하는가를 말한다. 소설에서는 작자를 대신하는 허구적인 대리자를 통해 사건의 전개를 독자에게 전달하게 된다.

① **시점의 종류**

㉠ **1인칭 서술자(주인공) 시점**

ⓐ 주인공이 자기 자신의 이야기를 하는 시점으로 사건이 주관적으로 해석되어 전달된다.

ⓑ 사건의 내적 분석에 의존하며 '의식의 흐름'을 드러내는 소설이 될 수도 있다.

ⓒ 등장인물의 내면세계를 드러내는 데 효과적이며, 독자에게 친밀감을 준다.

㉡ **1인칭 관찰자 시점**

ⓐ 작품 속에 등장하는 인물인 '나'가 주인공의 이야기를 서술하며 '보고 들은 것' 중심으로 전개된다.

ⓑ 객관적인 관찰자의 눈에 비친 사건을 전개하는 데 효과적이다.

㉢ **3인칭 작가 관찰자 시점**

ⓐ 작자가 외부적인 관찰자의 위치에서 서술하는 방법이다.

ⓑ 외부 관찰에 의거하여, 해설이나 평가를 하지 않고 있는 그대로 제시한다.

㉣ **전지적 작가 시점**

ⓐ 작자는 전지전능한 위치에서, 각 인물의 심리 상태나 행동의 동기, 감정, 의욕 등을 분석하고 설명한다.

ⓑ 과거의 사건을 종합적으로 요약하거나, 등장하지 않은 인물의 성격이나 행위까지도 묘사가 가능하다.

② 소설의 거리

　㉠ 거리의 개념 : 작가(서술자)와 독자, 작가(서술자)와 작중 인물, 작중 인물과 독자 사이의 거리 및 독자와 작품 사이의 심적(心的)·미적(美的) 거리

　㉡ 거리의 정도 : '인물 – 독자'의 관계에서 대상을 중심으로 볼 때, 1인칭 주인공 시점은 '서술자 = 주인공'이며, 사건을 직접 전달하므로 거리가 가깝고, 3인칭 관찰자 시점은 가장 멀다.

2　한국 현대소설 주요 작품 이해

(1) 자유종

(전략)

"나는 어젯밤에 대한제국의 독립할 꿈을 꾸었소. **오뚝이**라는 것은 조그마하게 아이를 만들어 집어 던지면 드러눕지 아니하고 오뚝오뚝 일어서는 고로 이름을 오뚝이라 지었으니, 한문으로 쓰려면 나오자, 홀로독자, 설립자 세 글자를 모아 부르면 오독립이니, 내가 독립하겠다는 의미가 있고 또 오뚝이의 사적을 들으니 옛날 조그마한 동자로 정신이 **돌올**(突兀)하여 일찍 일어선 아이라. 그런고로 후세 사람들이 아이를 낳아서 혹 더디 일어설까 염려하여 오뚝이 모양을 만들어 희롱감으로 아이들을 주니 그 정신이 오뚝이와 같이 오뚝오뚝 일어서라는 의사라. 우리나라 사람들이 오뚝이 정신이 있는 이는 하나도 없은즉, 아이들뿐 아니라 장정 어른들도 오뚝이 정신을 길러서 오뚝이와 같이 오뚝오뚝 일어서기를 배워야 하겠다 하여, 우리 영감 평양 서윤으로 있을 때에 장만한 수백 석지기 좋은 땅을 방매하여 오뚝이 상점을 설치하고 각 신문에 영업광고를 발표하였더니 과연 오뚝이를 몇 달이 못 되어 다 팔고 큰 이익을 얻어 보았소."

"나는 어젯밤에 대한제국이 천만 년 영구히 안녕할 꿈을 꾸었소. 석가여래라 하는 양반이 전신이 황금과 같이 윤택하고 양미간에 큰 점이 박히고 한 손은 감중련(坎中連)하고 한 손에는 석장을 들고 높고 빛나는 옥탁자 위에 앉았거늘, 내가 합장배례하고 **황공복지**하여 내두의 **발원**(發願)을 묻는데, 어떠한 신수 좋은 부인 한 분이 곁에 섰다가 책망하기를, 적선한 집에는 경사가 있고, 불선한 집에는 앙화(殃禍)가 있음은 소소한 이치어늘, 어찌 구구히 부처에게 비나뇨? 그대는 **적악**(積惡)한 일 없고 이생에도 부모에 효도하며 형제에 우애하며 투기를 아니하며 무당과 소경을 멀리하여 음사 기도를 아니하며 전곡을 인색히 아니하여 어려운 사람을 잘 구제하고 학교에나 사회에나 공익상으로 보조를 많이 하였으니 너는 가위 선녀라 할지니, 그 행복을 누리려면 너의 일생뿐 아니라 천만 년이라도 자손은 끊기지 아니하고 부귀공명과 충신 효자를 많이 점지하리라 하시니, 이 말씀을 미루어 본즉 내 자손이 천만 년 부귀를 누릴 지경이면 대한제국도 천만 년을 안녕하심을 짐작할 일이

아니겠소?"

여러 부인 중에 한 부인이 일어나서 말하되,

"나는 지식이 없어 연하여 담화는 잘 못 하거니와 사상이야 어찌 다르며 꿈이야 못 꾸었겠소? 나도 어젯밤에 좋은 몽사가 있으나 벌써 닭이 울어 밤이 들었으니 이 다음에 이야기하오리다."

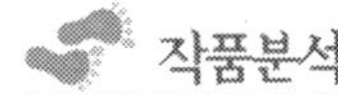 작품분석 

① 핵심 정리
  ㉠ 배경 : 이매경 여사의 집
  ㉡ 시점 : 전지적 작가 시점
  ㉢ 특징 : 토론회 형식을 빌려 개인적인 의견과 자주 정신을 드러냄. 정치소설
  ㉣ 등장인물
    • 이매경 : 주인공. 생일날을 맞아 여러 손님을 초대함
    • 신설헌 : 숙부인(婦人). 토론회를 제의함
  ㉤ 주제 : 자주 독립과 부국 번영. 남녀 평등의식 고취. 애국정신 고취와 자유교육 주장
  ㉥ 작가 : 이해조. 한국 근대 문학의 태동기에 있어서 어떤 작가보다 양적·질적인 면에서 뛰어난 신소설 작품을 발표한 작가였으며, 한국 근대 문학의 시초를 이룩한 공헌자로 평가받고 있다. 이해조의 작품 세계는 초기에는 교훈적인 공리성을 추구하였으나 후기 작품들은 흥미·오락적인 내용을 주로 다루고 있다.

② 줄거리 : 이 작품의 배경은 1908년 음력 1월 16일 밤 이매경 여사의 집이다. 등장하는 인물은 신설헌, 이매경, 홍국란, 강금운 등 네 사람이다. 이 가운데에서 신설헌 부인이 사회격으로 제일 먼저 토론회를 제의한 다음, 자신의 의견을 제시한다.

그녀는 먼저 구시대의 유습인 여성의 인종(忍從)과 예속이 타파되어야 한다고 전제한다. 그리고는 여성 역시 새 시대의 의미, 국가와 민족의 앞날에 대해서 생각하고 이야기할 필요가 있음을 주장한다. 신설헌 여사의 말로 토론은 시작된다. 그리고 그 내용은 여권(女權) 문제와 교육을 통한 개화·계몽, 국가 사회의 부강·자주책, 미신 및 계급·지방색 타파 등에 미친다. 먼저 여권 문제에 대해서는 남자가 절대 지배권을 행사하는 우리 사회의 폐습이 시정되어야 한다고 주장한다. 그와 동시에 교육, 계몽이 부국강병과 새 사회 건설의 필수 요건이라고 주장한다. 또한 조상 숭배나 윤리·도덕 정신을 앙양하는 제사나 관혼 등 길사가 오로지 형식에 치우치고 있는 폐단도 시정해야 한다고 열렬히 주장한다. 이어 2세 국민들의 교육에 대해서 진지한 의견들이 펼쳐진다. 여기에서는 지난날의 부모 우선주의가 철폐되어야 할 과제로 제기된다. 그리고 그 대안으로 제시된 것이 '자녀 공물론'이다. 다음으로 사회 개혁과 부국강병의 실현을 위해서 거론된 것은 신분간의 문제점 해소와 계층 간의 난점 해소 방책 등이다. 여기에서는 우선 적서(嫡庶)의 그릇된 인식과 차별의 폐지가 주장되었다. 그에 따르면 인재 등용은 국익에 비추어 이루어져야 한다는 것이다. 과거 우리 사회가 부당하게 서북 출신을 백안시했던 풍조를 비판하고 있다. 마지막으로 이 작품의 바닥에 깔린 주제 의식은 신설헌 부인이 제시하는 말로 총괄된다. 이매경 여사는 꿈 이야기를 빌어서 자신이 꿈꾸는 우리 사회의 이상적 건설 상태를 피력한다.

③ 이해와 감상 : 이 작품은 1919년 「광학서포」에서 발간된 이해조의 대표작 중의 하나이다. 전체가 40여 페이지 분량으로 비교적 짧지만 당시의 사회상과 개화 의식이 두드러진 초기작이다. 작품의 배경은 '가련한 민족이 된 통곡할 시대'에 생일을 맞은 이매경의 집이다. 이 날 초대 받은 네 여자들이 토론하는 형식의 정치류 소설이라 할 수 있다. 이 작품은 여러 가지 한계를 드러내고 있는데, 우선 그 구성이 너무 단순하고 평면적이다. 또한 전개되는 사건이 독자의 흥미를 끌지 못하고 있다. 너무 단조로운 장면과 대화로만 일관하고 있기 때문이다. 그러나 이러한 결점에도 불구하고 「자유종」은 여러 신소설 작품 가운데 주목받을 수 있는 요건을 갖추고 있다. 그것은 강한 시대 의식과 상황 의식이다. 널리 알려진 바와 같이 개화기에 접어들면서 우리 사

회는 반봉건과 근대화 시도, 반외세와 자주 독립과 주체성의 확립이라는 두 가지 과제를 해결해야 했는데, 「자유종」의 저변에는 이 두 개의 정신적 단면이 강한 줄기를 이루고 있다. 또, 이 작품은 대화체 형식과 논설 형식을 지니고, 계몽성과 정론성의 내용을 담은 특이한 유형으로 구분된다. 따라서 이와 같은 대화체 형식이나 토론 형식, 혹은 문답 형식은 개화기 서사 문학의 한 장르로 삼을 수 있다.

※ 신소설의 의의
고전 소설과 현대 소설의 과도기적 역할을 담당하여, 실적인 사건 중심의 소설로 변모하게 되었다. 또한 과거의 낡은 풍속과 제도에서 벗어나 새로운 문화에 눈을 뜨고자 하는 개화사상을 고취시키기도 하였다.

※ 신소설의 한계
신소설은 전형적인 인물의 등장하여, 우연적으로 사건을 전개시키며, 주제가 항상 개화와 봉건에 맞춰져 상투적이었으며, 인물의 내면을 상세하게 그리지 못하고 서술자의 설명과 개입중심으로 전개시키는 한계를 가지고 있었다.

*오뚝이 : 우리 민족이 본받아야 할 성격

*돌올(突兀) : 높이 솟아 오뚝함

*황공복지 : 두려워 엎드리다.

*발원(發願) : 소원

*적악(積惡) : 악행을 쌓다.

*신소설 : 갑오경장 이전의 소설에 대하여 새로운 내용, 형식, 문체로 이루어진 개화기의 과도기적 소설을 이름

흔히 1906년 '혈의 누'를 최초 작품으로 보며 주로 자주 독립, 자유 연애, 신교육 권장, 인습과 미신의 타파 등의 개화, 계몽   사상의 전파 등과 같이 목적 문학적 성격을 가지다가 후기에 들어 주로 부녀자들이 읽는 독서물로 전락하기도 하였다.

(2) 무정

(전략)

일동의 정신은 긴장(緊張)하였다. 더구나 영채는 아직도 이러한 큰 문제를 논란하는 것을 듣지 못하였다. '어떻게 하면 저들을 구제하나?' 함은 참 큰 문제였다. 이러한 큰 문제를 논란하는 형식과 병욱은 매우 큰 사람같이 보였다. 영채는 **두자미**(杜子美)며, 소동파(蘇東坡)의 세상을 근심하는 시구를 생각하고, 또 오 년 전 월화와 함께 대성 학교장의 연설을 듣던 것을 생각하였다. 그 때에는 아직 나이 어려서 분명히 알아듣지는 못하였거니와, "여러분의 조상은 결코 여러분과 같이 못생기지는 아니하였습니다." 할 때에 과연 지금 날마다 만나는 사람은 못생긴 사람들이다 하던 생각이 난다. 영채는 그 말과 형식의 말에 공통한 점이 있는 듯이 생각하였다. 그리고 한 번 더 형식을 보았다. 형식은,

"옳습니다. 교육으로, 실행으로 저들을 가르쳐야지요, 인도해야지요. 그러나 그것은 누가 하나요?"
하고 형식은 입을 꼭 다문다.

세 처녀는 몸에 소름이 끼친다. 형식은 한 번 더 힘 있게,

"그것을 누가 하나요?"

하고 세 처녀를 골고루 본다. 세 처녀는 아직도 경험하여 보지 못한 듯 말할 수 없는 정신의 감동을 깨달았다. 그리고 일시에 소름이 쪽 끼쳤다. 형식은 한 번 더,

"그것을 누가 하나요?"

하였다.

"우리가 하지요!"

하는 대답이 기약하지 아니하고 세 처녀의 입에서 떨어진다. 네 사람의 눈앞에는 불길이 번쩍하는 듯하였다. 마치 큰 지진이 있어서 온 땅이 떨리는 듯하였다.

형식은 한참 고개를 숙이고 앉았더니,

"옳습니다. 우리가 해야지요! 우리가 공부하러 가는 뜻이 여기 있습니다. 우리가 지금 차를 타고 가는 돈이며 가서 공부할 학비를 누가 주나요? 조선이 주는 것입니다. 왜? 가서 힘을 얻어 오라고, 지식을 얻어 오라고, 문명을 얻어 오라고… 그리해서 새로운 문명 위에 튼튼한 생활의 기초를 세워 달라고… 이러한 뜻이 아닙니까."

하고 조끼 호주머니에서 돈지갑을 내어 푸른 차표를 내어 들면서,

"이 차표 속에는 저기서 들들 떠는 저 사람들… 아까 그 젊은 사람의 땀도 몇 방울 들었어요… 부디 다시는 이러한 불쌍한 경우를 당하지 말게 하여 달라고요…."

하고 형식은 새로 결심하는 듯이 한번 몸과 고개를 흔든다.

세 처녀도 그와 같이 몸을 흔들었다. 이때에 네 사람의 가슴속에는 꼭 같은 '나 할 일'이 번개같이 지나간다. 너와 나라는 차별이 없이 온통 한 몸, 한 마음이 된 듯하였다.

선형도 아까 영채가 "제가 물 끓여 올게요." 하고 자기의 손목을 잡아 앉힐 때부터 차차 영채가 정다운 생각이 나고, 또 영채가 지은 노래를 셋이 합창할 때에는 영채의 손을 잡아 주도록 정다운 생각이 나고, 또 지금 세 사람이 일제히 "우리지요!" 할 때에 더욱 영채가 정답게 되었다. 그리고 형식이가 지금 병욱과 문답할 때에는 그 얼굴에 일종 거룩하고 엄숙한 기운이 보여 지금껏 자기가 그에게 대하여 하여 오던 생각이 죄송한 듯하다. 자기는 언제까지 형식과 영채를 같이 사랑하고 싶었다. 그래서 새로이 형식과 영채의 얼굴을 보았다.

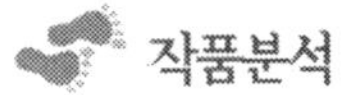 작품분석 

① 핵심정리
  ㉠ 갈래 : 장편소설, 계몽소설
  ㉡ 배경
    • 시간적 : 개화기에서 일제강점 이후
    • 공간적 : 서울, 평양, 삼랑진 등
    • 사상적 : 계몽주의, 민족주의, 기독교 및 유교 사상

ⓒ 시점 : 전지적 작가 시점
ⓔ 특징
- 소설 문체의 한 전범을 확립했다.
- 자유연애사상과 계몽의식의 표면화
- 순국문체, 산문체, 묘사체, 구어체, 만연체
ⓜ 인물의 성격
- 이형식 : 개화기 지식인의 표본으로 신문명을 섭렵했고, 새로운 가치관을 지닌 인물이지만 과도기적인 혼란을 보여주는 인물이기도 하다. 개인과 민족, 현실과 이상의 갈등 속에서 고뇌하는 인물이며, 여성 앞에서는 약하고 민족의식을 이야기할 때는 아주 강한 이중성을 지닌 우유부단하고 줏대없는 인물이기도 하다.
- 김선형 : 기독교 집안의 개화된 신여성이면서도, 자아의 각성을 보여주지 못하고 피동적인 삶을 영위하는 인물이다.
- 박영채 : 유교 교육을 받은 순종적인 전통적 여인이었지만, 욕망의 성취 대상이 전이되어 전통적인 여성상에서 자아의 각성을 통한 새로운 시대의 여성상으로 다소 변모되는 동적인 인물이다.
- 신우선 : 신문기자로, 적극적 성격의 소유자
- 김병욱 : 반봉건적, 진취적인 신여성으로 근대적인 자각을 토대로 확고한 주체의식을 지닌 인물이며, 영채를 개명하게 하는 중개자적 인물이다.
ⓗ 구성 단계
- 발단 : 이형식과 박영태의 재회, 사랑을 고백하는 영채
- 전개 : 기생이 된 영채와 선형 사이에서 방황하는 형식의 심리적 갈등
- 위기 : 자살을 기도하는 영채, 그녀를 찾으려는 형식
- 절정 : 형식과 선형의 약혼, 영채, 병욱, 우선등과 상봉, 수재민 구호, 유학을 떠남
- 결말 : 등장인물들의 근황
ⓢ 주제 : 민족의식의 고취와 자유연애
ⓞ 작가 : 이광수 소설가이자 평론가, 6 · 25전쟁 때 납북되었다가 1950년 만포(滿浦)에서 병사

② **줄거리** : 경성학교 영어교사인 이형식은, 성실하고 한편으로 우유부단한 청년이다. 그가 개화한 기독교인인 김장로의 딸 선형에게 처음으로 영어를 가르치고 온 날, 뜻밖에도 옛 스승의 딸인 영채가 그를 찾아온다. 어릴 적에 정혼한 사이나 다름없었던 영채에게서 형식은, 스승 박진사가 억울하게 옥에 갇혔고, 영채는 아버지를 구하기 위해 기생이 되었다는 사연을 듣는다. 영채가 돌아간 후 형식은 영채와 선형을 두고 여러 공상을 하며, 영채의 순결을 의심하면서도 한편으론 그와 결혼하겠다고 결심하기도 한다.

다음날, 형식은 학생들의 규탄 대상이 되어 있는 학감 배명식과 학생들의 대립을 중재하려 하다가, 배명식이 영채를 집요하게 탐내고 있음을 알게 된다. 그를 찾은 형식은 영채가 배명식에게 농락당하고 있는 장면을 목도하고 영채를 구해낸다. 이튿날 영채는 유서를 나기고 떠나 버리고, 놀란 형식이 뒤를 쫓지만, 영채를 찾지는 못한다. 영채가 죽었다고 생각하고 돌아온 형식은 배학감의 조종에 넘어간 학생들의 조롱에 부딪히자 학교를 그만두고, 김장로의 중개로 선형과 약혼한다. 한편, 영채는 자살하러 가던 길에 활달한 신여성 병욱을 만나 마음을 바꾸게 된다. 병욱은 영채가 형식을 사모한다는 생각이 구도덕의 환각임을 역설하고 영채를 자신의 집으로 데리고 간다. 병욱의 집에서 나날이 새로운 생활에 눈떠 나간 영채는 결국, 병욱과 함께 유학을 가기로 한다. 형식, 선형과 영채, 병욱은 유학길에 오른 기차 안에서 우연히 만나게 된다. 애정의 갈등을 겪고 있던 이들은, 수해가 난 삼랑진에서 수재민들을 도우면서 그 갈등이 풀려나감을 느낀다. 조선의 어려움을 느끼고 조선을 우해 헌신하겠다고 다짐하는 중에 애정의 갈등은 용해된 것이다. 숙소로 돌아온 이들은 형식의 선도에 따라, 조선 민중을 계몽할 각오를 다지고 각자의 앞날을 설계한다.

③ 해설 : 우리나라 최초의 근대소설이라 평가받는 이 소설은, 일제 식민지하에서 신음하는 우리 동포에 대한 뜨거운 애정과 민족의식 그리고 박영채와 이형식과 김선형 사이에서 보여 지는 자유연애와 삼각연애를 소설적으로 형상화한 작품이다. 최초의 근대소설로 평가되는 근거가 되는 것은, 근대적 의식과 자아의 각성이 보인다는 점, 서술이 비약적이고 추상적인데서 나아가 구체적이고 세밀한 것이 되었다는 점, 인물과 사건에 대한 사실적 묘사와 개성적인 인물이 설정된 점, 선악의 이분법적 도식에서 탈피했다는 점, 구어체에 접근했다는 점 등이다. 「무정」은 연애 문제, 새로운 결혼관 등을 통하여 당대에 최고의 시대적 선(善)으로 받아들여진 문명개화를 표방한 문학 사상 기념비가 되는 작품임에는 틀림없다. 그러나 이 작품은 계몽성을 벗어나지 못했으며, '문학을 위한 문학'이라고 하는 근대적 문학 인식을 갖지 못했으며, 삼랑진에서의 수해 장면과 자선음악회 열고 좌담 형식으로 벌어지는 네 사람의 포부 피력은 신소설의 티를 벗어나지 못했으며, 작중인물의 미래에 대한 논평자적 개입 등의 미숙한 부분을 지적받기도 한다.

※ 「무정」의 주제의식
이 작품의 주제는 민족의식의 고취, 자아의 각성, 전통 윤리의 부정, 자유연애 사상의 강조 등으로 정리할 수 있다.
그러나 민중에 대한 교육을 강조하지만, 구체적인 역사의 과정에서의 실현 방법 없이 단순하게 신식 교육 그 자체만 강조한다든지, 지나치리만큼 전통을 부정하는 모습은 역사의 흐름 속에서 새로운 민족관을 계승, 발전시키기보다 과거와의 완전한 단절만이 새로운 세상을 만들어 낼 수 있다는 작가관이 담겨 있다.

※ 이 형식과 일제하 지식인의 성격
이형식으로 대표되는 당대의 지식인은 계몽주의적 의식을 바탕으로 하는 일종의 시혜(施惠)적 태도를 가지고 있다. 이는 민중을 열등한 존재로 보고 지식인들은 그들을 일방적으로 교육하여 깨우쳐야 한다는 논리를 전제로 한다. 이는 민중 스스로의 힘을 부정하여 역사와 민중을 분리시키는 한계를 드러내는 것이라 볼 수 있다.

※ 작가의 민족관
민족의 각성을 전제로 문명을 획득해야 한다는 주장은 당연하지만, 여기에는 역사와 현실에 대한 진지한 고민이 없다는 것이 문제가 된다.
단지 현실의 문제를 민족의 무지함으로만 치부하여, 새로운 문명을 받아들이기만 하면 자연스럽게 민족의 개화가 이루어지고 부국을 이룰 수 있다는 주장하는 것은 민족의 올바른 미래를 모색하는 바른 해결책이 될 수는 없다.

*두자미(杜子美) : 두보, 중국 당나라 때 우국충정을 주제로 한 시를 썼다.

(3) 감자

싸움, 간통, 살인, 도둑, 징역, 이 세상의 모든 비극과 활극의 근원지인 칠성문 밖 빈민굴로 오 기 전까지는 복녀의 부처는 (사농공상의 제 이위에 드는) 농민이었다.

복녀는 원래 가난은 하나마 정직한 농가에서 규칙 있게 자라난 처녀였었다. 예전 선비의 엄한 규율은 농민으로 떨어지자부터 없어졌다. 하나, 그러나 어딘지는 모르지만 딴 농민보다는 좀 똑똑하고 엄한 가율이 그의 집에 그냥 남아 있었다. 그 가운데서 자라난 복녀는 물론 다른 집 처녀들같이 여름에는 벌거벗고 개울에서 멱감고, 바지바람으로 동네를 돌아다니는 것을 예사로 알기는 알았지만, 그러나 그의 마음속에는 막연하나마 도덕이라는 것에 대한 기품을 가지고 있었다.

그는 열다섯 살 나는 해에 동네 홀아비에게 팔십 원에 팔려서 시집이라는 것을 갔다. 그의 새서방(영감이라는 편이 적당할까)이라는 사람은 그보다 이십 년이나 위로서, 원래 아버지의 시대에는 상당한 농민으로 밭도 몇 마지기가 있었으나 그의 대로 내려오면서는 하나 둘 줄기 시작하여서 마지막에 복녀를 판 팔십 원이 그의 마지막 재산이었다. 그는 극도로 게으른 사람이었다. 동네 노인의 주선으로 소작 밭깨나 얻어 주면 종자만 뿌려 둔 뒤에는 후치질도 안하고 김도 안 매고 그냥 내버려두었다가는 가을에 가서는 되는대로 거둬서 '금년에 흉년 입네' 하고 전줏집에는 가져도 안가고 혼자 먹어버리곤 하였다. 그러니까 그는 한 밭을 이태를 연하여 부쳐 본 일이 없었다. 이리하여 몇 해를 지내는 동안 그는 그 동네에서는 밥을 못 얻으리만큼 인심과 신용을 잃고 말았다.

복녀가 시집을 온 지 한 삼사년은 장인의 덕으로 이렁저렁 지내 갔으나 예전 선비의 꼬리인 장인도 차마 사위를 믿게 보기 시작하였다. 그들은 처가에까지 신용을 잃게 되었다. 그들 부처는 여러 가지로 의논하다가 하릴없이 평양 성안으로 막벌이로 들어왔다. 그러나 게으른 그에게는 막벌이 나마 역시 되지 않았다. 하루 종일 지게를 지고 연광정에 가서 대동강만 내려다보고 있으니, 어찌 막벌이인들 될까. 한 서너 달 막벌이를 하다가 그들은 요행 어떤 집 막간살이로 들어가게 되었다. 그러나 그 집에서도 얼마 안 되어 쫓겨 나왔다. 복녀는 부지런히 주인집 일을 보았지만 남편의 게으름은 어찌할 수가 없었다. 만날 복녀는 눈에 칼을 세워가지고 남편을 채근하였지만,

"뱃섬 좀 치워 달라우요."

"남 졸음 오는데, 님자 치우시관,"

"내가 치우나요."

"이십 년이나 밥을 처먹고 그걸 못 치워!"

"에이구 칵 죽구나 말디."

"이년 뭘!"

이러한 싸움이 그치지 않다가 마침내 그 집에서도 쫓겨나왔다. 이젠 어디로 가나? 그들은 하릴없이 칠성문 밖 빈민굴로 밀리어 나오게 되었다.

칠성문 밖을 한 부락으로 삼고 그곳에 모여 있는 모든 사람들의 정업은 거지요, 부업으로는 도둑질과 매음, 그밖에 이 세상의 모든 무섭고 더러운 죄악이 있었다. 복녀도 그 정업으로 나섰다.

(중략)

그 겨울도 가도 봄이 이르렀다.

그때 왕서방은 돈 백 원으로 처녀 하나 마누라도 사오게 되었다.

"흥."

복녀는 다만 코웃음만 쳤다.

"복녀 강짜하갔구만."

동네 여편네들이 이런 말을 하면 복녀는 '흥'하고 코웃음을 웃곤 하였다.

내가 강짜를 해? 그는 늘 힘 있게 부인하고 하였다. 그러나 그의 마음에 생기는 검은 그림자는 어찌할 수가 없었다.

"이놈 왕서방, 네 두고 보자."

왕서방이 색시를 데려오는 날이 가까워 왔다. 왕서방은 여태껏 자랑하던 기다란 머리를 깎았다. 동시에 그것은 새색시의 의견이라는 소문이 퍼졌다.

"흥"

복녀는 역시 코웃음만 쳤다.

마침내 새색시가 오는 날이 이르렀다. 칠보단장에 사린교를 탄 색시가 칠성문 밖 채마밭 가운데 있는 왕서방의 집에 이르렀다. 밤이 깊도록 왕서방의 집에는 중국인들이 모여서 별난 악기를 뜯으며 별난 곡조로 노래하며 야단이었다. 복녀는 집 모퉁이에 숨어 서서 눈에 살기를 띠고 방안의 동정을 듣고 있었다.

다른 중국인들은 새벽 두 시쯤 하여 돌아갔다. 그 돌아가는 것을 보면서 복녀는 왕서방의 집 안 에 들어갔다. 복녀의 얼굴에는 분이 하얗게 발리어 있었다. 신랑 신부는 놀라서 그를 쳐다보았다. 그것을 무서운 눈으로 흘겨보면서 그는 왕서방에게 가서 팔을 잡고 늘어졌다. 그의 입에서는 이상한 웃음이 흘렀다.

"자, 우리 집으로 가요."

왕서방은 아무 말도 못하였다. 눈만 정처 없이 두룩두룩하였다. 복녀는 다시 한 번 왕서방을 흔들었다.

"자, 어서."

"우리, 오늘은 일이 있어 못가."

"일은 밤중에 무슨 일."

"그래두 우리 일이……."

복녀의 입에 여태껏 떠돌던 이상한 웃음은 문득 없어졌다.

"이까짓 것!"

그는 발을 들어서 치장한 신부의 머리를 찼다.

"자, 가자우, 가자우."

왕서방은 와들와들 떨었다. 왕서방은 복녀의 손을 뿌리쳤다. 복녀는 쓰러졌다. 그러나 곧 일어섰다. 그가 다시 일어설 때는 그의 손에 얼른얼른하는 낫이 한 자루 들리어 있었다.

"이 되놈 죽어라. 이놈, 나 때렸니! 이놈아, 아이구 사람 죽이누나." 그는 목을 놓고 처울면서 낫을 휘둘렀다. 칠성문 밖 외따른 밭 가운데 홀로 서 있는 왕서방의 집에서는 일장의 활극이 일어났다. 그러나 그 활극도 곧 잠잠하게 되었다. 복녀의 손에 들리어 있던 낫은 어느덧 왕서방의 손으로 넘어가고 복녀는 목으로 피를 쏟으며 그 자리에 고꾸라져 있었다.

복녀의 송장은 사흘이 지나도록 무덤으로 못갔다. 왕서방은 몇 번을 복녀의 남편을 찾아갔다. 복녀의 남편도 때때로 왕서방을 찾아갔다. 둘의 사이에는 무슨 교섭하는 일이 있었다.

사흘이 지났다.

밤중 복녀의 시체는 왕서방의 집에서 남편의 집으로 옮겨졌다.

그리고 시체에는 세 사람이 둘러앉았다. 한 사람은 복녀의 남편, 한 사람은 왕서방, 또 한 사람은 어떤 한방의사. 왕서방은 말없이 돈주머니를 꺼내어 십 원짜리 지폐 석 장을 복녀의 남편에게 주었다. 한방의사의 손에도 십 원짜리 두 장이 갔다.

이튿날 복녀는 뇌일혈로 죽었다는 한방의의 진단으로 공동묘지로 실려 갔다.

 작품분석 

① 핵심 정리
　㉠ 갈래 : 단편소설, 순수소설, 사실주의 내지 자연주의 소설
　㉡ 배경
　　• 공간적 : 칠성문 밖 빈민굴
　　• 시간적 : 1920년대 식민지 치하
　　• 사상적 : 계급의식, 금권사상, 환경결정론
　㉢ 시점 : 3인칭 전지적 작가시점(부분 관찰자 시점)
　㉣ 특징
　　• 평안도 사투리와 하층 사회의 비속어 구사
　　• 장면 중심적인 사건 전개의 집약적 효과
　㉤ 갈등
　　• 복녀와 남편
　　• 복녀와 왕서방의 갈등
　　• 복녀와 환경과의 갈등
　㉥ 인물
　　• 복녀 : 원래 도덕적 관념을 지닌 정숙한 여성이었으나, 자신을 둘러싼 타락한 현실에 의해 타락하고 파멸해가는 입체적 인물
　　• 남편 : 게으르고 무기력하고 가난한 사람으로 아내를 하나의 상품으로 인식하는 비인간적인 인물
　　• 왕서방 : 중국인 소작인으로 복녀와 정을 통하다가 복녀를 죽이는 비정한 인물. 가진 자의 횡포를 집약적으로 보여주는 정적 인물
　㉦ 구성 단계
　　• 발단 : 가난한 환경의 칠성문 밖 빈민굴의 복녀
　　• 전개 : 복녀에게 닥쳐온 환경의 변화와 타락
　　• 위기 : 새 장가를 드는 왕서방에 대한 복녀의 질투
　　• 절정 : 복녀가 왕서방의 신방에 뛰어드나 도리어 살해당함
　　• 결말 : 복녀의 주검을 둘러싼 비정한 거래
　㉧ 주제 : 비참한 환경이 빚어낸 한 여인의 비극(일제하 민족의 비극적 삶)
　㉨ 작가 : 김동인은 서사적 과거시제, 액자소설적인 시점의 이동에 의한 객관적 기법, 사실주의적 문체의 확립 등 소설미학의 기법 면에서 이룩한 그의 공적은 매우 크다. 또한 교훈주의적 주제의식의 청산과 한국 근대단편소설의 한 전형을 이룩했다.
② 줄거리 : 이 세상의 온갖 비극과 활극의 근원지인 칠성문 밖 빈민굴로 오기 전까지 복녀는 농민의 딸이었다. 복녀는 가난하지만 정직한 농가에서 규칙 있게 자란 처녀였다. 그녀의 마음속에는 막연하나마 도덕이라는 것에 대한 기품을 지니고 있었다.
그러나 복녀는 열다섯 살 나던 해에 동네 홀아비에게 팔십 원에 팔려 시집을 갔다. 이십 년 연상의 이 홀아비는 원래 잘 살던 농군 아버지로부터 상당한 재산을 물려받았으나 게을러 재산을 까먹고 마지막 남은 돈으로 복녀를 샀던 것이다. 농사일을 게을리 하여 소작도 떼이고, 삼사 년은 장인의 도움으로 그럭저럭 지내다가 마침내 평양 성 안으로 막벌이를 떠났다. 그러나 이것도 제대로 되지 않아 남의 집 행랑살이로, 거기서도 쫓겨나자 칠성문 밖으로 나오게 된 것이다.
송충이 잡이를 하던 복녀는 일하지 않고도 감독에게 돈을 받고, 이후 몸을 팔아 돈을 벌어 오는 아내를 남편도 좋아했다. 중국인 채마밭의 감자를 도둑질하는 것은 칠성문 밖 사람들의 가을

생활의 하나였다. 어느 날 복녀는 감자를 훔치다가 주인 왕서방에게 들켜 집으로 끌려가지만,
돈 삼 원까지 받아 와 남편에게 자랑스럽게 내놓았다. 이후 무시로 왕서방은 복녀를 찾았다.
이듬해 봄, 왕서방은 돈 백 원으로 어떤 처녀를 사 오게 되었다. 복녀는 마음속에 질투가 일었
다. 새색시가 오는 날 복녀는 방 안으로 들어가 왕서방에게 다짜고짜 자기 집으로 가자며 잡아
끌고, 복녀는 신부의 머리를 발로 찬다. 복녀가 왕서방을 잡아끌 때, 왕서방이 손을 뿌리치자
복녀는 쓰러진다. 복녀는 낫을 마구 휘두른다. 복녀의 낫은 어느덧 왕서방의 손으로 넘어가고,
복녀는 죽는다.

사흘이 지나, 시체에 복녀 남편, 왕서방, 그리고 한의사가 둘러앉았다. 왕서방은 돈을 꺼내 복
녀 남편에게 건넨다. 한의사에게도 돈이 간다. 이튿날 복녀의 시체는 뇌일혈로 죽었다는 한방
의사의 진단으로 공동묘지로 실려 간다.

③ 해설 : 이 작품은 환경적 요인이 인간 내면의 도덕적 본질을 타락시켜 간다는 자연주의적인 색채가
잘 드러난 소설이다. 자연주의가 말하는 이른 바 '환경결정론'이라는 세계관을 바탕으로, 환경에
지배되는 인간의 삶을 자연 과학적 관찰과 분석을 통해 냉철히 제시하려는 의도가 보이는 작품이다.
복녀의 출발은 도덕적 기품에서 시작되었다가, 복녀의 종말은 질투에 의한 폭력과 그 과정에서 이루
어지는 죽음으로 끝난다. 이 둘의 격차는 매우 크며, 작가는 그 과정에 '환경'이라는 주요한 조건이
개입되어 있고, 어떻게 하여 이러한 과정을 밟게 되는가를 과학적으로 탐구하였다.

결국, 환경의 변화에 따라가던 복녀는 비극적으로 죽게 되며, 이 죽음은 세 남자의 음모에 의해
왜곡된다. 도덕의 통제가 없는 환경에서 인간은 도덕적인 파멸뿐만 아니라 자기까지도 파멸할
수 있다는 사실을 보여주고 있는 것이다. 이러한 점이 이 작품을 자연주의적 리얼리즘의 한 전
형을 이루는 작품으로 공인받게 한다.

※ 자연주의
초월적 · 신적 존재를 인정하지 않고, 정신현상을 포함한 세계의 모든 현상과 그 변화의 근본원리가
자연(물질)에 있다고 보며, 이러한 실재론을 바탕으로 이상주의에 반대하고 실증주의와 환경결정론을
중시하며, 특히 당대 사회의 객관적 묘사와 과학적 방법(관찰과 실험)을 도입 · 강조하는, 19세기 후반
프랑스를 중심으로 발생한 문학사조이다,

※ 한국의 자연주의 문학
한국에서는 1920년대에 자연주의소설이 발표되지만, 사실주의와 자연주의 요소를 혼동하기도 하였
다. 또한 생물학적 인간관과 결정론에 대한 철학이 부재했으며, 시대적 변천과정이나 문예사조상의
구분이 불명확한 한계가 있다. 그런 중에서도 테느의 환경법칙과 결정론, 생물학적 인간관이 가장 두
드러진 작품은 김동인의 「감자」와 「김연실전 金妍實傳」이다. 전자는 한 여자가 빈곤 · 물욕 · 본능이
라는 환경적 · 생물학적 법칙에 몰락하는 과정을, 후자는 생물학적 본능 속에서 타락하는 과정을 적나
라하게 폭로한다.

※ 「감자」의 주제의식
이 작품은 한 여인이 도덕적 타락과 비극이다. 하지만 그 비극이 이면에 존재하는 환경에 주목해야
하는데 그것은 식민지 치하 조선의 가난이다. 김동인의 교훈주의적 문학의식 비판론에 따라 이 작품
은 현실의 인식과 사실적 재현이라면 그 부정적 현실은 결국 일제라는 환경으로 귀결되며, 일제하 우
리 민족의 비극적 삶이라는 주제의식을 엿볼 수 있다.

*복녀와 전개의 우연성 : 복녀는 규범있게 자란 처녀였으나, 후반부 송충이잡이하러 나간 자리에서
감독에게 너무 쉽게 몸을 허락해 버린다. 이는 소설 전개상 어색할뿐더러 복녀의 성격과도 맞지
않는다. 한국 현대소설의 발전 초기에 있었던 한계의 한 모습으로 볼 수 있다.

(4) 운수 좋은 날

(전략)

"이놈, 오라질 놈, 왜 술을 붓지 않어."

라고 야단을 쳤다. 중대가리는 희희 웃고, 치삼을 보며 문의하는 듯이 눈짓을 하였다. 주정꾼이 이 눈치를 알아보자 화를 버럭 내며,

"네미를 붙을 이 오라질 놈들 같으니, 이놈 내가 돈이 없을 줄 알고."

하자마자 허리춤을 흠칫흠칫하더니 일 원짜리 한 장을 꺼내어 중대가리 앞에 털썩 집어던졌다. 그 사품에 몇 푼 은전이 '찰그랑' 하며 떨어진다.

"여보게, 돈 떨어졌네. 왜 돈을 막 끼얹나."

이런 말을 하며 치삼은 일변 돈을 줍는다. 김 첨지는 취한 중에도 돈의 거처를 살피려는 듯이 눈을 크게 떠서 땅을 내려다보다가, 불시에 제 하는 짓이 너무 더럽다는 듯이 고개를 소스라치자 더욱 성을 내며,

"봐라, 봐! 이 더러운 놈들아, 내가 돈이 없나? 다리 뼉다구를 꺾어 놓을 놈들 같으니."

하고 치삼의 주워 주는 돈을 받아,

"이 원수엣 돈! 이 육시를 할 돈!"

하면서 풀매질을 친다. 벽에 맞아 떨어진 돈은 다시 술 끓이는 양푼에 떨어지며, 정당한 매를 받는다는 듯이 '땡' 하고 울었다.

곱배기 두 잔은 또 부어질 겨를도 없이 말려 가고 말았다. 김 첨지는 입술과 수염에 붙은 술을 빨아 들이고 나서, 매우 만족한 듯이 그 솔잎 송이 수염을 쓰다듬으며,

"또 부어, 또 부어."

라고 외쳤다.

웃음소리들은 높아졌다. 그러나 그 웃음소리들이 사라지기도 전에 김 첨지는 훌적훌적 울기 시작하였다.

치삼은 어이없이 주정뱅이를 바라보며,

"금방 웃고 지랄을 하더니 우는 건 또 무슨 일인가?"

김 첨지는 연해 코를 들이마시며,

"우리 마누라가 죽었다네."

"뭐, 마누라가 죽다니, 언제?"

"이놈아, 언제는, 오늘이지."

"예끼, 미친 놈, **거짓말** 마라."

"거짓말은 왜, 참말로 죽었어. 참말로…… 마누라 시체를 집에 뻐들쳐 놓고 내가 술을 먹다니, 내가 죽일 놈이야, 죽일 놈이야."

하고, 김 첨지는 영영 소리를 내어 운다.

치삼은 흥이 깨어지는 얼굴로,

"원, 이 사람이, 참말을 하나 거짓말을 하나? 그러면 집으로 가세, 가."

하고, 우는 이의 팔을 잡아당기었다.

치삼의 잡는 손을 뿌리치더니, 김 첨지는 눈물이 걸신걸신한 눈으로 싱그레 웃는다.

"죽기는 누가 죽어."

하고, 득의 양양.

"죽기는 왜 죽어. 생떼같이 살아만 있단다. **그 오라질 년이 밥을 죽이지**. 인제 나한테 속았다. 인제 나한테 속았다."

하고, 어린애 모양으로 손뼉을 치며 웃는다.

"이 사람이 정말 미쳤단 말인가. 나도 아주먼네가 않는단 말은 들었는데."

하고, 치삼이도 어느 불안을 느끼는 듯이 김 첨지에게 또 돌아가라고 권하였다.

"안 죽었어. 안 죽었대도 그래."

김 첨지는 홧증을 내며 확신 있게 소리를 질렀으되, 그 소리엔 안 죽은 것을 믿으려고 애쓰는 가락이 있었다. 기어이 일 원어치를 채워서 꼬박이 한 잔씩 더 먹고 나왔다. 궂은비는 의연히 추적추적 내린다.

김 첨지는 취중에도 **설렁탕**을 사 가지고 집에 다다랐다. 집이라 해도 물론 셋집이요, 또 집 전체를 세든 게 아니라 안과 뚝 떨어진 행랑방 한 칸을 빌어 든 것인데, 물을 길어 대고 한달에 일 원씩 내는 터이다. 만일 김 첨지가 주기를 띠지 않았던들, 한 발을 대문 안에 들여놓았을 때, 그 곳을 지배하는 무시무시한 정적(靜寂) − 폭풍우가 지나간 뒤의 바다 같은 정적에 다리가 떨리었으리라. 쿨룩거리는 기침 소리도 들을 수 없다. 그르렁거리는 숨소리조차 들을 수 없다. 다만, 이 무덤 같은 침묵을 깨뜨리는 − 깨뜨린다느니 보다 한층 더 침묵을 깊게 하고 불길하게 하는 '빡빡' 하는 그윽한 소리 − 어린애의 젖 빠는 소리가 날 뿐이다. 만일 청각이 예민한 이 같으면, 그 '빡빡' 소리는 빨 따름이요, '꿀떡꿀떡' 하고 젖 넘어가는 소리가 없으니, 빈 젖을 빤다는 것도 짐작할는지 모르리라. 혹은, 김 첨지도 이 불길한 침묵을 짐작했는지도 모른다. 그렇지 않으며, 대문에 들어서자마자 전에 없이 '이 난장맞을 년, 남편이 들어오는데 나와 보지도 안 해, 이 오라질 년.' 이라고 고함을 친 게 수상하다. 이 고함이야말로 제 몸을 엄습해 오는 무시무시함을 쫓아 버리려는 허장성세인 까닭이다.

하여간, 김 첨지는 방문을 왈칵 열었다. 구역을 나게 하는 추기(醜氣) − 떨어진 삿자리 밑에서 올라온 먼지내, 빨지 않은 기저귀에서 나는 똥내와 오줌내, 가지각색 때가 켜켜이 앉은 옷내, 병인의 땀 썩은 내가 섞인 추기가 무딘 김 첨지의 코를 찔렀다.

방 안에 들어서며 설렁탕을 한 구석에 놓을 사이도 없이, 주정꾼은 목청을 있는 대로 다 내어 호통을 쳤다.

"이런 오라질 년, 주야 장천(晝夜長川) 누워만 있으면 제일이야? 남편이 와도 일어나지를 못해?"

라는 소리와 함께 발길로 누운 이의 다리를 몹시 찼다. 그러나 **발길에 차이는 건 사람의 살이 아니**

고 나무 등걸과 같은 느낌이 있었다. 이때에, '빡빡' 소리가 '응아'소리로 변하였다. 개똥이가 물었던 젖을 빼어 놓고 운다. 운대도 온 얼굴을 찡그려 붙여서 운다는 표정을 할 뿐이라, '응아' 소리도 입에서 나는 게 아니고 마치 뱃속에서 나는 듯하였다. 울다가 울다가 목도 잠겼고, 또 울 기운조차 시진(澌盡)한 것 같다.

발로 차도 그 보람이 없는 걸 보자, 남편은 아내의 머리맡으로 달려들어, 그야말로 까치집 같은 환자의 머리를 들어 흔들며,

"이년아, 말을 해, 말을! 입이 붙었어, 이 오라질 년!"

"……."

"으응, 이것 봐, 아무 말이 없네."

"……."

"이년아, 죽었단 말이냐. 왜 말이 없어?

"……."

"으응, 또 대답이 없네. 정말 죽었나보이."

이러다가, 누운 이의 흰 창이 검은 창을 덮은, 위로 치뜬 눈을 알아보자마자,

"이 눈깔! 이 눈깔! 왜 나를 바루 보지 못하고 천정만 보느냐, 응?"

하는 말끝엔 목이 메었다. 그러자, 산 사람의 눈에서 떨어진 닭의 똥 같은 눈물이 죽은 이의 뻣뻣한 얼굴을 적신다. 문득 김 첨지는 미친 듯이 제 얼굴을 죽은 이의 얼굴에 한데 비비대며 중얼거렸다.

"설렁탕을 사다 놓았는데 왜 먹지를 못하니, 왜 먹지를 못하니……. 괴상하게도 오늘은 운수가 좋더니만……."

 작품분석 

① 핵심사항 정리
   ㉠ 갈래 : 단편소설, 사실주의 소설
   ㉡ 배경 : 일제강점기 겨울 서울
   ㉢ 시점 : 전지적 작가 시점
   ㉣ 문체
     • 대화의 기법을 적절히 활용하여 작중인물을 구체적이고 현실감 있게 제시함.
     • 비속어와 욕설을 삽입 하층민의 삶을 사실적으로 그려냄.
   ㉤ 갈등구조 : 돈과 아내를 둘러싸고 김첨지의 반복되고 심화되는 내적갈등
   ㉥ 인물의 성격
     • 김첨지 : 자본주의의 침투로 인하여 부단히 가난할 수밖에 없는 인력거꾼. 가난한 서민의 모습을 대변함.
     • 아내 : 병들고 가난한 인력거꾼의 아내
   ㉦ 구성 단계
     • 발단 : 인력거꾼 김 첨지에게 주어진 오랜만의 행운
     • 전개 : 행운의 연속으로 김 첨지의 불길한 예감
     • 위기 : 선술집에서 치삼이와 술을 마시면서 아내에 대한 불안감으로 인해 횡설수설하는 김 첨지
     • 절정 : 김 첨지에게 닥친 불길한 침묵
     • 결말 : 아내의 비극적인 죽음

ⓩ 주제 : 일제하 하층민의 비극적 삶

ⓒ 작가 : 현진건. 체험을 바탕으로 하는 현실 비판적인 소설을 주로 창작하였고 후기에는 당시의 현실을 아이러니를 통해 그려내기도 하였다.

② 줄거리 : 비가 추적추적 오는 어느 날, 인력거꾼 김 첨지에게 행운이 불어 닥친다. 아침 댓바람에 손님을 둘이나 태워 80전을 번 것이다. 거기에다가, 며칠 전부터 앓아누운 마누라에게 그렇게도 원하던 설렁탕 국물을 사줄 수 있으리라 기뻐하며 집으로 돌아가려던 그를, 1원 50전으로 불러 세운 학생 손님까지 만났기 때문이다. 엄청난 행운에 신나게 인력거를 끌면서도 그는 마누라 생각에 내심 켕긴다. 그럼에도 불구하고 그는 손님 하나를 흥정하여 또 한 차례 벌이를 한 후 선술집에 들른다.

김첨지는 마누라에 대한 불길한 생각을 떨쳐 버리려 술주정을 하면서 미친 듯이 울고 웃는다. 마침내 취기가 오른 김첨지가 설렁탕을 사들고 집에 들어온다. 무서운 침묵과 함께 아내의 죽음을 확인하고 김첨지는 오열한다.

③ 이해와 감상

이 작품은 1920년대 사실주의 소설의 대표작으로 평가받는다. 김첨지라는 인력거꾼의 하루 동안의 일과와 그 아내의 비참한 죽음을 통해 일제 식민지 치하 하층 노동자의 궁핍한 생활상과 기구한 운명을 집약적으로 보여주고 있다. 김첨지의 뇌리에 끊임없이 작용하는 아내의 죽음에 대한 예감과 돈을 벌어야 한다는 강박관념이 서로 갈등을 일으키고, 또한 외형적으로 더해가는 행운과 내면적인 불안감이 상호 맞물리면서 작품 전개의 박진감을 더해 준다. 그러나 김첨지는 그런 불안감에도 불구하고 바삐 귀가하지 않고 술을 마시며 횡설수설한다. 이것은 불안감이 극에 달했음을 드러내는데, 그 불안은 집에 들어서면서 순간적인 공포로서 절정에 이르고, 방 안에 들어서면서는 곧바로 죽음을 확인, 비통한 결말에 도달하게 된다.

이 작품의 구조는 전체가 '반어(아이러니)'로 이루어져 있다는 특징을 갖는다. 전반부의 김첨지의 운수 좋은 하루가 후반부에서는 아내의 죽음이라는 비극적 결말로 이어지는 극적인 반전을 통해, 인간의 운명적 반어(상황의 아이러니)를 공감할 수 있고, 이 작품의 사회적 주제를 선명히 부각시키는 효과도 거두고 있다. 제목인 '운수좋은 날'도 가장 참혹하고 비통한 날에 대한 반어적 표현으로서 그 참모습이 드러난다. 사실과 달리 운수 좋은 날로 표상한 이 아이러니는 단순히 아이러니컬한 제목 수준에 머무는 것이 아니라, 이 아이러니의 간극만큼 비극성을 강화하는 것이다. 돈을 벌 게 되어 '운수 좋은 날'이라고 생각한 바로 그 날이 가장 운수 사나운 날이 되고 마는 처절한 삶의 실상을 아이러니를 통해 표현하려 한 것이다.

※ 비극적 분위기를 형성하는 소재
- 무시무시한 정적
- 어린애의 젖 빠는 소리
- 불길한 침묵
- 설렁탕
- 김첨지의 허장성세

*봐라, 봐~ : 돈에 대한 원망

*웃음소리~ : 불길함 예감과 현실에 대한 절망

*거짓말 : 아내의 죽음 암시

*그 오라질 년이~ : 아내에 대한 애정의 반어적 표현

*설렁탕 : 아내에 대한 애정이며, 평소에 사주지 못하는 가난한 현실을 의미한다. 결국 죽은 이에게 줄 수밖에 없는 남편의 사랑으로 이 작품이 가진 비극성을 가장 심화시키는 소재이다.

*발길로~ : 죽음을 인지하는 과정이며, 결국 죽을 수밖에 없었던 아내에 대한 애정과 원망의 행동이다.

*결말 : 대화를 통한 결말처리로 미완의 결말구조이며, 여운을 통해 비극성을 심화시킨다.

*반어(아이러니,) : 표현하고자 하는 것을 반대로 표현함으로써 내면의 진실을 드러내는 수법이다.

① 표현의 반어 : 겉으로 드러난 말과 의도가 다르게 표현

② 상황적 반어 : 사건의 전개과정에서 예기치 못한 결과가 나타나는 상황

(5) 홍염

(전략)

문 서방의 아내가 죽던 그 이튿날 밤이었다. 그 날 밤에도 바람이 몹시 불었다. 그 바람은 강바람이어서 서북에 둘리인 산 때문에 좀한 바람은 움쩍도 못하던 달리소(문 서방의 사위 인가의 땅)까지 범하였다. 서북으로 산을 등지고 앞으로 강 건너 높은 절벽을 대하여 강골밖에 터진 데 없는 달리소는 강바람이 들어차면 빠질 데는 없고 바람과 바람이 부딪쳐서 흔히 회오리바람이 일게 된다. 이 날 밤에도 그 모양으로, 달리소에는 회오리바람이 일어서 낫가리가 날리고 지붕이 날리고 산천이 울려서 혼돈이 배판할 때 빙세계나 트는 듯한 판이라, 사람은커녕 개와 도야지도 굴 속에서 꿈쩍 못하였다. 밤이 퍽 깊어서였다.

차디찬 별들이 총총한 하늘 아래, 우렁찬 바람에 휘날리는 눈발을 무릅쓰고 달리소 앞강 빙판을 건너서 달리소 언덕으로 올라가는 그림자가 있다. 모진 바람이 스치는 때마다 혹은 엎드리고 혹은 우뚝 서기도 하면서 바삐 가던 그림자는 게딱지같은 지팡살이집 근처에서부터 무엇을 꺼리는지 좌우를 슬몃슬몃 보면서 자취를 숨기고 걸음을 느리게 하여 저편으로 돌아가 인가의 집 높은 울타리 뒤로 돌아갔다.

"으르릉 웡웡."

하자 어느 구석에서인지 개가 한 마리, 두 마리, 세 마리 뒤이어 나와서짖으면서 그 그림자를 쫓아간다. 그 개소리는 처량한 바람 소리 속에 싸여 흘러서 건너편 산을 스르렁스르렁 울렸다.

"꽝! 꽝꽝."

인가의 집에서는 개짖음에 홍우재(마적)나 돌아오는가 믿었던지 헛총질을 너댓 방이나 하였다. 그 소리도 산천을 울렸다. 그 바람에 슬근슬근 가던 그림자는 획 돌아서서 손에 들었던 보자기를 개

앞에 던졌다. 보자기는 터지면서 둥글둥글한 것이 우루루 쏟아졌다. 짖으면서 달려오던 개들은 짖기를 그치고 거기 모여들어서 서로 물고 뜯고 **빼앗아먹는다**. 그러는 사이에 그림자는 인가의 울타리 뒤에 산같이 쌓아놓은 보릿짚더미에 가서 성냥을 쭉 긋더니 뒷산으로 올리닫는다.

처음에는 바람 속에서 **판득판득**하던 불이 삽시간에 그 산같은 보릿짚더미에 붙었다.

"휘쓰(불이야)!"

하는 고함과 함께 사람의 소리는 요란하였다. 모진 바람에 하늘하늘 일어서는 불길은 어느새 보릿짚더미를 살라 버리고 울타리를 살라 버리고 울타리 안에 있는 집에 옮았다.

"푸우 우루루루 쏴아……"

동풍이 몹시 일면은 불기둥은 서편으로 서풍이 몹시 부는 때면 불기둥은 동으로 쏠려서 모진 소리를 치고 검은 연기를 뿜다가도 동서풍이 어울치면 **축늉**(火神)의 붉은 혓발은 하늘하늘 염염이 타올라서 차디찬 별----억만 년 변함이 없을 듯하던 별까지 녹아내릴 것같이 검은 연기는 하늘을 덮고 붉은 빛은 깜깜하던 골짜기에 차흘러서 어둠을기회로 모아들었던 온갖 요귀(妖鬼)를 몰아내는 것 같다. 불을 질러놓고 뒷숲속에 앉아서 내려다보는 그 그림자----딸과 아내를 잃은 문 서방은,

"하하하……"

시원스럽게 웃고 가슴을 만지면서 한 손으로 꽁무니에 찼던 도끼를 만져보았다.

일 동리 사람들과 인가의 집 일꾼들은 불붙는 데 모여들었으나 모두 어쩔 줄을 모르고 떠들고 덤비면서 달려가고 달려올 뿐이었다.

그러는 사이에 울타리는 물론 울타리 속에 엉큼히 서 있던 큰 집 두 채도 반이나 타서 쓰러졌다. 이런 불 속으로부터 여러 사람이 오고 가는 밭 가운데로 튀어나가는 두 그림자가 있었다. 하나는 커단 장정이요, 하나는 작은 여자이다. 뒷간 숲에서 이것을 본 문 서방은 그 두 그림자를 향하여 내리뛰었다.

그는 천방지방 내리뛰었다. 독살이 잔뜩 올라서 불빛에 번쩍이는 그의 눈에는 이 두 그림자밖에는 아무것도 보이지 않았다.

"으윽 끅."

문 서방이 여러 사람을 헤치고 두 그림자 앞에 가 섰을 때 앞에 섰던 장정의 그림자는 땅에 거꾸러졌다. 그때는 벌써 문 서방의 손에 쥐었던 도끼가 장정 인가의 머리에 박혔다. 도끼를 놓은 문 서방의 품에는 어린 여자의 그림자가 안겼다. 용례가……

그 바람에 모여섰던 사람들은 혹은 허둥지둥 뛰어버리고 혹은 뒤로 자빠져서 부르르 떨었다. 용례도 거꾸러지는 것을 안았다.

"용례야! 놀라지 마라! 나다! 아버지다! 용례야!"

문 서방은 딸을 품에 안으니 이때까지 악만 찼던 가슴이 스르르 풀리면서 독살이 올랐던 눈에서 뜨거운 눈물이 떨어졌다. 이렇게 슬픈 중에도 그의 마음은 기쁘고 시원하였다. 하늘과 땅을 주어도 그 기쁨을 바꿀 것 같지 않았다.

그 기쁨! 그 기쁨은 딸을 안은 기쁨만이 아니었다. 적다고 믿었던 자기의 힘이 철통 같은 성벽을

무너뜨리고 자기의 요구를 채울 때 사람은 무한한 기쁨과 충동을 받는다.

불길은----그 붉은 불길은 의연히 모든 것을 태워 버릴 것처럼 하늘하늘 올랐다.

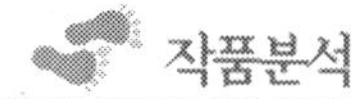 작품분석

① 핵심정리
　　㉠ 갈래 : 단편소설, 신경향파 소설, 빈궁소설
　　㉡ 배경
　　　• 시간적 : 1920년대 일제 식민지 치하
　　　• 공간적 : 중국 서간도 빼허(白河), 조선인 이주민 마을
　　　• 사상적 : 사회주의 사상과 계급사상
　　㉢ 시점 : 전지적 작가 시점
　　㉣ 특징
　　　• 속도감과 강한 인상을 주는 간결체의 문장,
　　　• 남성적이고 폭력적인 전개
　　㉤ 인물
　　　• 문서방 : 간도로 이주해온 조선인 소작농이다. 빚을 갚지 못해 지주인 인가에게 딸을 빼앗기며 죽기 전에 딸을 보고 싶어 하는 아내를 위해 인가의 집에 갔다가 거절당하고 돌아온다. 아내가 죽자 그는 인가의 집에 찾아가 불을 지르고 인가를 살해한다.
　　　• 인(殷)가 : 중국인 지주로 빚을 이유로 문서방의 아내를 탈취하려다가 대신 딸 용례를 자기 집으로 끌고 가서 아내를 삼은 악덕 지주이다. 끝내 문서방에게 죽임을 당한다.
　　　• 문서방의 아내 : 용례를 인가에게 빼앗긴 후 화병이 들어 용례를 보고 싶어 하다가 죽는다.
　　㉥ 구성 단계
　　　• 발단 : 문서방이 서간도로 이주하여 인가의 소작인이 됨.
　　　• 전개 · 위기 : 소작료 체납으로 인가에게 딸 용례를 빼앗기고 이로 인하여 아내가 죽음
　　　• 절정 · 결말 : 문서방은 인가의 집에 방화를 하고 인가를 죽이게 됨.
　　㉦ 주제 : 일제하 조선인 이주민들의 비참한 삶과 저항
　　㉧ 작가 : 최서해
② 줄거리 : 문서방은 가난한 삶 때문에 백두산 서북편 서간도로 이주한다. 몹시 추운 날 아침 문서방이 빙판을 건너서 사위 인가가 사는 달리소라는 땅에 올라선다. 죽어가는 아내가 용례를 데려다 달라고 애원하던 것을 생각한다.

문서방은 경기도에서 소작인 생활 10년에 겨죽만 먹다가 이곳에 와서도 흉년으로 소작료를 갚지 못해서 매까지 맞은 일을 생각하며 자신의 신세를 한탄한다. 가을볕이 쨍쨍한 마당에서 깨를 떨던 아내는 인가가 오는 것을 보고 근심하며, 인가는 올해는 빚을 갚으라고 고래고래 소리를 지른다. 인가가 문서방의 아내를 빚대신에 데려가겠다고 끌고 간다. 방안에서 바느질을 하고 있던 용례가 달려가서 어머니의 팔을 잡은 인가의 손을 물어뜯는다. 용례를 본 인가는 문서방의 아내 대신 용례를 붙들고 데려간다.

용례가 인가의 손에 들어가고 며칠 후 문서방은 땅날갈이나 받고 지금의 빼허로 이주하며, 이후 인가는 절대로 용례를 문서방 내외에게도 보여주지 않는다. 문서방은 다시 딸아이를 보게 해달라고 사정을 하지만 인가는 끝내 백조짜리 석장을 주고 그냥 가라고 한다. 집에 돌아오니, 부뚜막에는 문서방의 아내가 누덕이불에 싸여 누웠고, 그 옆에는 이웃사람들이 모여 있으며, 지금 막 달리소의 인가네서 돌아온 문서방은 아내의 손을 잡는다. 아내는 용례를 부르다가 무엇을 노려보면서 죽으며, 문서방의 울음소리는 고요한 방안의 불빛 속에 바람소리와 함께 처량하게 흐른다. 문서방의 아내가 죽은 이튿날 밤에 문서방은 인가를 도끼로 찍어 죽이며 딸을 부둥켜 안고 운다.

③ 해설 : 1927년에 발표한 이 작품은 간도를 배경으로 조선인 소작인과 중국인 지주 사이의 갈등을 그린 것으로, 신경향파의 대표적인 작품이다. 계급의식에 입각한 인물설정과 소작인의 지주에 대한 계급적 투쟁 그리고 방화와 살인에 의한 결말 처리 등은 프로문학적 창작방법의 전형이라고 할 수 있다. 즉 '빈곤→빚의 대가로 딸을 빼앗김→그로 인한 아내의 죽음→반항적 폭력으로서의 방화와 살인의 선택'이 그것이다. '방화와 살인'이라고 하는 대응방식은 극적이기는 하나, 현실의 구조적 모순을 극복하는 바람직한 대안이 아닌 자포자기 상태에서의 충동적 행위에 가깝다고 할 수 있다. 이것이 신경향파 문학의 한계로 지적될 수도 있을 것이다.

※ 제목 '홍염'의 상징성
'붉은 불꽃'이라는 뜻으로, 기존의 질서에 대한 전면적 부정과 항거의 정신이 방화와 살인이라는 극단적 행동으로 표출되는 파괴적 이미지로 그려지고 있다. 주인공 문서방은 가난하다는 이유로 딸까지 빼앗기는 처참한 상황에 이르게 되고, 그로 인해 아내까지 죽게 된다. 그 순간 문서방은 내면적인 각성을 하게 된다. 그것은 사회적 자아의 발견이며, 적극적 항거의 태도이다. 홧김에 불을 지르는 낭만적 대응이 아니라, 끓어오르는 분노와 누적된 울분이 폭발되어 '불꽃(홍염)'으로 상징화되었다.

※ 신경향파 문학
1924년 이후 백조파(白潮派)와 창조파(創造派)의 낭만주의 및 자연주의 경향을 비판하고 일어난 사회주의 경향의 새로운 문학유파. 카프(KAPF)가 성립하기 전후 수년간에 나타난 한국문학의 새 국면으로, 곧 그것은 프롤레타리아 문학의 전기(前期) 현상이었다.

*판득판득 : 작은 빛을 내비치는 모양
*축늉 : 중국 신화의 인물로, 불의신이며 전쟁의 신이다.
*빈궁문학 : 소재를 빈궁한 곳에서 찾는 빈궁의 문학이며 결말을 방화나 살인 등의 본능적 저항으로 맺는다. 계급적 투쟁의식을 바탕으로 하며 순수문학을 부적하고 사회주의 운동을 바탕으로 하는 정치적인 문학이다. 부정적 현실의 인식이 가난에서 시작되어 역사성을 깊이있게 보여주지 못하는 문제와 근본적인 문제해결이 아닌 폭력으로 문제를 해결한다는데 그 한계가 있다.

(6) 치숙

우리 아저씨 말이지요, 아따 저 거시키, 한참 당년에 무엇이냐 그놈의 것, 사회주의라더냐, 막걸리라더냐 그걸 하다, 징역 살고 나와서 폐병으로 시방 앓고 누웠는 우리 오촌 고모부 그 양반……. 머, 말두 마시오. 대체 사람이 어쩌면 글쎄…… 내 원! 신세 간 데 없지요.

자, 십 년 적공, 대학교까지 공부한 것 풀어먹지도 못했지요, 좋은 청춘 어영부영 다 보냈지요, 신분에는 전과자라는 붉은 도장 찍혔지요, 몸에는 몹쓸 병까지 들었지요, 이 신세를 해가지굴랑은 굴속 같은 오두막집 단간 셋방 구석에서 사시장철 밤이나 낮이나 눈 따악 감고 드러누웠군요. 재산이 어디 집 터전인들 있을 턱이 있나요.

우리 아주머니가, 그래도 그 아주머니가, 어질고 얌전해서 그 알뜰한 남편양반 받드느라 삯바느질이야, 남의 집 품빨래야, 화장품 장사야, 그 칙살스런 벌이를 해다가 겨우겨우 목구멍에 풀칠을 하지요.

어디루 대나 그 양반은 죽는 게 두루 좋은 일인데 죽지도 아니해요.

우리 아주머니가 불쌍해요. 아, 진작 한 나이라도 젊어서 팔자를 고치는 게 아니라, 무슨 놈의 수난

후분을 바라고 있다가 고생을 하는지.

근 이십 년 소박을 당했지요.

이십 년을 젊은 청춘 한숨으로 보내고서 다아 늦게야 송장 여대치게 생긴 그 양반을 그래도 남편이라고 모셔다가는 병 수종들으랴, 먹고 살랴, 애가 진하고 다니는 걸 보면 참말 가엾어요.

그게 무슨 죄다짐이람? 팔자, 팔자 하지만 왜 팔자를 고치지를 못하고서 그래요. 죄선(朝鮮) 구식 부인네들은 다아 문명을 못하고 깨지를 못해서 그러지.

그 양반이 한시바삐 죽기나 했으면 우리 아주머니는 차라리 신세 편하리다.

심덕 좋겠다, 솜씨 얌전하겠다 하니 어디 가선들 제가 일신 몸 가누고 편안히 못 지내요?

가만있자, 열여섯 살에 아저씨네 집으로 시집을 갔다니깐 그게 내가 세살 적이니 꼬박 열여덟 해로군 열여덟 해면 이십 년 아니요.

그때 우리 아저씨 양반은 나이 어리기도 했지만 공부를 한답시고 서울로, 동경으로 십여 년이나 돌아다녔고 조끔 자라서 색시 재미를 알 만하니까는 누가 예쁘달까봐 이혼하자고 아주머니를 친정으로 쫓고는 통히 불고를 하고……

공부를 다 마치고 오더니만, 그 담에는 그놈의 짓에 들입다 발광해 다니면서 명색 학생 출신이라는 딴 여편네를 얻어 살았지요. 그 여편네는 나도 몇 번 보았지만 쌍판데기라고 별반출 수도 없이 생겼습디다.

(중략)

"아저씨?"

"왜 그러니?"

"아저씨가 여기다가 경제 무어라구 쓰구 또, 사회 무어라구 썼는데, 그러면 그게 경제를 하란 뜻이요 사회주의를 하라는 뜻이요?"

"뭐?"

못 알아듣고 뚜렷뚜렷 해요. 자기가 쓰고도 오래 돼서 다아 잊어버렸거나 혹시 내가 말을 너무 까다롭게 내기 때문에 섬뻑 대답이 안나왔거나 그랬겠지요. 그래 다시 조곤조곤 따졌지요.

"아저씨! 경제라 껏은 돈 모아서 부자되라는 거 아니요? 그런데 사회주의라 껏은 모아둔 부자 사람의 돈을 뺏아 쓰는 거 아니요?"

"이 애가 시방!"

"아―니, 들어보세요."

"너, 그런 경제학, 그런 사회주의 어디서 배웠니?"

"배우나마나, 경제라 껀 돈 많이 벌어서 애껴 쓰구 나머지 모아 두는 게 경제 아니요?"

"그건 보통, 경제한다는 뜻으로 쓰는 경제고, 경제학이니 경제적이니 하는 건 또 다르다."

"다른 게 무어요? 경제는, 돈 모으는 것이고 그러니까 경제학이면 돈 모으는 학문이지요."

"아니란다. 혹시 이재학(理財學)이라면 돈 모으는 학문이라고 해도 근리(近理)할지 모르지만 경제학은 그런 게 아니란다."

"아—니 그렇다면 아저씨 대학교 잘못 다녔소. 경제 못하는 경제학 공부를 오 년이나 했으니 그거 무어란 말이요? 아저씨가 대학교까지 다니면서 경제 공부를 하구두 왜 돈을 못 모으나 했더니 인제 보니깐 공부를 잘못해서 그랬군요!"

"공부를 잘못했다? 허허. 그랬을는지도 모르겠다. 옳다 네 말이 옳아!"

이거 봐요 글쎄. 담박 꼼짝 못하잖나. 암만 대학교를 다니고, 속에는 육조를 배포했어도 그렇다니깐 글쎄……

"아저씨?"

"왜 그래?"

"내가 딱하다구 그리셨지요?"

"아니다. 나 혼자 한 말이다."

"그래두……"

"이애!"

"네?"

"사람이란 것은 누구를 물론허구 말이다, 아첨하는 것같이 더러운 게 없느니라."

"아첨이요?"

"저……위로는 제왕, 밑으로는 걸인, 그 모든 사람이 위선 시방 이 제도의 이 세상에서 말이다, 제 가끔 제 분수대루 살아가는 데 있어서 말이다, 제 개성을 속여가면서 꺼정 생활에다가 아첨하는 것같이 더러운 것이 없고, 그런 사람같이 가련한 사람은 없느니라. 사람이라껀 밥 두 그릇이 하필 밥 한 그릇보다 더 배가 부른 건 아니니까."

"그건 무슨 뜻인데요."

"네가 일본인 여자와 결혼을 해서 성명까지 갈고 모든 생활법도를 일본화 하겠다는 것이 말이다."

"네, 그게 좋잖아요?"

"그것이 말이다. 진실로 깊은 교양이나 어진 지혜의 판단에서 우러나온 것이라면 그도 모를 노릇이 겠지. 그렇지만 나는 보매 네가 그런다는 것은 다른 뜻으로 그러는 것 같다."

"다른 뜻이라니요?"

"네 주인의 비위를 맞추고 이웃의 비위를 맞추고 하자고……"

"그야 물론이지요! 다이쇼의 신용을 받아야 하고 이웃 내지인들하구두 좋게 지내야지요. 그래야 할 게 아니겠어요?"

"……"

① 핵심사항 정리
　ㄱ 갈래 : 단편소설, 풍자소설, 현실 고발적
　ㄴ 배경 : 일제강점기 하의 1920~1930년대 서울
　ㄷ 시점 : 1인칭 관찰자 시점
　ㄹ 표현상 특징
　　• 독백체, 풍자와 반어의 효과
　　• 회상의 기법 사용
　ㅁ 갈등구조 : 사회주의 사상을 가진 '아저씨'와 그의 비현실적인 사고방식을 비난하는 '나'의 갈등
　ㅂ 인물의 성격
　　• 나 : 작품의 화자로 이기적이고 타산적인 현실 순응자. 보통학교 4학년을 마치고 일본인 밑에서 사환으로 있는 소년. 일제(日帝)에 의한 식민지 상황을 전적으로 긍정하고 기꺼이 일제에 동화되어 가겠다는 인물
　　• 아저씨 : 사회주의 사상을 가진 사람으로, 사회개혁의지를 가졌으나 그 뜻을 실천하지 못하는 지식인의 전형적 인물. 대학을 나온 뒤 사회주의 운동을 하다가 감옥살이를 하고, 이제는 병이 들어서 폐인이 되다시피한 지식인
　ㅅ 주제 : 일제강점기 무능한 인텔리의 무기력한 삶, 친일적 인간형 비판
　ㅇ 작가 : 채만식(소설가). 호는 백릉(白菱). 초기 소설들에서는 비록 카프에 가담하지는 않았지만 동반자적 경향을 많이 보여 주었다. 그의 작품은 식민지 시대의 어두운 현실을 풍자하고, 일제하 민족의 현실과 인간상을 사실적으로 그렸다.

② 줄거리 : 아저씨는 아주머니가 열여섯 살에 결혼을 한다. 아저씨는 공부한다고 서울로 동경으로 돌아다니다 학생 출신의 여편네를 얻어다가 딴살림을 차린다. 그는 이혼을 해달라고 해서 아주머니를 소박데기로 만든다. 소박을 맞은 아주머니는 일곱 살에 부모를 잃은 나를 데려다 키운다. 나는 사년이나마 보통학교에도 다닌다. 치폐하지 않았다면 나도 전문학교까지는 다녔을 것이다. 그 후 아저씨는 붙들려가서 오년이나 옥살이를 하고 그 동안 아주머니의 시집과 친정은 모두 망한다. 아주머니는 아저씨의 옥바라지를 위해 서울로 옮겨온다. 아주머니에게 많은 은공을 입은 나는 아주머니에게 개가하라고 여러 차례에 걸쳐 권하였고 마침 좋은 자리도 있었으나 아주머니는 끝내 거절한다. 나는 아주머니의 은혜에 보답하기 위해 아주머니의 뒤를 많이 봐준다. 아주머니는 일 년 동안 구라다상네 집에서 열심히 일하고 삯바느질도 해서 백 원을 만든다. 그 돈으로 단칸방을 얻은 아주머니는 감옥에서 나온 아저씨를 들여 살림을 한다. 아저씨는 첩년이 나타나지 않자 실망하는 눈치에다 토혈까지 한다. 아저씨는 전과자란 붉은 도장이 찍힌 철빈의 신세이며, 아주머니가 삯바느질과 품빨래 그리고 화장품 장사를 해서 입에 풀칠을 하면서 살아간다.
아저씨는 대학까지 졸업하고도 해먹을 것이란 막노동밖에 없는데 보통학교 사년을 다니고도 앞길이 훤히 트인 나는 아저씨보다 훨씬 나은 사람이라 생각한다. 아저씨는 일할 생각은 않고 필경 붙잡혀가서 징역을 살 놀음인 사회주의 운동을 할 생각을 하고 있다. 부지런히 일하지 않고 부자의 것을 빼앗아 먹을 궁리만 하는 사회주의자들은 부랑당패가 분명하다. 나는 우리집 주인이 신용을 하니까 십 년 열심히 일해서 그것을 언덕삼아 환갑이 될 때까지 삼십 년 동안 장사를 한다면 십만 원을 벌어 조선의 천석꾼이 될 것이다. 나는 부자가 되면 내지인 규수에게 장가를 들고 성명도 내지인 성명으로 하고 생활법도도 모두 내지인처럼 해서 살아갈 생각이다.
나는 사회주의 운동을 하는 아저씨가 밉살스러워 한번 혼을 내준 적이 있는데, 아주머니더러 그 놈 사람 버려서 아무 짝에도 쓸모가 없다고 하더라는 것이다. 대학교까지 가서 경제를 배우고도 돈 모을 생각은 하지 않고 사회주의만 하고 다닌 아저씨의 글을 논박하면서, 돈 많이 벌어서 아껴 쓰고 저축하는 것이 경제가 아니냐고 하자, 아저씨는 그것은 이재학이지 경제학이 아니라고 강변하다. 내가 돈 모아 부자되는 경제가 아니라, 모아 둔 부잣 사람네 돈 뺏어 쓰는 사회주의 공부를 한 아저씨는 대학을 헛다녔다고 하자 아저씨는 어안이 벙벙해진다. 나는 환갑까지 십만 원을 모을 포부를 밝혀서 아저씨의 입을 막으며, 사람 속 차릴 여망이 없는 아저씨가 하루바삐 죽지 않고 다시 살아나서 귀찮다는 생각을 한다.

③ 해설 : 이 작품은 일제치하에서 무능할 수밖에 없었던 인텔리의 비극을 그린 작품이다. 무지하고 세속적인 인물인 조카 '나'가 주인공인 아저씨의 비현실적 사고방식을 비난하는 것으로 구성되어 있다. '나'라는 화자는 아저씨를 한심하게 여기면서 자신의 포부를 자랑스럽게 떠들어대지만, 실상 그것은 작가의 시선과 독자의 평가에 의해 다시 풍자되고 있다. 이것은 지식인의 위치에 있는 아저씨를 일제치하에서 민족주체성을 상실하고 현실에 순응하는 화자가 비판하게 함으로써 당시 현실을 역논리와 풍자로써 뚜렷이 보여주는 작가의 의도된 수법이다.

이 작품은 은 동일 비중의 사건이나 어구를 반복하거나, 비어 · 속어를 편향적으로 사용함으로써 작가 채만식의 풍자와 반어의 효과가 극대화되고 있으며, 허무주의만 가지고는 현실을 극복하지 못한다는 작가의 이데올로기가 반영된 작품이다. 또한 이 소설의 성과는 주제의식에 있어서도 드러나지만, 무엇보다 소설적 장치에 있어서 빛을 발한다. 아이러니를 이용한 풍자의 수법으로 대상의 실상을 그리고 있는 이 점이 바로 채만식 문학의 높이이면서 당대 한국 문학의 한 수준을 이루었다고 할 수 있다.

※ 이중적 구조와 효과
- 전반부 : 나의 독백을 통해 부정적 인물의 자기고발을 통해 비판의 효과를 갖게 한다.
- 후반부 : 나와 아저씨의 대화를 통해 당대 현실의 모순과 지식인의 무력감을 드러낸다.

※ '아저씨'의 성격과 현실
이 작품에서 아저씨는 긍정할 수 없이 무력한 존재로 그려진다. 사회주의 사상을 가지고 감옥살이를 하며, 폐인처럼 생활할 뿐이다. 그러나 일제하 지식인들의 자신의 능력을 펼칠 수 없는 구조적 모순 속에서 살아간다고 할 때 아저씨는 부정적 인물이 아닌 역사적 현실에 의해 희생당한 인간형으로 바라보아야 한다.

※ 시점상의 특징
이 작품은 1인칭 관찰자 시점으로 '믿을 수 없는 화자'이다. 즉 나는 어수룩한 성격으로 사건의 진실을 알지 못하며, 친일적 사고를 가진 기회주의적 인물이다. 그러므로 독자는 전면에 나선 '나'를 비판함으로써 부정적 인물형인 '나'를 통해 시대 현실을 이해할 수 있게 된다.

※ 이 작품은 상황의 아이러니라는 구조를 통해 풍자를 핵심으로 하는 작품이다. '나'라는 어린 소년이 화자로 설정되어, 소년이 아저씨를 관찰하고 그 결과를 기술함으로써 소년의 피상적 관찰이 전면에 부각된다. 소년의 미숙함이 전제되었기 때문에 소년과 아저씨의 관계에서는 이미 소년의 시각이 미흡한 수준이라는 것을 사전에 알려주는 효과를 가진다. 이렇게 소년의 관찰에 의존하는 것은, 아마도 아저씨에 대한 당시 세인들의 판단이 소년 수준을 넘지 않는다는 작가적 인식 때문일 것이다. 거기에다가 소년이 부정적 인물임으로 해서, 부정적인 인물이 부정하는 대상은 그 실상이 어떠할지는 몰라도, 일단 부정적 인물에 의해 그려진다는 전제에서 대상에 대한 이해의 소지를 남길 수 있다.

※ 일제와 사회주의
일제강점기 사회주의는 자본주의에 대립하는 개념이 아닌 민족주의의 또 다른 연장선에서 지식인들이 추구하던 일련의 개혁운동으로 볼 수 있다.
이 작품에서도 나와 아저씨의 대화를 통해 드러나는 사회주의관은 매우 편향적인데, 나는 저급한 쪽으로 쏠려있다고 한다면 아저씨는 이상론에 치우쳐 있다. 조카의 사회주의에 대한 관점은 매우 낮은 수준이기는 하지만 당대 일반인의 시각을 대변한 것이라고 볼 때, 잘못된 사회주의관을 비판하며, 당대의 사회주의를 옹호하는 성격도 지니고 있다.

(7) 소낙비

(전략)

남편은 시골 물정에 능통하니 만치 난데없이 돈 이 원이 어디서 저렇게 되는 것까지는 추궁해 물으려 하지 않았다. 그는 **적이** 안심한 얼굴로 방문턱에 걸터앉으며 담뱃대에 불을 그었다. 그제야 비로소 아내도 마음을 놓고 감자를 삶으러 부엌으로 들어가려 하니 남편이 곁으로 걸어오며 측은한 듯이 말리었다.

"병나, 방에 들어가 어여 옷이나 말리여, 감자는 내 삶을게."

먹물같이 짙은 밤이 내리었다. 비는 더욱 소리를 치며 앙상한 그들의 방벽을 앞뒤로 울린다. 천장에서 비는 새지 않으나 집 지은 지가 오래되어 **고래**가 물러앉다시피 된 방이라 도배를 못 한 방바닥에는 물이 스며들어 귀축축하다. 거기다 거적 두 잎만 덩그렇게 깔아 놓은 것이 그들의 침소였다. 석유 불은 없어 캄캄한 바로 지옥이다. 벼룩 이는 사방에서 마냥 스물거린다.

그러나 등걸잠에 **익달**한 그들은 천연덕스럽게 나란히 누워 줄기차게 퍼붓는 밤 빗소리를 귀담아 듣고 있었다. 가난으로 인하여 부부간의 애틋한 정을 모르고 나날이 매질로 불평과 원한 중에서 복대기는 그들도 이 밤에는 **불시고** 화목하였다. 단지 남편의 품에 들은 돈 이 원을 꿈꾸어 보고도,

"언제 서울 갈라유?"

남편의 왼팔을 베고 누웠던 아내가 남편을 향하여 응석 비슷이 물어 보았다. 그는 남편에게 서울의 화려한 거리며, 후한 인심에 대하여 여러 번 들은 바 있어 일상 안타까운 마음으로 몽상은 하여 보았으나 실지 구경은 못 하였다. 얼른 이 고생을 벗어나 살기 좋은 서울로 가고 싶은 생각이 간절하였다.

"곧 가게 되겠지, 빚만 좀 갚아도 가뜬하련만."

"빚은 낭종 줴더라도 **얼핀** 갑세다유."

"염려 없어. 이 달 안으로 꼭 가게 될 거니까."

남편은 썩 쾌히 승낙하였다. 딴은 그는 동리에서 일컬어 주는 질꾼으로 투전장의 가보쯤은 시루에서 콩나물 뽑듯하는 능수였다. 내일 밤 이 원을 가지고 벼락같이 노름판에 달려가서 있는 돈이란 깡그리 모집어 올 생각을 하니 그는 은근히 기뻤다. 그리고 교묘한 자기의 손재간을 홀로 뽐내었다.

"이번이 서울 첨이지?"

하매, 그는 서울 바람 봄 한 번 쐬었다고 큰 체를 하며 팔로 아내의 머리를 흔들어 물어 보았다. 성미가 워낙 **접접한지라** 지금부터 서울 갈 준비를 착착 하고 싶었다. 그가 제일 걱정되는 것은 둠구석에서 내 자라 먹은 아내를 데리고 가면 서울 사람에게 놀림도 받을 게고 거리끼는 일이 많을 듯싶었다. 그래서 서울 가면 꼭 지켜야 할 필수 조건을 아내에게 일일이 설명치 않을 수 없었다. 첫째, 사투리에 대한 주의부터 시작되었다. 농민이 서울 사람에게 '꼬라리'라는 별명으로 감잡히는 그 이유는 무엇보다도 사투리에 있을지니 사투리는 쓰지 말며 '합세'를 '하십니까'로 '하게유'를 '하오'로 고치되 말끝을 들지 말지라, 또 거리에서 어릿어릿하는 것은 내가 시골뜨기요 하는 얼뜬 짓이니

갈 길은 재게 하고 볼 눈은 또릿또릿이 볼지라– 하는 것들이었다. 아내는 그 끔찍한 설교를 귀담아 들으며 모깃소리로 "네, 네"를 하였다.

남편은 두어 시간 가량을 샐 틈 없이 꼼꼼하게 주의를 다져 놓고는 서울의 풍습이며 생활 방침 등을 자기의 의견대로, 그럴싸하게 이야기하여 오다가 말끝이 어느덧 화장술에 이르게 되었다. **시골 여자가 서울에 가서 안잠을 잘 자 주면 몇 후에는 집까지 얻어 갖는 수가 있는데, 거기에는 얼굴이 예뻐야 한다는 소문을 일찍 들은 바 있어 하는 소리였다.**

"그래서 날마다 기름도 바르고, 분도 바르고, 버선도 신고 해소 쥔 마음에 썩 들어야…."

한참 신바람이 올라 주워섬기다가 옆에서 쌔근쌔근 소리가 들리므로 고개를 돌려보니 아내는 이미 곯아져 잠이 깊었다.

"이런 망할 거, 남 말하는데 자빠져 잔담."

남편은 혼자 중얼거리며 바른 팔을 들어 이마 위로 흐트러진 아내의 머리칼을 뒤로 쓰담아 넘긴다. 세상에 귀한 것은 자기 아내! 명색이 남편이며 이날까지 옷 한 벌 변변히 못 해 입히고 고생만 짓시킨 그 죄가 너무나 큰 듯 가슴이 뻐근하였다. 그는 왁살스러운 팔로 아내의 허리를 꼭 껴안아 자기의 앞으로 바특이 끌어당겼다.

밤새도록 줄기차게 내리던 빗소리가 아침에 이르러서야 겨우 그치고 점심때에는 생기로운 볕까지 들었다. 쿨렁쿨렁 눈물 나는 소리는 요란히 들린다. 시내에서 고기 잡는 아이들의 고함이며, 농부들의 희희낙락한 미나리도 기운차게 들린다. 비는 춘호의 근심도 씻어 간 듯 오늘은 그에게도 즐거운 빛이 보였다.

"저녁 제누리 때 되었을 걸, 얼른 빗고 가 봐–."

그는 갈증이 나서 아내를 대고 재촉하였다.

"아직 멀었어유."

"뭘!"

아내는 남편의 말대로 벌써부터 머리를 빗고 앉았으나 원래 달포나 아니 가리어 엉클은 머리가 시간이 꽤 걸린다. 그는 호랑이 같은 남편과 오랜만에 정다운 정을 바꾸어 보니 근래에 볼 수 없는 화색이 얼굴에 떠돌았다.

어느 때에는 매적하게 생글생글 웃어도 보았다.

아내가 꼼지락하는 것이 보기에 퍽으나 갑갑하였다. 남편은 아내 손에서 얼래 빗을 쑥 뽑아 들고는 시원스레 쭉쭉 내려 빗긴다. 다 빗긴 뒤, 옆에 놓인 밥사발의 물을 손바닥에 연신 칠해 가며 머리에다 번지르하게 발라 놓았다. 그래 놓고 위서부터 머리칼을 재워 가며 맵시 있게 쪽을 딱 질러 주더니 오늘 아침에 한사코 공을 들여 삼아 놓았던 짚신을 아내의 발에 신기고 주먹으로 자근자근 골을 내주었다.

"인제 가 봐!"하다가

"바루 곧 와, 응?"하고 남편은 그 이 원을 고이 받고자 손색없도록, 실패 없도록 아내를 모양내 보냈다.

① **핵심정리**
  ㉠ **갈래** : 단편소설, 순수소설, 농촌소설
  ㉡ **배경** : 어둡고 음울하고 궁핍한 1930년대의 농촌
  ㉢ **시점** : 전지적 작가 시점(작가 관찰자 시점이 부분적으로 쓰임)
  ㉣ **인물**
    • 춘호 : 가난에 시달리면서 그것을 극복하기 위한 방안을 강구하지 않고 노름으로 일확천금을 노리는 기회주의자이다. 특히 노름 밑천을 구하기 위해 아내를 매음하게 하는 주변머리 없는 인물이다.
    • 춘호 처 : 나물을 캐고 삯일을 해서 생계를 이어가는 성실하고 도덕관념을 지닌 여성이다. 그러나 계속되는 가난 앞에서, 매음해서 호강하는 쇠돌엄마를 부러워하고 남편의 매를 피해 노름 밑천을 마련하려고 이주사에게 몸을 파는 여인으로 전락하는 인물이다.
    • 이주사 : 탐욕과 아집(我執)의 인간이다.
  ㉤ **구성**
    • 발단 : 자연 묘사를 통해 주인공들의 운명을 암시적으로 제시한다.
    • 전개 : 춘호가 처에게 돈을 구해 올 것을 강요한다.
    • 위기 : 춘호 처는 이 주사에게 몸을 허락한다.
    • 절정 : 춘호 처가 돌아와 돈을 구하게 되었음을 알린다.
    • 결말 : 춘호가 아내를 단장시켜 이 주사에게 보낸다.
  ㉥ **주제** : 식민지 농촌의 타락한 현실과 유랑농민의 애환
  ㉦ **작가** : 김유정
    농촌을 무대로 하여 인간의 어리석은 욕망이나, 하층민들의 끈질긴 생명력을 해학적으로 표현한 작품들을 창작하였다.

② **줄거리** : 흉작과 빚으로 삶의 터전인 농토를 잃고 떠돌아다니는 유랑민인 춘호는 살기 좋은 곳을 찾아다니다가 산골 마을로 찾아든다. 춘호는 자기에게 주어진 시련을 슬기롭게 극복하지 못하고 노름과 아내의 매음을 통해 이를 극복하고자 한다.

쇠돌 엄마는 춘호 처와 같은 천한 농부의 계집인데 동리의 부자 이주사와 배가 맞아 팔자를 고친다. 지난 늦은 봄 달밝은 밤에 보름 게추를 보러 산모퉁이로 나간 남편이 돌아오지 않자 잠자리에 들려는데 황소 같은 이주사가 춘호 처를 겁탈하려 들었다. 춘호 처는 쇠돌 엄마가 속곳과 버선 자랑을 할 때 속으로 자기도 잘했으면 쇠돌 엄마처럼 호강했으리라고 생각한다.

올봄에 오원을 주고 산 오두막살이 집에서 춘호가 감자를 씻고 있는 아내를 노려본다. 요 며칠 뒷산에서 밤마다 큰 노름판이 벌어지는 것을 안 춘호는 한몫 보아 서울로 갈 꿈을 꾼다. 그러나 밑천을 장만할 수가 없어서 그는 사나흘 밤이나 눈을 붙이지 못하고 아내에게 노름 돈으로 이원을 꿔오라고 조른다. 용모가 빼어난 아내는 묵묵부답이다. 춘호는 노기충천하여 불현 듯 문지방을 떠다밀며 벌떡 일어나 지게막대를 들고 아내에게 달려든다. 춘호가 아내의 연한 허리를 모질게 후려치자 아내는 눈물을 흘리면서 싸리문 밖으로 내달린다. 싸리문 안에 아직도 지게막대를 들고 서있는 것을 본 아내는 쇠돌 엄마 집으로 향한다. 당장 돈 이원을 만들기 위해서는 보리라도 꾸어다가 파는 수밖에 없다고 생각한 것이다. 마음에 내키지 않는 발걸음을 하면서 춘호 처는 헛발질을 하지 않을까 걱정한다.

쇠돌엄마는 집에 없었다. 그녀는 소낙비를 만나 살의 윤곽이 드러난 젖은 몸으로 쇠돌 엄마가 나타나기를 기다린다. 이주사가 지우산을 쓰고 쇠돌네 집으로 향한다. 아무도 보는 사람이 없는 것을 안 춘호 처는 쇠돌네 봉당으로 들어선다. 그녀는 이주사에게 끌려들어가 관계를 갖는다. 목욕도 하지 않았다고 모욕과 수치를 당하지만 이주사로부터 이원을 받기로 한다.

분이 풀리지 않은 춘호는 뿌루퉁하니 홀로 앉아 있다. 아내가 들어오자 춘호는 주먹뺨을 냅다 붙인 뒤에 다시 매를 잡으려든다. 춘호 처는 기겁을 하면서 돈이 되었다고 한다. 갑자기 남편의

태도가 돌변한다. 부부는 모처럼 나란히 누워서 서울에 대해 이것저것 이야기한다. 춘호는 이원을 가지로 노름을 해서 있는 돈을 깡그리 몰아 올 생각에 기뻐한다. 밤새도록 내리던 비가 아침에야 그친다. 춘호는 아내의 머리를 빗겨서 맵시 있게 쪽을 질러주고 공을 들여 삼아 논 짚신을 신겨 돈을 받으러 보낸다.

③ 이해와 감상 : 이 작품은 궁핍한 농촌을 배경으로 순박하고 어리석은 사람들의 삶의 애환을 소설화한 것이다. 1930년대 한국 유랑 농민의 서글픈 삶의 한 단면을 그리고 있다. 비극의 원인은 물론 농촌의 궁핍화 현상이다. 당대의 농촌의 현실을 충실히 반영하고 있는데, 이것은 이념적 바탕에 의한 게 아니라, 풍속을 충실히 반영하려는 작가의식에서 비롯된 것이다. 결국 김유정 소설에서 드러나는 농촌의 궁핍은 자소작농에서 소작농으로 전락하는 단계를 보여주고 급기야 빚더미에 앉게 되어서 농촌을 떠나 도회로 향하는 과정을 보여주게 된다.

이 소설에서 돈은 등장인물들의 행동 양식 중심에 놓여 있지만 적극적으로 맞서지 못하고 있다. 돈의 마련을 위해 매춘이 이루어지게 되지만, 아내는 매춘 자체의 부정성을 모르고, 남편은 정조가 돈보다 귀한 것이라는 의식이 없다. 결국 무지에서 비롯된 윤리의 부재가 크게 부각되고 있다. 물질적 가치에 지배당할 수밖에 없으면서도 그와는 다른 윤리나 이상을 추구함으로서 겪게 되는 다른 소설들과는 차이가 있다.

※ '어수룩'한 인물형

엉뚱한 행동을 하는 주인공들의 행태는 독자의 기대와는 정반대로 나아간다. 아내를 잘 단장시켜 매춘 행위가 실패하지 않도록 배려하는 행위는 춘호가 악한 성격의 소유자로서가 아니라, 어수룩한 인물이라는 것을 보여 주어 독자들을 잔잔한 비애의 세계로 이끌어 가고 있다.

※ 이 작품은 김유정의 다른 작품들과 달리 해학성 없이 우울하게 현실을 그려냈다. 이와 유사한 작품으로는 「안해」, 「가을」, 「산골 나그네」가 있는데, 대체로 이들 모두 궁핍한 현실과 매음 행위를 함께 제시하고 있다. 김유정의 소설에서 그것은 항상 구체적인 상황과 연결되고 있으며, 작가 역시 작중인물들의 그러한 행위를 비판하거나 공격하지 않고 극한적 환경에서도 생존하려는 비정상적인 삶 자체에 동정어린 시선을 보내고 있다.

*적이 : 다소, 어지간히

*고래 : 구들장 밑에 연기가 지나가는 통로

*익달 : 능숙하다

*불시고 : 뜻하지 않게

*얼핀 : 얼른

*겁겁한지라 : 성격이 급하고 참을성이 없다.

*시골 여자가~ : 남편은 아내의 매춘이 가지는 윤리적 타락상을 인식하지 못하고 있다. 이는 부정적 행위의 부끄러움이나, 자책감을 모르는 인간의 무지를 그리는데, 이는 일제하 가난이라는 시대현실이 만들어낸 민족의 문제이기도 하다.

*제누리 : 곁두리

(8) 날개

'박제가 되어 버린 천재'를 아시오? 나는 유쾌하오. 이런 때 연애까지가 유쾌하오.

육신이 흐느적흐느적하도록 피로했을 때만 정신이 은화처럼 맑소. 니코틴이 내 횟배 앓는 뱃속으로 스미면 머릿속에 으레 백지가 준비되는 법이오. 그 위에다 나는 위트와 파라독스를 바둑 포석처럼 늘어놓소. 가증할 상식의 병이오.

나는 또 여인과 생활을 설계하오. 연애기법에마저 서먹서먹해진 지성의 극치를 흘깃 좀 들여다본 일이 있는, 말하자면 일종의 정신분일자말이오. 이런 여인의 반----그것은 온갖 것의 반이오.---만 을 영수하는 생활을 설계한다는 말이오. 그런 생활 속에 한 발만 들여놓고 흡사 두 개의 태양처럼 마주 쳐다보면서 낄낄거리는 것이오. 나는 아마 어지간히 인생의 제행이 싱거워서 견딜 수가 없게끔 되고 그만둔 모양이오. 굿바이. 굿바이. 그대는 이따금 그대가 제일 싫어하는 음식을 탐식하는 아이로니를 실천해 보는 것도 좋을 것 같소. 위트와 파라독스와…….

그대 자신을 위조하는 것도 할 만한 일이오. 그대의 작품은 한 번도 본 일이 없는 기성품에 의하여 차라리 경편하고 고매하리라.

그 33번지라는 것이 구조가 흡사 유곽이라는 느낌이 없지 않다. 한 번지에 18가구가 죽 어깨를 맞대고 늘어서서 창호가 똑같고 아궁이 모양이 똑같다. 게다가 각 가구에 사는 사람들이 송이송이 꽃과 같이 젊다.

해가 들지 않는다. 해가 드는 것을 그들이 모른 체하는 까닭이다. 턱살밑에다 철줄을 매고 얼룩진 이부자리를 널어 말린다는 핑계로 미닫이에 해가 드는 것을 막아 버린다. 침침한 방안에서 낮잠들을 잔다. 그들은 밤에는 잠을 자지 않나? 알 수 없다. 나는 밤이나 낮이나 잠만 자느라고 그런 것을 알 길이 없다. 33번지 18 가구의 낮은 참 조용하다.

조용한 것은 낮뿐이다. 어둑어둑하면 그들은 이부자리를 걷어 들인다. 전등불이 켜진 뒤의 18 가구는 낮보다 훨씬 화려하다. 저물도록 미닫이 여닫는 소리가 잦다. 바빠진다. 여러 가지 냄새가 나기 시작한다. 비웃 굽는 내, 고오랑내, 뜨물내, 비눗내. 그러나 이런 것들보다도 그들의 문패가 제일로 고개를 끄덕이게 하는 것이다.

이 18 가구를 대표하는 대문이라는 것이 일각이 져서 외따로 떨어지기는 했으나, 있다. 그러나 그것은 한 번도 닫힌 일이 없는, 한길이나 마찬가지 대문인 것이다.

아내가 외출만 하면 나는 얼른 아랫방으로 와서 그 동쪽으로 난 들창을 열어 놓고 열어놓으면 들이 비치는 햇살이 아내의 화장대를 비쳐 가지각색 병들이 아롱이 지면서 찬란하게 빛나고, 이렇게 빛나는 것을 보는 것은 다시없는 내 오락이다. 나는 조그만 돋보기를 꺼내가지고 아내만이 사용하는 지리가미를 꺼내 가지고 그을려 가면서 불장난을 하고 논다. 평행광선을 굴절시켜서 한 초점에 모아가지고 그 초점이 따근따근해지다가, 마지막에는 종이를 그을리기 시작하고, 가느다란 연기를 내면서 드디어 구멍을 뚫어 놓는 데까지 이르는, 고 얼마 안 되는 동안의 초조한 맛이 죽고 싶을 만 큼 내게는 재미있었다.

이 장난이 싫증이 나면 나는 또 아내의 손잡이 거울을 가지고 여러 가지로 논다. 거울이란 제 얼굴을 비칠 때만 실용품이다. 그 외의 경우에는 도무지 장난감인 것이다.

(중략)

이건 참 큰일 났다. 나는 내 눈으로 절대로 보아서 안될 것을 그만 딱 보아 버리고 만 것이다. 나는 얼떨결에 그만 냉큼 미닫이를 닫고 그리고 현기증이 나는 것을 진정시키느라고 잠깐 고개를 숙이고 눈을 감고 기둥을 짚고 섰자니까, 일 초 여유도 없이 홱 미닫이가 다시 열리더니 매무새를 풀어헤친 아내가 불쑥 내밀면서 내 멱살을 잡는 것이다. 나는 그만 어지러워서 게가 나둥그러졌다. 그랬더니 아내는 넘어진 내 위에 덮치면서 내 살을 함부로 물어뜯는 것이다. 아파 죽겠다. 나는 사 실 반항할 의사도 힘도 없어서 그냥 넙적 엎드려 있으면서 어떻게 되나 보고 있자니까, 뒤이어 남자가 나오는 것 같더니 아내를 한아름에 덥석 안아 가지고 방으로 들어가는 것이다. 아내는 아무 말 없이 다소곳이 그렇게 안겨 들어가는 것이 내 눈에 여간 미운 것이 아니다. 밉다.

나는 어디로 어디로 들입다 쏘다녔는지 하나도 모른다. 다만 몇 시간 후에 내가 미쓰꼬시 옥상에 있는 것을 깨달았을 때는 거의 대낮이었다. 나는 거기 아무 데나 주저앉아서 내 자라 온 스물 여섯 해를 회고하여 보았다. 몽롱한 기억 속에서는 이렇다는 아무 제목도 불거져 나오지 않았다. 나는 또 내 자신에게 물어 보았다. 너는 인생에 무슨 욕심이 있느냐고, 그러나 있다고도 없다고 도 그런 대답은 하기가 싫었다. 나는 거의 나 자신의 존재를 인식하기조차도 어려웠다. 허리를 굽혀서 나는 그저 **금붕어**를 들여다보고 있었다. 금붕어는 참 잘들도 생겼다. 작은놈은 작은놈대로 큰놈은 큰놈대로 다 싱싱하니 보기 좋았다. 내려 비치는 오월 햇살에 금붕어들은 그릇 바탕에 그림자를 내려뜨렸다. 지느러미는 하늘하늘 손수건을 흔드는 흉내를 낸다. 나는 이 지느러미 수효를 헤어 보기도 하면서 굽힌 허리를 좀처럼 펴지 않았다. 등이 따뜻하다. 나는 또 오탁의 거리를 내려다보았다. 거기서는 피곤한 생활이 똑 금붕어 지느러미처럼 흐늑흐늑 허우적거렸다. 눈에 보이지 않는 끈적끈적한 줄에 엉켜서 헤어나지들을 못한다. 나는 피로와 공복 때문에 무너져 들어가는 몸뚱이를 끌고 그 오탁의 거리 속으로 섞여 가지 않는 수도 없다 생각하였다. 나서서 나는 또 문득 생각하여 보았다. 이 발길이 지금 어디로 향하여 가는 것인가를……

그때 내 눈앞에는 아내의 모가지가 벼락처럼 내려 떨어졌다. 아스피린과 아달린. 우리들은 서로 오해하고 있느니라. 설마 아내가 아스피린 대신에 아달린의 정량을 나에게 먹여 왔을까? 나는 그것을 믿을 수는 없다. 아내가 대체 그럴 까닭이 없을 것이니, 그러면 나는 날밤을 새면서 도둑질을 계집질을 하였나? 정말이지 아니다. **우리 부부는 숙명적으로 발이 맞지 않는 절름발이인 것이다.** 내나 아내나 제 거동에 로직을 붙일 필요는 없다. 변해할 필요도 없다. 사실은 사실대로 오해는 오해대로 그저 끝없이 발을 절뚝거리면 서 세상을 걸어가면 되는 것이다. 그렇지 않을까?

이때 뚜우 하고 정오 **사이렌**이 울었다. 사람들은 모두 네 활개를 펴고 닭처럼 푸드덕거리는 것 같고 온갖 유리와 강철과 대리석과 지폐와 잉크가 부글부글 끓고 수선을 떨고 하는 것 같은 찰나! 그야말로 현란을 극한 정오다. 나는 불현듯 겨드랑이가 가렵다. 아하, 그것은 내 인공의 **날개**가 돋았던 자국이다. 오늘은 없는 이 날개. 머릿속에서는 희망과 야심이 말소된 페이지가 딕셔너리 넘어가듯 번뜩였다. 나는 걷던 걸음을 멈추고 그리고 일어나 한 번 이렇게 외쳐 보고 싶었다. 날개야 다시 돋아라. 날자. 날자. 한 번만 더 날자꾸나. 한 번만 더 날아 보자꾸나.

① 핵심정리

　　㉠ 갈래 : 단편소설, 심리주의 소설, 초현실주의

　　㉡ 배경

　　　• 공간적 : 해가 들지 않는 서울의 33번지 구석방, 거리, 역대합실, 산, 옥상

　　　• 시간적 : 1930년대 어느 날

　　　• 사상적 : 다다이즘, 모더니즘

　　㉢ 시점 : 1인칭 주인공 시점

　　　자기의 주관적인 의식 세계를 다루며, 일상적 자아가 본질적 자아를 대상화하여 관찰하고 객관적으로 묘사함으로써 '나'는 자신의 의식 세계를 더욱 사실적으로 돋보이게 하는 효과가 생긴다.

　　㉣ 표현상 특징 : 독백체에 의한 직접적 서술, 의식의 흐름

　　㉤ 갈등구조 : 주인공 내부에서의 일상적 자아와 본래적 자아간의 갈등. 이 두 개의 분열된 자아를 통합하여 완전한 인간으로 통합해가는 것이 이 작품의 결말이다.

　　㉥ 인물의 성격

　　　• 나 : 화자이면서 주인공. 자의식에 사로잡힌 좌절한 지식인의 모습이다. '박제가 되어 버린 천재'로 표현된 자폐적 성격의 소유자이고, '두 개의 태양'으로 상징되는 이중성격 내지 자아분열의 징후를 보이는 비일상성의 인물

　　　• 아내 : 물질과 사회적 타협의 표상으로 타락한 현실 속에서 그럭저럭 살아가는 존재이다.

　　㉦ 주제 : 일제하 무기력한 지식인의 분열된 자의식과 극복 의지

② 줄거리 : 유곽이라는 느낌이 없지 않은 33번지의 18가구에는 밤에 무엇을 하는지 침침한 방에서 낮잠을 자는 사람들로 가득하다. 나는 누구와도 인사하지 않고 지내며, 18가구 중 제일 작고 아름다운 내 아내만을 소중히 생각한다. 우리 방은 대문간에서 일곱 번째 칸에 있다. 장지로 두 칸으로 나누어 볕이 드는 아랫방은 아내가 쓰고 볕이 안 드는 윗방은 내가 쓰고 있다. 아내가 외출하면 나는 얼른 아랫방으로 내려가서 동쪽 창문을 열고는 찬란히 빛나는 아내의 화장병과 돋보기를 가지고 논다. 아내의 방은 화려한 옷들이 많다. 그러나 내방은 코르덴 양복 한 벌이 전부이다. 아내는 열한 시에 첫 번째 세수를 하고 저녁 일곱 시에 두 번째 세수를 한다. 나는 아내의 직업이 무엇인지 모르나 아내가 외출을 즐기는 것으로 보아서 직업이 있는 듯하다. 아내에게 내객이 있는 날은 나는 온종일 이불을 쓰고 누워 있어야 한다. 나는 아내가 주는 것을 넙죽넙죽 받아먹기는 하나 영양부족으로 야위어 간다. 내객이 가거나 외출에서 돌아오면 아내는 내 방에 들러 은화를 놓고 간다. 어느 날 돈이 전혀 필요 없다고 생각한 나는 아내에게서 받은 은화를 넣은 벙어리를 변소에 갖다가 버린다.
나는 아내의 밤 외출을 틈타서 외출을 한다. 다리가 아파서 견디지 못한 나는 내객이 있는 아내의 방을 건너 내방으로 들어온다. 두 번째 외출을 한 나는 경성역의 시계가 자정을 지난 것을 본 뒤 집으로 돌아와서 아내에게 이원을 주고 잠을 잔다. 경성역 대합실 곁 다방에서 열한시까지 있다가 비를 맞고 자정을 기다린다. 오한을 견디지 못한 나는 집으로 돌아와 아내의 방에서 못 볼 것을 본다. 나는 여러 날을 앓아눕는다. 나는 아내가 주는 약을 받아먹고 잠 취하며 거울을 보러 아내의 방에 갔다가 아스피린처럼 생긴 최면약 아달린을 발견한다.
아달린을 주머니에 넣고 외출을 한 나는 아내가 나를 밤낮으로 재워놓고 무엇을 하려 했는가를 생각한다. 집으로 돌아온 나는 남은 돈을 문지방에 놓고 도망쳐 나온다. 나는 미쓰꼬시 옥상에 올라가 지나간 스물여섯 해를 회고하면서 자문자답을 하다 불현 듯이 겨드랑이가 가려움을 느끼고, 날개야 돋아라 날자를 외쳐대고 싶어진다.

③ 해설 : 이 작품은 식민지 시대 지식인의 자기 소모적이고 해체적인 삶을 통해 사회 현실의 문제를 심리적 의식, 즉 내면으로 투영시킨 작품이다. '아내'는 '나'를 제압, 구속하고 압박하는 당위의 거대함을 보여주고, '나'는 동물처럼 그에 길들여진 존재의 왜소함을 나타내고 있다. 이 당위

와 존재라고 하는 상반된 입장이 서로 대립되지 않고 조화를 이루며 살아갈 수 있는 것은, 게으름과 삶의 권태에 찌든 주인공(존재)이 아내(당위)에게 승복하였기 때문이다. 그리하여 존재와 당위의 불화 없는 공존관계가 성립되지만, 이것은 오래 지속되지 못한다. '나'는 돈으로 인해 외출에의 계기를 갖게 되고, 나의 외출로 인해 아내는 나의 존재를 구속하지 못한다. 다섯 차례에 걸친 '외출'이 의미하는 것은, 일상적이고 비본질적인 자아에 눌려 마비되었던 본질적 자아를 자각함으로부터 시작하여 이 본질적 자아를 되찾는, 의지적인 인간회복에의 과정이다.

이 소설은 이기적이고 억압적인 외부의 현실에 적응하지 못하고 현실과 동떨어져서 살아가는 자폐증을 지닌 인간이 차츰 현실을 인식하고 자폐증에서 탈출을 시도하는 심리적 갈등을 내적 독백의 형태를 빌어 그리고 있다. 아내는 살기 위해 몸을 파는 생활적 자아이고, 생활력이 없는 나는 본래적 자아일 수도 있다.

※ '방'과 '거리'의 상징성
  • '방'은 유폐된 공간으로 자폐적 삶을 사는 나의 폐쇄적이고 종속적인 성격을 드러낸다.
  • '거리'는 열린 공간으로 자아의 해방과 회복을 의미한다.

※ 의식의 흐름 기법
  • 외부적인 정보나 사건을 배체한 채 내면심리의 나열만을 통해 전개하는 초현실주의 기법.
  • 일상적인 대화나 객관적인 묘사 인물간의 뚜렷한 갈등 등이 보이지 않고 오직 인간에 내재한 자아를 탐구하려는 소설전개의 한 기법이다.

*그 33번지라는 것이~ : 주인공인 나가 거처하는 집을 묘사하는 대목이다. 이 장면에서는 자신이 살고 있는 공간임에도, 정확하게 판단하지 못하고 있다. 이는 나의 어리석음이 아니라 나가 가진 폐쇄적인 정보로 인해 자폐적인 삶을 살아가기 때문이다.

*아내 : 나를 억압하고 길들이는 존재로 몸을 파는 여인이다. 이는 당시 지식인을 구속하고 가두어 버린 일제라는 부정적 현실로 볼 수 있다.

① 첫 번째 외출 : 아내의 사생활 인지
② 두 번째 외출 : 아내와의 관계에 변화가 옴
③ 세 번째 외출 : 폐쇄적인 환경에서 벗어남
④ 네 번째 외출 : 일상성에서 벗어난 삶으로의 이행
⑤ 다섯 번째 외출 : 자발적인 일탈 행동

이 같은 변화의 과정 속에서 '나'는 음울한 자폐 상태에서 자아의 회복으로 점점 전이되어 간다. 따라서 주제가 '자아의 통합 지향'이라는 것을 알 수 있다.

*금붕어 : 무기력하게 살아가는 현대인

*우리 부부는~ : 현실과 자아의 불일치

*사이렌 : 자아의 변화계기

*날개 : 의지적 자아의 회복의지

*나의 외출 : 폐쇄적이고 자폐적인 공간에서 개방적이고 현실을 인식할 수 있는 공간인 거리로 나아간다는 점에서 분열된 자아를 극복하고 의지적인 사람을 회복하려는 행위이다.

출제예상문제

객관식

1 음중 소설 구성 단계에 대한 설명으로 적절하지 않은 것은?

① 발단 : 인물과 배경이 소개되고, 사건의 실마리가 나타난다.
② 전개 : 사건이 전개되면서 인물들 사이에 갈등이 나타난다.
③ 위기 : 갈등과 대립이 심화되고, 위기감이 고조된다.
④ 절정 : 갈등이 해결되고, 사건이 종결된다.

ADVICE 》 ④는 결말에 대한 설명이다.

2 「운수 좋은 날」의 제목에 담겨져 있는 표현 수법은?

① 반어　　　　　　　② 역설
③ 비유　　　　　　　④ 생략

ADVICE 》 운수 좋은 날은 아내의 죽음이라는 사건의 비극성을 심화시킨다. 즉 상황의 아이러니(상황의 반어, 반전)를 통해 예기치 못한 결과를 전개하게 된다.

3 다음 소설에서 나타나는 표현 방식은?

> "이년아, 말을 해, 말을! 입이 붙었어, 이 오라질 년!"
>
> "……."
>
> "으응, 이것 봐, 아무 말이 없네."
>
> "……."
>
> "이년아, 죽었단 말이냐. 왜 말이 없어?"
>
> "……."
>
> "으응, 또 대답이 없네. 정말 죽었나보이."
>
> 이러다가, 누운 이의 흰 창이 검은 창을 덮은, 위로 치뜬 눈을 알아보자마자,
>
> "이 눈깔! 이 눈깔! 왜 나를 바루 보지 못하고 천정만 보느냐, 응?"
>
> 하는 말끝엔 목이 메었다. 그러자, 산 사람의 눈에서 떨어진 닭의 똥 같은 눈물이 죽은 이의 뻣뻣한 얼굴을 적신다. 문득 김 첨지는 미친 듯이 제 얼굴을 죽은 이의 얼굴에 한데 비비대며 중얼거렸다.
>
> "설렁탕을 사다 놓았는데 왜 먹지를 못하니, 왜 먹지를 못하니……. 괴상하게도 오늘은 운수가 좋더니만……."
>
> — 현진건, 「운수 좋은 날」 —

① 의식의 흐름에 따른 기술

② 심리묘사를 통한 긴장감 조성

③ 상징을 통한 함축적 표현

④ 반어를 통한 모순적 현실 폭로

ADVICE ≫ 이 작품의 구조는 전체가 '반어(아이러니)'로 이루어져 있다는 특징을 갖는다. 전반부의 김첨지의 운수 좋은 하루가 후반부에서는 아내의 죽음이라는 비극적 결말로 이어지는 극적인 반전을 통해, 인간의 운명적 반어(상황의 아이러니)를 공감할 수 있고, 이 작품의 사회적 주제를 선명히 부각시키는 효과도 거두고 있다.

4 다음 내용에 해당하는 작품의 작가와 제목으로 바른 것은?

> • 1970년 재개발 지역인 서울시 낙원구 행복동을 배경으로 한다.
> • 12편의 작품으로 구성된 연작소설로 도시 빈민의 가난한 삶을 다루고 있다.

Aɴsᴡᴇʀ 3.④ 4.③

① 홪석영, 「객지」

② 윤흥길, 「아홉 켤레 구두로 남은 사내」

③ 조세희, 「난장이가 쏘아올린 작은 공」

④ 박완서, 「지렁이 울음 소리」

ADVICE 》 조세희의 「난장이가 쏘아올린 작은 공」은 1978년 간행된 조세희의 연작소설집으로, 1976년에 발표된 독립된 단편의 명칭이기도 하다. 산업화의 과정에서 도태된 도시 노동자들의 비참한 삶이 절망적으로 나타나고 있다.

5 다음 중 작가와 작품이 바르게 연결된 것은?

① 이상화 – 「빼앗긴 들에도 봄은 오는가」

② 최남선 – 「알 수 없어요」

③ 윤동주 – 「광야」

④ 정지용 – 「불노리」

ADVICE 》 ② 한용운 – 「알 수 없어요」
③ 이육사 – 「광야」
④ 주요한 – 「불노리」

6 다음 설명으로 적절한 작가는 누구인가?

> 주로 농촌을 무대로 하여 농촌을 살아가는 인물들을 해학적으로 그리고, 어두운 시대 현실을 살아가는 민중의 헛된 욕망이나 비극적 삶을 그린 작품을 발표하였다. 대표작으로는 「봄봄」, 「동백꽃」, 「금따는 콩밭」 등이 있다.

① 채만식

② 염상섭

③ 김유정

④ 나도향

ADVICE 》 김유정은 농촌의 상황을 해학적이고 사실적으로 그린 작가이다.

ANSWER 5.① 6.③

7 다음 작가와 작품이 바르게 연결된 것은?

① 이광수 – 「자유종」　　　　　　② 김동인 – 「감자」

③ 염상섭 – 「빈처」　　　　　　　④ 김유정 – 「홍염」

ADVICE 》 ① 이해조 – 「자유종」
　　　　　③ 현진건 – 「빈처」
　　　　　④ 최서해 – 「홍염」

8 다음 설명으로 알맞은 소설의 경향은?

> 주로 가난을 소재로 하여 하층민들의 비극적인 사람을 다루고 방화와 살인 같은 극단적인
> 방법으로 현실을 결말짓는 신경향파의 한 유형의 문학이다. 대표작으로는 「홍염」 등이 있다.

① 다다이즘　　　　　　　　　　② 빈궁문학

③ 자연주의　　　　　　　　　　④ 모더니즘

ADVICE 》 대표적인 빈궁문학 작가로 최서해가 있다.

9 다음 중 현대 소설의 요소가 아닌 것은?

① 구어체 문체　　　　　　　　　② 사실적 소재와 사건

③ 권선징악적 주제　　　　　　　④ 복잡한 갈등구조

ADVICE 》 권선징악적 주제는 고전 소설의 특징이며, 신소설에서 어느 정도 극복이 되었다. 현대소설의
　　　　 가장 큰 주제의식은 인간성의 탐구이다.

10 다음의 설명에 가장 적절한 것은?

> 사건의 전개에 있어서 인물이나 독자 등이 예기치 못한 결과를 가져오는 것으로 흔히 상황의 반전을 이루어 주제를 강화하는 수법을 상황의 (　　　　　)라 한다.

① 아이러니　　　　　　　　　② 패러독스
③ 모순형용　　　　　　　　　④ 상징

ADVICE » 상황의 반어, 반전 혹은 아이러니의 수법이다.

※ 다음 소설을 읽고 물음에 답하시오. 【11~12】

> 　우리 아저씨 말이지요, 아따 저 거시키, 한참 당년에 무엇이냐 그놈의 것, 사회주의라더냐, 막걸리라더냐 그걸 하다, 징역 살고 나와서 폐병으로 시방 앓고 누웠는 우리 오촌 고모부 그 양반……. 머, 말두 마시오. 대체 사람이 어쩌면 글쎄…… 내 원! 신세 간 데 없지요.
> 　자, 십 년 적공, 대학교까지 공부한 것 풀어먹지도 못했지요, 좋은 청춘 어영부영 다 보냈지요, 신분에는 전과자라는 붉은 도장 찍혔지요, 몸에는 몹쓸 병까지 들었지요, 이 신세를 해가지굴랑은 굴속 같은 오두막집 단간 셋방 구석에서 사시장철 밤이나 낮이나 눈 따악감고 드러누웠군요. 재산이 어디 집 터전인들 있을 턱이 있나요.
> 　우리 아주머니가, 그래도 그 아주머니가, 어질고 얌전해서 그 알뜰한 남편양반 받드느라 삯바느질이야, 남의 집 품빨래야, 화장품 장사야, 그 칙살스런 벌이를 해다가 겨우겨우 목구멍에 풀칠을 하지요.
> 　어디루 대나 그 양반은 죽는 게 두루 좋은 일인데 죽지도 아니해요.
>
> 　　　　　　　　　　　　　　　　　　　　　　　　　　　　　　－ 채만식, 「치숙」 －

11 이 작품을 통해 비판하고자 하는 것은?

① 나　　　　　　　　　　　　② 아저씨
③ 아주머니　　　　　　　　　④ 사회주의

ADVICE » 일본의 우민화 정책에 순응적으로 살아가는 인물인 '나'를 전면에 내세워 풍자의 효과를 극대화하고 있다.

12 이 작품에 대한 설명으로 적절하지 않은 것은?

① 사회주의에 대해 비교적 우호적이다.

② 반어적 수법을 통해 주제를 강화한다.

③ 전지적 작가 시점의 소설이다.

④ 풍자의 대상을 전면에 내세웠다.

ADVICE 〉〉 이 작품은 '나'의 시선으로 아저씨를 바라보는 1인칭 관찰자 시점의 소설이다.

13 다음 중 이상에 대한 설명으로 적절한 것은?

① 초현실주의 기법으로 주로 지식인의 무기력한 삶을 그렸다.

② 계몽주의 문학을 통해 민중의 각성을 주장했다.

③ 주로 영웅적 인물을 등장시켜 식민지 시대 민족의 자부심을 고취시켰다.

④ 주요 작품으로 감자, 물레방아 등이 있다.

ADVICE 〉〉 이상은 주로 초현실주의 기법인 의식의 흐름 수법으로 현대인의 내면과 일제하 지식인의 무기력한 삶을 그렸다.

14 다음 줄거리의 작품명은?

> 문서방은 가난한 삶 때문에 백두산 서북편 서간도로 이주한다. 흉년으로 소작료를 갚지 못해서 중국인 지주인 인가에게 딸인 용례를 빼앗기고, 용례를 그리워하다가 아내는 죽음을 맞이한다. 결국 문서방은 인가를 찾아가 인가를 죽이고 인가의 집을 불태우며 딸을 딸을 부둥켜 안고 운다.

① 「봄봄」   ② 「치숙」

③ 「운수 좋은 날」   ④ 「홍염」

ADVICE 〉〉 홍염은 빈궁문학의 대표작으로 일제하 하층민의 강렬한 저항의식을 그린 작품이다.

1 신소설의 의의를 간단하게 서술하시오.

2 다음 작품을 창작한 작가를 쓰시오.

> 「날개」, 「종생기」, 「오감도」, 「건축무한육각면체」, 「조춘점묘」

3 최초의 현대소설의 제목과 작가를 쓰시오.

Answer
1. 고전소설과 현대소설을 잇는 교량적 역할
2. 이상
3. 이광수 「무정」

현대수필

1 현대수필의 이해

수필이란, 생활 주변에서 경험하고 느낀 것들을 자유로운 형식으로써, 지은이의 인생에 대한 관조와 체험을 개성적으로 드러낸 문학의 한 갈래이다.

(1) 수필의 특징

① 형식이 자유롭고, 소재에 제한이 없다.

② 주로 1인칭 시점을 사용하여 지은이의 개성이 드러난다.

③ 자기 고백적, 자기 성찰적인 글이다.

④ 비교적 짧고, 누구나 쓸 수 있는 비전문적인 글이다.

⑤ 작가의 유머와, 재치가 드러난다.

(2) 수필의 종류

① 소재
　　㉠ **경수필** : 작가의 개성적인 체험을 바탕으로 정서적인 감동을 주는 수필
　　㉡ **중수필** : 사회적인 문제를 설명하거나 논리적으로 서술하는 수필

② 형식
　　㉠ **교훈적 수필** : 자연이나 인간, 인생에 대한 지혜를 바탕으로 교훈을 주는 내용을 담은 수필이다. 작가의 신념이 두드러지게 나타난다.
　　㉡ **희곡적 수필** : 지은이 자신이나 다른 사람이 경험한 내용이나 극적 요소를 지닌 사건을 대화와 행동 중심으로 전개하는 수필이다.
　　㉢ **서정적 수필** : 인간의 감정, 정서를 중요하게 여기는 태도로 일상생활이나 자연에서 느낀 것을 솔직하게 표현하는 수필을 말한다. 교훈적 수필이 목적성이 강하다면, 서정적 수필은 순수성이 강하다.

ㄹ 서사적 수필 : 소설처럼 행동과 사건으로 표현한 것으로, 작가의 주관을 개입시키지 않고 객관
　적으로 서술한다.

(3) 수필의 가치

① 감동 : 지은이의 체험, 인생관, 사상 등을 통하여 독자에게 감동을 전달한다.

② 교훈 : 자신의 삶과 생활 태도를 돌아보고 반성하게 한다. 인생관과 세계관을 보다 넓고 깊게 형
　성해 준다.

2　한국 현대수필 주요 작품 이해

(1) 수필

수필(隨筆)은 청자 연적(靑瓷硯滴)이다. 수필은 난(蘭)이요, 학(鶴)이요, 청초(淸楚)하고 몸맵시 날
렵한 여인(女人)이다. 수필은 그 여인이 걸어가는, 숲 속으로 난 평탄(平坦)하고 고요한 길이다.
수필은 가로수 늘어진 포도(鋪道)가 될 수도 있다. 그러나 그 길은 깨끗하고 사람이 적게 다니는
주택가(住宅街)에 있다.

수필은 청춘(靑春)의 글은 아니요, 서른여섯 살 중년(中年) 고개를 넘어선 사람의 글이며, 정열(情
熱)이나 심오한 지성(知性)을 내포한 문학이 아니요, 그저 수필가(隨筆家)가 쓴 단순한 글이다.
수필은 흥미는 주지마는, 읽는 사람을 흥분시키지 아니한다. 수필은 마음의 산책(散策)이다. 그 속
에는 인생의 향기와 여운(餘韻)이 숨어 있다.

수필의 빛깔은 황홀 찬란(恍惚燦爛)하거나 진하지 아니하며, 검거나 희지 않고, 퇴락(頹落)하여 추
(醜)하지 않고, 언제나 온아 우미(溫雅優美)하다. 수필의 빛은 비둘기빛이거나 진주빛이다. 수필이
비단이라면, 번쩍거리지 않는 바탕에 약간의 무늬가 있는 것이다. 무늬는 사람 얼굴에 미소(微笑)
를 띠게 한다.

수필은 한가하면서도 나태(懶怠)하지 아니하고, 속박(束縛)을 벗어나고서도 산만(散漫)하지 않으
며, 찬란하지 않고 우아하며 날카롭지 않으나 산뜻한 문학이다.

수필의 재료는 생활 경험, 자연 관찰, 인간성이나 사회 현상에 대한 새로운 발견 등 무엇이나 좋을
것이다. 그 제재(題材)가 무엇이든지 간에 쓰는 이의 독특한 개성(個性)과 그 때의 심정(心情)에
따라, '누에의 입에서 나오는 액(液)이 고치를 만들 듯이' 수필은 써지는 것이다.

또 수필은 플롯이나 클라이맥스를 필요로 하지는 않는다. 필자(筆者)가 가고 싶은 대로 가는 것이
수필의 행로(行路)이다. 그러나 차(茶)를 마시는 것과 같은 이 문학은, 그 차가 방향(芳香)을 가지
지 아니할 때에는 수돗물같이 무미(無味)한 것이 되어 버리는 것이다.

수필은 독백(獨白)이다. 소설이나 극작가(劇作家)는 때로 여러 가지 성격(性格)을 가져 보아야 된다. 셰익스피어는 햄릿도 되고 오필리아 노릇도 한다. 그러나 수필가 찰스 램은 언제나 램이면 되는 것이다. 수필은 그 쓰는 사람을 가장 솔직(率直)히 나타내는 문학 형식이다. 그러므로 수필은 독자(讀者)에게 친밀감을 주며, 친구에게 받은 편지와도 같은 것이다.

덕수궁(德壽宮) 박물관에 청자 연적이 하나 있었다. 내가 본 그 연적(硯滴)은 연꽃 모양으로 된 것으로, 똑같이 생긴 꽃잎들이 정연(整然)히 달려 있었는데, 다만 그 중에 꽃잎 하나만이 약간 옆으로 꼬부라졌었다. 이 균형(均衡) 속에 있는, 눈에 거슬리지 않는 파격(破格)이 수필인가 한다. 한 조각 연꽃잎을 옆으로 꼬부라지게 하기에는 마음의 여유(餘裕)를 필요로 한다.

이 마음의 여유가 없어 수필을 못 쓰는 것은 슬픈 일이다. 때로는 억지로 마음의 여유를 가지려다가, 그런 여유를 가지는 것이 죄스러운 것 같기도 하여, 나의 마지막 10분의 1까지도 숫제 초조(焦燥)와 번잡(煩雜)에다 주어 버리는 것이다.

 작품분석 

① **핵심 정리**
  ㉠ **갈래** : 경수필
  ㉡ **성격** : 평론적. 비유적. 단정적. 주관적. 설득적
  ㉢ **문체** : 간결하면서 화려하고 문체
  ㉣ **표현**
  • 참신하고 기발한 위트가 돋보이는 문장
  • 생활에 얽힌 서정적이고 주관적 · 명상적인 것을 소재로 삼으며 섬세하고 다감한 문체로써 서정의 세계를 보여 준다.
  • 수필의 성격을 설명하면서도, 독특한 문체와 단정적인 표현을 구사하여 문학적인 수필문으로서의 성격을 살렸다.
  ㉤ **구성** : 병렬식 구성
  ㉥ **작가** : 피천득(皮千得 1910~2007). 수필가. 시인. 영문학자. 호는 금아(琴兒). 개성적이고 정감있는 찰스 램 스타일의 수필을 한국 문단에 정착시켰다.
  ㉦ **주체** : 수필의 본질과 특성
② **작품 해설** : 이 글은 수필이라는 갈래의 지식에 해당하는 내용을 정서적이고, 함축적인 언어로 바꾸어 보여 주고 있다는 점에서 창조적인 문학성을 지니고 있다. 따라서 감상하는 입장에서는 단순히 비유의 함축성을 해독하는 데만 치중할 것이 아니라, 그러한 표현이 만들어 내는 수필로서의 미감(美感)을 느낄 수 있도록 해야 한다. 첫 구절의 수필에 대한 정의에서 단적으로 드러나듯이, 필자가 생각하는 수필이란 강렬하고 뚜렷한 무엇이 아니라 연륜과 여유 속에서 약간의 파격과 개성을 통해 우러나온 삶에 대한 조용한 반성이다. 여기서 수필이 문학으로서 수행하는 예술적 기능을 이해할 수 있다.
이 글은 원래 수필의 특성을 이해시키기 위한 설명문으로서의 의도를 담고 있다. 그러나 개념적 지식에 해당하는 내용을 정서적이고, 함축적인 언어로 바꾸어서 표현하였다는 점에서 창조적인 문학성을 지니고 있다. 따라서, 단순히 비유의 원관념을 해석하는 데만 치중할 것이 아니라, 그 표현이 만들어 내는 문학으로서의 미적(美的) 감성을 느끼면서 글을 감상하여야 한다. 수필의 여러 가지 특징을 그야말로 자유롭게 생각나는 대로 열거한 이 글은 수필의 성격을 중심으로 수필의 제재와 형식, 수필을 쓰는 마음가짐 등 수필을 쓰는 태도를 문학적으로 표현하고 있다. 작자는 결국 수필을 쓰지 못하는 것은 마음의 여유가 없는 자신의 생활 때문이라고 반성하는

고백적 목소리로 글을 끝내고 있다.

수필을 설명하기 위해 청자연적, 난, 학, 여인, 가로수 늘어진 포도, 서른여섯 살 중년의 고개를 넘어선 사람, 누에고치, 차(茶) 등을 비유를 수도 없이 끌어들이고 있어 자못 상상력이 풍부하고 활력 넘치는 수필이 되었다.

*수필(隨筆)은 청자 연적(靑瓷硯滴)이다 : 수필의 우아함

*수필은 청춘의 글은 아니요 : 수필의 단순함

*수필은 흥미는 주지마는~ : 수필의 향기와 여운

*수필의 빛깔은~ : 수필의 온아 우미한 멋

*수필은 한가하면서도~ : 수필의 산뜻함

*수필의 재료는~ : 수필의 제재와 형식

*수필은 독백이다. : 수필의 개성

*덕수궁 박물관에~ : 균형 속의 파격과 마음의 여유가 있어야 한다.

(2) 목근통신

—일본에 보내는 편지—

미움과 친애의 두 진실에서.

친애하는 일본의 국민 여러분! 나는 대한민국의 총리도 국민 대표도 아닙니다. **포의 서생**에 지나지 않는 일개인이 이런 전치사로 여러분을 부르는 것이 혹시 외람될는지도 모릅니다. 그러나 나는 20 몇 년이란 긴 세월을 귀국에서 자랐습니다. 우리나라 말로 '잔뼈가 굵어지도록—' 20 몇 년이라면 당신네들이 '종전'이라고 부르고 우리가 소위 '해방'이라고 하던 1945년까지로 마감해서 내 생애의 거의 3분지 2에 해당합니다. 그렇게 긴 세월을 나는 귀국의 우로에 자랐습니다. 내가 가진 변변치 못한 지식이나 교양이라는 것도 따지고 보면 그 태반은 일본에서 얻어 온 것입니다.

'친애'란 말이 일편의 외교 시령이 아닙니다. 진정 여러분에게 보낼 수 있는 내 마음의 인사입니다. 나는 3, 4일 전에 어느 친구 집에서 30여 년이 지난 헌 기록 사진 몇 장을 보았습니다. 우리가 기미 운동이라고 부르는 이른바 대정 8년의 '독립 소요 사건' 때 당신네들 손에 학살당한 그 처참한 송장들의 사진을 내가 그날 처음 본 것은 아닙니다. 20여 년 전 토오쿄오 게라구 고우(東京下落合)의 오끼노 선생 댁 서재에서 본 것도 바로 이 사진이었습니다. 그러나 나무에다 주렁주렁 목을 달아 메어 죽인 그 사진을 그 날 다시 대했을 때 내 감정은 새로 한 번 설레었습니다.

'죽일 놈들 같으니 — 이 죗값으로도 나라가 안 망할라구!'

그 때 내 입으로 복받쳐 나온 말이 이것입니다. '왜적'이니 '강도 일본'이니 하는 말로는 형용치 못할, 더 한결 절실한 미움이 용솟음친 것을 고백합니다.

이 '미움'과 이 '친애'는 둘 다 에누리 없는 내 진실의 감정입니다. 이 서로 상반되고 모순된 두 감정을 그냥 그대로 전제해 두고 이 글 하나를 쓰자는 것이다.

'선데이' 매일지의 기사

이 글은 여러분이 읽지 못할 글자로 여러 분의 눈에 뜨이지 않는 한국의 신문에 실릴 것입니다. 그러나, 기필코 가까운 장래에 이 전문을 일본문으로 옮겨 여러 분이 읽을 수 있도록 하겠습니다. 이 약속은 반드시 이행되리라고 믿습니다.

지난해 가을—정확히로는 1950년 9월 10일호 〈선데이' 매일〉지 권두에 〈한국 전선에 종군하여〉란 좌담회 기사가 실렸던 것을 여러분은 기억하실 것입니다. 좌담회라기보다는 UP통신 특파원과 '뉴우스위크' 부주필의 대담—거기다 〈선데이' 매일〉의 기자 하나가 진행을 겸해서 한자리 끼었으니, 이를테면 세 사람의 정담이라고 할까요. 정담이든 대담이든 그것은 제쳐 두고, 도대체 그 기사의 내용이란 것이 어마어마했습니다.

기탄없고 솔직한 점으로 보아 그 이상 바랄 수 없으리만치 한국의 약점을 찌른 명담이요, 쾌변이었습니다. 도시니 촌락이니 할 것 없이 온통 구린내 천지란 이야기, 독 '가스'는 없어도 구린내에 코가 떨어지지 않으려면 '가스 마스크'가 필요하다는 이야기, 길거리에서 보는 거지며 부랑아들 이야기 —, '무슨 죄를 졌길래 이런 나라를 위해 전쟁까지 해주어야 하느냐?', '소련을 응징하는 것이 이번 전쟁의 목적이라면 차라리 이런 나라는 소련에 주어 버리는 것이 효과적이 아니냐?' 등등, 바로 한국인의 심장에 비수를 겨누는 언언구구 기고만장한 대경구(大驚句)들이었습니다.

구린내 나는 나라의 출토품

다시 한 번 친애하는 일본 국민 여러분!

내가 최근에 들은 바로는 「선데이 매일」의 발행 부수는 70만에서 80만을 상회한다고 합니다. 대한 민국으로는 상상치도 못할 방대한 부수입니다. 한 부를 다섯 사람이 읽었다 치더라도 400만에 가까운 이 숫자는 거의 일본의 독서 대중의 총량에 해당할 것입니다. UP특파원과 뉴스위크 부주필— 이 두 분의 외국 기자는 한국의 똥구멍을 털어서 그 적나라한 실상을 전 일본의 방방곡곡에다 소개 하고 선전해 주었습니다.

거기 대해서 우리들은 정히 **냉한삼두**(冷汗三斗)일 뿐, 일언반사의 대구가 있을 수 없습니다. 하물 며 이것은 우리들이 역사의 은인이라고 부르는 미국의 언론인의 대담입니다. 그 기사의 책임을 여 러분에게 돌릴 이유도 없거니와 그것을 여기서 추구하고 항변하자는 것도 아닙니다.

우리가 오늘날 가졌다는 것은 가난한 것과 초라한 것뿐입니다. 어느 모로 따져 보아도 우리가 치켜 들어서 남의 앞에 자랑할 것이 없습니다. 일찍이 남의 나라에까지 이식되던 우리들의 문화는 이미 낡은지 오래입니다. 그리고 그 문화의 대부분이 일본 — 즉, 당신네들의 나라로 수출되었습니다. 새삼스런 이야기 같습니다마는 우리노(上野) 공원을 지나칠 때 여러분은 왕인 박사의 기념비를 자 주 보실 것입니다. 일본에 처음으로 한문 문화를 이식한 우리 선인의 한 분입니다.

일본에 있어서 생활 문화의 기본이라고 할 '다도(茶道)'—, 지금도 일본의 여유층들은 비록 패전은 했다고 하나 그 다도를 숭상함이 예와 다르지 않을 것입니다. 그리고 거기 쓰이는 그릇(茶碗)들은 좀 값나고 귀한 것이라면 대개로 이 '구린내 나는 나라'의 출토품들입니다.

지나간 옛 문화가 아무리 찬란했기로서니 그것으로 오늘날의 우리의 처지를 호도할 구실은 못됩니다. '**소로구ㅡ프**'에 이런 우화가 있습니다.

물들의 자격 심사회인데 그 몇 번째 차례에 거위가 나왔습니다. 심사관이 묻습니다.

"자네 공적은 무언가?"

"네, 제8대조 할아버지가 트로이 전쟁 때 성을 넘어오는 적병을 맨 처음 발견했지요. 그래서 하마터면 위태할 뻔한 성을 구해냈답니다. 유명한 이야기이지요."

"그건 자네 8대조 이야기가 아닌가. 자네 공적이 무언가 말이야."

"제 공적이 무어냐고요? 제가 바로 그 8대조 할아버지의 8대손이지요."

"글쎄 이 사람아, 트로이 전쟁은 트로이 전쟁이고 자네는 대체 무엇을 했더냐 말이다."

"온, 참, 말귀도 못 알아들으시네. 제가 바로 트로이 전쟁에 공훈을 세운 그 거위의 8대 직손이라니까요."

우리는 비록 구린내 나는 나라의 족속이라고 하나 이 거위의 '넌센스'를 되풀이하고 싶지는 않습니다. 신라니 고구려니 해서 죽은 아이의 나이를 헤자는 것이 아니라 일체를 상실한 오늘날과 그 화려하고 풍요하던 옛날의 문화를 한번 맞대어보는 것입니다. 서글프고도 부끄러운 회상입니다.

제 욕을 제가 하는 바보

「선데이 매일」의 기자가 묻습니다.

"한국의 도시나 촌락에서 약탈을 당한 그런 흔적은 없던가요."

"글쎄요. 한국에 약탈을 당할 만한 무슨 재산이 애당초에 있었던가요. 그토록 빈한합니다. 이 나라는ㅡ"

UP기자의 이 대답에는 "약탈의 대상이나 되었으면 제법이게ㅡ"하는 또 하나의 **암의**가 풍기어 있습니다. 사실인즉 전화로 인해서 입은 직접 피해 외에도 한국의 국민들은 허다한 재산을 잃었습니다. 그러나 우리가 '재산'이라고 하는 물자며 세간살이들은 있는 이의 눈으로 볼 때 소꿉장난의 부스레기들로 보였을 것입니다.

약탈의 대상도 못 되리만치 빈곤하다는 이 신랄한 비평을 그러한 의미에서 감수합니다. 그러나 관과치 못할 또 하나의 문제가 여기 있는 것 같습니다. 한국은 36년 동안을 일본이 다스리던 나라입니다. '**일시동인**(一視同仁)'의 일본의 정치가 마침내 한국을 이 빈곤에 머무르게 했다는 사실은 별로 일본의 자랑이 못될 것입니다.

ㅡ'센징(鮮人)의 주택은 더럽다'고 쓰는 것보다 '센징의 집은 도야지 우리 같다'고 쓰는 편이 문장 표현으로도 더 효과적이다ㅡ

20년 전 동경 삼성당에서 발행된 교재서의 한 구절입니다. 현명하고 영리한 귀국 국민에도 제 욕을 제가 하는 이런 바보가 있었습니다. 이런 천진한 바보의 귀에도 약탈감도 못 된다는 외국 기자의 한국평이 통쾌하고 고소했을는지 모릅니다마는, 마음 있는 이는 아마 또 하나의 반성을 잊지 않았을 것입니다. 한국의 '레미제라블(悲慘)'은 한국의 수치이기 전에 실로 일본의 덕성의 '바로미터'라는 것을ㅡ

"한국에서 돌아와 일본을 보니 여기는 바로 천국이야. 한국은 정말로 지옥이지"

“전선에서 잠드는 UN 부대들의 야영의 꿈은 뉴―욕이나 갤리코니아가 아니거든― 긴자, 도―똔보리, 아사쿠사, 신쥬꾸―, 하나꼬상, 기미꼬상, 노부꼬상의 꿈이지.”

패전국이라던 일본이 천국이요 36년의 질곡에서 벗어났다는 한국이 지옥이란 것은, '**메퓌스트 회례스**'와 '파우스트'가 위치를 전도한 것 같은 신통하고도 재미있는 후세의 이야기 거리입니다. 전쟁에 지면 사내란 사내는 모조리 아프리카로 끌려가서 강제 노동의 노예가 된다던 일본……. 그 일본은 점령군 사령부의 관후한 비호 아래 문화를 재건하며 시설을 다시 회복하여 착착으로 전쟁 전의 면모를 도로 찾아가고 있습니다. 거기 대비할 때, 연합국의 일원이요, 당당한 승리자인 중국은 그 광대한 영토를 버리고 대만으로 밀려가고, 해방의 기쁨에 꽹매기를 울리며 좋아 나루띠던 한국은 국토를 양단 당한 채 지난 1년 동안에는 두 번이나 수도 서울을 적수(敵手)의 유린에 맡기지 않으면 안 되게 된 이 사실, 가장 냉엄해야 할 '역사'도 알고 보니 익살맞고 짓궂은 장난꾸러기입니다.

행여나 오해치 마십시오. 우리는 일본의 불행을 바라는 자가 아닙니다. 일본의 행복을 질시하는 자가 아닙니다. 비록 '지옥'의 대명사를 가지도록까지 일찍이 상상치도 못한 가난과 도탄을 겪고 있다고는 하나 그러나 우리는 지녀나가야 할 최후의 덕성하나를 쉽사리 잃어버리지 않을 것입니다.

(중략)

내 어머니는 **레프라**일지도 모릅니다.

이제는 이 장황한 편지에 결말을 지어야 하겠습니다. 일본에 대해서 너무 아는 체한 것이 부끄럽습니다마는, 그러나 하고 싶은 얘기를 이것으로 다한 것이 아닙니다. 원컨대 여러분들과 자리를 같이해서 한국과 일본이 지닌 이 **구원**(久遠)의 숙명에 대해서, 좀 더 활발하게, 좀 더 솔직하게, 흉금을 토로하고 싶습니다. 그런 기회가 아직도 내게는 허락되지 않았습니다.

구원의 숙명 ― 진실로 그렇습니다. 미우나 고우나 이것은 숙명적인 인연입니다. 과거의 수천 년이 그러했고, 다가올 수만 년이 또한 그러할 것입니다. 개인의 이웃은 떠나버리면 그만입니다. 그러나 민족의 이웃, 국가의 이웃은 떠나버릴 수 없고, 땅덩이를 실어서 이사할 수도 없습니다.

한국이 오늘날 당면하고 있는 고난과 비통을 이미 여러분은 아실 것입니다. 인간이 상상할 수 있는 최대한의 쓰라림과 불행을 우리는 이미 겪어온 것 같습니다. 여기 대해서는 아름다운 말, 호기스런 장담으로 외면(外面)을 호도하려고 하지 않습니다. 최후로 한마디 말을 덧붙여야 하겠습니다.

우리는 역경에 있어서 강한 민족이었습니다. 신라의 옛날은 모르거니와 고려의 문화, 이조의 학예가 한가지로 고난의 어둠 속에서 더 한층 빛났다는 것이 우리들의 자랑입니다.

우리의 과오 ― 나날이 우리 스스로가 불행을 **자승**(自乘)해 가고 있는 이 현실을 부정치 않습니다. 그러나 우리는 또 하나의 섭리를 믿는 자입니다. 사나운 바람, 매운 서리를 견디고, 땅속에 잠겼던 한 톨의 보리알이 움을 틉니다. 이것이 민족의 지열(地熱)입니다. 만일 이 지열이 없었던들, 우리는 몇 세기 전의 어느 국난에서 벌써 멸해 버렸을 민족입니다.

가미가제의 기적을 바라는, 이것은 신화가 아닙니다. 침략치 않고, 저주할 줄 모르는 어진 백성이, 오욕과 가난에 견디어 내는 하나의 항독소입니다.

일전에 친한 미국인 한 분이 내게 이런 말을 했습니다.

"미스터 김! 그대가 만일 한국이 아니고 미국이나 프랑스에 태어났던들, 몇 배, 몇 십 배로 더 많은 일을 할 수 있었으련마는."

"천만의 말씀."

그 때 내 입으로 나온 대답입니다.

"내 어머니는 '레프라'일지도 모릅니다. 그러나 나는 우리 어머니를 '클레오파트라'와 바꾸지 않겠습니다."

"오오, 그러리라!"

그는 자못 심각하고 침통한 표정으로 내 손을 쥐었습니다. 그러나 이 말을 그날 내가 처음 한 것은 아닙니다.

1939년 11월호 「부인공론」에 '보오노 하나(박꽃)'란 수필 하나가 실려 있습니다. 향토에 대한 내 애정과 신앙을 고백한 글입니다.

'향토는 내 종교였다.' 거기 쓴 이 한마디 말은 목숨이 다 할 날까지 내 가슴에 지닐, 괴로우나 그러나 모면치 못할 십자가입니다.

문둥이의 조국! 그러나 내게 있어서는 어느 극락정토보다도 더 그리운 어머니의 품입니다.

가마꾸라 하세의 내 살던 집에 무궁화 한 그루가 있습니다. 수필집 이름은 **「목근의 뜰」**이라 지었다가 그 책은 마침내 나오지 못한 채, 종전(終戰)되던 해 이월, 손가방 하나를 들고 고국으로 돌아왔습니다. 그리고 육 년이 지났습니다.

육군의 비밀 공장 기지로 들어가 그 집이 헐리웠다는 소식을 내가 떠난 월여 후(月餘後)에 들었습니다. 내 살던 집은 없어지고, 뜰에 썼던 무궁화도 지금은 아마 피지 않을 것입니다. 그러나 그 흰 꽃 모습은 언제나 눈만 감으면 내 앞에 있습니다.

여러분에게 보내는 이 편지에 '목근통신'이라고 이름 지은 쑥스러운 애상(哀傷)을 웃어 줍시사 하고 이 글을 끝맺습니다. 1951. 8. 부산에서.

 작품분석 

① 핵심정리
  ㉠ 갈래 : 경수필
  ㉡ 성격 : 비판적
  ㉢ 문체 : 서간체
  ㉣ 표현 : 구체적 예화
  ㉤ 제재 : 일본인의 모멸과 학대
  ㉥ 주제 : 일본인의 모멸과 학대에 대한 민족적 항의.
  ㉦ 작자 : 김소운(金素雲/1907.1.15~1981). 시인. 수필가. 호 삼오당(三誤堂). 「조선민요집」, 「조선시집」등 많은 작품을 일본에 소개하는 데 크게 공헌하였다. 65년 귀국 후 본격적인 수필 문학에 몰두하였으며, 10여 권의 수필집을 발표하였다.
② 해설 : 이 글은 일본인이 식민 통치하에 행한 한국인에 대한 모멸과 학대에 대한 민족적 항의를 담은 것으로, 6·25의 참화 속에 비쳐진 조국의 현실에 대한 성찰이 일본의 민족성을 '간교함'과 '경솔함'으로 비판하게끔 하고 있다. 그러나, 이러한 비판의 시선은 결코 우리 민족의 찬란했던

전통 문화에 대한 옹호에 의한 것이 아니며, 일본의 식민 통치의 오류와 태평양 전쟁의 패전국으로서 이후의 국가적 태도의 진실성이라는 문제를 바탕으로 하고 있다. 이는 한국과 일본 양국 사이에 놓여진 '덕성(德性)'이라는 말로써 제시한 것이다.

이 글이 가지는 비판적 성격은 현실적 문제를 다루면서 사실을 근거로 제시하고 있음과 관련된다. 「선데이 매일」지의 기사와 일본인 박사의 글에 대한 논평을 통해 글을 전개하고 있으며, 마지막 부분에 예화(例話)를 인용함으로써 일본인의 민족성을 제시하고 있다.

이 글이 민족 감정이라는 어려운 문제를 감당할 수 있는 것은 필자 자신의 오랜 일본 생활에 근거한 개인적 경험이 글의 날카로움을 가능하게 해 주기 때문이다. 이로써 개인적인 사색이 대사회적 경문(驚門)으로서의 내용을 포괄하게 된다.(구인환)

일본의 「중앙공론」지에 전재되어 선풍적인 반향을 일으켰던 글이다. 일본인의 모멸과 학대에 대한 민족적 항의를 담은 서간체 수필로 일본에 대한 친애와 미움이 교묘하게 교직되어 있다. 작자는 일본에서 20년 이상 살아온 사람이다. 일본인들의 지나친 우월감과 우리 민족문화에 대한 인식 부족에 그는 격분한다. 그동안 자신에게 포착된 일본인의 속성을 줄줄이 풀어내면서 김소운은 그것을 간교함과 경솔함이라 이름 짓는다. 그러나 이 비판은 결코 우리 문화에 대한 옹호는 아니다. 일본 식민통치의 오류와 태평양전쟁 패전국으로서의 일본이 보여주는 진실성 문제에 대한 언급이다. 작자는 일본과 한국 사이의 〈덕성〉의 차이를 논한다. 이 글이 자기는 미덕은 현실문제를 다루면서 숱한 예화를 가지고 독자를 이끈다는 점이다. 선데이매일의 기사에 대한 분노는 김소운으로 하여금 일본 사회 내부에 만연되어 있는 허위의식을 날카롭게 포착케 한다. 1,2장의 서두에 나오는 〈친애하는 일본의 국민 여러분〉의 뉘앙스는 다분히 경멸적인 어조이지만, 한국인의 입장에서 보는 일본의 민족성에 대한 비판이 약소민족의 열등감내지는 울분이라도 매도당할까 저자는 줄곧 경계한다. 최근 주목받고 있는 전여옥의(KBS 동경특파원) 「일본은 없다」라는 책을 참고해서 두 사람이 공통으로 지적한 일본 민족서의 한계를 검토해 보는 것도 좋은 공부가 될듯하다. 김소운은 우리의 우월한 문화를 일본에 알리고자 조선민요사를 비롯 구전 동요와 시를 채집, 일본어로 번역하는 작업을 계속했다. 목근통신, 은수 삼십 년이란 수필집에서 일관되게 일본과 우리의 관계를 말하면서 〈나를 낳아 준 어미가 문둥이라 하더라도 나는 그 어머니를 클레오파트라와 바꾸지 않겠다〉라고 절규하기도 한다.

*포의 서생 : 베옷입은 선비, 가난한 선비, 여기서는 일개 문학가 정도로 해석

*기탄 : 꺼리다.

*냉한삼두(冷汗三斗) : 땀이 서말이나 나온다는 말로, 몹시 무섭거나 부끄러움을 뜻한다.

*소로구프 : 솔로구프, 러시아의 상징주의 시인

*암의 : 숨겨진 뜻

*일시동인(一視同仁) : 모든 사람을 하나로 평등하게 보아 똑같이 사랑한다는 뜻.

*메퓌스트 회레스 : 메피스토 펠레스, 파우스트 박사와 계약을 맺은 독일의 악마

*레프라 : 문둥이

*구원(久遠) : 멀고 오래된

*자승(自乘) : 제곱

*목근(木槿) : 무궁화

출제예상문제

객관식

1 다음 설명과 관련된 수필의 특징은?

> 수필이 비단이라면, 번쩍거리지 않는 바탕에 약간의 무늬가 있는 것이다. 그 무늬는 읽는 사람의 얼굴에 미소(微笑)를 띠게 한다.

① 산문 문학
② 무형식의 문학
③ 자기 고백적 문학
④ 유머와 재치의 문학

ADVICE ≫ ④ 수필은 읽는 사람으로 하여금 얼굴에 미소를 띠게 하는 작가의 유머와 재치가 드러나는 문학이다.

2 다음 중 수필에 대한 설명으로 적절하지 않은 것은?

① 비교적 자유로운 형식이다.
② 자기 고백적, 개성적인 글이다.
③ 사건의 결과를 중시한다.
④ 유머와 위트의 글이다.

ADVICE ≫ 사건의 결과를 중시하는 갈래는 소설이다.

ANSWER 1.④ 2.③

3 다음 중 수필의 구성요소에 대한 설명으로 옳지 않은 것은?

① 소재 : 수필의 소재는 제한이 없고 일상의 모든 것을 자유롭게 선택할 수 있다.
② 구성 : 주제를 효과적으로 표현하기 위한 글의 짜임새로 작가의 개성이 가장 잘 나타난다.
③ 문체 : 문장의 표현, 어휘 선택, 문장의 길이 등을 포함한다.
④ 주제 : 작가의 인생관이나 가치관이 나타난다.

ADVICE 〉〉 ② 수필에서 작가의 개성이 가장 잘 나타나는 요수는 문체이다.

4 수필의 형식적 특징을 가장 잘 표현한 것은?

① 치밀하게 짜인 구조
② 리듬감을 느낄 수 있는 운율적 형식
③ 무형식의 형식
④ 논리적 흐름의 강조

ADVICE 〉〉 수필은 시, 소설, 희곡 등과는 다르게 자유롭게 쓰인 산문으로 형식적 제한을 받지 않는 점을 들어 '무형식의 형식'이라고 표현한다.

5 다음에서 설명하고 있는 수필의 특징은?

> 수필은 붓 가는 대로 쓴 글이다.

① 자유로운 형식   ② 일상적인 소재
③ 주제의 다양성   ④ 자기고백적 성격

ADVICE 〉〉 '붓 가는 대로 쓴 글'이란 일정한 형식을 가지지 않고 자유롭게 진행되는 수필의 구성적 특징을 나타내는 표현이다.

1 우리나라 최초의 근대적 수필작품은 무엇인가?

2 수필의 4가지 구성요소는 무엇인가?

3 다음에서 설명하는 수필의 유형은?

> 주로 무거운 내용을 담고 있는 논리적인 수필로, 경수필에 비해 비개성적이다. 비평적 수필, 과학적 수필 등이 있다.

Answer

1. 유길준의 「서유견문」
2. 주제, 소재, 구성, 문체
3. 중수필

CHAPTER

현대희곡

1 현대희곡의 이해

희곡이란, 무대 위에서 배우들이 말과 행동을 통해 관객 앞에서 상연할 것을 전제로 꾸며 쓴 연극의 대본이다.

(1) 희곡의 특징

① 희곡은 작가가 상상한 것을 꾸며 쓴 허구적인 이야기이다.

② 무대 상연을 목적으로 한다. 그러므로 실제 무대의 장면 등을 상상하며 읽어야 한다.

③ 소설의 형식처럼 서술자 없이 인물의 대사와 행동만으로 사건의 진행, 인물의 심리와 성격제시 등이 이루어진다.

④ 모든 사건이 공연을 전제로 하므로 현재화된 문학형식이다.

⑤ 극적 대립과 갈등이 강하게 나타난다.

(2) 희곡의 구성

① 대사

　㉠ **독백** : 배우가 혼자서 하는 말로 내면 심리 표현 등에 쓰인다.

　㉡ **방백** : 관객에게는 들리나 다른 배우들은 듣지 못하는 것으로 약속한 말이다.

　㉢ **대화** : 배우들끼리 서로 주고받는 말로 인물의 성격과 심리를 간접적으로 제시하며, 사건을 진행한다.

② 지시문

　㉠ **무대 지시문** : 무대 장치나 장면의 분위기, 그리고 배경이나 인물 등을 설정한다.

　㉡ **동작 지시문** : 등장인물의 행동, 표정 등을 지시한다.

③ **해설** : 막이 오르기 전에 필요한 무대 장치, 인물, 배경 등을 설명해 놓은 것으로 보통 무대지시문과 같은 의미로 사용되나 '전치 지시문'이라고도 한다.

(3) 구성의 단위

① **막(幕)** : 연극에서 커튼이 올라갔다 내려가는 단위로 극의 길이와 행위를 구분하며 무대 배경이 바뀌기도 한다.

② **장(場)** : 배경은 변화가 없으며 시간의 흐름이나, 인물이 교체된다.

(4) 구성의 단계

① **발단** : 등장인물과 배경, 극의 분위기 등이 제시되고 사건의 실마리가 드러난다.

② **전개** : 사건이 점점 복잡해지면서 주동 인물과 반동 인물 사이의 갈등이 고조된다.

③ **절정** : 갈등이 최고조에 이른다. 극적 장면이 나타나는 부분으로 주제가 드러난다.

④ **하강** : 갈등이 조금씩 풀려 나가는 단계이다.

⑤ **대단원** : 갈등이 완전히 해소되어 사건이 종결되는 부분이다.

(5) 희곡의 분류

① **내용에 따른 분류**

　　㉠ **희극** : 주인공의 의지가 실현되어 행복하게 결말되는 희곡

　　㉡ **비극** : 주인공의 의지가 좌절되어 불행하게 결말되는 희곡. 애련과 공포를 통하여 감정의 정화를 행하는 희곡

　　㉢ **희비극** : 비극과 희극이 혼합되고, 웃음과 눈물이 교차하는 극. 대체로 비극적이다가 희극적으로 마무리되는 희곡

② **길이에 따른 분류**

　　㉠ **단막극** : 1막으로만 이루어진 희곡

　　㉡ **장막극** : 여러 개의 막으로 이루어진 극. 3막극, 5막극 등

③ **문예사조에 따른 분류**

　　㉠ **고전주의(古典主義) 극** : 인간의 감정의 유발로 인한 행동을 철저히 통제하고, 연극 형태의 순수성, 연극의 목적, 사실성과 품위의 개념 등을 강조했다. 삼일치 법칙 중시한다.

　　㉡ **낭만주의(浪漫主義) 극** : 자유, 평등, 박애를 구가하며 인간의 무한한 상상력을 바탕으로 한 연극으로 현실과 거리가 먼 환상의 세계를 배경으로 한 것이 많다. 18세기 이후에 나타난다.

　　㉢ **사실주의(寫實主義) 극** : 19세기 이후 자연 과학 정신과 합리주의 사상의 영향으로 나타난다. 무대 장치, 소도구와 주인공 등은 일상적으로 많이 접할 수 있는 사실적이며 과학적인 양상을 띠는데, 이는 시민 의식의 발로라 할 수 있다. 일상용어로 현실감을 증대시킨다.

② 자연주의(自然主義) 극 : 인간이란 유전과 환경에 지배되어 결국 비참해질 수밖에 없다는 입장에서 인간의 숙명적인 비극성을 드러낸다.

⑩ 표현주의(表現主義) 극 : 아무런 의미도 없는 외적 현실의 묘사를 거부하고, 작가 스스로 파악할 수 있는 내적 현실을 그대로 표현하는 것만이 작가의 진실한 태도라고 보고, 이를 강력하게 드러내고자 대사, 무대 장치, 조명 효과 등에 과장(誇張)과 전도(顚倒)를 보인다.

⑪ 서사극(敍事劇) : 관객에게 카타르시스를 경험하게 하는 것이 연극의 목적이라는 아리스토텔레스의 견해에 반대하여, 연극의 목적은 카타르시스를 통한 우리들 정신의 정화(淨化)보다는 관객의 냉철한 관찰을 통해 판단력을 부여하는 데 있다고 주장한다.

⑫ 부조리(不條理) 연극 : 1950년대 파리를 중심으로 일어난 일련의 연극 운동이다. 초현실주의 연극은 인간의 존재와 현상은 궁극적으로 부조리 즉, 비논리, 비합리한 것으로 보고, 인간의 숙명적인 고독과 인간 해체에 작품 주제의 초점을 맞추었다.

2 한국 현대희곡 주요 작품 이해

(1) 토막

(전략)

명서 처 : 아이구 금녀야! 우린 이런 형상으로 어떻게 우리 명수를 만나니? 이렇게 찌들어진 형상으루! 네 오빠를 맞이하기엔 이 집은 너무 누추하구나. 금녀야, 우리는 집 안을 치우고 몸을 단속하자. 이런 꼬락서니로 우리 명수를 만나서는 안 된다. 애야, 이리 와서 머리를 빗어라. 기름두 남았지? 사립문에는 불을 켜구……. 귀한 사람이 들어올 때 집안이 컴컴해선 못 쓰느니라.

금녀 : (어머니의 미친 듯이 서두는 양을 바라보고 있는 금녀의 눈에는 일종의 공포의 빛이 감돈다.)

(바람 소리!)

명서 처 : 금녀야, 뭘 하니? 빨리 머리를 풀어라. 에미는 불을 킬테니까.

금녀 : (불안한 듯이 어머니만 꼭 바라보고 섰다.)

이웃 여자 : 좀 답답해서 저러겠니? 보고 있는 나까지 속이 졸이는구나.

금녀 : 오빠 생각만 나문 저러신대유. 그러던 중에두 오늘은 유달리 심허신 걸유. 난 어쩐지…….

이웃 여자 : 당찮어! 무슨 그런 엉뚱한 생각을! 그러지 말구 네가 어머니 위로를 잘 해 드려라. 위로 해 드릴 사람이래야 너밖에 더 있냐?

금녀 : 아무리 위로한댔자 소용없어유. 그리고 내게는 뭐라구 위로해 드릴 말두 없구. 다만, 이 증세가 속히 지나가기만 바랄 뿐이지.

이웃 여자 : 하기야 그렇겠지. 무슨 말이 저 거칠은 마음에 위안이 되겠니. 마치 **게 등에 소금 칠이**
　　　　　 지. (사립문 등불을 다는 명서 처에게) 금녀네, 과히 상심치 말게나. 아들 생각다가 지
　　　　　 레 죽겠네. (퇴장)

명서 : (골방에서 얼굴을 내밀고) 대체 이게 웬일이야? 왜 이리 야단들을 해?

명서 처 : 귀한 사람이 와유.

명서 : 미쳤수! 방정맞게 이렇게 허문 되려 집안의 우환을 사는 거여.

명서 처 : 귀인이 온다는데 무슨 잔소릴…….

(바람 소리 인다.)

남자의 소리 : (불의에 밖에서) 여보!

금녀 : (놀라) 에그머니!

명서 : (어리둥절하여) 그 무슨 소리냐?

남자의 소리 : 사람 있수, 이 집에?

명서 처 : 이애 금녀야, 네 오빠 소리 아니냐? 그렇지! 너두 들었지? 오오, 명수야. 명수가 왔다.
　　　　　 그놈이 왔다. (명서에게) 자, 내 말이 거짓말인가 봐요.

명서 : ……이상헌걸.

남자의 소리 : 여보!

명서 처 : 금녀야, 빨리 사립문을 열어 귀인을 맞아라. 얼른!

금녀 : 어머니, 무서워!

명서 처 : 에그, 병신 같으니! 그럼, 같이 가자.

(모녀, 다소 공포에 떨면서 입구 쪽으로 나간다.)

남자의 소리 : 이 집에 최명서란 사람 있소?

명서 처 : 일본서 왔수?

남자의 소리 : 그렇소.

명서 처 : 일본서?

(그 때에 사립문을 박차는 듯이 한 남자 안으로 들어선다. 그는 우편배달부다. 소포를 들었다.)

배달부 : (들어서며) 왜 밖에 **문패**도 없소?

모녀 : (무언(無言))

배달부 : 빨리 **도장**을 내요.

명서 : 도장?

명서 처 : (금녀에게 의아한 듯이) 너의 오빠가 아니지?

금녀 : 배달부예요.

명서 : (실망한 듯이) 칫!

배달부 : 얼른 소포 받아 가요! 원, 무식해도 분수가 있지. 빨리 도장을 내요.

명서 : (반항적 어조로) 내겐 도장 같은 건 없소.

배달부 : 그럼, 지장이라도…….

명서 : (떨리는 손으로 지장을 찍는다. 배달부 퇴장)

명서 처 : 음, 그 애에게서 물건이 온 게로구먼.

명서 : 뭘까?

명서 처 : 세상에, 귀신은 못 속이는 게지! 오늘 아침부터 이상한 생각이 들더니, 이것이 올려구 그
　　　　 랬던가 봐. 당신은 우환이니 뭐니 해도…….

명서 : (소포의 발송인의 이름을 보고) 하아 하! 이건 네 오래비가 아니라 삼조가…….

명서 처 : 아니, 삼조가 뭣을 보냈을까? 입때 한 마디 소식두 없던 애가……. (소포를 끌러서 궤짝을
　　　　 떼어 보고)

금녀 : (깜짝 놀라) 어머나!

명서 처 : (자기의 눈을 의심하듯이) 대체 이게 …… 이게? 에그머니, 맙소사! 이게 웬일이냐?

명서 : (되려 멍청해지며, 궤짝에 쓰인 글자를 읽으며)

최명수의 백골.

금녀 : 오빠의?

명서 처 : 그럼, 신문에 난 게 역시! 아아, 이 일이 웬일이냐? 명수야! 네가 왜 이 모양으로 돌아왔
느냐! (백골 상자를 꽉 안는다.)

금녀 : 오빠!

**명서 : 나는 여태 개 돼지같이 살아 오문서, 한 마디 불평두 입 밖에 내지 않구 꾸벅꾸벅 일만 해
　　　　 준 사람이여. 무엇 때문에, 무엇 때문에 내 자식을 이 지경을 맨들어 보내느냐? 응, 이 육실헐
　　　　 눔들!** (일어서려고 애쓴다.)

금녀 : (눈물을 씻으며) 아버지! (하고 붙든다.)

명서 : 놓아라! 명수는 어디루 갔니? 다 기울어진 이 집을 뉘게 맽겨 두구 이눔은 어딜?

금녀 : 아버지! 아버지!

명서 : (궤짝을 들구 비틀거리며) 이놈들아, 왜 뼉다구만 내게 갖다 맽기느냐? 내 자식을 죽인 눔이
　　　　 이걸 마저 처치해라! (기진하여 쓰러진다. 궤짝에서 백골이 쏟아진다. 받은 기침! 한동안)

명서 처 : (흩어진 백골을 주우며) 명수야, 내 자식아! 이 토막에서 자란 너는 백골이나마 우리를
　　　　　 찾아왔다. 인제는 나는 너를 기다려서 애태울 것두 없구, 동지 섣달 기나긴 밤을 울어
　　　　　 새우지 않아두 좋다! 명수야, 이제 너는 내 품안에 돌아왔다.

명서 : …… 아아, 보기 싫다! 도루 가져 가래라!

**금녀 : 아버지, 서러 마세유. 서러워 마시구 이대루 꾹 참구 살아가세유. 네, 아버지! 결코 오빠는
　　　　 우릴 저버리진 않을 거예유. 죽은 혼이라두 살아 있어, 우릴 꼭 돌봐 줄 거예유. 그 때까지
　　　　 우린 꾹 참구 살아가유. 예, 아버지!**

명서 : …… 아아, 보기 싫다! 도루 가지고 가래라!

(금녀의 어머니는 백골을 안치하여 놓고, 열심히 무어라고 중얼거리며 합장한다.)

(바람 소리, 적막을 찢는다.)

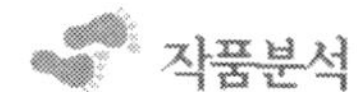 작품분석

① 핵심정리
  ㉠ **갈래** : 현대극, 장막극, 사실주의극, 비극
  ㉡ **성격** : 현실고발적, 비판적, 사실적
  ㉢ **인물**
    • 명서 : 가난하고 병든 노인. 생활 능력이 전혀 없지만 가장으로서의 체통과 위엄은 잃지 않음.
    • 명서의 처 : 생활력이 강한 아낙네. 아들에 대한 무조건적인 사랑과 희망을 가지지만 좌절하는 인물
    • 금녀 : 최명서의 딸로서 병약한 처녀. 등장인물 중 유일하게 현실에 대해 적극적으로 인식하며 희
      망적인 미래를 인식한다.
    • 강경선과 아내 : 명서 내외의 친구. 빈농이었으나 등짐장수로 전락한다. 빚에 몰려 집을 빼앗기고
      밤사이에 도망가 버린다.
  ㉣ **배경** : 1920년대, 어느 가난한 농촌
  ㉥ **주제** : 일제의 가혹한 억압과 수탈의 참상과 현실 고발
  ㉦ **작가** : 유치진, 극작가. 연출가, '극예술 연구회'회원으로 활동하면서 근대극의 확립에 힘썼다.
    1930년대에는 사실주의를 바탕으로 일제 강점의 현실을 고발했으며, 8·15광복 후에는 역사
    극과 반공을 주제로 작품을 발표하였다.
② **줄거리** : 가난한 농부인 명서네 가족은 일본으로 돈을 벌러 간 아들 명수가 많은 돈을 부쳐 보내
  주리라는 희망을 갖고 산다. 명수가 독립 운동을 하다 투옥되었다는 소식에 희망은 사라지고,
  명서의 처는 정신 이상 증세를 일으킨다.
  명서네의 궁핍은 더욱 심해지고, 명서의 처는 아들 명수가 종신 징역을 살지도 모른다는 말에
  거의 실성 상태에 이르게 된다. 명수의 백골이 담긴 상자가 우송되어 오자 명서네 가족은 오열
  하며, 금녀가 부모를 위로하면서 막이 내린다.
③ **해설** : 이 작품은 상업주의적 대중극인 신파극에 맞서 리얼리즘을 최초로 시도한 창작 희곡이다.
  따라서, 사실주의 희곡의 한 전형으로서 한국 근대극의 본격적 출발이며, 식민지 시대의 현실을
  강렬하게 고발한 작품이라는 문학사적 의의를 지닌다.
  이 작품은 1920년대 일제 강점하의 궁핍한 농촌을 배경으로 하여, 비참한 현실상과 모순을 사
  실적으로 보여 주고 있다. 그 암울한 현실 상황은 병자(명서), 정신 이상자(명서의 처), 고향을
  떠나는 유랑민(경선), 민족적 저항의 희생자(명수)와 같은 인물들을 토앵 여실히 드러난다. 한
  가족이 파멸에 이르고 그로 인해 모든 희망이 좌절되는 사건의 귀결은 이러한 현실의 비극성을
  심화시키는 효과를 갖는다. 퇴락한 토막의 음습하고 어두운 분위기와 철저하게 가난하고 병든
  명서 가족의 삶은, 단순히 한 특정 지역에 사는 사람들의 모습이 아닌, 일제 통치하에 있는
  1920년대와 30년대의 식민지 조선의 생생한 모습이다. 이렇듯 가난한 농촌을 배경으로 하고
  있다는 사실부터가 식민지 정책의 구조적인 모순에 대한 작가의 비판의식을 드러내 준다고 할
  수 있다.

※ **명서 처의 행위는 손님을 맞이하기 위한 정상적인 행위이다. 하지만 지나치게 서두르며, 반쯤 미친
  행동을 하는 것은 결국 아들의 죽음을 맞이하기 위한 행위임을 보여준다.**

※ **토막의 상징성**
  • 일제의 수탈에 피폐해진 우리 조국
  • 명서 일가의 비극적 삶이자 우리 민족 전체의 비극적 운명

※ **「토막」과 사실주의극**
  「토막」에 제시된 상황과 등장하는 인물들은, 궁핍과 피폐함이 가속화되어 가는 1920년대 일제 강점기
  의 현실을 그대로 보여 주는 역할을 한다. 이는 그 시대의 전형적 상황을 배경으로 전형적인 인물을

설정하여 사회의 모순을 고발하려는 의도가 깔려 있다고 하겠다. 또한, 무대 묘사라든지 인물들 각각의 대사를 통해 현실의 상세한 모습을 드러내고자 하는 작가 의식이 엿보인다.

*바람 소리 : 불길한 사건의 암시

*게 등에 소금 칠 : 소용없는 짓

*문패, 도장 : 문패와 도장은 자신을 드러내는 도구이지만 명서네 식구에겐 문패와 도장이 없다. 이
  것은 일제하 정체성을 상실한 우리 만족의 현실을 간접적으로 드러내기도 한다.

*나는 여태~ : 식민지 농민의 비참한 삶과 자기 각성을 의미한다.

*아버지, 서러~ : 금녀는 부정적 현실을 인내하고 희망적인 미래를 기다리는 적극적인 인물형이다.

*바람 소리 : 비극성을 심화시키며 여운을 남긴다.

출제예상문제

 객관식

1 다음의 설명으로 적절한 것은?

> 1950년대 파리를 중심으로 일어난 일련의 연극 운동이다. 초현실주의 연극은 인간의 존재와 현상은 궁극적으로 비논리, 비합리한 것으로 보고, 인간의 숙명적인 고독과 인간 해체에 작품 주제의 초점을 맞추었다.

① 고전주의극
② 사실주의극
③ 자연주의극
④ 부조리극

ADVICE >> 인간 존재와 현상을 비논리, 비합리적인 것으로 보는 관점은 궁극적으로 부조리함을 지적하려는 것이다.

2 다음에서 설명하는 희곡 용어로 알맞은 것은?

> 희곡에서 해설과 대사를 뺀 나머지 부분으로 인물의 동작, 표정, 심리, 말투 따위를 지시한다.

① 지문
② 방백
③ 독백
④ 대사

ADVICE >> ② 방백 : 관객에게는 들리지만 상대방 및 주변 배우들에게는 들리지 않는 것으로 약속한 대사
③ 독백 : 등장인물이 상대방 없이 혼자 하는 말

ANSWER 1.④ 2.①

3 무대 상연이 아닌 읽히기 위해 쓰인 희곡을 가리키는 용어는?

① 모노드라마   ② 레제드라마

③ 키노드라마   ④ 옴니버스

ADVICE 〉〉 레제드라마 … 무대 상연을 목적으로 쓰인 것이 아니라 독서를 위한 용도로 쓰인 희곡으로, 연극성보다 문학성에 초점을 둔다.

4 신파극의 특징으로 옳지 않은 것은?

① 1910년대 초부터 1940년대 말까지 유행하였다.

② 군사극, 오락극, 가정비극 등이 주류를 이룬다.

③ 대본에 따른 치밀한 연기를 강조한다.

④ 1911년 혁신단(革新團)에 의해 처음 공연되었다.

ADVICE 〉〉 신파극 … 1910년대 초부터 1940년대 말까지 주류를 이루었던 연극 양식의 하나로 대중오락극이다.

③ 대본에 따른 치밀한 연기보다는 배우들의 연기와 인기에 영향력이 컸다.

5 다음 설명과 관련된 희곡의 갈래는?

> 유치진의 「토막」에 제시된 상황과 등장인물들은 궁핍과 피폐함이 가속화되어 가던 1920년대 일제강점기의 현실을 그대로 보여 주는 역할을 한다.

① 사실주의극   ② 초현실주의극

③ 상징주의극   ④ 자연주의극

ADVICE 〉〉 사실주의극 … 19세기 말에서 20세기 전반에 이르기까지 유행한 연극 양식으로, 희곡이 실재하는 세계의 진실한 묘사를 위해 노력하며 가능한 한 직접적인 관찰과 경험을 토대로 작품을 쓸 것이 강조되었다.

1 특정 장면을 확대하여 소재나 사건의 의미를 강조하는 시나리오 기호는 무엇인가?

2 1932년 홍해성, 유치진, 김진섭 등을 중심으로 결성된 연극단체로 한국 현대극의 새로운 지평을 수립한 단체는?

Answer
1. C.U(Close Up)
2. 극예술 연구회

한 권으로 단박에 합격하기 독학사

모의고사

01 제1회 모의고사

02 제2회 모의고사

03 정답 및 해설

제1회 모의고사

객관식

1 우리 시가 중 작가가 알려진 가장 오래된 서정시는?

① 「황조가」   ② 「구지가」

③ 「서동요」   ④ 「해가」

2 다음 중 향가에 대한 설명으로 옳지 않은 것은?

① 향가의 형식은 4구, 8구, 10구체가 있다.

② 한자의 음과 훈을 빌어 적는 향찰표기를 사용하였다.

③ 작가는 주로 평민으로 민중의 소박한 사람을 노래했다.

④ 향가집인 「삼대목」이 발간되었다고 전해진다.

3 「정읍사」의 의의로 가장 적절하지 않은 것은?

① 우리말로 기록된 가장 오래된 노래이다.

② 현재 전하는 유일한 백제가요이다.

③ 3장 6구체의 형태로 경기체가의 형성에 영향을 주었다.

④ 망부석 모티브와 관련이 있다.

4 「제망매가」의 작가와 시적대상으로 옳게 짝지어진 것은?

① 월명사 – 누이   ② 충담사 – 어머니

③ 처용 – 귀신   ④ 설총 – 임금

5 설화에 대한 설명으로 적절하지 않은 것은?

① 신화, 전설, 민담 등이 있다.　　② 대체로 한자로 기록되어 전한다.

③ 소설 문학의 기원이 되었다.　　④ 최초의 창작설화는 설총의 「화왕계」이다.

6 다음 중 갈래가 다른 작품은?

①「서경별곡」　　②「가시리」

③「동동」　　④「관동별곡」

※ 다음 작품을 읽고 물음에 답하시오. 【07~08】

雙花店(쌍화점)에 雙花(쌍화) 사라 가고신된
回回(회회) 아비 내 손모글 주여이다
이 말스미 이 店(점)밧긔 나명들명
다로러거디러 죠고맛감 삿기 광대 네 마리라 호리라
더러둥셩 다리러디러 다리러디러 다로러거디러 다로러
긔 자리예 나도 자라 가리라
위 위 다로러 거디러 다로러
긔 잔 듸ᄀ티 덦거츠니 업다.
三藏寺(삼장사)애 브를 혀라 가고신
그 뎔 社主(사주)ㅣ 내 손모글 주여이다
이 말스미 이 뎔밧긔 나명들명
다로러거디러 죠고맛간 삿기 上座(상좌)ㅣ 네 마리라 호리라
더러둥셩 다리러디러 다리러디러 다로러거디러 다로러
긔 자리예 나도 자라 가리라
위 위 다로러거디러 다로러
긔 잔 듸ᄀ티 덦거츠니 업다.
드레 우므레 므를 길라 가고신 딘
우믓龍(용)이 내 손모글 주여이다
이 말스미 이 우믈밧긔 나명들명
다로러거디러 죠고맛간 드레바가 네 마리라 호리라
더러둥셩 다리러디러 다리러디러 다로러거디러 다로러
긔 자리예 나도 자라 가리라
위 위 다로러거디러 다로러
긔 잔 듸ᄀ티 덦거츠니 업다. (후략)

- 「쌍화점」 -

7 이 작품에 대한 설명으로 적절하지 않은 것은?

① 갈래는 고려가요이며, 궁중악으로 사용되기도 하였다.
② 대표적인 남녀상열지사로 조선시대 유학자들에 의해 비판 받았다.
③ 4음보율을 가지며 후렴구는 주제를 강조한다.
④ 상징적, 풍자적으로 당대의 타락성을 폭로하였다.

8 이 작품이 봉건제도하의 권력층을 풍자한다고 할 때 그 대상이 되는 시어는?

① 回回(회회)　　　　　　　　　② 삿기 광대
③ 우믓龍(용)　　　　　　　　　④ 죠고맛간 드레바가

9 다음 중 가전 작품과 의인화된 대상의 연결이 바른 것은?

① 「국순전」 – 종이　　　　　　② 「죽부인전」 – 술
③ 「공방전」 – 돈　　　　　　　④ 「정시자전」 – 대나무

10 다음 작품의 주제로 적절한 한자성어는?

> 首陽山(수양산) 바라보며 夷齊(이제)를 恨(한)ᄒ노라.
> 주려 주글진들 採薇(채미)도 ᄒᄂᆫ것가.
> 비록애 푸새엣 거신들 긔 뉘 짜헤 낫드니.
>
> – 성삼문 –

① 세한고절(歲寒孤節)　　　　　② 간담상조(肝膽相照)
③ 천석고황(泉石膏肓)　　　　　④ 맥수지탄(麥秀之嘆)

11 다음 〈보기〉에서 설명하는 작가는 누구인가?

> • 윤선도와 더불어 조선조 시가의 쌍벽을 이룬인물이다.
> • 홍만종의 서포만필에서 그를 동양의 이소로 칭했다.
> • 대표작으로 「관동별곡」, 「사미인곡」, 「속미인곡」 등이 있다.

① 이제현   ② 김시습

③ 박인로   ④ 정철

12 18세기 지배층의 허위의식과 횡포를 폭로한 박지원의 소설은?

① 「양반전」   ② 「홍길동전」

③ 「최척전」   ④ 「운영전」

13 조선 후기 사설시조에 대한 설명으로 적절하지 않은 것은?

① 정격시조의 형식에서 중장의 길이가 무한정 늘어난다.

② 대체로 작가층은 평민이며, 소박한 삶의 모습을 소재로 한다.

③ 평민문화의 건강성을 바탕으로 한 해학성이 두드러진다.

④ 민중들의 광범위한 지지를 받아 일제강점기까지 창작된다.

14 문학작품의 관점이 잘못된 것은?

① 반영론 – 구조   ② 효용론 – 독자

③ 표현론 – 작가   ④ 절대론 – 작품 내적 요소

15 최초의 현대적 자유시와 작가의 연결이 바른 것은?

① 주요한 – 「불노리」   ② 김소월 – 「진달래꽃」

③ 이상화 – 「빼앗긴 들에도 봄은 오는가」   ④ 정지용 – 「유리창」

16 다음 중 윤동주의 작품 경향에 대한 설명으로 적절하지 않은 것은?

① 기독교적인 희생과 박애를 바탕으로 한다.

② 지식인의 자기반성과 자아의 회복의지를 주로 노래했다.

③ 시대적 사명으로 인한 자기 고뇌의 정서를 담았다.

④ 관념적 사유를 통해 생명의 본질을 탐구하려 하였다.

17 다음 시의 밑줄 친 부분의 표현방법은 무엇인가?

유리(琉璃)에 차고 슬픈 것이 어른거린다.
열없이 붙어 서서 입김을 흐리우니
길들은 양 언 날개를 파다거린다.
지우고 보고 지우고 보아도
새까만 밤이 밀려나가고 밀려와 부딪히고
물 먹은 별이, 반짝, 보석처럼 박힌다.
밤에 홀로 유리를 닦는 것은
<u>외로운 황홀한 심사이어니</u>
고운 폐혈관(肺血管)이 찢어진 채로
아아, 너는 산새처럼 날아갔구나!

— 정지용 「유리창」 —

① 도치　　　　　　　　　　② 상징
③ 역설　　　　　　　　　　④ 반어

18 다음 인물들의 문학적 경향은 무엇인가?

박목월, 박두진, 조지훈

① 생명파　　　　　　　　　② 청록파
③ 신경향파　　　　　　　　④ 상징주의

19 「홍염」에서 불이 상징하는 의미로 적절한 것은?

① 민중의 각성과 저항의지　　② 생명의 파괴와 소멸
③ 죽음과 재생의 이미지　　　④ 열정적이고 적극적인 삶

20 현진건의 「운수 좋은 날」에 사용된 주된 표현 방법은?

① 전도　　　　　　　　　　② 역설
③ 반어　　　　　　　　　　④ 상징

21 인간에게 주어진 환경에 따라 운명이 정해진다는 환경결정론을 바탕으로 하는 문예사조는 무엇인가?

① 사실주의 ② 자연주의
③ 초현실주의 ④ 모더니즘

22 다음 중 전후 소설이 아닌 작품은?

① 「비 오는 날」 ② 「광장」
③ 「학」 ④ 「삼포 가는 길」

23 현대 소설의 특징으로 적절하지 않은 것은?

① 전형적이고 평면적인 인물
② 권선징악적 주제에서 벗어난 인간탐구
③ 다양한 갈등과 입체적 구성
④ 구어체적 문체로 언문일치 구현

24 다음 중 수필의 성격으로 올바르지 않은 것은?

① 개성적인 문학 ② 형식이 자유로운 문학
③ 자기 고백적인 문학 ④ 객관적 사건 제시의 문학

25 다음 중 표준어의 기능이 아닌 것은?

① 객관의 기능 ② 준거의 기능
③ 우월의 기능 ④ 통일의 기능

26 다음 중 표준어인 것은?

① 암강아지 ② 윗니
③ 환률 ④ 아지랭이

1 충신연주지사(忠臣戀君之詞忠臣)의 원류가 된 작품으로 고려 초 향가의 잔형을 가진 정서의 작품은 무엇인가?

2 다음 설명으로 알맞은 문예지는 무엇인가?

> 1919년 창간된 주간 문예지이다.
> 김억, 이일, 장두철 등이 주도하였다.
> 외국 시를 번역, 도입하여 개화의 밑거름이 되었다.

3 훈민정음의 창제이유를 대외적, 대내적인 두 가지 측면에서 간단히 서술하시오.

4 다음 작품의 작가를 쓰시오.

> 「구운몽」, 「사씨남정기」, 「서포만필」

5 이상의 「날개」의 주제를 간단하게 쓰시오.

6 다음 작품의 압운을 쓰시오.

> 昨過永明寺
> 暫登浮碧樓
> 城空月一片
> 石老雲千秋
> 麟馬去不返
> 天孫何處遊
> 長嘯倚風磴
> 山靑江自流
>
> — 이색 「부벽루(浮碧樓)」 —

7 다음 문장을 경어법에 맞게 고치시오.

> ㉠ 교장 선생님의 말씀이 계시겠습니다.
> ㉡ (할아버지께) 아버지께서 도착하셨습니다.

제2회 모의고사

📖 객관식

1 다음 중 구비 문학이 아닌 것은?

① 신화　　　　　　　　　② 민요
③ 가사　　　　　　　　　④ 판소리

2 다음 중 고대가요에 대한 설명으로 적절하지 않은 것은?

① 대체로 4언 4구체로 한역되어 전한다.
② 배경설화가 있다.
③ 한자로 전하여 당시 어떻게 불렀는지는 알 수 없다.
④ 개인 서정시에서 집단의 소망을 담은 서사시로 발전하였다.

3 「단군신화」에 담겨져 있는 사상으로 적절하지 않은 것은?

① 인간 존중 사상　　　　② 하늘 숭배 사상
③ 동물 숭배 사상　　　　④ 유일신 사상

4 「공무도하가」의 물이 상징하는 것은?

① 이별과 죽음　　　　　② 생명과 재생
③ 시간과 세월　　　　　④ 축복과 예찬

5 다음 중 「처용가」에 대한 설명으로 적절하지 않은 것은?

① 축신(逐臣)의 내용을 담은 주술가이다.
② 고려와 조선시대 궁중악으로 사용되기도 하였다.
③ 유사한 내용의 고려가요도 있다.
④ 처용의 영웅적 행위로 귀신을 물리치는 내용이다.

6 고려가요와 경기체가의 공통점으로 적절하지 않은 것은?

① 대체로 3음보이다.
② 몇 개의 연으로 나누어진 분절체의 형식이다.
③ 글자 수의 제약이 엄격하다.
④ 후렴구를 가지거나, 후렴구의 역할을 하는 문구가 있다.

7 다음 중 「동명왕편」에 대한 설명으로 적절하지 않은 것은?

① 장편 영웅 서사시이다.
② 민족의식의 고취를 위해 창작하였다.
③ 고조선의 건국신화이다.
④ 이규보의 문집인 동국이상국집에 수록되어 있다.

8 다음 시조의 밑줄친 시어의 의미로 적절하지 않은 것은?

> ㉠青山(청산)은 엇뎨ᄒ야 ㉡萬古(만고)애 프르르며,
> ㉢流水(유수)는 엇뎨ᄒ야 晝夜(주야)애 긋디 아니는고
> 우리도 그치디 마라 ㉣萬古常靑(만고상청)호리라.
>
> — 이황 「도산십이곡(陶山十二曲)」 —

① ㉠青山(청산) : 자연
② ㉡萬古(만고) : 오래도록
③ ㉢流水(유수) : 흘러가는 세월
④ ㉣萬古常靑(만고상청) : 오래도록 푸르리라

9 다음 중 가사 문학에 대한 설명으로 적절한 것은?

① 운문형식에 산문적 내용을 담았다.
② 향가의 영향을 받아 형성되었다.
③ 대체로 평민계층이 향유하던 문학이다.
④ 형식의 엄격성으로 인해 조선 중기 소멸하였다.

10 「사미인곡」의 표현상의 특징으로 적절하지 않은 것은?

① 임과 이별한 여인의 상황을 빌어 표현 했다.
② 시간의 흐름에 따른 정서의 변화가 나타난다.
③ 대화체의 전개로 정서의 전달 효과를 강화시켰다.
④ 우리말의 아름다움을 잘 살려 화려하고 우아하게 표현했다.

11 「박씨전」에서 피화당의 기능과 유사한 것은?

① 「춘향전」의 옥　　　　　　　② 「별주부전」의 용궁
③ 「홍길동전」의 율도국　　　　④ 「최척전」의 왜

12 「운영전」에 대한 설명으로 적절하지 않은 것은?

① 고전소설 중 유일한 비극이다.
② 김만중이 유배지에서 모친을 위해 지은 작품이다.
③ 신분적 제약을 넘은 자유연애 사상을 담고 있다.
④ 몽유록계 소설이지만, 현실의 사건이 주된 사건이다.

13 판소리계 소설에 대한 특징으로 적절하지 않은 것은?

① 전형적이고 평면적인 인물들이 등장한다.
② 판소리의 사설 부분이 소설로 정착되어 운문체이다.
③ 대체로 권선징악적 주제를 다루며 행복한 결말을 맞이한다.
④ 양반문화에 배타적인 독자성을 지니고 있었다.

14 한글의 명칭에 대한 설명중 적절하지 않은 것은?

① 언문은 훈민정음 창제 당시부터 사용되었다.

② 부녀자들이 쓰는 글이라는 뜻을 담은 암글도 있었다.

③ 한글이라는 명칭은 주시경에 의해 사용되었다.

④ 한글의 '한'은 하늘을 의미한다.

15 다음의 내용에 적절한 문학연구의 방법은?

> 인간은 원시적인 삶의 유형이 다양한 형태로 내면화되어 있는데 이러한 내면화된 경험을
> 인간 본래의 원형으로 파악하여 작가에 의해 어떻게 재현되는가를 탐구한다.

① 역사주의적 관점 　　　② 심리주의적 관점

③ 사실주의적 관점 　　　④ 신화비평적 관점

16 시집 「오뇌(懊惱)의 무도(舞蹈)」에 대한 설명으로 옳은 것은?

① 현대문학 최초의 번역시집이다.

② 모더니즘 이론을 바탕으로 한다.

③ 김소월에 의해 창작되었다.

④ 반봉건적 목적문학의 성격을 띠었다.

17 다음에서 설명하는 작가는 누구인가?

> • 식민지하 민족의 비애를 소재로 하여 강인한 저항의지를 노래하였다.
> • 주요작으로 「광야」, 「꽃」, 「절정」 등이 있다.
> • 주로 전통의 계승 형식에 선비적 기개를 담았다.

① 서정주 　　　② 윤동주

③ 이육사 　　　④ 심훈

18 다음 중 모더니즘에 대한 설명으로 적절한 것은?

① 사회적 현실의 인식과 비판적 대응을 중시하였다.
② 도시적 감수성을 바탕으로 하는 현대인의 삶을 묘사하였다.
③ 주로 시의 운율을 통해 음악성을 강조하였다.
④ 인간 본연의 순수한 생명성을 탐구하였다.

19 다음 작품의 내적 요소에 대한 설명으로 적절하지 않은 것은?

> 머언 산 청운사(靑雲寺)
> 낡은 기와집
>
> 산은 자하산(紫霞山)
> 봄눈 녹으면
>
> 느릅나무
> 속잎 피어나는 열 두 굽이를
>
> 청노루
> 맑은 눈에
>
> 도는
> 구름
>
> － 박목월, 「청노루」 －

① 3음보와 2음보의 변조
② ㄴ, ㄹ의 반복을 통한 리듬감
③ 수미상관의 구조를 통한 형태적 안정감
④ 행의 길이를 줄여 정적인 느낌 형성

20 다음 중 반어법이 사용된 것은?

① 먼 훗날 당신이 찾으시면/ 그때에 내말이 잊었노라
② 분수처럼 흩어지는 푸른 종소리
③ 외로운 황홀한 심사
④ 병든 나무처럼 생명이 부대낄 때

21 신소설에 대한 설명으로 적절한 것은?

① 주로 봉건사상의 타파와 개화사상의 보급을 주제로 했다.

② 완전한 언문일치가 이루어졌다.

③ 다양한 갈등을 필연적 구성으로 전개시킨다.

④ 최초의 작품은 이광수의 「무정」이다.

22 1930년대 궁핍한 농촌을 배경으로 하여 유랑하는 농민의 비참한 삶을 표현한 김유정의 소설은?

① 「감자」   ② 「태평천하」

③ 「소낙비」   ④ 「날개」

23 산업화로 인해 소외된 도시빈민의 비참한 삶을 다룬 소설은?

① 「꺼삐딴 리」   ② 「모래톱 이야기」

③ 「장마」   ④ 「난장이가 쏘아올린 작은 공」

24 다음 장면을 영화화 한다고 할 때 ㉠에 적절한 시나리오 기호는 무엇인가?

> 명서 처 : (흩어진 백골을 주우며) 명수야, 내 자식아! 이 토막에서 자란 너는 백골이나마 우리를 찾아왔다. 인제는 나는 너를 기다려서 애태울 것두 없구, 동지 섣달 기나긴 밤을 울어 새우지 않아두 좋다! 명수야, 이제 너는 내 품안에 돌아왔다.
>
> 명서 : …… 아아, 보기 싫다! 도루 가져 가래라!
>
> 금녀 : 아버지, 서러 마세유. 서러워 마시구 이대루 꾹 참구 살아가세유. 네, 아버지! 결코 오빠는 우릴 저버리진 않을 거예유. 죽은 혼이라두 살아 있어, 우릴 꼭 돌봐 줄 거예유. 그 때까지 우린 꾹 참구 살아가유. 예, 아버지!
>
> 명서 : …… 아아, 보기 싫다! 도루 가지고 가래라!
>
> (금녀의 어머니는 백골을 안치하여 놓고, 열심히 무어라고 중얼거리며 합장한다.)
>
> (㉠바람 소리, 적막을 찢는다.)
>
> — 유치진, 「토막」 —

① CU   ② PAN

③ Effect   ④ NAR

25 다음 중 어법에 맞는 표현은?

① 철수야, 선생님께서 오라셔. ② 사장님은 딸이 둘이 계시다.
③ 그는 재산 일절을 기부했다. ④ 내 생각은 너와 틀려.

26 다음의 내용에 알맞은 것은?

> 어린이의 언어 습득은 훈련에 의해 후천적으로 이루어진다. 그러나 이러한 이론은 인간은 몇 개의 단어만 가지고도 무한히 새로운 문장을 만들 수 있다는 점 등을 들어 비판받기도 한다.

① 경험주의 이론 ② 합리주의 이론
③ 상징주의 이론 ④ 절대주의 이론

1 신라시대 한자의 음과 훈을 빌어 우리말을 적던 표기 방법은 무엇인가?

2 최초의 몽유록계 소설의 제목과 영향을 준 설화의 제목을 쓰시오.

3 「용비어천가」의 창작 목적을 대내적, 대외적으로 구분하여 쓰시오.

4 조선 후기 군담소설이 다수 등장한 배경과 목적을 간단히 쓰시오.

5 한국전쟁으로 인해 나타난 경향으로 주로 전쟁체험의 비극성과, 전후 세대의 우울한 삶과 이념의 갈등 문제를 다룬 문학은?

6 1920년대 중반 이후 프로문학과 민족주의 문학의 대립으로 인한 이념적 문학 풍토에 반발하여 문학의 순수성을 중시하는 순수문학 운동으로 나타난 유파는 무엇인가?

7 청자가 행위의 주체보다 높을 때, 주체를 높이지 않는 경어법은 무엇인가?

정답 및 해설

1. ①	2. ③	3. ③	4. ①	5. ②	6. ④	7. ③	8. ③	9. ③	10. ①
11. ④	12. ①	13. ④	14. ①	15. ①	16. ④	17. ③	18. ②	19. ①	20. ③
21. ②	22. ④	23. ①	24. ④	25. ①	26. ②				

〈객관식〉

1　① 「황조가」는 고구려 유리왕의 작품으로 작가가 알려진 가장 오래 된 시가이다.

2　③ 향가는 소박한 감정을 담은 노래가 많다. 그러나 대부분의 작가 계층은 승려나 화랑에 의해 창작되었다.

3　③ 「정읍사」는 후렴구를 제외한 부분이 3장 6구체의 형식으로 후대 시조의 형성과정에 영향을 주었다.

4　① 「제망매가」는 월명사가 지은 작품으로 죽은 누이를 애도하는 노래이다.

5　② 설화는 대체로 구전되어 전한다. 기록된 최초의 창작설화는 「화왕계」이다.

6　④ 「관동별곡」은 가사이다. 나머지는 모두 고려가요이다.

7　③ 고려가요는 대체로 3음보율을 가지며 후렴구는 의미 없는 여음이며, 단지 음악적인 효과만 있다.

8　③ 우뭇龍(용)은 '왕'을 상징하는 데, 왕을 풍자의 대상으로 삼은 것은 봉건 사회의 속성상 대단히 파격적인 표현이었다.

9　③ 「공방전」 – 돈
①「국순전」 – 술
②「죽부인전」 – 대나무
④「정시자전」 – 지팡이

10　① 세한고절(歲寒孤節) : 높은 절개
② 간담상조(肝膽相照) : 가까이 지내는 것들이 서로 돕다
③ 천석고황(泉石膏肓) : 자연을 지나치게 사랑하는 병(자연친화)
④ 맥수지탄(麥秀之嘆) : 망국에의 한탄

11　④ 정철

12　①「양반전」은 한 평민이 몰락한 양반의 신분을 사는 과정에서 폭로되는 양반의 허례허식과 횡포를 풍자하는 작품이다.

13　④ 사설시조는 운문형식과 산문적 내용상의 괴리로 인해 길이가 점차 증가하다가 소설문학의 발전에 따라 조선말기 소멸하였다.

14　① 반영론은 역사적인 상황이나 그 시대를 사는 민중의식을 통해 작품을 평가하려는 관점이다.

15　① 주요한의 「불노리」는 자유로운 형식과 상징주의적 기법 등을 통해 표현한 자유시이다.

16　④ 관념적 사유를 통해 생명의 본질을 탐구하려 한 경향은 생명파 시인이며 서정주, 유치환 등이 대표적 작가이다.

17　③ 외로움과 황홀함이 서로 모순되어 화자의 슬픔을 드러내는 역설적 표현이다.

18　② 청록파 시인은 자연친화적 사상과 인간 존재의 순수성을 바탕으로 하는 작품을 창작하였다.

19　①「홍염」은 중국인 지주로 인해 비참하게 살아가는 조선인 유랑민의 비극적 삶을 다룬 소설이다. 중국인 지주인 인가를 죽이고 불을 지른다는 내용으로 불은 민중의 각성과 저항의지를 드러낸다.

20　③「운수좋은 날」은 하루 동안 뜻하지 않은 횡재를 하지만, 결국 그날 아내가 죽고 만다는 내용이다. 즉 제목과 비극적 사건이 서로 반어적 관계를 갖는다.

21 ② 자연주의

22 ④ 「삼포 가는 길」은 70년대 산업화로 인해 소외된 하층민의 사람을 여로 형식으로 전개한 소설이다.

23 ① 전형적이고 평면적인 인물은 고전소설의 일반적 성격으로, 현대소설은 입체적이고 개성적인 인물을 주로 등장시킨다.

24 ④ 사건에 주목하는 문학 갈래는 소설문학이다.

25 ① 객관의 기능

26 ② 윗니
　　① 암캉아지
　　③ 환율
　　④ 아지랑이

〈주관식〉

1 「정과정(곡)」

2 「태서문예신보」

3 대외적 : 평민들의 편리한 문자생활
　　대내적 : 한자음의 정리(통일)

4 김만중

5 일제하 지식인의 무기력한 삶과 자아회복의지

6 樓, 秋, 遊, 流

7 ㉠ 교장 선생님의 말씀이 있으시겠습니다.
　　㉡ (할아버지께) 아버지가 도착했습니다.

1. ③	2. ④	3. ④	4. ①	5. ④	6. ③	7. ③	8. ©	9. ①	10. ③
11. ①	12. ②	13. ④	14. ④	15. ④	16. ①	17. ③	18. ③	19. ③	20. ①
21. ④	22. ③	23. ④	24. ③	25. ①	26. ①				

〈객관식〉

1 ③ 가사는 우리말로 쓰인 기록문학이다.

2 ④ 고대가요는 대체로 집단 서사시에서 개인 서정시로 발전하는 과도기적 형태의 시가이다.

3 ④ 「단군신화」에는 제석신을 중심으로 여러 신들이 등장한다.

4 ① 「공무도하가」의 물은 임이 건너다 빠져 죽은 공간으로 이별과 죽음을 상징한다.

5 ④ 처용의 관용적인 태도에 감동하여 역신이 물러간다는 내용이다.

6 ③ 고려가요와 경기체가는 음수율을 가지지만 글자수의 제약은 비교적 엄격하지 않다. 고전시가는 음보율은 엄격하지만, 음수율은 비교적 여유롭다.

7 ③ 「동명왕편」은 고구려의 건국신화이며, 주몽의 영웅적 행위와 투쟁의 과정이 그려져 있다.

8 © 流水(유수)는 청산과 마찬가지로 항상 같은 모습을 가지는 자연의 소재이다.

9 ① 가사는 운문적 형식에 산문적 내용을 담았다.
② 시조와 같은 시기에 형성되었는데, 그 영향 관계에는 다양한 설이 있다.
③ 대체로 초기에는 양반계층이 향유하던 문학이었으나, 조선 후기 평민에게 확대된다.
④ 초기의 형식은 엄격했으나, 조선 후기 비교적 자유롭게 변형되며 구한말까지 창작되었다.

10 ③ 「사미인곡」은 독백체이며, 「속미인곡」은 대화체의 전개를 취하여 정서의 전달 효과를 강화시켰다.

11　① 피화당은 박씨부인에게 주어진 시련의 공간이며, 변신을 통해 가정과 사회의 일원으로 인정받게 된다.

12　② 「구운몽」에 대한 설명이다. 「운영전」은 작자미상이다.

13　④ 판소리계 소설은 평민문화지만, 양반문화의 모방을 통한 표현이 많이 등장하며, 주인공이 대부분 양반이라는 점, 그리고 신분상승의 욕망을 이면적 주제로 하는 다수의 작품들을 볼때 양반 문화에 배타적이라고 볼 수 없다.

14　④ 한글의 '한'은 하나, 혹은 크거나 많은 것을 의미이다.

15　④ 신화비평적 관점

16　① 이 작품은 김억에 의해 번역된 현대문학 프랑스 상징주의 번역시집이다.

17　③ 이육사

18　② 모더니즘은 주로 도시적 감수성을 바탕으로 하는 현대인의 삶을 묘사하였다. 목적문학적 성격의 프로문학에 반대하였으며, 운율보다 이미지를 중시하였다.

19　③ 이 작품은 수미상관의 구조를 갖고 있지 않으며, 원경에서 근경으로 시선이 이동하고 있다.

20　① 잊었다는 말 자체가 잊지 못하고 있다를 의미한다.
　　② 공감각적 표현
　　③ 역설법
　　④ 비유(직유법)

21　④ 이광수의 「무정」은 현대소설이며, 최초의 신소설은 「혈의누」이다.

22　③ 「소낙비」는 유랑하는 농민부부의 타락한 윤리관을 통해 식민지하 우리 민족의 비참한 삶을 보여준다.

23　④ 조세희의 「난장이가 쏘아올린 작은 공」은 1970년대 한국사회의 어두운 면을 잘 보여준다.
　　① 민족 수난기 기회주의적 인간형 비판
　　② 소외된 민중에게 가해지는 권력의 폭력
　　③ 이념의 대립을 민족의 화해를 통해 해소

24 ③ Effect: 대사와 음악이 아닌 소리효과
① CU : 특정 부분을 확대 강조
② PAN : 카메라의 이동
④ NAR : 해설, 내레이션

25 ② 사장님은 딸이 둘이 있으시다.
③ 그는 재산 일체를 기부했다.
④ 내 생각은 너와 달라

26 ① 경험주의 이론

〈주관식〉

1 향찰(鄕札)

2 「구운몽」, 「조신설화(조신몽)」

3 대외적 : 조선 건국의 정당성 천명
대내적 : 훈민정음의 실용성 시험

4 임진왜란과 병자호란의 패배로 인한 이민족에 대한 적개심과 지배층에 대한 반감으로 발생했으며, 민족
적 자존심을 회복하고자 하였다.

5 전후문학

6 시문학파

7 압존법

독편사 Books

학점인정자격증 시리즈

1위가 추천해서 믿을 수 있는 합격을 위한 필독서

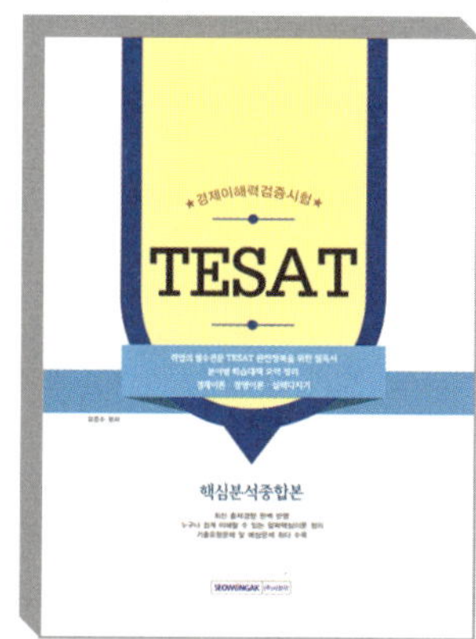

학점취득과 취업스펙을 한방에 잡을 수 있는 독편사Books

소정미디어(www.sojungmedia.com)에서
제공하는 동영상 강의와 함께
더 깊이 있고 상세하게 대비하세요.